北大版新一代对外汉语教材·HSK应试辅导系列

HSK 应试语法

梁鸿雁　编著

北京大学出版社

北　　京

图书在版编目(CIP)数据

HSK 应试语法/ 梁鸿雁编著. —北京:北京大学出版社,2004.9
(北大版新一代对外汉语教材·HSK 应试辅导系列)
ISBN 978-7-301-07600-2

Ⅰ. H… Ⅱ. 梁… Ⅲ. 汉语-语法-对外汉语教学-水平考试-自学参考资料 Ⅳ. H195.4

中国版本图书馆 CIP 数据核字(2004)第 063414 号

书　　　名：HSK 应试语法
著作责任者：梁鸿雁　编著
责 任 编 辑：张进凯
标 准 书 号：ISBN 978-7-301-07600-2/ H·1062
出 版 发 行：北京大学出版社
地　　　址：北京市海淀区成府路 205 号　100871
网　　　址：http://www.pup.cn
电　　　话：邮购部 62752015　发行部 62750672　编辑部 62753334
　　　　　　出版部 62754962
电 子 邮 箱：zpup@pup.pku.edu.cn
印　　刷　者：北京中科印刷有限公司
经　　销　者：新华书店
　　　　　　787 毫米×1092 毫米　16 开本　30.25 印张　710 千字
　　　　　　2004 年 9 月第 1 版　2008 年 11 月第 5 次印刷
印　　　数：17001—20000 册
定　　　价：83.00 元

未经许可,不得以任何方式复制或抄袭本书之部分或全部内容。
版权所有,侵权必究　举报电话：010—62752024
　　　　　　　　　　电子邮箱：fd@pup.pku.edu.cn

前　　言

对于即将参加 HSK 考试的学生而言，最重要的莫过于汉语语法知识体系的构建，只有具备了完整的知识体系，才能自如地应对考试，因此每一个考点都要学深吃透。没有"点"，便无以成"线"，没有"线"，便无以成"网"，没有对一个个知识考点的扎实理解，就只能构建空中楼阁，所谓万丈高楼平地起，就是这个道理。本书是在深入的教学实践及 HSK 应试经验中应运而生的，本书是根据 HSK 考试大纲的范围及标准而编写的一本对外汉语语法教材，力图帮助学生在极短的时间内取得更大的突破，适合各种水平的留学生自学、备考及教师课堂教学之用。

教材特点：

1. **表格设计**　将复杂难懂的语法概念简化为公式表格，可收到事半功倍之效。
2. **比较记忆**　将易混淆的语法难点加以比较，异同一目了然，实用、快捷、便利。
3. **典型句式**　引导学生逐渐认识语法的形成，归纳分类解析，思维激活，举一反三。
4. **难点辨析**　有针对性地就 HSK 语法难点进行辨析并备有难点词汇辨析及练习。
5. **实力测试**　针对每章节内容设置适量的练习题，将水平测试和能力训练有机地融为一体，题型设计由易到难，由浅入深，以满足各水平学生的不同需求，使学生在"实战"中成长。

"长江破浪会有时，直挂云帆济沧海。"回顾走过的风风雨雨，思考做过的点点滴滴，尽管本书经过字斟句酌，但由于时间仓促，加之本人水平有限，其中不尽人意之处仍在所难免，希望读者不吝赐教，以求再版时修改。本书在编写过程中，得到了北大的万汝璠、胡双宝、刘德联、郭荔、沈浦娜、朱小亚、张进凯、胡小园等各位老师的大力支持，在此特致谢忱！

我热切希望，这本书能架起一座与读者沟通的桥梁，为 HSK 考试开辟一条绿色通道，愿本书成为学习汉语谋求突破的外籍学员的良师益友，架起一条通向中国语言文化的金桥。

编　者

2004 年 9 月 11 日

作者简介

梁鸿雁老师是从事HSK教学的资深教师,在十余年的对外教学中摸索出了一套独特的教学方法,使外籍学生在极短的学习中取得了惊人的HSK成绩。梁鸿雁老师以其人性化教学,全身心的投入,赢得了学生的信任,其教学理念得到留学生的认可。几年前韩国著名作家韩飞野的《中国旅行记》中对她上课的场面就有过很传神的描绘,国内大型新闻杂志《中华英才》、日本版《人民中国》杂志及韩国《世界日报》对她都进行过专访。

目　　录

第一章　名词 ……………………………………………………………… 1
　　第一节　名词分类及特点 ………………………………………… 3
　　第二节　时间名词　处所名词　方位词 ………………………… 4
　　实力测试 …………………………………………………………… 8
第二章　代词 ……………………………………………………………… 13
　　第一节　人称代词 ………………………………………………… 15
　　第二节　指示代词 ………………………………………………… 16
　　第三节　疑问代词 ………………………………………………… 19
　　实力测试 …………………………………………………………… 24
第三章　动词 ……………………………………………………………… 29
　　第一节　动词分类及特点 ………………………………………… 31
　　　　　　分项测试（1）…………………………………………… 33
　　第二节　动词的重叠 ……………………………………………… 37
　　　　　　分项测试（2）…………………………………………… 40
　　第三节　能愿动词 ………………………………………………… 43
　　　　　　分项测试（3）…………………………………………… 49
第四章　形容词 …………………………………………………………… 55
　　第一节　形容词分类及特点 ……………………………………… 57
　　　　　　分项测试（1）…………………………………………… 62
　　第二节　形容词的重叠 …………………………………………… 65
　　　　　　分项测试（2）…………………………………………… 67
第五章　数词与概数 ……………………………………………………… 71
　　第一节　数词 ……………………………………………………… 73
　　第二节　概数 ……………………………………………………… 75
　　实力测试 …………………………………………………………… 80
第六章　量词 ……………………………………………………………… 85
　　第一节　量词的分类 ……………………………………………… 87
　　第二节　常用量词 ………………………………………………… 88
　　实力测试 …………………………………………………………… 101
第七章　比较句 …………………………………………………………… 107
　　第一节　比较句的形式 …………………………………………… 109

第二节　比较句辨析 ·· 117
　　实力测试 ·· 120

第八章　副词
　　第一节　副词用法及分类 ·· 129
　　　　　　分项测试（1） ··· 130
　　第二节　常用副词 ·· 134
　　　　　　分项测试（2） ··· 137
　　　　　　分项测试（3） ··· 140
　　　　　　分项测试（4） ··· 142
　　　　　　分项测试（5） ··· 147
　　　　　　分项测试（6） ··· 152
　　实力测试 ·· 153
　　第三节　重点副词讲解 ·· 157
　　　　　　分项测试（7） ··· 160
　　　　　　分项测试（8） ··· 165
　　　　　　分项测试（9） ··· 170
　　　　　　分项测试（10） ··· 176

第九章　介词
　　第一节　介词短语的构成和特点 ····································· 183
　　实力测试（1） ·· 184
　　第二节　常用介词 ·· 188
　　实力测试（2） ·· 210
　　第三节　重点介词讲解 ·· 216
　　实力测试（3） ·· 223

第十章　助词
　　第一节　结构助词 ·· 231
　　实力测试（1） ·· 234
　　第二节　动态助词 ·· 238
　　实力测试（2） ·· 245
　　第三节　语气助词 ·· 249
　　实力测试（3） ·· 256

第十一章　特殊句式
　　第一节　连动句 ··· 263
　　第二节　兼语句 ··· 264
　　第三节　双宾语句 ·· 266
　　第四节　存现句 ··· 267
　　实力测试 ·· 269

第十二章　定语
　　第一节　定语的分类 ··· 277

第二节　定语与"的" …………………………………………………… 278
　　第三节　复杂定语的顺序 ………………………………………………… 281
　　实力测试 …………………………………………………………………… 282
第十三章　状语 ……………………………………………………………… 289
　　第一节　状语的分类 ……………………………………………………… 291
　　第二节　状语与"地" …………………………………………………… 293
　　第三节　状语的位置 ……………………………………………………… 294
　　第四节　复杂状语的顺序 ………………………………………………… 295
　　实力测试 …………………………………………………………………… 297
第十四章　补语 ……………………………………………………………… 303
　　第一节　动量补语　时量补语 …………………………………………… 305
　　　　　　分项测试（1） ……………………………………………………… 306
　　第二节　趋向补语 ………………………………………………………… 310
　　　　　　分项测试（2） ……………………………………………………… 319
　　第三节　结果补语　介词短语补语　可能补语 ………………………… 323
　　　　　　分项测试（3） ……………………………………………………… 331
　　第四节　程度补语　情态补语 …………………………………………… 334
　　　　　　分项测试（4） ……………………………………………………… 341
第十五章　复句 ……………………………………………………………… 345
　　第一节　复句特点 ………………………………………………………… 347
　　第二节　关联词语的位置 ………………………………………………… 347
　　第三节　复句的类型及关联词语 ………………………………………… 347
　　实力测试 …………………………………………………………………… 374

语法计时练习（初中等） …………………………………………………… 382
语法计时练习（高等） ……………………………………………………… 391
答案及释解 …………………………………………………………………… 397
附录 …………………………………………………………………………… 447
　　汉语水平考试简介 ………………………………………………………… 449
　　汉语语法基本概要 ………………………………………………………… 452
　　HSK 常见口语句式 ………………………………………………………… 467
　　强调的方法 ………………………………………………………………… 473
　　时间的表示法 ……………………………………………………………… 474
　　主要参考文献 ……………………………………………………………… 476

第一章

名 词

第一节　名词分类及特点

第二节　时间名词　处所名词　方位词

实力测试

基本概念：表示人或事物名称的词。

第一节　名词分类及特点

一、名词的分类

普通名词——指一般的人、事物、时间、处所。

例：社会　集团　飞机　桌子　钢笔　教材　学生　老师　孩子　企业家
　　工人　今天　去年　现在　过去　教室　大海　机器　电脑

专用名词——指个别的人、事物、时间、处所。

例：太阳　月球　水星　火星　唐朝　宋朝　明朝　清朝　中国　美国　英国　北京
　　上海　大连　鲁迅　巴金　茅盾　老舍

二、名词的语法特点

1. 名词多数可以受数量词组的修饰。

例：一副手套　五门功课　三朵花
　　一条消息　两位先生　三点建议

2. 名词在句子中一般可以作主语、宾语，也可以作定语。

例：中国有一条母亲河。
　　汉语老师是女老师。
　　北京是中国的首都。
　　他是汉语老师。
　　2008年奥运会的举办地在中国。
　　他在大学里教汉语。

3. 名词一般不能受副词修饰。

例：*很中国　*真礼貌　*也学生　*都书

4. 名词的重叠形式。

名词一般不能重叠，能重叠的只是"天"、"月"、"年"、"岁"、"家"、"户"、"人"等少数单音节名词及"方面"、"上下"、"前后"、"时刻"、"日夜"、"里外"、"世代"、"老少"、"男女"等个别双音节名词，名词重叠一般含有"每一"或"普遍"的意思。名词重叠后可以作主语、定语，也可以作状语。

例：保护环境，人人有责。
　　他天天第一个来公司。
　　除夕之夜，家家充满欢笑声。
　　他把我上上下下打量了一番。
　　公司方方面面的事情都得想周全呀！
　　他可是里里外外一把好手。

注意：单音节名词重叠后一般只作主语和状语，不能作定语、宾语。

例：＊他天天的计划都在改变。(每天)
　　＊这次考试人人的成绩都很好。(每个人)
　　＊这个工厂年年的产量都在提高。(每年)
　　＊他把这个消息告诉了办公室里的人人。(每个人)

☞ 特别提示

1. 句中有表示数量的词语，名词后面不可再用"们"。

例：＊很多同学们（很多同学）
　　＊三四个朋友们（三四个朋友）
　　＊一些客人们（一些客人）

2. 集合名词：
基本概念：集合名词不能与个体量词组合，只能与"一些"等组合。

例：车辆　船只　书籍　书本　马匹　布匹　树木　人类　纸张
　　＊一条船只（一条船）　＊十本书籍（十本书）
　　＊几棵树木（几棵树）　＊五张纸张（五张纸）
　　一些船只　一些书籍　一些树木　一些纸张

第二节　时间名词　处所名词　方位词

一、时间名词

1. 时间名词的基本概念：
表示日期、时刻、季节等的名词。

例：现在　过去　从前　夏天　冬天　今年　春节　元旦

2. 时间名词的常见结构：
在（到、从、等到）+ 时间名词

例：从古代　在宋朝　等到明年　到下星期

3. 时间名词的语法特点：
(1) 时间名词多数可在主语前后作状语，这是主要功能。

例：明天他会把结果告诉你的。
　　他明天会把结果告诉你的。
　　去年他来过中国。
　　他去年来过中国。

(2) 时间名词一般可直接作谓语，表示时间或日期。

例：今天星期一。
　　明天新年。
　　现在十点一刻。
　　今天六月一号。

(3) 时间名词可在名词性词语前作定语。

例：今天的事情今天做。
　　明年的年度计划已经做好了。
　　早晨的空气很新鲜。
　　十月的香山很美丽。

(4) 时间名词也可以作宾语。

例：明天是星期六。
　　事故发生在昨天。
　　明天就是新年了。
　　马上就到十月了。

二、处所名词

1. 处所名词的基本概念：
表示处所的名词。

例：中国　北京　附近　旁边　对门　前面　四周

2. 处所词的分类：

(1) 一般处所名词：本身就表示处所。

例：隔壁　背后　背面　附近　对过　对门　外围　角落　中央　侧翼　边缘　当地　四周　旮旯

(2) 兼做表示地名、机构的专有名词或可以当作地方来看待的普通名词。

例：北京　学校　食堂　图书馆
　　北京是中国首都。(一般名词)
　　他来自北京。(处所名词)
　　学校的图书馆很大。(一般名词)
　　他每天在学校看书。(处所名词)

3. 处所名词的常见结构：
在（到）＋处所词／到＋处所词＋去

例：在学校　到教室里去　到老师那儿去

☞ **特别提示**

1. 所有表示地名的名词都可以作处所名词。

例：亚洲　中国　北京　故宫　天安门　颐和园

2. 名词＋方位词→表示处所

例：老师＋前边→老师前边　门＋上→门上　桌子＋里→桌子里

3. 地名不加方位词"里"。

例：＊北京里　＊中国里　＊亚洲里

4．单位机构名可加也可不加方位词"里"。

例：在食堂里　在食堂　在公司　在公司里

三、方位词

基本概念：表示方向和相对位置关系的名称的词，语法特点与处所词相同。

1．方位词的分类：

(1) 单纯方位词：是最基本的方位词，都是单音节的。

常用：上 下 里 外 左 右 东 西 南 北 前 后 边 面 头 中 内 间 旁

(2) 合成方位词：由单纯方位词与"以"、"之"或"边"、"面"、"头"组合而成的。

常用：

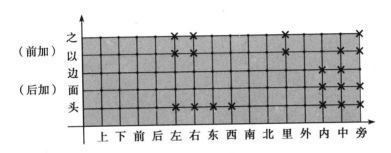

2．方位词的语法特点：

(1) 一般可同名词组合，表示时间或处所。

例：城北　桥南　门外　村头　窗边　床上　午后　中间

(2) 方位词可以附在词或词组后边，表示时间或处所。

例：黄河以北　学校以外　两个月之内　一个星期左右　考试前后　放假前后

(3) 成对的复合方位词"上下"、"前后"、"左右"等常在数量词或表示时间、空间的词语后面，表示概数。

例：三十岁上下　大河上下　圣诞节前后　十月前后　两点钟左右　一个小时左右

附：HSK中常见方位词、时间名词固定词组

1．左……右……（单/动、单/名、数量词、近义）：表示动作行为的反复、持续或距离关系比较近。

例：左膀右臂　左邻右舍　左顾右盼　左等右等　左思右想　左一趟右一趟

2．先……后……（单/动、单/名、近义）：表示事物或动作的先后顺序。

例：先茶后酒　先来后到　先礼后兵　先人后己　先公后私　先斩后奏

3．前……后……（单/动、单/名、单/形、近义/反义）：表示两种事物或行为在空间或时间上一先一后，也可表示动作的向前向后。

  例：前仰后合 前倾后仰 前仆后继 前赴后继 前呼后拥 前思后想 前因后果
    前言后语 前庭后院 前倨后恭 前脚后脚 前街后巷 前怕狼后怕虎

4.……前……后（单/动、单/名、近义/相同）：表示两种事物或行为在空间或时间上一先一后，也可表示动作的向前向后。

  例：瞻前顾后 鞍前马后 承前启后 惩前毖后 人前人后 脚前脚后 身前身后
    生前死后 房前屋后 空前绝后

5.上……下……（单/动、近义）：表示方位或等级关系，概指范围。

  例：上呈下发 上传下达 上蹿下跳 上行下效 上吐下泻 上推下卸 上有老下有小

6.……上……下（单/名、单/动、近义/反义）：表示方位或等级关系。

  例：谄上欺下 欺上瞒下 挟上压下 承上启下 媚上虐下 楼上楼下 天上地下
    跳上跳下

7.南……北……（单/动、单/名、近义）

  例：南来北往 南腔北调 南疆北国 南邻北舍 南辕北辙 南征北战

8.东……西……（单/动、数量词、近义）：表示这里……那里……，这些……那些，这方面……那方面。

  例：东奔西走 东倒西歪 东鳞西爪 东躲西藏 东拉西扯 东挪西借 东拼西凑
    东跑西颠 东张西望 东一句西一句 东一扫帚西一耙子

9.天……地……（单/动、单/名、单/形、近义）：表示程度深、规模大。

  例：天崩地裂 天塌地陷 天差地别 天长地久 天翻地覆 天高地厚 天高地阔
    天昏地暗 天寒地冻 天荒地老 天经地义 天南地北 天时地利 天上地下
    天罗地网 天差地远 天悬地隔 天公地道 天旋地转 天诛地灭 天造地设

10.……天……地（单/动、单/名、单/形、近义）：表示程度深、规模大。

  例：哀天怨地 冰天雪地 改天换地 翻天覆地 感天动地 长天野地 顶天立地
    呼天抢地 花天酒地 惊天动地 开天辟地 呼天喊地 埋天怨地 欢天喜地
    谢天谢地 铺天盖地 谈天说地 遮天盖地 震天撼地

11.……天……日（单/动、单/形、近义）

  例：光天化日 青天白日 朗天化日 遮天蔽日

12.日……月……（单/动、单/名、近义/反义）：表示时间的延续。

  例：日出日落 日升月落 日盛月增 日播月盛 日新月异 日积月累 日熏月染

13.……年……月（单/名、单/动、近义）：表示时间长。

  例：长年累月 常年累月 成年累月 猴年马月

14.春……秋……（单/动、单/名、近义）

例：春去秋来　春花秋月　春朝秋夕　春华秋实　春种秋收　春兰秋菊

15. ……古……今（单/动、近义）

例：谈古论今　博古通今　以古例今　厚古薄今　化古为今　借古讽今　融古铸今
　　　论古道今　引古证今　阅古览今

实力测试

改错

1. <u>虽然时间很短</u>，<u>但我还是买了很多本有用的书籍回来</u>，<u>像历史、文学名著就买了不</u>
　　　A　　　　　　　　　　　B　　　　　　　　　　　　　　　C
少，<u>算起来今天的收获也不少呀</u>！
　　　　　　　D

2. <u>有些事情你我能商量解决的</u>，<u>就别再麻烦他了</u>，<u>他天天的事情已经够他忙的了</u>，我
　　　　A　　　　　　　　　　　B　　　　　　　　　C
们多少也<u>替他分担一些吧</u>！
　　　　　　　D

3. <u>学校打破传统的管理模式</u>，<u>大胆地起用新人</u>，改变了以往人浮于事的状况，<u>好的管</u>
　　　　A　　　　　　　　　　　B　　　　　　　　　　　　　　　　　　　　　C
理制度<u>为我们去年带来了很好的经济效益</u>。
　　　　　　　D

4. <u>妻子住院后</u>，<u>他又要忙工作又要照顾老人孩子</u>，<u>学校领导考虑到他家里的具体情况</u>，
　　A　　　　　　　　　B　　　　　　　　　　　　　　　　　　C
<u>派了五六个同学们帮助他搬家</u>。
　　　　　　　D

5. 他<u>年纪轻轻的</u>，<u>从事对外汉语教育已十余年</u>，<u>每年教的外国留学生们很多</u>，也可谓
　　　A　　　　　　　　　B　　　　　　　　　　　　　　　C
<u>桃李满天下了</u>！
　　　D

6. 昨天的晚会，<u>因通知得太晚了</u>，<u>公司大多数人已有了安排</u>，<u>结果我们公司参加了就小李</u>。
　　　　　　　　A　　　　　　　　B　　　　　　　　　　　　　D
　　　　　　　　　　　　　　　　　　　　　C

7. 他在大学时期就酷爱文学，<u>曾多次向报刊、杂志投稿</u>，现在已成为<u>远近闻名、小有</u>
　　　　　　　　　　　　　　　A　　　　　　　　　　　　　　　　　　　C
<u>名气的作家了</u>，也算是有所成就吧！
　　　D

8. 看到孩子们<u>开心地跳着、唱着</u>，一张张<u>洋溢着幸福很春天的脸</u>，<u>我这满头白发的人</u>
　　　　　　　A　　　　　　　　　　　B　　　　　　　　　　C
也被深深地感染，<u>情不自禁地跟着孩子们跳了起来</u>。
　　　　　　　　　D

— 8 —

第一章 名　词

9. 他微笑着向我走来，身材1.80米左右，很瘦，但却透着一股自信与刚毅。
　　　　　A　　　　　　　B　　　　C　　　D

10. 质量是企业的生命，这种产品以它的质优价廉、高效快捷等特长，很快就赢得了消
　　　　A　　　　B　　　　　　　　　　　　　　　　　　　　　　　　C
　　费者的青睐，抢先占领了市场。
　　　　　　D

11. 世界卫生组织把健康定义为：一个人只有在身体健康、心理健康、社会适应能力良
　　　　　A　　　　　　　　　　　　　　B
　　好及道德健康四方面都健全的情况下，才算得上是一个健康人。
　　　　　　　C　　　　　　　　　　D

12. 我与他虽初次见面，却像交往了多年的老朋友一样，并被他豪爽的性格所吸引，对
　　A　　　　　　　B　　　　　　　　　　　　　　　C
　　他十分好感。
　　D

13. 经研究发现，茶叶中含有一种多糖类物质，它既能促进胰岛素的作用，又能去除血
　　　　A　　　　　　　　B　　　　　　　　　　　　C
　　液中过多的糖分。
　　　D

14. 初冬，来到江心公园，只见几条船只停放在岸边，却不见一个游人，给人一种凄凉
　　　　　　　A　　　　　　　　B　　　　　　　C　　　　　　　D
　　之感。

15. 他在北京里留学期间认识了很多外国朋友，使他不但在学业上有所长进，而且还开
　　　　　　A　　　　　　　　　　　　　　　　B　　　　　　　　　C
　　阔了眼界，了解到其他国家的文化。
　　　　　　D

16. 从偏僻的小山村来到大都市的我，对一切都感到那么新鲜、陌生，其中感受最深的
　　　　A　　　　　　　　B　　　　　　　　　　　　　　　　　　C
　　是，繁忙的都市人们匆匆的脚步。
　　　　　　　D

17. 我也很想把这本书借给你，可是这本书是我从同学借来的，再转借不太好吧，希望
　　　　　A　　　　　　　　　　B　　　　　　　　C
　　你能理解。
　　D

18. 望着父亲未完的书稿，望着那一个个凝聚着父亲心血的文字，这哪里是书稿？分明
　　　　A　　　　　　　　　　B　　　　　　　　　　　　C
　　是父亲留下的一行行坚毅的足迹。
　　　　　　　D

19. 他在大学读的就是中文系，已经汉语学了好多年了，要说同声翻译可能有点儿困难，
　　　　A　　　　　　　　　　B　　　　　　　　C

但在日常生活中跟中国人交流是不成问题的。
　　　　　　　　　　　　　　D

20. 我们只有一个地球，地球是我们赖以生存的家园，保护环境是我们人人的责任，也
　　　A　　　　　　　　B　　　　　　　　　　C
是我们的义务。
　　D

21. 客观地说，他算是一个出类拔萃的少见人才，无论在品德上、精神上、学习上方面，
　　　A　　　　　　　B　　　　　　　　　　C
都有值得我们学习的一面。
　　　　D

22. 与他长谈后，我重又看到了那张熟悉的阳光般灿烂的脸，心中不禁产生一种如释重
　　A　　　　　　　　B　　　　　　　　　　　　　C
负的感觉，而这种感觉在平日单调乏味的工作中是难以感觉到的。
　　　　　　　　　　　　　　D

23. 如果幼教工作者时刻将男孩的健康成长放在心上，勇挑育儿重任，将有利于男孩养
　　　　　　　　　　　A　　　　　　　　B　　　　C
成符合男性特征的性格特点，而不是过于女性化的男儿。
　　　　　　　　　　　　　D

24. 我只知道他是在1982年读书北京大学法律系的，曾在一家律师事务所工作，后来
　　　　　　　　　A　　　　　　　　　B　　　　　　　C
好像在国外呆了一段时间，别的就不太了解了。
　　　　　　　D

25. 这个学期就够受的了，本指望下学期能轻松一点儿，谁知下学期的课更难了，一课
　　　A　　　　　　B　　　　　　　　　　　　C
就有一百多个词汇。
　　D

26. 你在学习上、生活上处处为她着想，对她又体贴又照顾，你特殊的关心与照顾，难
　　　　　　　　　　A　　　　　　B　　　　　　　C
免使她错觉你好像很喜欢她。
　　D

27. 这是一间不大的小屋，倒也装饰得恰当得体，淡绿色作为房间的主色调使房间设计
　　　A　　　　　　　B　　　　　　　　　　C
尤为特色，给人一种清新惬意的感觉。
　　　　　D

28. 留学生要想学好汉语，必须得先打好坚实的基础知识，正所谓"千里之行，始于足
　　　A　　　　　　　B　　　　　　　　　　C
下，"万不可操之过急。
　　D

29. 他与医生的这番对话让人听起来很职业，还以为他是科班出身呢，其实我了解他，
　　　　　A　　　　　　　　B　　　　　　　C

他只不过是"业余爱好"而已。
　　　　　　　　　D

30．老人随着音乐翩翩起舞，显得更青春、更充满活力了，不禁让我这做小辈儿的羡慕
　　　　　A　　　　　　　B　　　　　　C　　　　　　　　　D
不已。

第二章

代　词

第一节　人称代词

第二节　指示代词

第三节　疑问代词

实力测试

基本概念：起替代作用，能够代替词、词组以及句子的词。分为人称代词、指示代词、疑问代词三类。

第一节 人称代词

一、基本概念

代替人或事物的词叫做代词。

二、常用人称代词

您	你	我	他	你们	我们	他们	人家	咱们	它	它们
大家	别人	自己	自个儿	旁人	大伙儿	大家伙儿	诸位			

三、HSK中常见的几种人称代词的用法

1. "咱们"与"我们"：

咱们：包括说话人和听话人双方。

我们：包括说话人在内的若干人，但一般不包括听话人。

例：我们要去南方旅行，你们去哪里？*(不包括听话人)*
妈妈，下课后我跟姐姐去同学家玩，您别等我们了。*(不包括听话人)*
下课后，咱们一起走吧，我也去书店看看。*(包括说话人和听话人双方)*
姐姐，下课后咱们一起去同学家玩，好不好？*(包括说话人和听话人双方)*

2. 自己：指人或事物本身。

例：他从小教育孩子自己的事情自己做。
你自己拿得了吗？还是我送你吧！
手机难道自己能飞吗？
门怎么自己开了？

3. 人家：可以泛指别人或确指上文提到过的某人，也可以指说话人自己。

例：我应该多向人家小王学习。*(确指)*
人家小张就是比我能干。*(确指)*
人家的东西不要随便动。*(泛指)*
人家能做的事情，我也能做。*(泛指)*
人家刚睡着就被你吵醒了，讨厌！*(指说话人自己)*
是你呀，你差点儿没把人家吓死！*(指说话人自己)*

◆ **辨析** "大家"与"人家"

大 家	人 家
指一定范围内所有的人，常常放在"你们"、"我们"、"他们"、"咱们"后面作复指成分。	指说话人和听话人以外的人。

例: 我们大家坐好,现在开会了。(*人家)　　例: 人家都不怕,就你怕!(*大家)
　　现在告诉大家一个好消息。(*人家)　　你看人家个个那精神头儿!(*大家)

4. 它: 泛指人以外的事物。

例: 这张桌子不大,把它放在床边吧。
　　这杯水你喝了它。
　　*你就带它一起出去走走吧。(应为: 他/她)
　　*它告诉我这个消息的。(应为: 他/她)

5. "彼此"与"各自":

(1) 彼此: 表示那个和这个。所表示的A、B双方有关。

例: 彼此关心 A ⟷ B(A关心B,B也关心A)
　　我们同窗四年,彼此都很了解。
　　我们同窗四年,不分彼此,他的就是我的,我的就是他的。

> 注意: "彼此"不可作"想念"的宾语。
> 例: *分开这么久了,夫妻俩都很想念彼此。(对方)

(2) 各自: 表示各个方面自己的一方。所表示的A、B双方无关。

例: 各自的想法 A ⟶ A　B ⟶ B(A有A的想法,B有B的想法)
　　夫妻成长环境不同,各自的生活习惯、兴趣爱好也不同。
　　谈判双方各自代表着自己的利益,互不相让。

> 注意: 不表示分头进行不用"各自"。
> 例: *班车返校了,同学们都各自下了车。
> 　　*各自房间都找遍了,怎么也找不到。

第二节　指示代词

一、基本概念

起指示作用的词,叫做指示代词。

二、常用指示代词

这	这里	这儿	这样	这么	这会儿	那	那里	那儿	那样	那么
那会儿	该	本	此地	此时	此刻	此后	这阵儿	那阵儿	每	各
这么样	那么样	另外	其他	别的	某					

三、HSK中常见的几种指示代词的用法

1. "本"与"该":

本：(本+名词) 指说话人自己或说话人所在的集体、机构、企业、处所等。

例：本人（市、团、报、校、国、厂、栏目、公司、世纪等）
　　本人是一名交通警察。
　　本世纪是网络时代。

该：(该+名词) 指不包括说话人自己的集体、机构、企业、处所等。

例：该校（市、团、报、厂、同学、栏目、企业、公司等）
　　该同学在学校表现一向很好。
　　该报创办于1990年。

2. "另外"、"其他"与"别的":

另外：指上文所说的范围之外的人或事，一般带"的"，可以和表示单数或复数意义的数量词语结合。

其他：指一定范围以外的人或事物，只能跟表示复数意义的数量词语结合。

别的：指一定范围之内的某人或事物，不能与有确定范围的数量词语结合。

例：实际上，我还想去其他（别的）地方看看。（*另外）
　　他们俩跟我走，其他（另外）几个人你带走吧。（*别的）
　　这些同学先跟我走，其他（别的）同学等下一批。（*另外）
　　怎么就来了这么几个人，其他（另外）那些人呢？（*别的）
　　这间你住，另外一间他住。（*别的、*其他）

> **注意：**
> (1) "别的"不和"有的……有的……"连用。
>
> 例：*晚会上，大家有的唱歌，有的跳舞，别的人在聊天。（有的人）
> 　　*教室里很安静，有的同学在看书，有的同学在讨论问题，别的人在打盹儿。
> 　　　　　　　　　　　　　　　　　　　　　　　　　　　　　　　　（有的人）
>
> (2) "另外"用在数量词前时，数量词不可省略。
>
> 例：*你等等，我还有另外事情要问你。（另外一件事情）
> 　　*怎么就来了两个，另外人呢？（另外一个人）

3. "每"与"各":

都有指代全体中个体的意思。"每"侧重于把全体中一个或一组作为例子，强调"个体"，常与"都"连用，一般不能直接与名词连用，常构成"每＋（数词）＋量词＋名词"形式，量词可以是各种量词。少数带有量词性质的名词，如"人"、"年"、"月"、"日"、"天"、"秒"、"分钟"、"星期（周）"、"小时"等，与"每"连用时，既可以加量词，也可以不加量词。"各"侧重于同时遍指全体中的所有个体，强调"整体"。

例：每张桌子（*每桌子）　　每种想法（*每想法）　　每位老师（*每老师）
　　每一寸土地（*每土地）　每次比赛（*每比赛）　　每场电影（*每电影）
　　每个星期（每星期）　　每个小时（每小时）　　每个人（每人）

各：可以与名词连用，分为两种情况：

(1) 名词为单音节时，"各"与名词之间不用量词。

例：各国（*各个国）　　各省（*各个省）　　各班（*各个班）　　各系（*各个系）

(2) 名词为双音节时，量词一般可用可不用，但有时必须用，量词常为"种"、"样"、"位"、"条"、"类"、"门"、"届"、"项"、"级"、"界"、"式"、"期"等少数名量词，一般不跟动量词结合。

例：各单位(各个单位)　各工厂(各个工厂)　各机关(各个机关)　各年级(各个年级)
　　各位来宾（*各来宾）　各种现象（*各现象）　各门功课（*各功课）
　　各项任务（*各任务）　各界人士（*各人士）

注意：
(1) "每"与"常"一般不可用在同一个句子里。

例：*他每天下午常去图书馆。
　　*他每年暑假常去旅行。

(2) "每"强调个体，"各"强调整体。

例：这个博物馆搜集了明清以来的各式家用火锅，每式每款都那么精致。（*各式各款）
　　他走南闯北这么多年，各种各样的人都见过，各种各样的事儿都经历过。（*每种每样）

4. "这"与"那"：

"这"、"那"指代人或事物。"这"指代比较近的人或事物，"那"指代比较远的人或事物。后面跟量词或数词加量词，也可直接跟名词一起用。

例：这本书是谁的？(近指)
　　五岁那年他来到中国。(远指)
　　这几篇文章写得怎么样？(近指)
　　那些材料你看过了吗？(远指)
　　这地方环境不错。(近指)
　　那孩子挺聪明的。(远指)

5. "这儿"、"那儿"与"这里"、"那里"：

这里(这儿)、那里(那儿)都可以表示比较近或比较远的处所。
这里(那里)：表示处所。
这儿(那儿)：既可表示时间（一般只用在"打"、"从"、"由"后面），也可表示处所。

例：我就在这里等你。(处所)
　　我去看看那儿的环境。(处所)

从那儿以后,我再没见过他。(时间)
打这儿起,我每天要早起。(时间)
我这儿离他那儿不太远。(处所)

6. "这样"、"那样"与"这么"、"那么":

(1)都可以修饰动词、形容词,表示方式或程度,在句中作状语。

例: 这儿怎么这么热闹?(程度)
这里没有南方那么多的雨水。(程度)
这个字应该这样写。(方式)
你不能那样对待他。(方式)

(2)"这样"、"那样"可直接修饰名词,即可以作定语,指代某种动作或方式。"这么"、"那么"一般不能直接修饰名词。

例: 以后不会再发生这样的情况了。(﹡这么)
类似这样的问题,以前也曾发生过。(﹡这么)
你犯不上为那样的事生气。(﹡那么)
谁知道他是那样的人呀?(﹡那么)

(3)"这么"、"那么"也可以作定语,一般用在表示数量的词语前,"这样"、"那样"一般不能用在数量词语前。

例: 就这么点儿东西还拿不动呀?(﹡这样)
他借了那么三四本书。(﹡那样)
这么几天的相处使我对他有了新的了解。(﹡这样)
有那么七八十人参加了会议。(﹡那样)

> **注意:**
> "你"、"我"或"这儿"、"那儿"或"这样"、"那样"前后连用、并举,不确指某个人、事物或处所。
>
> **例:** 大家你一句我一句的,讨论开了。
> 大家别你推我让的,都请坐!
> 他动动这儿,翻翻那儿,好像在找什么。
> 工作中难免会有这样那样的问题。

第三节 疑问代词

一、基本概念

表示疑问的词叫做疑问代词,有时可表示反问、泛指、不确指、虚指等。

二、常用疑问代词

疑问方面	疑问代词
问人、事物	谁 什么 哪
问处所	哪里 哪儿 什么(地方)
问时间	多会儿 哪会儿 几时 什么时候
问性质、状态、方式、程度	怎么 怎样 如何 怎么样
问原因	怎么 为什么
问数量	几 多少

三、HSK中常见的几种疑问代词的用法

1."什么"：
基本用法：表示疑问，多修饰名词，询问事物的性质或种类、身份或职业、时间或处所等。

例：这是什么书？(事物的性质)　　这是什么花？(事物的种类)
　　他是你什么人？(身份)　　　　你做什么工作？(职业)
　　你什么时候回国？(时间)　　　这是什么地方？(处所)

(1)动词/形容词＋什么：用疑问语气表示否定。

例：急什么，还早着呢！
　　我还有什么好说的！
　　好什么呀，都是别人挑剩下的。
　　看什么呀，你又看不懂！

> **注意**：动词后如有宾语，"什么"应放在宾语前。
>
> **例**：大中午的，睡什么觉呀！(＊睡觉什么)
> 　　上班时间聊什么天儿！(＊聊天什么)
> 　　他完全出于公心，他有什么错儿！(＊有错儿什么)

(2)什么……啊/……什么的：表示列举。

例：什么裙子呀，裤子呀，鞋呀，她买了一大堆。
　　什么巧克力啊，糖啊，蛋糕啊，她都爱吃。
　　足球、篮球、保龄球什么的，没有他不喜欢的。
　　天文、地理、人文、科学什么的，没有他不懂的。

2."怎么"的常见用法：
基本用法：可以用来询问原因、动作的方式或事物的性状。

例：你怎么不高兴了？(原因)

你昨天怎么没上课呢？（原因）
这句话怎么翻译？（方式）
我不知道该怎么处理这件事？（方式）
这是怎么回事？（事物的性状）
谁也不了解他是怎么一个人？（事物的性状）

(1)"怎么"作状语时，修饰谓词性词语。句中如果有指示代词或副词，"怎么"应放在指示代词或副词前面，不可放其后。

例：你怎么解释这个问题？
这种电器怎么用？
你打扮得怎么这么漂亮？（＊这么怎么漂亮）
都什么时候了，你怎么还不走？（＊还怎么不走）
语法怎么那么难学呀！（＊那么怎么难学）
怎么就来了三个人？（＊就怎么来了三个人）

(2)"怎么"询问人或事物的具体情况或动作的方式，常构成"怎么＋（一）＋量词＋名词"形式，量词常用"个"、"回"，名词多为"人"、"事"、"东西"、"情况"。

例：当时是怎么个情况呢？
他是怎么一个人呢？
这是怎么(一)回事？

(3)"怎么"表示任指，常构成"无论(不管、不论)……怎么……都(也)……"形式。

例：无论怎么说他都不同意。
不管我怎么劝他，他都听不进去。
他怎么也不肯来。
我怎么也听不明白。
我怎么也找不到钥匙了。

(4)"怎么"表示程度轻微，常构成"不怎么＋动词/形容词"形式。

例：他不怎么吃中国菜。
他最近不怎么来这里了。
他不怎么喜欢运动。
我对他不怎么放心。
他脸色不怎么好。
今天不怎么冷。

◆ 辨析"怎么"、"怎样"与"怎么样"

(1)都可以用在动词前，询问动作的方式，一般是可以互换的。

例：这么远的路，你是怎么来的呢？
这句话怎样翻译才好呢？
写毛笔字怎么样拿笔？

(2)都可单独作谓语,但"怎么"作谓语必加"了"或"啦"。

例: 你怎么了?不舒服吗?
他的成绩怎么样?
他这个人怎样?

(3)都可以表示任指,与"无论(不管、不论)"、"都(也)"一起使用。

例: 无论怎么说他也不同意。
不论天气怎样,他每天都早起。
不管结果怎么样,他都不在乎。

(4)都可构成"A(动词)就 A(动词)"形式,表示不确指。

例: 你怎么想就怎么说。
想怎样玩就怎样玩。
爱怎么样就怎么样,没人管你。

(5)"怎么"可构成"怎么+动词/形容词"形式,询问原因,也可用在句首,"怎样"、"怎么样"无此用法。

例: 你怎么又没上课呢?(＊怎样、＊怎么样)
他怎么哭了?(＊怎样、＊怎么样)
你怎么突然不高兴了?(＊怎样、＊怎么样)
这天儿,怎么又阴了?(＊怎样、＊怎么样)
怎么你还没走呢?(＊怎样、＊怎么样)

(6)"怎样"、"怎么样"可以作宾语或补语,询问性状,"怎么"则无此用法。

例: 你希望怎样?(怎么样)(＊怎么)
你认为结果会怎样?(怎么样)(＊怎么)
他考得怎样?(怎么样)(＊怎么)
他女朋友长得怎样?(怎么样)(＊怎么)

(7)都可用在名词前作定语,询问人或事物的状况,但"怎样"作定语有无数量词语都可以;"怎么样"作定语,一般前或后带有数量词,也可以没有数量词;"怎么"则必须用在数量词前才能作定语。

例: 你到底是怎样个想法呢?(怎么样、怎么)
你希望是怎样一个结果呢?(怎么样、怎么)
这是一个怎样的民族?(怎么样)、(＊怎么)
这是一种怎样的疾病呢?(怎么样)、(＊怎么)
他提出了怎样的建议?(怎么样)、(＊怎么)
用怎样的方法解决这个问题呢?(怎么样、＊怎么)

(8)"怎么"可用于否定形式,构成"不怎么+动词/形容词"形式,表示程度轻微,"怎样"、"怎么样"一般无此用法。"怎么样"可以构成"不+怎么样"形式,表示"不太好"的意思,"怎么"、"怎样"没有这种用法。

例： 我不怎么了解他。（＊怎样、＊怎么样）
他不怎么吃中国菜。（＊怎样、＊怎么样）
他近来身体不怎么好。（＊怎样、＊怎么样）
今天不怎么冷。（＊怎样、＊怎么样）
这个人真不怎么样，说话不算数。（＊怎样、＊怎么）
这里的环境不怎么样，晚上太吵了。（＊怎样、＊怎么）

四、疑问代词的特殊用法

1. 表示任指，即指任何时间、任何人、任何事情、任何东西或任何情况等，常构成"疑问代词……都/也……"形式。

例： 你什么时候来都可以。（任何时间）
他谁也不认识。（任何人）
我怎么都行。（任何方式）
他哪里都想去看看。（任何地方）
我什么都想吃。（任何东西）

2. 表示泛指，两个相同的疑问代词前后呼应，指同一人或事物，常构成"疑问代词①……疑问代词①……"形式。

例： 这次活动谁想去谁就可以去。
你想说什么就说什么。
你喜欢哪种就买哪种。
想怎么办就怎么办。
你想去哪里就去哪里。

3. 表示虚指，疑问代词表示不必说明的人或事物。

例： 这菜里好像少了点儿什么。
你来时没碰见谁吗？
这个人我好像在哪里见过。
咱们出去吃点儿什么吧。
我想去哪儿走走。

4. 表示反问语气，句中否定形式表达肯定意思，肯定形式表达否定意思。

例： 你怎么能这样做呢？
我认识谁呀？
我哪能不来参加呢？
住了这么多年，谁不认识呀！
你为什么不早说呢？

实 力 测 试

一、将所给的词语填到适当的位置上

1. 我 A 想了很久,还是 B 不知道该 C 向他 D 开这个口,毕竟我们的关系已成为历史了。(怎么)
2. 你 A 见到 B 他好好 C 休息过一天 D? (哪会儿)
3. 他 A 对我的期望是 B 那么大,这样的结果真的不知道该 C 对他 D 说?(怎么)
4. 股票我可没 A 认识, B 不敢 C 妄言,你还是问问 D 内行的人吧!(什么)
5. 你看, A 一大堆的事还等着我处理, B 有时间 C 陪你 D 看电影呀?(哪儿)
6. 他期待这么久的事情,结果 A 却是这样, B 真不知道该 C 对他 D 解释?(怎样)
7. A 王唯 B 能有 C 今天的辉煌,完全是靠 D 他身上的那股拼劲儿!(人家)
8. 他 A 总喜欢一个人呆着, B 不像我 C 爱在人多的地方 D 凑热闹。(这么)
9. A 难怪人家都 B 看不起他, C 让他自己 D 不争气呢?(谁)
10. 她 A 看起来 B 挺柔顺的,谁能想到她的脾气 C 那么 D 固执?(怎么)
11. 大冷 A 的天儿,你就穿 B 件单衣 C 出去,真应了一句 D 老话"冬天不穿棉,冻死不可怜"。(这么)
12. 如果你 A 认为这个计划 B 确实可行, C 咱们就马上着手 D 准备,别错失良机呀!(那么)
13. 你别整天对他 A 拉着脸,时间 B 长了,他 C 能不离你而去 D?(哪儿)
14. 你自己做 A 得都不 B 好,有 C 资格去教训 D 孩子? 这叫"上行下效"!(什么)
15. 他 A 看书的神情 B 是 C 专注, D 让人不忍打扰。(那么)
16. 我看你到现在不停嘴儿地吃,小心 A 吃 B 多巧克力,时间 C 长了, D 会发胖的。(那么)
17. 你 A 想得倒简单, B 那么 C 好办的 D 事情?(哪有)
18. 你 A 一下子 B 买了 C 这么 D 多水果? 时间长了该不新鲜了。(怎么)
19. A 做 B 事情 C 都得有一个 D 科学的方法,不然,只能是白费力气。(什么)
20. 他就是 A 个人, B 太好强,不管 C 做 D 什么都得得第一。(这么)

二、判断选择

1. 真要命,还不到冬天,外边怎么就(   )冷?
   A. 很   B. 非常   C. 特别   D. 这么
2. 其实他的事情我是不(   )爱过问的,何必自寻烦恼呢?
   A. 怎么   B. 怎样   C. 怎么样   D. 什么
3. 听说他们最近的关系有所缓和,不(   )吵架了,家人也稍稍松了一口气。
   A. 这样   B. 怎么样   C. 怎么   D. 怎样
4. 人家一个姑娘家,你说话(   )不客气,多少也给人家留一点面子嘛!
   A. 怎么那么   B. 怎么多么   C. 怎么非常   D. 怎么太
5. 我曾在极度困难的情况下求过他,却遭到了一顿冷嘲热讽,打(   )以后,再未向他开

过口。
    A. 那里   B. 那样   C. 那儿   D. 那么

6. 这里的老师态度( )亲切,让身在异国的游子备感亲切。
    A. 怎么   B. 怎样   C. 怎么样   D. 这么

7. 这个人我好像在( )地方见过,但一时又想不起来。
    A. 什么   B. 任何   C. 有的   D. 哪儿

8. 哎呀! 你( )? 大家一直在找你。
    A. 怎么来了   B. 什么时候来了   C. 多大工夫来了   D. 什么时候来的

9. 他学了( )了? 怎么还这个程度?
    A. 多大工夫   B. 多久时间   C. 多长时间   D. 多少工夫

10. 你了解他吗? 他到底是( )的人? 姓名、职业、家庭? 什么都不知道就敢那么轻信他!
    A. 怎么   B. 什么   C. 怎样   D. 谁

11. 他是个非常好强的人,( )事情都不愿意落在别人的后面,无形中给自己增加了很多压力。
    A. 那件   B. 什么   C. 怎么   D. 多么

12. 他无论走到( ),身上的豁达与乐观总是感染着身边的每一个人。
    A. 什么   B. 那里   C. 哪里   D. 这儿

13. 他这个人也太不开窍了,我( )跟他说,他也不明白,我算是没辙了。
    A. 什么   B. 怎么   C. 怎么   D. 怎么样

14. 咱俩谁跟谁呀,你还( )客气,见外了不是!
    A. 多么   B. 多少   C. 什么   D. 这么

15. 最近感觉体力越发不支,搞不清到底是( )一回事,可能是人到中年了吧!
    A. 什么   B. 怎么   C. 哪   D. 怎么样

16. 在我们的身边,有( )像他这样无私助人的好人啊!
    A. 多么   B. 多   C. 那么   D. 多少

17. 他是个不管遇到( )大的挫折,都不言放弃的人,让人钦佩!
    A. 多么   B. 这么   C. 那么   D. 什么

18. 你( )能指望他这种将感情随意抛洒的人对感情认真呢?
    A. 怎么   B. 怎样   C. 怎么样   D. 多么

19. 马上就要开考了,可他的准考证( )也找不到了,急得他直哭。
    A. 说什么   B. 怎么样   C. 怎样   D. 什么

20. 你( )时候来,我们( )时候开始,会等着你的。
    A. 什么……什么   B. 多少……多少   C. 哪个……哪个   D. 怎样……怎样

21. 大家不要有所顾忌,想( )说就( )说,畅所欲言嘛!
    A. 什么……什么   B. 怎么……怎么   C. 那么……那么   D. 这么……这么

22. 他虽说与你同龄,但却( )像你( )会处事,遇事不会拐弯儿。
    A. 有……这么   B. 没有……那么   C. 没……这么   D. 不……那么

23. 他忙得连睡觉的时间都没有,我( )!
    A. 怎么好意思麻烦他   B. 不好意思老添麻烦他
    C. 不好意思对他添麻烦   D. 不好意思给他麻烦

三、改错

1. 这些苹果运不出去,堆在这儿白白地浪费掉,多少可惜呀! 得想个办法运出去呀!
   　　A　　　　　　　B　　　　　　　　C　　　　　　　D

2. 我打了好几次电话,电话总占线,什么也打不通,看来我得去一趟了。
   　　A　　　　　　B　　　　C　　　　　D

3. 有人说,哪儿都可以有,就是别有病,什么都可以没有,就是别没钱。
   　A　　　　B　　　　　　C　　　　　　D

4. 他是不言放弃的人,做事顽强而执着,不管遇到很大的困难,他都充满信心。
   　　A　　　　　　　B　　　　　　C　　　　　　D

5. 北京是个千年古都,它历史悠久,有很多名胜古迹,值得一游。
   　A　　　　　　B　　　　C　　　　　D

6. 二十年来,写日记已成为我生活中的一部分,虽然工作多么繁忙,都坚持每天写一篇
   　A　　　B　　　　　　　　　　　　　C　　　　　　　　D
   日记。

7. 新婚不久的小两口第一次分开这么久,都很想念彼此,天天用电子邮件表达思念之情,
   　　　　A　　　　　　　　　B　　　　　　　　　　C
   真有一日不见如隔三秋之感。
   　　　D

8. 昨天就在这里,我听得清清楚楚,你是说这样的嘛,怎么今天就出尔反尔不承认了呢?
   　　A　　　　B　　　　　　C　　　　　　D

9. 早就说要送你件礼物,正好今天是你的生日,你喜欢哪个件衣服我就给你买哪个件,
   　　A　　　　　　　B　　　　　　　　C
   你随便选吧!
   　D

10. 我们都是这么多年的朋友了,你哪个时候需要我帮忙,就尽管开口,千万别客气!
    　　A　　　　　　　　B　　　　　C　　　　　D

11. 由于双方打法彼此相克,比赛越打越沉闷,最终都没能破门,0比0的比分保持到终场。
    　A　　　　　　　　B　　　　　C　　　　　　D

12. 他真是个无情无意的人,你这么对他好也不能感化他,我看为这种人你也没有必要
    　A　　　　　　　B　　　　　　　　　C
    再这么忍下去了,离开他倒是一种解脱。
    　　　D

13. 当初,他一个人无亲无故独闯天下时,幸亏遇到了这么很多好心人,才度过了最初的
    　A　　　　　　B　　　　　　　　C　　　　　　　D
    难关。

14. 俗话说:"患难见真情",我们一起走过了最艰难的日子,打那里以后,我们真正成为
    　　A　　　　　　　　　B　　　　　C

了一对彼此信任、相濡以沫的朋友。
　　　　　　　　　D

15. 你也太小瞧他们了,他们都是这个领域的专业人才,在这个行业也已经做了很多年了,
　　A　　　　　　　B　　　　　　　　　　　　　　　　　　　C
彼此熟悉自己的业务,这点小问题难不倒他们。
　　　　D

16. 在中国,法律规定:每年满十八岁的公民都具有选举权和被选举权,任何人都无权以
　　A　　　B　　　　　　　　C
任何方式剥夺这种权利。
　　　D

17. 大学毕业后,大家都忙于自己的工作,有的有一些联系,有的只偶尔打个电话,而别的
　　A　　　　　　B　　　　　　　　　　　　　　C
一些早就联系不上了。
　D

18. 我见到他就有种似曾相识的感觉,好像是在那里见过的老朋友,一种莫名的感觉涌上
　　A　　　　　　　　　　　　B　　　　　　　　　　　C
心头,他的一颦一笑竟然是我那么熟悉的。
　　　　　　　　D

19. 他是一个比较自我的人,独立性很强,同时又是个我行我素的人,从不受他人左右。
　　A　　　　　　　　　　B　　　　　　　　　C　　　　　　　　　D

20. 今年又是一个暖冬,虽然已开始"数九"了,但天气并不怎么样冷,街上依然可见的是
　　　　　　A　　　　　　　　　B　　　　　　　　　C
春的影子。
　　D

21. 听说,事情发生的时候你在场,当时现场是怎么的情况,你能说说吗?
　　A　　　　　　　B　　　　　　　　　C　　　　　　　D

22. 外边的雪下得这么大,你看连个行人都看不到,你怎么能出去呀?还是改日去吧!
　　A　　　　　　　　　　B　　　　　　　　C　　　　　　　　　D

23. 大学期间,每个假期他常来中国学汉语,几年下来,口语是长进不少。
　　A　　　B　　　　　　　　　C　　　　　　D

24. 他不就是翻译了几篇文章,发表过几篇论文吗?其实什么也没了不起的,还至于傲成
　　　A　　　　　　　　　　　　　B　　　　　　　C
那个样子吗?
　　D

25. 就你这么完美的身材,什么穿上不好看?不像我,想穿什么都穿不上!
　　A　　　　　　　　　B　　　　　C　　　　D

26. 一个孩子家,你犯得上生这么大的气吗?孩子毕竟是孩子,哪孩子能不淘气呢?
　　A　　　　　　B　　　　　　　　　C　　　　　　　　D

27. 到底发生了什么事儿?你倒说话呀!别哭哭啼啼的这么好不好?哭也不能解决任何问
　　　　　　A　　　　　B　　　　　　C　　　　　　　　　　D
题呀!

28. 他交际很广,朋友很多,兴趣也很广泛,电影、电视、什么音乐、体育的,他都喜欢。
　　　A　　　　　　B　　　　　　　　　　C　　　　　　　　D
29. 又怎么了?刚才她还有说有笑的,怎么就这么一会儿阴下了脸?谁得罪她了?
　　A　　　　　　B　　　　　　　　　　C　　　　　　　D
30. 我看你还是事先跟他打个招呼,征求一下儿他的意见吧,他人肯不肯还不一定呢?
　　　　　　　　　A　　　　　　　　　B　　　　　　　　　　C
别我们准备好了他再不同意怎么办?
　　D

第三章

动　词

第一节　动词分类及特点

　　　　分项测试（1）

第二节　动词的重叠

　　　　分项测试（2）

第三节　能愿动词

　　　　分项测试（3）

> 基本概念：主要是表示动作、行为、人或动物的生理或心理状态的词。

第一节　动词分类及特点

一、动词的分类

动作动词：表示动作行为的词。

例：听　看　吃　打　写　表演　参观

状态动词：表示人或动物的精神、心理和生理状态的词。

例：喜欢　爱　想念　希望　担心　放心　饿　累　病

关系动词：表示主语与宾语之间存在某种关系的词。

例：叫　像　姓　是　有　当做　成为　等于

能愿动词：表示可能、愿望、必要的词。

例：会　能　愿意　情愿　可以　能够　应该

二、动词的语法特点

1. 作谓语，多数动词可以带宾语，宾语多是名词或代词。

例：看电视　学汉语　喜欢文学
　　 等我　感谢他们　来到这里

（1）有的动词不带宾语。

例：＊我旅行北京。
　　＊这次观光各国，收获很大。
　　＊你能帮忙我吗？
　　＊我明年毕业大学。
　　＊他出生北京。

此类动词还有："休息"、"送行"、"旅游"、"毕业"、"放心"、"着想"、"指正"、"见面"、"握手"、"问世"等。

（2）有的动词带谓词宾语（即动词或形容词宾语），不带名词或代词宾语。

例：＊全体员工进行了一次会议。
　　＊我们每天八点开始汉语课。
　　＊他明年打算汉语。
　　＊我希望好成绩。
　　＊我们继续话题吧！

此类动词还有：
"进行（研究）"、"开始（讨论）"、"难以（理解）"、"予以（承认）"、"得以（实现）"、"给予（支持）"、"给以（帮助）"、"加以（克服）"、"继续（学习）"、"主张（参加）"、

"希望（考上）"、"从事（教育研究）"、"声明（作废）"、"感到（高兴）"、"觉得（挺好）"、"感觉（不舒服）"、"受到（欢迎）"、"遭到（拒绝）"、"装作（生病）"、"准备（考试）"

（3）有的动词可以带主谓短语宾语。

例：我希望你能参加晚会。
　　他认为事业是第一位的。
　　我以为小李来了。
　　他怕自己做不了。
　　我发现他变了。

（4）有的动词可以带两个宾语（即双宾语）。

例：我请教他问题。
　　他告诉我一个好消息。
　　他递给我一本书。
　　我通知他明天开会。

此类动词还有："送"、"给"、"还"、"交"、"借"、"偷"、"赠"、"赏"、"问"、"报告"、"转交"、"托付"、"通知"等表示"给予"与"得到"的词语。

2．多数动词后边可加"了"、"着"、"过"。

例：听了　学了　坐着　开着　来过　有过

3．多数动词后边可以带各类补语。

例：走过来　放下　看完　看清楚　等一会儿
　　放在哪儿　送给他　写得很好　学一遍

4．多数动词可以接受副词修饰。

例：才来　就走　马上学完　正在学习　已经开始

> **注意**：程度副词一般只修饰心理活动的动词和少数能愿动词，不修饰一般动词。
>
> 例：很喜欢　非常关心　十分想念
> 　　太能说　真会说　挺愿意去
> 　　＊很学习　＊非常看到　＊太走

三、离合动词

1．基本概念：具有可分离性的动词。

例：我刚才睡觉了。→我刚才睡了一会儿觉。
　　我们见面了。→我们见了一面。
　　他因你生气了。→他生了你的气。

2．离合动词的特点：

（1）离合动词一般不带宾语。

常构成：介词 + 名词 + 离合动词

例：跟朋友见面（＊见面朋友）　从大学毕业（＊毕业大学）
　　跟朋友握手（＊握手朋友）　向他道歉（＊道歉他）

(2) 疑问代词、动量词、时量词要放在离合动词中间，不可放在后面。

例：睡什么觉（＊睡觉什么）　帮什么忙（＊帮忙什么）
　　加几次班（＊加班几次）　出两天差（＊出差两天）

3．常用离合动词：

碍事	安心	办公	办学	帮忙	报名	毕业	闭幕	编号	贬值	拨款	播音
操心	超产	吵架	称心	吃惊	吃亏	出差	出境	出口	出面	出院	出丑
创业	辞职	存款	打架	打针	怠工	贷款	担保	担心	道歉	登记	点火
订婚	定性	丢人	懂事	动身	对话	发病	发愁	发火	发言	罚款	放心
放学	分工	付款	鼓掌	害羞	回信	灰心	汇款				

会客	集邮	加班	减产	见面	见效	结婚	结业	尽力	看病	考试	旷课
旷工	劳驾	离婚	聊天	留学	露面	录音	冒险	纳闷儿	拼命	签名	请客
缺席	让步	散步	上当	上班	扫兴	生气	生效	失学	失业	睡觉	算数
叹气	探亲	听话	投资	洗澡	下班	像样	泄气	用力	用心	游泳	照相
值班	住院	着急	坐班	有用							

分项测试（1）

一、将所给的词语填到适当的位置上

1．你倘若要找一个好 A 工作，就得在 B 大学 C 四年级 D 以前做好准备。（开始）
2．A 越来越多 B 的人 C 注意自己整体素质的 D 提高了。（开始）
3．国家劳动部 A 决定 B 从 1998 年 C 在北京等 10 个地区 D 开展秘书职业资格鉴定的试点工作。（开始）
4．无情的岁月 A 所留下的痕迹，B 我不敢相信站在 C 我面前的就是 D 当年风采照人的她。（使）
5．A 你这个时候才 B 告诉 C 我不去，D 我上哪儿去找人呀？（让）
6．许多人由于 A 喝水少 B 而 C 身体 D 积累了过多的脂肪。（使）
7．A 这种工作没有保障，B 随时 C 都 D 丢饭碗的危险。（有）
8．A 他所从事的 B 是这样的事业，C 燃烧了 D 自己照亮了别人。（就）
9．我们学校 A 很多 B 来自 C 不同国家的留学生 D。（有）
10．他 A 几个月 B 时间 C 跟对方公司交涉 D 关于损失赔偿事宜。（花了）
11．他独创的理论思想 A 在历史上 B 很早 C 被海内外人士 D 所认可了。（就）
12．我 A 所住 B 的房间 C 二楼最里边 D。（在）
13．我派 A 人 B 请 C 他 D 好几次，但最终他还是没来。（过）
14．老人常跟 A 人讲起 B 他 C 小时候经历 D 的一些事。（过）

15. 女儿的离世 A 她陷入极度的痛苦之中，B 我看着 C 她 D 又红又肿的双眼，不知怎么安慰她才好。（使）
16. A 富裕起来的他 B 想到的第一件事 C 怎样帮助 D 其他乡亲尽快富裕起来。（就是）
17. 我 A 在街上闲逛的时候 B 偶然 C 遇到的 D 他。（是）
18. 他现在 A 有计划地 B 把自己的作品 C 整理 D 分类，准备出版了。（开始）
19. A 这件事 B 我 C 帮助 D 他妥善处理的。（是）
20. A 他 B 把我 C 从那个愚昧无知的家庭中 D 带出来，我为此将感激他一生一世。（是）

二、判断选择

1. 他从来没参加过如此大型的比赛，所以很（　　）临场发挥不好。
   A. 放心　　　　B. 担心　　　　C. 考虑　　　　D. 准备
2. 在北京，我们（　　）了很多名胜古迹，像颐和园、故宫和长城，我们都去了。
   A. 游览　　　　B. 旅游　　　　C. 旅行　　　　D. 观光
3. 这个问题他已经（　　）过很多次了，你又问他，难怪他不耐烦。
   A. 答应　　　　B. 回响　　　　C. 回忆　　　　D. 回答
4. 汽车靠边（　　），请行人注意安全。
   A. 驾驶　　　　B. 行驶　　　　C. 航行　　　　D. 奔驰
5. 这件事的详细情况我并不（　　），不好发表意见。
   A. 熟悉　　　　B. 懂得　　　　C. 了解　　　　D. 理解
6. 我怎么讲他就是不（　　），真气死我了！
   A. 思想　　　　B. 理解　　　　C. 了解　　　　D. 听懂
7. 小王（　　）数学，有问题尽管去问他，他可是我们这儿的"数学专家"呀！
   A. 特长　　　　B. 善于　　　　C. 擅长　　　　D. 拿手
8. 因为明天（　　），所以我在那儿呆了一会儿就回来了。
   A. 有上课　　　B. 有上课了　　C. 上课了　　　D. 有课
9. 很多人（　　）就参加工作了，并未继续深造。
   A. 一毕业大学　B. 毕业大学了　C. 毕业了大学　D. 大学一毕业
10. 以前人们的生活是上班回家、回家上班，生活乏味而单调，现在情况（　　）。
    A. 越来越改变了　B. 慢慢地改变了　C. 越改越变了　D. 改变了慢慢地
11. 他的胃不太好，有时吃得不合适就会（　　）。
    A. 恶心　　　　B. 恶意　　　　C. 恶习　　　　D. 恶化
12. 去也不是，不去也不是，他（　　）左右为难。
    A. 明白　　　　B. 感想　　　　C. 感受　　　　D. 感到
13. 留学生生活上的困难，学校都给予了适当的（　　）。
    A. 安排　　　　B. 处理　　　　C. 解决　　　　D. 完成
14. 他做事向来考虑得很周全，从不做没有（　　）的事情。
    A. 缺点　　　　B. 错误　　　　C. 把握　　　　D. 掌握
15. 老人一直想在暮年回老家看看，但愿望最后也没能（　　），就永远离开了人世。
    A. 成功　　　　B. 理想　　　　C. 实现　　　　D. 成果
16. 在食堂买饭时，有人常常不按（　　）买。

A．秩序　　　　　B．次序　　　　　C．位置　　　　　D．排位
17．你说的什么意思？我不（　　）。
A．明白　　　　　B．了解　　　　　C．说明　　　　　D．想通
18．对那些不合理的要求，我们坚决不能（　　）。
A．安排　　　　　B．解决　　　　　C．完成　　　　　D．答应
19．中国——这条正在崛起的东方巨龙越来越（　　）国际社会的广泛关注。
A．吸引　　　　　B．受到　　　　　C．引进　　　　　D．引发
20．这里的气候（　　）葡萄生长，所以很久以来就有酿造葡萄酒的风俗。
A．适宜　　　　　B．合适　　　　　C．正好　　　　　D．正巧

三、改错

1．他是个生活极有规律的人，青年时代的军旅生活养成了他早睡早起，无论春夏秋冬皆
　　　　A　　　　　　　　　　　　　B　　　　　　　　　　　　　C
如此，从未改变过。
　　　D

2．这家超市从顾客角度出发，考虑到上班族的具体困难，营业时间将改为早六点至晚
　　　　　A　　　　　　　　　　　　　B　　　　　　　　　　　C
九点，大大便于了顾客购买。
　　　　　　D

3．1987年，在北京国际艺术节上，孙禹首次以主演歌剧《原野》男主角仇虎而轰动歌
　　　　　A　　　　　B　　　　　　　　　　　　C
剧界，给观众留下了难忘的银幕形象。
　　　　　　　　D

4．父母必须从小教育孩子哪些事情能做，哪些事情不能做，树立正确的是非观，并能
　　　　A　　　　　　　　　　B　　　　　　　　　　　　　C
发觉孩子身上的闪光点和可贵之处，并能及时予以鼓励和肯定。
　　　　　　　　　　　　　D

5．吃饭狼吞虎咽不利于食物的消化吸收，因此他对习惯于吃得快的人建议了一个小技
　　　　A　　　　　　　　　　　　　　　　　　　　B
巧，与别人一起进餐，在细嚼慢咽中交谈，而不是不停地狼吞虎咽。
　　C　　　　　　　　　　　　　　　　D

6．听说他病得不轻，躺在医院的病床上靠打针保持着危在旦夕的生命，医护人员24小时
　　A　　　　　　　　　　B　　　　　　　　　　　　　　C
守护在身边，在外边等候的家人则忍受着精神的煎熬。
　　　　　　　　　　D

7．我方愿望我们两国能加强各领域的合作，尤其是教育领域的合作，近期国家将出台
　　　A　　　　　　　　　　　　B　　　　　　　　　　　C
一些相关政策，以扶持教育事业。
　　　　D

8．眼镜是一种特殊商品，它的质量优劣直接联系到消费者的身心健康，鉴于目前眼镜
　　A　　　　　　　　　　　B　　　　　　　　　　　　　C

9. 我们正位于一个改革开放的特殊时期,有些政策还有待于进一步完善,难免会存在
   　　A　　　　　　　　　　　　　　B
   一些不尽如人意的地方,还请大家能予以理解。
   　　C　　　　　　　　　D

10. 高中毕业后,他终于完成了自己的愿望,考上了理想的大学,成为一名名牌大学的学生。
    　A　　　　　B　　　　　　　　　　C　　　　　　　　　　　D

11. 你提的条件太高了,公司目前还处于刚刚起步的阶段,就公司目前的经济状况而
    　　A　　　　　　　　B　　　　　　　　　　　C
    言,很难满意你的要求。
    　　　D

12. 他那本来就很虚弱的身体哪受得了这连日来的折腾,终于,他病倒了,在家住了
    　　　　A　　　　　　　　　　　　　　　　　B　　　　　　　C
    一个多月的病假。
    　　D

13. 只短短的几年时间,这座城市就发现了天翻地覆的变化,马路变了,楼房变了,人
    　A　　　　　　　　　　　B　　　　　　　　　　　　　C
    也变了,人们再也找不到那个贫瘠的小山村的影子了。
    　　　　　　　　D

14. 由于多日的劳累,加之他平时身体就很不好,下班后突然晕倒在马路旁,是几个陌生
    　　　　A　　　　　　　　　　　　　　　　B
    人把他送到了医院,当他醒来想道谢他们时,人早已不见了踪影。
    　　　C　　　　　　D

15. 现在的农村已与以前人们印象中的完全不同了,就拿今年来说吧,我们村里除了上
    　　　A　　　　　　　　　　　　B　　　　　　　　C
    缴给国家的粮食以外,家家户户的粮食还有丰富。
    　　　　　　　　D

16. 随着人民的生活水平的不断改善,人们也越来越重视生活质量了,已不再满足于基
    　　　A　　　　　　　　　　B　　　　　　　　　　　　C
    本的生活保障,更重视的是精神的愉悦与满足。
    　　　　　D

17. 由于经济的不断发展,人们的基本生活理念也发生了很大的变化,人们已不满意于
    　　A　　　　　　　　B　　　　　　　　　　　　　　C
    温饱状态,更重视生存质量了。
    　　　　D

18. 成为一名好教师,应在自我素质的提高上多下功夫,对自己的教材、作品要反复
    　A　　　　　　B　　　　　　　　　　　　　　C
    地认真地进行推敲加工,使之精益求精。
    　　　　　　D

19. 老先生是位著名的语言学家,早年曾先后在北京大学、人民大学执教现代汉语、古
         A   B
    代汉语、训诂学、汉语史等课程,本人能拜老先生为师,可谓人生之最大幸事。
                                C   D

20. 实际上,你吃这个、吃那个也只是解决一些皮毛问题,治标不治本,坚持体育锻炼才
       A   B   C
    是保证苗条身材、充沛精力的一个重要条件。
                  D

21. 这座看似简单的雕塑作品既体现了城市的"形",又概括了城市的"神","形"与"神"
                                A
    融为一体,就集中地反应了城市的主要特征,塑造出为市民所公认的城市精神。
     B   C   D

22. 真奇怪,既然不同意,那你点头什么?我们还以为你同意呢。
      A   B   C   D

23. 毕业后不久,他就找到了一份理想的工作,而且得到了公司领导的赏识,并结婚了相
          A   B
    恋多年的女友,可谓是事事如意、一帆风顺!
     C   D

24. 由于汽车司机开车时头部始终注视着一个方向,由此而发生的颈椎错位的患者为数不少,
                  A   B
    尤其是常年开车的出租车司机,因此专家建议开车时应适当转动头部以防止颈椎病的发生。
          C   D

25. 吃月饼时,适量喝点茶水,不但可解口干口渴,而且有助于去腻排油增加食欲。
     A   B   C   D

第二节　动词的重叠

汉语中的动词可以重叠起来使用,重叠以后的动词一般表示动作持续的时间短、进行的次数少或含有轻松随便的意味。

一、动词重叠的形式

1. 单音节动词一般以"AA"、"A一A"、"A一下"、"A了A"、"A了一A"形式重叠,表示动作持续的时间短、进行的次数少或含有轻松随便的意味。

　　例:听——听听　听一听　听一下　听了听　听了一听
　　　　说——说说　说一说　说一下　说了说　说了一说

　　注意:(1) 以"AA"、"A一A"、"A一下"形式重叠时,一般用于未完成的动作。
　　　　　　(2) 以"A了A"、"A了一A"形式重叠时,一般用于已完成的动作。

2. 双音节动词一般以"ABAB"、"AB一下"形式重叠,表示动词持续的时间短或含有

轻松随便的意味。少数动词可以以"AABB"、"A来A去"或"AB来AB去"形式重叠，表示动作多次进行或时间长的意思。

> 例：参观参观　参观一下　分析分析　分析一下
> 　　嘀嘀咕咕　说说笑笑　哼哼唧唧　打打闹闹
> 　　吵吵闹闹　拉拉扯扯　来来回回　蹦蹦跳跳
> 　　讨论来讨论去　研究来研究去　想来想去　走来走去

注意：重叠的双音节动词之间一般不加"一"

> 例：＊分析一分析　＊讨论一讨论　＊考虑一考虑　＊研究一研究

3．离合动词一般以"AAB"、"A一AB"、"A了AB"形式重叠。

> 例：聊聊天　聊一聊天　聊了聊天
> 　　帮帮忙　帮一帮忙　帮了帮忙
> 　　握握手　握一握手　握了握手

二、可重叠的动词

1．一般表示持续性动作的动词可以重叠使用，重叠后表示已经完成或将要进行的动作行为。

> 例：他看了看表。
> 　　他点了点头，示意我坐下。
> 　　你在这儿坐坐吧！
> 　　你等等我，我马上就来。

2．动作含有尝试意义时，有些不表示持续意义的动词也可以重叠使用。

> 例：这个杯子你摔摔，看结实不结实。
> 　　这么难缠的孩子，你碰碰看，够你受的。
> 　　腿动动看，有没有知觉。

3．句中含有致使意义时，少数表示心理状态的动词也可以重叠使用。

> 例：这个问题你还是回去考虑考虑吧！
> 　　该让他知道知道你这份苦心了。
> 　　你长大了，该体谅体谅父母了。

三、动词重叠的语法意义

1．表示动作持续的时间短或进行的次数少。

> 例：你等等，我这就来。
> 　　我推了推他，他毫无反应。
> 　　他看了看我手里的东西，没说什么。

2．含有随便、轻松的意味。

例：周末，看看书、听听音乐挺好的。
老人每天打打太极拳、养养花儿，过得倒也自在。
我们出去走走，呼吸呼吸新鲜空气吧！

3．用在祈使句中，有缓和语气的作用。

例：你就帮帮他吧，看他急的！
你好好休息休息吧！
能再帮我讲讲吗？

4．表示尝试的意义，重叠的动词后常常加"看"。

例：语法学学看，不难。
你穿穿这件衣服，肯定合身。
你尝尝这个菜，不太辣。

四、不能使用动词重叠形式的情况

(1) 同时进行的动作不能重叠。

例：＊他一边说说，一边写写。
＊大家又说说，又笑笑，很开心。

(2) 正在进行的动作不能重叠。

例：＊他正在看看书呢。
＊他现在在中国学学汉语。

(3) 动词作定语不能重叠。

例：＊你看看的是什么书？
＊我散散步的时候遇到他。

(4) 动词带补语时不能重叠。

例：＊你休息休息一下儿吧。
＊那件事你问问清楚了吗？

(5) 能愿动词不能重叠。

例：＊你应该应该帮助他。
＊你愿意愿意帮我吗？

(6) 连动句的第一个动词不能重叠。

例：＊他去去图书馆看书。
＊他来来中国看朋友。

(7) 兼语句的第一个动词不能重叠。

例：＊他请请朋友帮忙。
＊他让让你回去。

注意：

（1）动词重叠后不带"了"、"着"、"过"。

例：＊这本书我早就看看过。
＊你看看了这份材料了吗？

（2）动词重叠后如有数量词语一般应是确指的。

例：＊我下午去见见一位朋友。
＊他去书店买买一些书。

（3）离合动词只重叠动词。

例：点点头（＊点头点头）　聊聊天（＊聊天聊天）
散散步（＊散步散步）　睡睡觉（＊睡觉睡觉）

（4）表示经过一个过程才完成的动作或不是短时间完成的动作，不能用动词重叠形式表示。

例：他看了看手表。
＊我昨天看了看电影。
他给我讲了讲要点。
＊他给我讲了讲故事。

分项测试（2）

一、将所给的词语填到适当的位置上

1. 先不要妄下定论，你还是先A去调查B调查，等我C回来就把情况D告诉我。（一）
2. 与其这么傻等，白白浪费了很多时间，还不如A打个B电话C确认D。（一下儿）
3. 她A坚韧的性格B吸引了C我D，我深深被她坚韧的毅力所吸引。（一下子）
4. 对这些历史遗留A问题B早该处理C处理D，别再拖了。（了）
5. 你A休息B再C做D吧，别太疲劳了，这样效果也不一定好。（一下儿）
6. 请A你帮B我师妹在北京换C去D上海的飞机。（一下儿）
7. 公司A派B他去C日本洽谈D这笔生意。（一下儿）
8. 这件事我做不了主，你还是A去B找C经理请示D吧！（一下儿）
9. 你A陪B我到C外边透D新鲜空气，好吗？（一下儿）
10. 我虽然又看A看B这篇文章C，但还谈不上D完全理解作者的意图。（了）

二、判断选择

1. 昨天他踢球时（　　）腿，被送进医院去了。
    A. 摔　　　　　　B. 摔了摔　　　　　　C. 摔了　　　　　　D. 摔了一摔
2. 孩子很向往北京，缠着妈妈要（　　）北京看看天安门。
    A. 去　　　　　　B. 去去　　　　　　C. 去一去　　　　　　D. 去了去

3. 我们公司经理就在那边，你去跟他（　　）吧。
   A. 谈了　　　　　B. 谈了谈　　　　C. 谈谈了　　　D. 谈一谈
4. 遇到新问题，一定要好好（　　），万不可贸然行事。
   A. 研究研究　　　B. 学习学习　　　C. 处理处理　　D. 想像想像
5. 你最好（　　）再回答，别急于回答。
   A. 想得很清楚　　B. 想想得清楚　　C. 想想了清楚　D. 想清楚了
6. 明天你就要回国了，今天我们一起（　　），高兴高兴。
   A. 喝酒喝酒　　　B. 喝喝酒酒　　　C. 喝喝酒　　　D. 喝酒过
7. 他又一次（　　）熟睡中的她，转身走了。
   A. 看了看　　　　B. 看看了　　　　C. 看看过　　　D. 看看着
8. 刚才那个人不正是你要（　　）的小周大夫吗，怎么不打个招呼？
   A. 找找着　　　　B. 找找　　　　　C. 找找了　　　D. 找
9. 我们以前是同学，曾在一起（　　）汉语。
   A. 学习学习了　　B. 学习学习过　　C. 学习过　　　D. 学习了学习
10. 这么乱的房间还不快（　　），要不怎么接待客人？
    A. 打扫打扫一下儿　B. 打扫打扫　　C. 打扫了一下　D. 打扫一打扫
11. 回去以后，你（　　）我的建议，明天答复我。
    A. 考虑一考虑　　B. 考虑了　　　　C. 考虑了考虑　D. 考虑考虑
12. 你这个当经理的，也应该想法儿（　　）职工们的业余生活，别这么死气沉沉的。
    A. 丰富丰富　　　B. 丰丰富富　　　C. 十分丰富　　D. 非常丰富
13. 虽然昨天很累，但他还是（　　）一个小时的书才睡。
    A. 看了看　　　　B. 看看　　　　　C. 看了　　　　D. 看一看
14. 我们（　　）再接着讲吧。
    A. 休息休息一会儿　B. 休息过一会儿　C. 休息一休息　D. 休息休息
15. 这两位老人每天早晚都要出去（　　），呼吸呼吸新鲜空气，活动活动筋骨。
    A. 散步一会儿　　B. 散散一会儿步　C. 一会儿散步　D. 散一会儿步
16. 那天我在路上（　　）的时候，碰见了我10年前的一位同学。
    A. 溜达溜达　　　B. 溜达一溜达　　C. 溜达　　　　D. 溜达了溜达
17. 这段日子他忙着呢，正在（　　）研究生考试。
    A. 准备准备　　　B. 准备呢　　　　C. 准备准备着　D. 准备
18. 你放心吧，我一定要（　　）这篇文章。
    A. 写好　　　　　B. 写写好　　　　C. 写一写好　　D. 写过
19. 你知道他（　　）的是什么大学吗？
    A. 读读过　　　　B. 读　　　　　　C. 读了　　　　D. 读了读
20. 我凑近（　　）他手里的东西，原来是一幅画儿。
    A. 瞧一瞧　　　　B. 瞧瞧了　　　　C. 瞧瞧一下　　D. 瞧了一瞧

三、改错

1. <u>你脸色不太好</u>,是不是这几天太累了,你还是回房间里<u>躺躺一下儿</u>吧,<u>回头有事儿</u>我再
   　　Ａ　　　　　　　　　　　　　　　　　　　　　　　Ｂ　　　　　　　　　Ｃ　　　　　Ｄ

叫你。

2. 你别妄下结论，事情没你想得那么简单，你还是调查调查清楚以后，再下结论不迟。
　　　A　　　　　　B　　　　　　　　　　C　　　　　　　D

3. 他现在准备准备的是研究生入学考试，对他来说，这是最后一次机会了，现在他哪有时
　　　　　A　　　　　　　　　　　　B　　　　　C
间陪你出去闲逛？
　　D

4. 今天请大家来，一来想让大家互相见面见面认识认识，二来也沟通沟通、交流交流，以
　　　　　　　A　　　　　　B　　　　　　　　　　　　　C
便更好地开展工作。
　　　D

5. 那我就在诸位专家面前班门弄斧一把吧，可能说不好，试试说说看吧，不对的地方还请
　　　　　　　　A　　　　　　　　　　B　　　　　　C
大家批评指正。
　　D

6. 你既然不同意，也不该这么拖着，应该痛痛快快地答复一答复人家，让人家也好另想办法。
　　A　　　　　　B　　　　　　　　　　　C　　　　　　　　D

7. 他在北京这几年可谓很有发展，这不，刚买了一套豪华公寓，打算下个星期请一下儿装
　　　A　　　　　　B　　　　C
修公司来帮助他设计新居。
　　　　D

8. 我已在房间里等等他一上午了，他也没来个电话，看来是不会来电话了，我也没必要再
　　　　　　A　　　　　　　　B　　　　　　C
这么傻等了。
　D

9. 多年来他一直在外漂泊，家中的一切都由年迈的父母料理，只要在父母身边，他就主动
　　　A　　　　　　　　B　　　　　　　　　　　C
帮忙父母干活儿，以尽孝心。
　　　D

10. 昨天，他已和我们谈谈过这里的情况，所以我还算了解一些，我觉得我们的合作前景
　　A　　　　　B　　　　　　　　　C　　　　　　　　　D
还是很广阔的。

11. 老人在路上散散步的时候，突然滑倒了，被好心的路人送进了医院，现在已无大碍。
　　　　A　　　　　　　　　B　　　　　　C　　　　　　　　　D

12. 大星期天的别整天闷在家里，浪费了这大好的时光，我们出去散步散步，透透新鲜空气。
　　　A　　　　　　　　　B　　　　　　　　C　　　　　　D

13. 她是个很温和的人，无论你对她态度多么恶劣，她总是笑笑着听你说，从不生气。
　　　A　　　　　B　　　　　　　　　　C　　　　　　　　　D

14. 你能等我一会儿吗?我整理整理完房间我们一起走,这就好了,省得我一个人走也怪
         A   B   C   D
孤单的。

15. 他不在,去机场接接一位从日本来的朋友,你要是有急事找他,可以打他的手机。
    A   B   C   D

16. 既然路已经问问清楚了,那我们这就走吧!太阳一出来,就热了。
    A   B   C   D

17. 我在陈述自己的想法时,看到他不停地点头了好几次,看来是赞同我的说法的,我心
       A   B   C
里暗暗窃喜。
    D

18. 我们都是个急性子,说干就干,他说说,我记记,一会儿的工夫就写完了一篇讲演稿。
    A   B   C   D

19. 没有经验有什么关系?你可以可以试试嘛!经验都是慢慢积累起来的,任何事情皆如
            A   B   C   D
此。

20. 他现在气得发发脾气呢,你这个时候去找他,不是找不自在吗?我看你还是回避一下
    A   B   C   D
儿的好。

第三节　能愿动词

基本概念：能愿动词也叫助动词,是表示可能、愿望或必要的动词。

一、能愿动词的分类及特点

1. 能愿动词的分类
表示愿望：要　想　愿　愿意　情愿　肯　敢
表示可能：可能　能　能够　可以　可　会　敢于
表示必要：应该　应　应当　该　得(děi)　要　需要
2. 能愿动词的语法特点
(1) 只修饰动词、形容词及词组。

例：你应该道歉。
　　你会好起来的。
　　你能说汉语吗?
　　他可以参加这次活动。
　　你不告诉他,他该着急了。

(2) 能愿动词不能重叠。

例：你应该帮助帮助他。　　(＊应该应该帮助他)

你不明白可以问问他。　　（*可以可以问他）

(3) 能愿动词后不可带"了"、"着"、"过"。

例：他会说简单的汉语了。　（*会了说简单的汉语）
　　晚会他可以参加了。　　（*可以了参加）

(4) 能够用肯定、否定并列的方式表示疑问。

例：会不会来/愿意不愿意来
　　会来不会来/愿意来不愿意来
　　愿不愿意来/可不可以来
　　*会来不来/可以来不来

(5) 能愿动词作谓语时，前边一般不用由"跟"、"给"、"向"、"把"、"被"等介词构成的介词短语或描写状语。

例：他会跟我一起去吗？　　　　　　　　　（*跟我一起会去吗）
　　你能把情况介绍一下吗？　　　　　　　（*把情况能介绍一下吗）
　　我可以向你请教吗？　　　　　　　　　（*向你可以请教）
　　我得好好地想一想再答复你。　　　　　（*好好地得想一想）
　　他会拼命地学习的。　　　　　　　　　（*拼命地会学习）
　　你应该认真对待工作。　　　　　　　　（*你认真应该对待工作）

(6) 能愿动词的否定：
A. 多数用"不"否定。

例：我不愿意参加他们的婚礼。
　　你不应该这样对待他。
　　他不肯来。
　　我不敢说出真相。

此类能愿动词还有：

| 愿意　愿　情愿　乐意　爱　肯　会　可能　可以　应　应该　应当　该　要　需要　敢 |

B. 个别的能愿动词也可以用"没"否定。

例：去年太忙没能参加同学聚会，看来今年也不能去了。

此类能愿动词还有：| 想　能　能够 |

C. "得"（děi）表示"需要"，否定形式用"无须"或"不用"，不用"不得"。

例：读完这本书得三天时间。
　　不用三天就能读完这本书。（*不得）

"得"（dé）表示"准许"（多用于法令和公文），只能用否定形式。

例：军事重地，不得入内！
　　医院内不得大声喧哗！

二、常用能愿动词

1. "能"与"会"

用法 \ 能愿动词	能	会
(1)	表示客观可能，可以表示估计或推测，句末不能用表示肯定语气的"的"。 例：他能来吗？ 他能来。（*能来的）	表示客观可能，可以表示估计或推测，句末可以用表示肯定语气的"的"。 例：他会来吗？ 他会来。（会来的）
(2)	表示主观上具有某种能力，客观上具备某种条件。 例：他能说汉语。 　　他能游泳。	表示主观上具有某种能力，客观上具备某种条件。 例：他会说汉语。 　　他会游泳。
(3)	表示具有某种能力并达到较高程度、水平。 例：他能用汉语写文章。 　　他能做翻译。 　　他能做一手好菜。	表示初次学会并具有某种技能。 例：他参加了学习班，现在会用电脑了。 　　我终于会开车了。
(4)	表示恢复某种能力。 例：休养了一段，现在又能工作了。 　　他从昏迷中清醒过来，能说话了。	推测事物发展必然如此。 例：身体长期不运动，会越来越虚弱的。 　　生病去运动，病会加重的。
(5)	表示善于做某事，可受程度副词"很"、"最"、"真"修饰，主要侧重于能力。 例：他很能学习。 　　他很能说。	表示善于做某事，可受程度副词"很"、"最"、"真"修饰，主要侧重于技巧。 例：他很会学习。 　　他很会说。
(6)	可用"不"或"没"表示否定。 例：昨天没能去看他，今天看来也不能去了。	一般用"不"表示否定。 例：他不会再犯类似的错误了。

2. "能"与"可以"

用法 \ 能愿动词	能	可以
(1)	表示具有某种能力，善于做某事。 例：他很能说。 　　他很能学习。	表示"值得"或"准许"的意思。 例：这本书写得不错，你可以看看。 　　大夫，我可以进来吗？

续表

用法 \ 能愿动词	能	可以
（2）	表示具有某种客观的可能性，可以表示估计或推测。 **例**：他病得这么厉害恐怕不能上课了。 这么晚了，看来他不能来了。	表示客观可能，一般不表示估计或推测。 **例**：我明天可以来。 ＊他病了，看来明天不可以来了。
（3）	表示情理、环境上许可，多用于否定句或疑问句。 **例**：朋友有困难，我不能看着不管。 这么晚了，我能让你一个人走吗？	表示情理、环境上许可，多用于肯定句。 **例**：朋友有困难，我可以帮他。
（4）	不能单独作谓语。 **例**：＊这样做也能。	能单独作谓语。 **例**：这样做也可以。

3．"要"

（1）表示做某件事情的意志或意愿。

例：我要去国外旅行。
他要学电脑。
他要来中国留学。

表示否定的意思用"不想"、"不愿"。

例：我不想去国外旅行。
他不愿学电脑。
他不想（不愿）来中国留学。

（2）表示应该，多用于未发生的情况。

例：病人要加强营养，注意休息。
临走，要向主人打个招呼。
说话之前，要好好想一想。

表示否定的意思用"不用"、"不必"或"不要"。（"不要"常用于命令句，表示禁止、劝阻）。

例：他已经够胖的了，不用（不必）再加强营养了。
不要随地扔果皮，纸屑。
不要浪费粮食。

（3）表示将要。

例：他要回国了。
天阴了，可能要下雨了。

刀不磨，要生锈；水不流，要发臭。

(4) 表示估计，用于比较句。

例：他的学习成绩要比我好多了。
　　今天比昨天要冷些。

(5) 表示可能，句末可加"的"。

例：看这天儿，又要下雨了。
　　不抓紧时间要迟到的。
　　这本书大概要到月末才能完成。

表示否定的意思用"不会"、"不可能"，不用"不要"。

例：看这大晴天，不可能下雨。
　　他不可能知道这件事。
　　你早点儿出发，不会晚的。
　　他不会回来了。

4. "得"（děi）

(1) 表示事实上需要。

例：要取得好成绩，就得努力呀！
　　你病了，得快去找大夫看看。
　　明天你得早点儿出发。

表示否定的意思用"无须"、"不用"，不能用"不得"。

例：我只是有点累了，无须（不用）看大夫。

(2) 表示推测必然如此，语气比"会"更肯定。

例：降温了，要不加件衣服，又得着凉了。
　　现在你把这消息告诉他，他得气死。
　　生病去运动，病得加重。

表示否定的意思用"不会"、"不可能"，多用于陈述句。

例：他不会买这件东西。
　　他不可能做这种事。
　　这么晚了，他不会来了。
　　这大晴天的，不可能下雨。

"得"（dé）

表示"准许"（多用于书面语），只能用否定形式。

例：军事重地，不得入内！
　　医院内不得大声喧哗！
　　不得乱扔垃圾！
　　不得随地吐痰！

5．"愿意"

表示认为符合自己心愿而同意做某事。

例：我愿意当一名教师。
　　　你愿意帮我吗？

表示否定的意思用"不愿意"。

例：他不愿意做老师。
　　　他不愿意跟我来。

6．"应该"（应当）

(1) 表示事实上或情理上的需要。

例：什么时候都应该虚心向别人请教。
　　　不舒服应该及时去医院看看。
　　　身体不好，应该好好休息。
　　　明天我应该交作业。

(2) 表示估计或推测可能或必然的结果。

例：按他的成绩，大学应该能考上。
　　　这个目标经过努力应该可以实现。
　　　这么晚了，他应该早到家了。
　　　老师应该认真教课。

(3) 表示否定的意思用"不应该"。

例：你不应该这样对待他。
　　　你不应该乱放东西。
　　　商家不应该欺骗消费者。
　　　你不应该不认识他吧。

◆ 辨析"应该（应当）"与"该"

(1) 都可以表示事实上或情理上的需要，否定形式用"不该"、"不应该"或"不应当"。

例：他对你这么好，你该好好感谢人家呀！
　　　大家的意见你应该虚心接受。
　　　你自己的事情应当自己决定。
　　　他对你这么好，你不该这样对待他。
　　　你已经长大了，不应该事事依靠别人。
　　　你不应当这么信任他。

(2) "该"表示情理上估计或推测可能或必然的结果，可用在假设句的后一句，句末常带"了"。"应该"、"应当"无此用法。

例：如果你不去，他该生气了。（*应该、*应当）
　　　要是考试不及格，妈妈又该说我了。（*应该、*应当）
　　　你快去吧，不然他该生气了。（*应该、*应当）

早点儿走吧，不然该赶不上火车了。（*应该、*应当）

(3)"该"表示估计或推测时，可以和"会"连用。"应该"、"应当"无此用法。

例：都几点了，他该会早到了吧。（*应该、*应当）
　　有病不治疗，结果该会怎样呢？（*应该、*应当）
　　几年没见了，他该会变了很多吧。（*应该、*应当）
　　过了这么久了，他该会忘记那些不愉快了吧。（*应该、*应当）

(4)"该"可构成"该+有（是）+多（多么）+动词/形容词+啊"形式，表示感叹语气。"应该"、"应当"无此用法。

例：他能来该有多好啊！（*应该、*应当）
　　能生活在首都该有多幸福啊！（*应该、*应当）
　　孩子一个人在家该是多害怕啊！（*应该、*应当）
　　你这样对待他，他该多伤心呀！（*应该、*应当）

(5)"该"前面可以用"又"，"应该"、"应当"前面只能用"也"。

例：考试不及格，妈妈又该说我了。（*应该、*应当）
　　天阴了，又该下雨了。（*应该、*应当）
　　别总责怪别人，你也该检讨一下自己。（应该、应当）
　　你长大了，也该体谅体谅父母了。（应该、应当）

(6)"应该"、"应当"可以带主谓短语宾语，可以单独回答问题。"该"无此用法。

例：这件事应该大家讨论决定。（应当）（*该）
　　谁的责任应该谁来承担。（应当）（*该）
　　A．难道你觉得我这样做不应该吗？
　　B．应该（应当）。
　　A．有错不该批评吗？
　　B．应该（应当）。

分项测试（3）

一、将所给的词语填到适当的位置上

1．你A应该B继续C学下去，D对自己有信心呀！（要）
2．我A深信通过不懈的努力我B成为C一名D最优秀的汉语教师。（可以）
3．问题并非你所想像的那么简单，A彻底解决家庭内部的矛盾B非C全家人一起D坐下来好好聊聊不可。（要）
4．这个建议A是否B被他所C接受，我不D敢肯定，只有尽力去说服他了。（能）
5．他A买B一台C跟你的电脑D性能一样的电脑。（要）
6．这种电脑虽然外观A漂亮时尚，但性能B不够稳定，C不会被D人们所认可。（可能）
7．世界上A没有便宜的事情，谁B想C占便宜谁就D吃亏。（会）

8. 人们 A 都 B 把自己 C 打扮得 D 漂亮一点儿。(想)
9. 搞推销 A 学会 B 与他人 C 沟通，不然怎能 D 推销出你的产品？(应该)
10. A 他 B 把大家的意见 C 反映 D 给有关领导？(能不能)
11. 这件事 A 关系 B 重大，C 闹不好 D 出大乱子的。(会)
12. 她 A 支支吾吾地 B 不知究竟 C 如何 D 回答这种难堪的问题。(该)
13. 我 A 希望 B 帮他 C 正视现实，对自己的能力有个清醒的认识，不要做 D 力所不及的事。(能)
14. A 父亲一心 B 把她 C 培养成应用型国际 D 人才。(要)
15. 没有任何迹象 A 表明他的病情 B 有好的变化，家人似乎 C 在等待情况 D 最坏的那一天的到来。(会)
16. 那些 A 连奇迹 B 都不敢相信的人，C 怎么 D 创造奇迹呢！(能)
17. 你等着瞧吧，A 用不了十分钟，他就 B 把这些话 C 忘得 D 干干净净的。(会)
18. 在新春联欢 A 上，他将 B 演奏 C 他最拿手的两首外国名曲，大家 D 将一饱耳福。(会)
19. 孩子 A 想 B 跟我一起 C 去外面 D 走走。(要)
20. 你到底 A 怎么想的？B 把你的想法 C 跟大家 D 说说嘛！(可以)

二、判断选择

1. 这个孩子太贪玩，每天放了学在外头玩累了才（　　）回家。
   A. 能 B. 可 C. 肯 D. 就

2. 患难之中最（　　）检验出一个人对朋友的真情。
   A. 会 B. 愿 C. 能 D. 肯

3. 我明天有课，看来不（　　）去机场送你了，就此告别吧！
   A. 会 B. 能 C. 该 D. 可以

4. 他过问你的事情是关心你，没有干涉你的意思，有什么（　　）生气的？
   A. 会 B. 可 C. 想 D. 能

5. （　　）想像，他在环境如此恶劣的情况下完成这部巨作，是靠怎样的毅力啊！
   A. 可能 B. 可以 C. 应该 D. 必须

6. 一个人面对太大的压力时，往往（　　）激发起内心的潜在能力，所以压力也并不见得是一件坏事。
   A. 会 B. 能 C. 可以 D. 愿意

7. 你（　　）在现实的基础上想问题，办事情。
   A. 可能 B. 可以 C. 得（děi） D. 会

8. 他性格十分开朗，从来不（　　）为鸡毛蒜皮的小事而烦恼。
   A. 能 B. 会 C. 可以 D. 应该

9. 我们所以（　　）取得优异的学习成绩，是跟老师的热情帮助分不开的。
   A. 应该 B. 可以 C. 能够 D. 必须

10. 要想学好外语，非（　　）下苦功夫不可。
    A. 会 B. 该 C. 能 D. 得（děi）

11. 能在北京长久地生活下去那（　　）是多么好的一件事呀！
    A. 应该 B. 该 C. 可能 D. 应当

12．学校应重视培养国际化人才，否则将（　　）被时代淘汰。
　　A．能　　　　　　B．会　　　　　　C．要　　　　　　D．可以
13．你放心，我是不（　　）把这件事告诉别人的。
　　A．要　　　　　　B．可以　　　　　　C．会　　　　　　D．能
14．（　　）我来帮你抬上去？
　　A．能不能　　　　B．要不要　　　　C．会不会　　　　D．好不好
15．从北京到哈尔滨至少（　　）坐一个半小时的飞机。
　　A．可以　　　　　B．会　　　　　　C．得（děi）　　　D．想
16．别看我不是医生，我（　　）诊断你的病。
　　A．想　　　　　　B．要　　　　　　C．能　　　　　　D．应该
17．你在海边长大的不（　　）游泳？我不相信！
　　A．会　　　　　　B．能　　　　　　C．应该　　　　　　D．可能
18．多少年过去了，老人的这个心愿还没（　　）实现。
　　A．会　　　　　　B．能　　　　　　C．肯　　　　　　D．要
19．这么难得的热闹场面，要是他能来（　　）有多好啊！
　　A．应该　　　　　B．应当　　　　　C．应　　　　　　D．该
20．请珍惜别人的劳动，（　　）随处扔垃圾！
　　A．不用　　　　　B．不必　　　　　C．不要　　　　　D．不愿

三、改错

1．我觉得早上学和晚上学各有利弊。早上学为孩子们可以提供更早的教育机会，并能帮助孩子
　　　　A　　　　　　　　　　　　　　　　B
养成良好的独立性，但自控能力稍差些，而晚上学的孩子自控能力则比早上学的孩子更好些。
　　　　　　　　C　　　　　　　　　　　　　　D

2．周末我一般到图书馆会看看书，或者去找朋友聊聊天，或是干脆在房间里听听音乐，
　　　　　　A　　　　　　　　　B　　　　　　　　　　　　　　　　C
一个人享受那难得的清静。
　　　　D

3．时间太紧，不应该去机场送你了，很遗憾，回国后请替我向你父母问好。
　　A　　　　　B　　　　　　　　C　　　　D

4．现在的父母总是把自己的意识强加给孩子，对孩子管得太严，当孩子不做父母想做
　　　　　　　　　　A　　　　　　　　　　　　B　　　　　　　　　　C
的事情，父母往往会干涉孩子的自由。
　　　　　　　　D

5．谢谢你对我的信任，但我的汉语水平还很低，不可以翻译这么难的文章，我可以请
　　　　　A　　　　　　　　　B　　　　　　　　　　　C
别人帮你翻译。
　　　　D

6．凡事总得有个过程，怎能指望一口吃个胖子呢？你要是这样学下去，估计不到半年
　　　　A　　　　　　　　B　　　　　　　　　　　　　　C
就会说一口流利的汉语。
　　　　D

7. 语言不通，在国外生活应该遇到问题一定很多，所以你得先突击一下儿口语，不至
   A   B   C
   于到了国外寸步难行。
   D

8. 有什么困难尽管说，我一定能尽力帮助你的，千万别客气，我毕竟比你早来了几年，对这
                      A   B   C   D
   里的情况比较熟悉。

9. 放心吧，飞机场会开车来接我们的，在上飞机前我还打电话确认过，不会有什么问题的。
   A   B   C   D

10. 他想早就把这本书翻译成英文，只是苦于没有时间，一些琐事缠得他筋疲力尽，难
              A   B   C
    以分心去考虑别的事情。
        D

11. 我一直拿不定主意，应该去不去参加他们的婚礼？毕竟新郎是我的初恋男友，虽然
        A   B   C
    那是多年以前的事情了。
            D

12. 我叮嘱他很多次，把明天的计划不要告诉小李，可是，不过一天他还是忍不住说出去了。
          A   B   C   D

13. 明天的聚会你应该应该参加吧，毕业这么多年哪次同学聚会你参加过？也太说不过
              A   B   C
    去了吧！不至于忙得连吃顿饭的工夫都没有吧！
                    D

14. 我一直认为，要提高整体的教学质量，首先得该从提高教师的专业水平抓起，学校
        A   B   C
    也应引入竞争机制。
        D

15. 你放心吧，这本论著的后期校对工作要比一般专业书籍的校对工作要容易得多，我
        A   B
    保证在规定时间内交稿，以不辜负领导对我的信任。
              C   D

16. 拔苗助长，反而会断送了这些苗儿，如此发展下去，后继乏人的局面将长期会持续，
                  A   B   C
    而且更加恶化。
        D

17. 这次上海之行给我留下了深刻的印象，尤其是外滩的夜景，如果有机会，我想还去
                    A   B   C
    一趟上海。
        D

18. 恳求了半天，医生才允许我可以去探望刚刚做完手术的他，不过时间不能超过五分
　　　　　　　　　　　A　　　　　　　　　　　　　　　　　　　　　B
　　钟，见到他浑身插着大大小小的管子，我的泪涌了出来。
　　　　　　　　C　　　　　　　　D

19. 咱们别这么傻等了，我会想他不来了吧，要不，我们再打个电话联系一下儿？
　　　　　A　　　　　　B　　　　C　　　　　　D

20. 你若当初虚心听取大家的意见，做事不那么主观武断，结果会比现在的情况可能好
　　　　　　A　　　　　　　　　　　　　B　　　　　　　　　　　　C
　　得多，何至于四面楚歌？
　　　D

第四章

形容词

第一节 形容词分类及特点

分项测试（1）

第二节 形容词的重叠

分项测试（2）

> 基本概念：表示事物性质或状态的词。

第一节　形容词分类及特点

一、形容词的分类

1. 按其表达功能可分为状态形容词和性质形容词两类。
（1）状态形容词：表示事物的状态，在句中主要起描写作用。

例：碧绿　瓦蓝　火红　焦黄　滚圆　黝黑　煞白　漆黑　雪白　笔直

（2）性质形容词：表示事物的性质，包括单音节形容词和一般双音节形容词。

例：好　坏　冷　热　高　低　对　错　优秀　严重　漂亮　丑陋

2. 按其所充当的句子成分可分为一般形容词和非谓形容词两类。
（1）一般形容词：多数形容词都属于这类形容词，可以作谓语、定语、状语或补语。

例：好　坏　高　低　大　小　胖　瘦　多　少　宽　窄　厚　薄　聪明　愚蠢
　　高兴　痛苦　可爱　敏感　迟钝　美丽　丑陋　干净　肮脏

一般形容词的语法特点：
A. 作谓语：

例：天气真暖和。
　　他的态度很诚恳。
　　他的年龄不大。
　　校园里特别安静。

B. 作定语：修饰名词性词语，主要修饰主语或宾语，常构成"定语＋（的）＋名词"形式。

例：他大眼睛、双眼皮、高鼻梁，长得很精神。
　　精明的头脑、坚定的意志是他成功的秘诀。
　　他热情的态度、周到的服务给我留下了深刻的印象。
　　他希望拥有辉煌的事业、美好的生活。

C. 作状语：修饰动词性词语，主要修饰谓语部分，常构成"状语＋（地）＋动词"形式。

例：多听多说是学好语言的关键。
　　他向来早来晚走。
　　他非常痛快地答应了。
　　他大大方方地走上讲台。

D. 作补语：位于动词/形容词后，起补充说明的作用，常构成"动词/形容词＋补语"形式。

例：你听明白了吗？
　　老师累瘦了。
　　他讲得太精彩了。

妈妈想得很周到。

（2）非谓形容词：一般只能作定语，不能作谓语、状语或补语。

例： 男 女 单 双 横 竖 正 副 彩色 黑白 共同 首要 主要 次要 个别
　　 西式 中式 有限 无限 新式 老式 相对 绝对 长期 短期 国营 私营
　　 袖珍 大型 小型 轻型 重型 微型 急性 慢性 良性 恶性 双边 多边
　　 大量 大批 初级 高级 基本 根本 人为

非谓形容词语法特点：

A. 非谓形容词一般不作谓语。

例：*情况通常　*结果必然　*条件必要　*产品冒牌

B. 非谓形容词一般用来修饰名词，作定语。

例：通常的情况　必然的结果　必要的条件　冒牌的产品

C. 构成"的"字短语相当于名词，在句中作主语或宾语。

例：高档的放这边，低档的放那边。
　　这些产品都是冒牌的，质量很差。

D. 多数用"非"否定，多数不能用"很"修饰。

例：非新式（*不新式）　非主要（*不主要）　非个别（*不个别）
　　*很初级　*很四方　*很国营　*很长期

注意：有些词同形同音，用法却完全不同。

　　例：非常：非常时期/非常事件/非常会议(非谓形容词)
　　　　　　　非常喜欢/非常快乐/非常合适(副　词)
　　　　意外：意外事件/意外收获/意外消息/意外发现(非谓形容词)
　　　　　　　发生意外/出现意外(名词)
　　　　国际：国际会议/国际形势/国际影响(非谓形容词)
　　　　　　　第三国际/共产国际(名词)
　　　　高度：高度重视/高度负责精神/高度责任感(非谓形容词)
　　　　　　　达到新的高度(名词)

二、形容词的语法特点

1. 形容词不能带宾语。

例：他对自己的成绩很满意。（*他满意自己的成绩）
　　这件衣服对你很合适。（*这件衣服合适你）
　　他的身体终于健康了。（*健康了身体）
　　他对我很友好。（*他很友好我）

2. 性质形容词一般可受程度副词的修饰，形容词的重叠形式不能接受程度副词的修饰，状态形容词本身含有程度深的意思,也不能受程度副词的修饰。

例:这里的风景美极了。
　　今天的天气很热。
　　他知识非常丰富。
　　他做事十分谨慎。
　　他高高兴兴地回去了。(＊很高高兴兴)
　　外边的雪白白的。(＊特别白白的)
　　老人一个人生活,孤零零的。(＊太孤零零了)
　　这里的马路很直。(＊很笔直)
　　孩子的小手冻得凉极了。(＊冰凉极了)
　　小伙子长着一张非常黑的脸。(＊非常黝黑)

3. 形容词或形容词短语作谓语。

(1) 形容词在句中可充当谓语,对人或事物的性质、状态进行描写,主语和谓语之间不用"是"。

例:房间很干净。(＊房间是干净)
　　他非常聪明。(＊他是非常聪明)
　　今天很高兴。(＊今天是很高兴)
　　气温比较高。(＊气温是比较高)

(2) 性质形容词作谓语时,一般要加上表示程度的副词或带有"了"或"起来"等表示事物性状的变化和发展的词语。只有含有比较、对照的意义时,可以单独作谓语。

例:她很漂亮。(＊她漂亮)
　　他成绩最好。(＊他成绩好)
　　天气暖和了。(＊天气暖和)
　　他的病好了起来。(＊他的病好)
　　我们班数她漂亮。(她与其他人比较)
　　他胖,你瘦。(他和你比较)

(3) 形容词的重叠形式可以单独作谓语,句末多加语气助词"的"。

例:孩子的小手冰凉冰凉的。
　　天色灰蒙蒙的。
　　庄稼绿油油的。
　　苹果甜甜的,橘子酸酸的。
　　眼睛大大的,小脸红红的。

4. 形容词的否定形式。

(1) 否定性质、状态时,一般用"不"表示否定,不用"没"。

例:他的身体一直不好。(＊没好)
　　他表达得不清楚。(＊没清楚)
　　今天气温不高。(＊没高)

(2) 否定某种性质或状态发生变化时可以用"没",常与副词"还"或语气助词"呢"一起使用。

例:病还没好呢,休息两天再去吧!
　　天还没晴呢,等雨停了再走吧!
　　天还没亮呢,不用起这么早。

三、形容词的用法

1. 作定语:修饰名词性词语,常构成"形容词+(的)+名词"形式。
(1) 单音节形容词作定语一般不加"的"。

例:新书　好人　大房间　老朋友

注意:"多"、"少"一般不单独作定语。

例:来了很多人。(＊来了多人)
　　他吃了特别少的饭。(＊吃了少饭)

(2) 双音节形容词作定语一般加"的"(除少数固定用法外)。

例:丰富的知识　快乐的节日　高兴的样子　自然的表情
　　光荣历史　先进技术　优良品种　先进国家

(3) 重叠形式的形容词作定语一般要加"的"。

例:大大的眼睛　认认真真的样子　瓦蓝瓦蓝的天空　小里小气的样子　红彤彤的太阳
　　绿油油的庄稼

(4) 形容词短语作定语一般加"的"。

例:很大的房间　非常精明的人　美丽而大方的女孩　又大又圆的西瓜

2. 作状语:修饰动词性词语,常构成"形容词+(地)+动词"形式。
(1) 单音节形容词作状语一般不加"地"。

例:多学　少说　早来　晚来　快说　轻放　慢走

注意:单音节形容词能作状语的只有几个且多数只修饰单音节动词。

例:多　少　早　晚　快　慢　新　大　轻

(2) 双音节形容词作状语时,描写动作者动作时的情态(即作描写动作者的状语,这类状语可以与主语构成意念上的主谓关系)时,一般加"地"。描写动作进行的方式、状况(即作描写动作的状语,这类状语不能与主语构成意念上的主谓关系)时,强调描写作用时,用"地";不强调时,则可不用"地"。

例:我激动地流下了泪。(描写动作者)
　　他满意地点了点头。(描写动作者)

她亲热地跟我打招呼。(描写动作者)
他把文章仔细（地）看了一遍。(描写动作)
他把房间彻底（地）打扫了一遍。(描写动作)
我会积极（地）配合你们的。(描写动作)

(3) 重叠形式的形容词作状语一般加"地"，重叠形式的单音节形容词加不加"地"均可。

例：认认真真地修改着　糊里糊涂地听着　孤零零地生活着
　　轻轻（地）放下　慢慢（地）拿起

(4) 形容词短语作状语一般加"地"。

例：很高兴地说着　非常痛快地聊着　很快地放下　相当生气地说

3．作补语：补充说明谓语部分，常构成"动词＋（得）＋形容词"形式。
(1) 性质形容词一般可以单独作结果补语。

例：天气变暖了。
　　孩子长高了。
　　路问清楚了。
　　我终于想明白了。

(2) 形容词单独作程度补语时，多含有比较的意思。

例：你说得好，还是你说吧！（你比别人说得好）
　　我们班，他唱歌唱得好。（他比其他人唱得好）

(3) 形容词作程度补语时，如无比较的意思，一般应加程度副词。

例：他写得很清楚。
　　她打扮得最漂亮。
　　今天玩得开心极了。
　　他说得特别简单。

(4) 重叠形式的形容词作程度补语，多加"的"。

例：晚会开得热热闹闹的。
　　房间打扫得干干净净的。
　　他把我搞得糊里糊涂的。
　　他的脸涨得红红的。
　　他的眼睛睁得大大的。

分项测试(1)

一、判断选择

1. 人一生的（　　）生活,是把握在自己手中的。
   A. 愉快　　　　　B. 快乐　　　　　C. 幸福　　　　　D. 开心

2. 别看他刚结婚,各种电器备得倒挺（　　）的。
   A. 周全　　　　　B. 整齐　　　　　C. 齐全　　　　　D. 周到

3. 大学期间,他又要利用业余时间打工维持生活,又要上课,生活够（　　）的。
   A. 紧急　　　　　B. 紧要　　　　　C. 紧张　　　　　D. 紧密

4. 不远处,一位（　　）的中国小伙子朝我们走来。
   A. 青年　　　　　B. 年轻　　　　　C. 少年　　　　　D. 青春

5. 他在我们班年龄最（　　）,我们都很尊敬他。
   A. 高　　　　　　B. 多　　　　　　C. 老　　　　　　D. 大

6. 你怎么就那么（　　）地相信了他呢?更何况是网上认识的呢。
   A. 容易　　　　　B. 轻易　　　　　C. 轻便　　　　　D. 轻信

7. 朋友在这儿的几天,我过得很（　　）。
   A. 欢快　　　　　B. 快乐　　　　　C. 乐观　　　　　D. 欢乐

8. 几年来,他们用勤劳的双手使生活发生了（　　）的变化。
   A. 基本　　　　　B. 本来　　　　　C. 根本　　　　　D. 基础

9. 来北京这么久,你对北京的生活（　　）了吗?
   A. 适合　　　　　B. 适应　　　　　C. 合适　　　　　D. 适宜

10. 利用课余时间打工,给他带来了（　　）的收入,也减轻了父母的负担。
    A. 丰富　　　　　B. 丰满　　　　　C. 丰盛　　　　　D. 丰厚

11. 这本书的后期工作终于完成了,虽然很累,但心情很（　　）。
    A. 舒服　　　　　B. 舒适　　　　　C. 舒坦　　　　　D. 舒畅

12. 这是一项非常（　　）的工作,不可掉以轻心。
    A. 精确　　　　　B. 精深　　　　　C. 精美　　　　　D. 精细

13. 可以想像跟中国学生一起上课,对留学生来说是有些（　　）。
    A. 困苦　　　　　B. 疑难　　　　　C. 困难　　　　　D. 艰难

14. 你来得太（　　）了,我正到处找你呢。
    A. 及时　　　　　B. 按时　　　　　C. 有时　　　　　D. 准时

15. 老师的话对他是最大的鼓舞,后来成绩越来越（　　）了。
    A. 好　　　　　　B. 提高　　　　　C. 进步　　　　　D. 明显

16. 真正的男人该有（　　）的胸怀、丰富的知识、深厚的文化功底。
    A. 博大　　　　　B. 宽大　　　　　C. 精通　　　　　D. 渊博

17. 这一带靠近使馆区,酒吧很多,到了周末很（　　）,一直持续到第二天凌晨。
    A. 繁荣　　　　　B. 热闹　　　　　C. 喧哗　　　　　D. 热烈

18. 我觉得他考虑得很（　　），没有什么可补充的了。
   A．周详　　　　B．周到　　　　C．齐全　　　　D．公道
19. 这里的交通很（　　），各种设施齐全，我已习惯在这里生活了。
   A．便利　　　　B．便于　　　　C．便民　　　　D．便宜
20. 他的业余生活很（　　）。
   A．丰富　　　　B．丰盛　　　　C．丰硕　　　　D．丰厚

二、改错

1. 当时他那<u>沉着</u>的态度，<u>镇静</u>的目光，<u>安详</u>的步伐，让我们当时在场的人<u>无不</u>感到心灵的
      A   B   C   D
震撼。

2. 我们走过一片<u>绿色苍翠</u>的草地，<u>穿过</u>湖中的木桥，<u>沿着</u>一条弯曲的小径，<u>来到</u>半岛的中央。
            A   B   C   D

3. 这是一片<u>贫瘠的土地</u>，农民的生活也只是尚能维持温饱，但却处处可以感受到这里农
          A   B   C
民的朴实，他们很<u>友好</u>我们这些来自城里的陌生游客。
                  D

4. 这件事<u>很主要</u>，<u>人命关天</u>的，你一定要<u>重视</u>起来，<u>可马虎不得</u>！
        A   B   C   D

5. 他虽然是<u>外国人</u>，但却说了一口<u>通顺</u>的普通话，　要不是他那<u>极富特色</u>的西方面孔，
          A   B   C
很难有人<u>相信</u>他是外国人。
        D

6. 他是个<u>意志强壮</u>、<u>作风顽强</u>的人，<u>没有什么困难</u>能难得倒他，<u>乐观与平和</u>的人生态度
        A   B   C   D
是他制胜的法宝。

7. 任何作家如果没有<u>渊博的修养</u>、深厚的生活积累是写不出好作品的，那些<u>速成作品</u>
                  A   B
是<u>经受</u>不住时间的考验的<u>总有</u>一天会被读者淘汰的。
  C   D

8. 第五次全国人口普查<u>入户登记</u>工作已近尾声，各项工作都在<u>有序地</u>进行着，但部分
                    A   B
<u>个别地区</u>还存在着严重的少报、漏报现象<u>有关部门应予以重视</u>。
  C   D

9. 这次测验因为大家都<u>有备而来</u>，所以成绩比较<u>优异</u>，也是<u>意料之中</u>的事，没什么值
                    A   B   C
得<u>大惊小怪</u>的。
  D

10. 他刚走进舞场， 英俊、潇洒的风度一下子就吸引了很多女孩子的目光，自然也就成
    　　A　　　　　　　　　　　B　　　　　　　　　　　　　　　　　　　　　　
    了舞会的焦点人物,那些坐在冷板凳上被冷落的小伙子不禁投以嫉妒的目光。
    　　C　　　　　　　　　　　　　　　　D

11. 工人们在学校的每一个角落都种上了鲜花， 春天到处都开满了鲜花，既优美了学校
    　　　　　　A　　　　　　　　　　　　　　　　B　　　　　　　　　　C
    的环境，也给学生们创造了良好的学习环境。
    　　　　　　　D

12. 老人平静地注视着眼前所发生的一切， 态度显得异常地安静，儿女们闹够了、吵够了，
    　　　　　　A　　　　　　　　　　　　　　B　　　　　　　C
    也就散了。
    　　D

13. 他个子不高、身材瘦弱而单薄,脸色苍白而毫无血色,给人一种弱不禁风的感觉。
    　　A　　　　　B　　　　　　　　C　　　　　　　　　　　　D

14. 文艺作品创作题材的单一，制作水平的粗糙，则源于从业者整体素质的低下和知识
    　　　　A　　　　　　　　　B　　　　　　　　　　　　C
    的贫乏，以及急功近利的心理。
    　　D

15. 中国有句古话："受人滴水之恩当涌泉相报"。我真的非常感激他，在我公司刚刚起
    　　　　A　　　　　　　　　　　　　　　　B　　　　　　C
    步百般困难之时，他所给予我的关心与支持。
    　　　　　　　D

16. 新婚燕尔的小夫妻正沉浸在幸福中，对未来充满了美满的憧憬，他们怎么也不会想
    　　A　　　　　　　　　　　　　B　　　　　　　　　　　C
    到，癌细胞正一点儿一点儿地吞噬着新郎的生命。
    　　　　　　　　D

17. 两国领导人亲手种下了两棵树，这两棵树就是两国人民友好的象征，愿两国人民就
    　　　　A　　　　　　　　　　　　　　　B
    像这常青的树一样,友谊世世代代友好下去。
    　　C　　　　　　　D

18. 我从小就最讨厌豆腐， 妈妈骗我说："豆腐最营养，不吃豆腐是长不大的"。 为了
    　　　A　　　　　　　　　　　　　　　B
    早点儿长大，我就拼命地吃豆腐。
    　　C　　　　　D

19. 这所大学出于专业本身的需求，对学生身体的重要性看得比一般学校更重要，首先
    　　　　A　　　　　　　　　　　　　　B
    得能适应野外的恶劣环境,并能独立去应对突发事件。
    　　C　　　　　　　　　　D

20. 我们的努力总算没白费，公司对我们所取得的成绩很满意， 并给予了高度的评价，
    　　　A　　　　　　　　　　　　B　　　　　　　　　　　　C

64

使我们能以更旺盛的热情与精力投入到新的工作中去。

D

第二节　形容词的重叠

一、形容词重叠的形式

一般单音节性质形容词、部分双音节性质形容词以及多数状态形容词都可以重叠，各类形容词的重叠形式及所表示的意义也各不相同。

1．单音节形容词的重叠形式：

A→AA 式

例：大→大大　　红→红红　　好→好好

2．双音节形容词的重叠形式：

(1) AB→AABB 式（性质形容词重叠基本形式）

例：漂亮→漂漂亮亮　　亲热→亲亲热热
　　明白→明明白白　　暖和→暖暖和和
　　痛快→痛痛快快　　整齐→整整齐齐

(2) AB→AABB 式（少数相对的形容词）

例：大小→大大小小　　高低→高高低低
　　男女→男男女女　　老少→老老少少
　　多少→多多少少　　早晚→早早晚晚

（"大小"、"多少"、"远近"、"高低"、"老少"、"男女"、"长短"、"早晚"等少数相对的形容词，所表示的意义与名词重叠形式表示的意义一样，含有普遍的意思。）

(3) AB→ABAB 式（本身含有程度深的状态形容词）

例：焦黄→焦黄焦黄　　碧绿→碧绿碧绿
　　煞白→煞白煞白　　血红→血红血红
　　漆黑→漆黑漆黑　　笔直→笔直笔直

(4) AB→A 里 AB 式（含有贬义的形容词）

例：糊涂→糊里糊涂　　傻气→傻里傻气
　　土气→土里土气　　小气→小里小气
　　邋遢→邋里邋遢　　慌张→慌里慌张

（A 里 AB 式含有厌恶、轻蔑的语气，只用于"小气"、"拉杂"、"慌张"、"土气"、"傻气"、"邋遢"、"糊涂"、"啰嗦"等含有贬义的形容词。）

3．A→ABB 式（含有生动化的意味）

例：胖乎乎　暖洋洋　红彤彤　绿油油　亮晶晶
　　黑黝黝　火辣辣　喜洋洋　气呼呼　怒冲冲

乐颠颠　乱哄哄　香喷喷　臭烘烘　好端端
慢腾腾　水灵灵　黑洞洞　粉嘟嘟　美滋滋
密麻麻　轻飘飘　暖融融　紧巴巴　冷冰冰

二、动形兼类词重叠

有两种重叠形式的形容词（即兼类词，这类形容词既是形容词也是动词，作动词时以"ABAB"动词重叠方式重叠，一般含有"做某事，使……怎么样"的意思，即具有了动词性；作形容词时以"AABB"形容词重叠方式重叠）形容词重叠形式可作定语、状语或补语，动词重叠形式不能作定语、状语或补语。

例：安静→AABB　学校都放假了，校园里安安静静的。　　　　（形容词）
　　　　　　　　他安安静静地坐在那里，不知在想什么？　　　（形容词）
　　　　ABAB　你们都走吧，我想一个人安静安静。　　　　　（动词）
　　　　　　　　别吵了，让他安静安静吧！　　　　　　　　　（动词）
　　凉快→AABB　北京凉凉快快的秋天是宜人的季节。　　　　（形容词）
　　　　　　　　空调一开，房间里马上凉凉快快的。　　　　（形容词）
　　　　ABAB　房间里太闷了，出去走走，凉快凉快。　　　　（动词）
　　　　　　　　我们在这儿树阴下凉快凉快吧。　　　　　　（动词）
　　痛快→AABB　今天是周末，可以痛痛快快地玩个够了。　　（形容词）
　　　　　　　　想哭就痛痛快快地哭吧！　　　　　　　　　（形容词）
　　　　ABAB　你该把心里的不快说出来，痛快痛快。　　　　（动词）
　　　　　　　　走，喝酒去，痛快痛快！　　　　　　　　　（动词）

此类能以"ABAB"、"AABB"形式重叠的形容词还有：
高兴　亲热　干净　精神　客气　快活　宽敞　冷淡　啰嗦　冷静　利索　明白　清楚
暖和　漂亮　大方　规矩　老实　新鲜　辛苦　勤快　舒服　轻松　舒坦　乐和　唠叨

三、形容词重叠的用法

1. 重叠形式的形容词不能接受程度副词的修饰。

例：今天玩得高高兴兴。（*真高高兴兴）
　　房间里干干净净的。（*干干净净极了）
　　初升的太阳红彤彤的。（*多么红彤彤的）
　　湖水碧绿碧绿的。（*湖水特别碧绿碧绿）

2. 重叠形式的形容词可作谓语、定语、状语或补语，多加"的"或"地"。

例：入夜，小区里安安静静的。
　　小姐俩亲亲热热的。
　　昨天，我们开了个热热闹闹的晚会。
　　小姐俩亲亲热热的样子多让人羡慕呀。
　　孩子安安静静地坐在那里。
　　他总是和和气气地待人。

房间打扫得干干净净的。
他打扮得漂漂亮亮的。

> **注意：**(1)形容词重叠形式、状态形容词及非谓形容词一般不再接受程度副词的修饰。
>
> **例：** *真高高兴兴　　*干干净净极了　　*太胖乎乎　　*非常雪白　　*特别笔直
>   *比较碧绿　　*很高级　　*很急性　　*太袖珍
>
> (2)形容词重叠形式作状语或补语时，一般表示程度深；作定语时，描写作用更强一些。
>
> **例：** 昨天大家在一起热热闹闹地开了个联欢会。
> 今年的联欢会开得热热闹闹的。
> 今年我们一定得办个热热闹闹的晚会。

附：动词、形容词辨析

1．动词可带宾语，宾语多为名词或代词，形容词不带宾语。

例： 满足市场需求　　打扫房间　　适合你
　　　*满意市场需求　　*干净了房间　　*合适你

2．一般动词后可加"了"、"着"、"过"。

例： 看了　介绍了　坐着　存在着　去过　研究过

3．一般心理活动的动词、少数能愿动词、一般性质形容词可接受程度副词的修饰。

例： 很喜欢　非常担心　特别关心　比较疼爱
　　　很愿意去　非常想来　真能学习　特别会说话
　　　很高兴　非常漂亮　特别着急　真聪明

分项测试（2）

一、判断选择

1．我在电话里说得（　　），你怎么还是忘了？
　A．清楚　　　　B．清楚清楚　　　　C．清清楚楚　　　　D．很清清楚楚
2．只见那几个瘦得皮包骨头的孩子小脸冻得（　　）的，可见这里人们生活的艰苦。
　A．通红通红　　B．通通红红　　　　C．红红通通　　　　D．红通红通
3．除夕之夜，院子里（　　），我心里不禁一阵儿酸楚。
　A．安静安静的　B．安安静静的　　　C．很安静安静　　　D．安静静的
4．望着窗外纷纷扬扬的大雪，大地（　　）的一片，我的心早已随着这飘扬的雪花飞向那遥远的国度。
　A．白茫茫　　　B．白白茫茫　　　　C．白茫白茫　　　　D．很白茫茫
5．一个小胖墩站在我面前，（　　）的小脸、脏兮兮的小手。

A. 胖　　　　　　B. 胖乎乎　　　　　C. 胖胖乎　　　　　D. 胖乎胖乎

6. 一缕阳光透过没有叶子的树枝,照在身上(　　)的。
   A. 热腾腾　　　　B. 热乎乎　　　　　C. 热辣辣　　　　　D. 暖洋洋

7. 已经是深秋了,地上集满了落叶,踩上去软(　　)的。
   A. 溜溜　　　　　B. 囊囊　　　　　　C. 乎乎　　　　　　D. 绵绵

8. 今天是周末,学校食堂有舞会,她们都打扮得(　　)的。
   A. 很漂亮　　　　B. 漂亮一漂亮　　　C. 漂亮　　　　　　D. 漂漂亮亮

9. 那天晚上没有月亮,四周(　　),伸手不见五指。
   A. 漆黑黑　　　　B. 很漆黑的　　　　C. 漆黑的　　　　　D. 漆黑漆黑的

10. 她见我们个个冻得发抖,忙出来招呼我们进屋里(　　)。
    A. 暖和　　　　　B. 暖暖和和　　　　C. 暖和暖和　　　　D. 暖和一暖和

11. 春节的时候,家家户户都要把自家打扫得(　　)的。
    A. 干净干净　　　B. 干干净净　　　　C. 干净　　　　　　D. 特别干干净净

12. 一摸他的手,(　　)的,把我吓了一跳,真不知他在外面站了多久。
    A. 冰凉凉　　　　B. 冰凉冰凉　　　　C. 冰冰凉凉　　　　D. 很冰凉

13. 我可以用人格担保这件事(　　)不是他干的。
    A. 确实地　　　　B. 确实确实　　　　C. 确确实实　　　　D. 很确实地

14. 雨过天晴,外边(　　)的,很多人在散步。
    A. 挺凉快　　　　B. 凉快凉快　　　　C. 凉快　　　　　　D. 凉快极了

15. 忙了一周了,周末我看你也得(　　),别那么玩命了。
    A. 轻松轻松　　　B. 轻轻松松　　　　C. 轻松极了　　　　D. 轻松

16. 前面走过来一个穿着(　　)的衬衫的小伙子。
    A. 雪白　　　　　B. 很白白　　　　　C. 非常雪白　　　　D. 白

17. 上个星期,我和朋友在郊外(　　)地过了个周末。
    A. 轻松轻松　　　B. 轻轻松松　　　　C. 轻松极了　　　　D. 怪轻松

18. 稿子终于交上去了,周末他(　　)地睡了一大觉。
    A. 舒服舒服　　　B. 舒舒服服　　　　C. 很舒服舒服　　　D. 够舒服

19. 他一句话也没说,脸涨得(　　)的,走了出去。
    A. 通红通红　　　B. 通通红红　　　　C. 特别通红　　　　D. 挺通红

20. 晚会开得很成功,(　　)来了不少人。
    A. 大大小小　　　B. 男男女女　　　　C. 高高矮矮　　　　D. 多多少少

二、改错

1. 真没想到小王走得这么<u>匆匆忙忙</u>,连个招呼都没来得及打,<u>就匆匆离开了学校</u>,<u>大家</u>
   　　　　　　　　　　　A　　　　　　　　　　　　　　　B　　　　　　　　　　　C
   <u>还等着为小王送行呢</u>。
   　　　D

2. 已近午夜了,<u>我屏住呼吸一路小跑</u>,突然发现<u>在黑黝黝的树影中站着一个更为黑黝黝的</u>
   　A　　　　　　　B　　　　　　　　　　　　　　　　　　　　C

人影，吓得我差点儿坐到了地上。
                    D

3. 他的歌受到了热烈的欢迎，他一首一首地唱，接着就有陆陆续续的歌迷向他献花，
          A   B   C
和他握手。
   D

4. 今天玩得痛痛快快极了，好久没有这么痛快过了，那种久违的感觉又回到了我的心
          A   B   C
中，心情也舒畅了许多。
            D

5. 你也别怪我啰嗦啰嗦，你没事看看书，给自己充充电，充实充实自己，别整天泡在网上。
          A   B   C   D

6. 这是个壮壮实实的汉子，言语不多，一路上也没听他说过一句话，单从他那黑洞洞的
          A   B   C
脸上就可以看出庄稼人的朴实与憨厚。
            D

7. 婚礼上，大家一定让他谈恋爱经过，本来就不善言谈的他，脸一下子涨得通通红红的。
       A   B   C   D

8. 这两天虽然下雪了，但太阳还是比较高，气温暖暖和和的，比较适合室外活动。
       A   B   C   D

9. 别闹了！我现在要写材料，经理明天等着要呢，你就不能让我安安静静吗？
    A   B   C   D

10. 眼看过节了，母亲起早贪黑、忙前忙后，就是为了全家人能在一起热闹热闹地过个团圆年。
         A   B   C   D

11. 嘿！精精神神，上课了，昨晚干吗了？一上课就打盹儿。
     A   B   C   D

12. 站在我面前的是一个很袖珍的女孩儿，大大的眼睛、圆圆的脸儿，一副极为可爱的
              A   B   C   D
模样。

13. 今天你就买单吧！你也该出点儿血大大方方了，你可是我们这里的富婆呀！这些人中
     A   B   C
谁能比得上你？
        D

14. 听说他的病情已经恶性，救治的希望不大，已经是晚期了，剩下的时日不多了。
                 A   B   C   D

15. 让我跟你打球？别逗了，你的水平太初级了吧！还是等你练两年再说吧！
     A   B   C   D

16. 这有了太太真的不一样了，平日里穿着随随便便邋邋遢遢的他，今天穿了一身笔挺
         A   B   C

的新西装,精神精神地来公司上班了。
　　　　　　　　　D

17. 真没想到,我们憋了好几天也没想出个办法来,他一来很轻轻松松地就把问题解决
　　　A　　　　　　　　B　　　　　　　　　　　　　　C
了,还得说人家老师傅呀!
　　　　　　D

18. 你心里有什么不痛快的,尽管说出来,痛痛快快,别闷出病来。
　　　　A　　　　　　B　　　C　　　　D

19. 我从小就失去了父亲,是母亲一个人辛苦辛苦地把我抚养成人,这其中的艰辛我是
　　　　A　　　　　　　　　B　　　　　　　　　　　　C
很清楚的,现在我哪能离开年迈的母亲呢?
　　　　　　D

20. 我这里实在走不开,你就辛辛苦苦,替我跑一趟吧!回头我请你吃饭。
　　A　　　　　　B　　　　C　　　D

第五章

数词与概数

第一节 数　词
第二节 概　数
实力测试

> 基本概念：表示数目的词。

第一节 数　词

一、基本概念

表示数目的词。分为基数词、序数词两大类。

二、基数词

表示数目大小的词，如一、二、三、四等。包括整数、分数、小数和倍数。

1. 整数：

整数的系数词：零　一　二　三　四　五　六　七　八　九　十　两
整数的位数词：个　十　百　千　万　十万　百万　千万　亿
读数：系数词、位数词结合起来，系数词在前，位数词在后。

例：1225（读作：一千二百二十五）
　　2003（读作：两千零三）
　　220038（读作：二十二万零三十八）
　　12500（读作：一万二千五百）
　　186000（读作：十八万六千）
　　1998（读作：一九九八年）
　　2008（读作：二零零八年）
　　62758004（读作：六二七五八零零四）
　　312 房间（读作：三 yao 二房间）

注意：
（1）数列中间有空位时，不管空几位，都读一个"零"。数目在"万"以上的，以"万"为单位，读出"万"，空位在后，不管空几位，都不能读出。
（2）电话号码、年份或房间号逐位单读。

2. 小数：

将小数中的"."读作"点"，小数以前的部分跟一般读数法一样，小数以后的部分，只读系数词，不读位数词。

例：0.2（读作：零点二）
　　15.37（读作：十五点三七）
　　22.0038（读作：二十二点零零三八）
　　1.00025（读作：一点零零零二五）

注意： 数列中间有空位时，有几个空位就读几个零。

3. 分数：

通常以"×分之×"形式表示，前一个"×"表示分子，后一个"×"表示分母。

例：$\frac{3}{5}$（读作：五分之三）

$\frac{1}{10}$（读作：十分之一）

$1\frac{1}{2}$（读作：一又二分之一）

3%（读作：百分之三）

3‰（读作：千分之三）

4. 倍数：

在数词后面加上量词"倍"。增加或大于的情况可用"倍"，减少或小于的情况不能用"倍"，应用分数形式表示。

例：三倍　五倍

上个月图书馆进图书100本，这个月进图书300本，这个月比上个月增加了两倍。

上个月图书馆进图书100本，这个月进图书300本，这个月是上个月的三倍。

上个月游客为300人，这个月游客为150人，这个月比上个月减少了50%。（*一倍）

去年丢失图书100本，今年丢失图书25本，今年比去年减少了3/4。（*0.75倍）

注意：A 是 B 的 X 倍 → $\frac{A}{B}$

A 比 B 多（增加）了 X 倍 → $\left(\frac{A-B}{B}\right)$

例：15 是 5 的 3 倍。
20 是 5 的 4 倍。
15 比 3 多了 4 倍。
20 比 5 多了 3 倍。

5. "小时"与"钟头"：

"小时"是名词兼作量词，既可以说"一小时"，也可以说"一个小时"。"钟头"只是名词，只能说"一个钟头"。

例：一个小时（一小时）

一个钟头（*一钟头）　中午一点钟（指时点）

三、序数词

表示次序先后的数词。表示方法一般在基数词前加"第"表示，例：第一次、第二场。还有其他表示方式，比如"头"、"初"、"大"、"末"等，例：头班车、末班车、初三、初次等。

第二节　概　　数

一、基本概念

表示大概的数目。

二、概数的表达方式

1. 数字连用：两个相邻的数字连用表示概数。

(1) 数字的排列通常是从小到大。

例：三四个人（＊四三个人）　　　　　五六块钱（＊六五块钱）
　　十一二个人（＊十一十二个人）
　　三十四五间房子　　　　　　　　（＊三十四三十五间房子）

> **注意：**
> (1) "九"、"十"或"十"、"十一"不连用。
>
> 例：＊九十个人　＊十九二十天　＊十十一个人　＊三十三十一天
>
> (2) "一两"不能说"一二"，"两三"不能说"二三"。
>
> 例：过一两天就回来。（＊一二天）
> 　　来了两三个人。（＊二三个人）

(2) "三两"、"两三"、"三五"、"一两"：表示数量少。

例：这么点活儿，三两个人就够了。
　　我只会说一两句汉语。
　　这次出差得三五天。
　　只有一两个人认识他。

> **注意：** "一两"、"两三"有两种用法：一是表示"一两"或"两三"，一是表示数量少。
>
> 例：我跟他只见过一两次面，没什么印象。（表示"一两"）
> 　　这可不是一两句话就能说清楚的。（表示数量少）
> 　　他病了，两三天没上班了。（表示"两三"）
> 　　我只会两三句汉语。（表示数量少）

(3) "百八十"：表示八十到一百之间。

例：这件衣服也就值百八十块钱。
　　这次晚会有百八十人参加。
　　想了半天才写了百八十个字。

2."左右"与"前后":

都可以表示大概的时间概念。"左右"既可以用于时点,又可以用于时段。"前后"只用于时点,可用于名词后。

用法	左右	前后
	时点、时段 + 左右	时点、名词/动词 + 前后
例句	时点:三点左右　十月左右　二十号左右 时段:一个小时左右　十个月左右　一年左右 　　　*春节左右　*暑假左右	时　　点:三点前后　十月前后　二十号前后 名词/动词:春节前后　暑期前后　考试前后 　　　　　毕业前后　*一个小时前后 　　　　　*十个月前后

另外:(1)"前后"可以用在时间段词语的前面,不用于表示概数,用于表示从开始到结束的一段时间。

例:他完成这本巨著,前后用了三十年的时间。

前后十几个小时,他都在手术台上忙碌着。

(2)表示有起止的或确指的一段时间不用"左右"。

例:1990年到2002年来华的留学生已达35万人。(*1990年到2002年左右)

会员每个月都可以收到俱乐部的会刊。(*每个月左右)

3."左右"与"上下":

"上下"多用于成人年龄,不能用于时间或距离,而"左右"既可以用于各种年龄,也可以用于时间或距离。

例:三十岁左右(上下)　　四十岁左右(上下)　　三岁左右(*上下)

六岁左右(*上下)　　一年左右(*上下)　　一个小时左右(*上下)

二十里左右(*上下)　　十公里左右(*上下)

4."二"、"两"与"俩"(liǎ):

(1)"十"前只能用"二";"百"、"千"、"万"或"亿"位于数列中间时,一般用"二";位于开头时,"百"前可用"二"或"两","千"、"万"或"亿"前通常用"两"。

例:二十　二(两)百　二(两)百二十二　两千二百二十万　两万二千万

(2)一般量词前用"两",不能用"二",一般度量衡单位量词前可用"二"也可用"两"。

例:两个人(*二个人)　两部电话(*二部电话)　两辆汽车(*二辆汽车)

二斤(两斤)　　二寸(两寸)　　两亩(*二亩)

(3)"两"可表示数量少。

例:就这么两个人呀?怎能开始呢?

我过两天就回来了,用不着担心?

穿这么两件衣服出去,非得感冒不可。

(4) "俩"已含有"两个"的意思,其后不可再加量词。

例:俩好朋友(*俩个好朋友) 俩老师(*俩位老师) 父子俩(*父子俩个人)
   姐妹俩(*姐妹俩个) 我们俩(*我们俩个) 俩人(*俩个人)

5. "半":
(1) "半"前有表示整数的数词,常构成:"数词+量词+半+名词"形式。

例:一年半 一个半小时 三个半月 三天半

(2) "半"前无表示整数的数词,常构成:"半+量词+名词"形式。

例:半个小时 半条鱼 半个月 半天

6. "把"用于"百"、"千"、"万"和某些量词之后,不用基数词,但表示"一"的意思。

例:个把月 —— 一个月左右 个把人 —— 一两个人
   百把人 —— 一百来人   块把钱 —— 一块来钱

7. "多"与"来":
(1) 表示比前面数词所表示的数目多,可用概数"多"表示。
A. 数词+量词+多+名词(数词为小于十的整数,量词为连续量词):

例:一个多月 一年多时间 三里多路 五个多小时

B. 数词+多+量词+名词(数词为大于十的整数,且个位数是零的,量词为各种量词):

例:二十多天 三十多个人 三千多斤苹果 一万多元

C. 数词+量词+多+名词(数词为大于十的整数,且个位数不是零的,量词为连续量词):

例:二十五里多路 二十一块多(钱) 二十二个多小时

(2) 表示接近前面数词所表示的数目,可用概数"来"表示。
A. 数词+量词+来+名词(数词为小于十的整数,量词为连续量词):

例:一个来月 一年来 三里来路 五个来小时

B. 数词+来+量词+名词(数词为大于十的整数,且个位数是零的,量词为各种量词):

例:二十来天 三十来个人 三千来斤苹果 一万来元

(3) 数词"十"与"多"、"来":
A. 名量词所表示的事物是可以分割的,可以用上述四种形式表示。所表示的事物是不能分割的,只能用"十 + 来 +量词+名词"或"十 + 多+量词+名词"两种形式表示。

例:十个来小时 十来个小时 十个多小时 十多个小时 十万多(一般不到十一万)
   十来个人(*十个来人) 十多个人(*十个多人) 十多万(比十一万多)

B. 动量词一般只能用"十 + 来 + 量词+名词"或"十 + 多+量词+名词"两种形式表示。

例：我都去了十来趟故宫了。（＊十趟来）
　　这部电影我看了十来遍了。（＊十遍来）
　　我问过他十来次，他都不说。（＊十次来）

附：与数词、概数有关的常用固定格式

1. 半……半……（单/名、单/动、单/形、近义/反义）：表示相对的两种状态同时存在。

例：半工半读　半公半私　半睡半醒　半信半疑　半喜半怒　半真半假　半干半湿
　　半褒半贬　半明半暗　半推半就

2. 半……不……（单/动、单/形、反义/相同）：表示两种状态同时存在，多含贬义。

例：半死不活　半土不洋　半新不旧　半懂不懂　半生不熟　半湿不干

3. 一……半……（单/名、近义）：表示数量不多或时间不长。

例：一官半职　一句半句　一男半女　一年半载　一时半会儿　一星半点儿
　　一言半语　一知半解　一鳞半爪　一时半晌　一天半天

4. 一……一……（单/名、近义）：表示整个或数量少。

例：一笔一画　一草一木　一点一滴　一家一户　一举一动　一生一世
　　一丝一毫　一心一意　一时一刻　一模一样　一言一行　一针一线　一字一句

5. 一……一……（单/形、单/名、反义）：表示两种事物的对比。

例：一朝一夕　一早一晚

6. 一……一……（单/动、近义）：表示动作的连续。

例：一蹦一跳　一哭一闹　一打一骂

7. 一……一……（单/动、相对）：表示两个动作交替或配合。

例：一唱一和　一来一往　一颦一笑　一瘸一拐　一起一伏　一摇一晃
　　一张一合　一涨一落　一张一弛　一歪一扭

8. 一……一……（单/形、单/方位词反义）：表示相反的方位或情况。

例：一长一短　一粗一细　一高一矮　一胖一瘦　一白一黑　一大一小　一厚一薄
　　一前一后　一上一下　一左一右　一南一北　一东一西

9. 一……一……（单/量、相同）：表示数量多。

例：一层一层　一个一个　一块一块　一阵一阵　一年一年　一趟一趟

10. 一……二……（双/形的两个词素前面）：表示数量少或"一、二"为虚指。

例：一男二女　一差二错　一干二净　一明二白　一来二去　一清二白　一清二楚

11. 一……百……（单/动、近义/相同）：表示随着某一事物的变化而产生相应的变化。

例：一呼百诺　一呼百应　一解百解　一了百了　一顺百顺　一唱百和　一通百通

12. 一……千……（单/名、单/动 + 单/名、单/量）：表示程度深、数量多、情况严重等。

例：一发千钧　一刻千金　一落千丈　一诺千金　一日千里　一泻千里　一掷千金
　　一字千金　一呼千诺

13. 一……三……（单/名、单/动）：表示事物复杂、程度深。

例：一波三折　一步三摇　一蹦三跳

14. 三……两……（单/名、单/量、单/动、近义）：表示动作反复多次。

例：三年两载　三番两次　三长两短　三天两头　三下两下　三劝两劝　三言两语
　　三招两式

15. ……三……四（单/动、单/名、单/形、近义）：表示强调或夸张语气。

例：低三下四　颠三倒四　丢三落四　急三火四　说三道四　推三阻四　朝三暮四
　　招三惹四

16. 三……五……（单/名、单/量、近义）：表示次数多。

例：三番五次　三令五申　三年五载　三山五岳

17. 四……八……（单/名、单/动、单/形、近义）：表示范围广。

例：四通八达　四面八方　四平八稳　四街八道

18. 七……八……（单/动、单/名、单/形、反义/近义）：表示多而乱。

例：七嘴八舌　七零八落　七老八十　七拐八弯　七颠八倒　七扭八歪　七上八下
　　七手八脚

19. 百……百……（单/动、近义）：表示百分之百如何。

例：百发百中　百依百顺　百战百胜

20. 千……百……（单/动、单/名、近义）：表示数量多。

例：千方百计　千姿百态　千娇百媚　千疮百孔　千回百转　千横百纵　千锤百炼
　　千行百业　千奇百怪

21. 千……万……（单/动、单/名、单/形、近义）：表示数量多。

例：千变万化　千波万折　千差万别　千恩万谢　千叮万嘱　千沟万壑　千呼万唤
　　千家万户　千回万转　千丝万缕　千辛万苦　千言万语　千真万确　千头万绪

实 力 测 试

一、将所给的词语填到适当的位置上

1. A 请你 B 吃 C 一点儿 D 吧，这种菜很好吃，不必客气。（多）
2. 这次我 A 要在国外 B 住上 C 几个 D 月，给自己的心情也放个假。（多）
3. 这件衣服太瘦了，有 A 肥 B 的吗？老太太比较 C 胖 D。（一点儿）
4. 这一带的城墙据说有十 A 五 B 米宽，七 C 米 D 高。（多）
5. 这次去国外旅行，一直在外边 A 呆了两 B 个 C 月 D。（来）
6. 我等了他 30 A 分钟 B，他也没来，后来听说他已经三 C 个月 D 没来了。（多）
7. 他们边吃边聊，一顿 A 饭不知不觉吃了 B 一个 C 钟头 D。（多）
8. 这两件 A 行李加起来 B 有三十 C 公斤 D 重。（多）
9. 她 A 一个三十 B 岁 C 的弱女子，又要忙事业又要忙家务，D 承受得起这么大的压力吗？（来）
10. 从这里乘新干线到东京大概要 A 两 B 个 C 小时 D。（半）
11. 你看看，我穿的这件衣服 A 是不是 B 显得 C 老气 D？（有点儿）
12. 衣服虽然 A 贵 B，但质量 C 过关，D 贵点儿也值得。（有点儿）
13. 一个孩子家，我倒不会跟他 A 生气，不过心里 B 总觉得 C 不舒服 D。（有点儿）
14. 你现在每天运动量这么大 A，你 B 多 C 吃 D 东西才好。（一点儿）
15. A 再 B 带 C 吧，火车上可没什么好吃 D 的。（一点儿）
16. 到了那儿以后，A 早 B 给家里打个电话，省得家人 C 担心 D。（一点儿）
17. 办完 A 事，你千万 B 早 C 回来 D，家里还有很多事情等着你处理呢。（一点儿）
18. 这件 A 颜色 B 深，有 C 浅 D 的吗？（一点儿）
19. 冰箱里还 A 有 B 面包，你先 C 随便 D 吃点儿吧！（一点儿）
20. 你上学期间 A 打工 B，C 影响 D 学业啊！（多）

二、判断选择

1. 小数 15.0025 应读成（　　）。
   A. 一五点零二五　　B. 一五点零零二五　　C. 十五点零零二五　　D. 十五点零二五
2. $3\frac{1}{2}$ 应读成（　　）。
   A. 三和二分之一　　B. 三加二分之一　　C. 三又二分之一　　D. 三而二分之一
3. 周末图书馆里看书的人很少，只有（　　）。
   A. 十五十六个人　　B. 十五六个人　　C. 十五六个左右人　　D. 十五个十六个人
4. 他看起来很年轻，也就（　　），全然不像四十开外的人。
   A. 30 岁前后　　　B. 30 岁开外　　　C. 30 左右岁　　　D. 30 岁上下
5. 前天我去图书大厦买了（　　）。
   A. 十多本书　　　B. 十本多书　　　C. 十本来书　　　D. 十本几书

6. 昨晚来参加晚会的有三十人（　　）。
   A. 上下　　　　B. 左右　　　　C. 前后　　　　D. 内外
7. 上午早饭（　　），这里几乎没有什么客人。
   A. 前后　　　　B. 上下　　　　C. 里外　　　　D. 左右
8. 上午的考试只进行了（　　），但看样子学生们并不轻松。
   A. 一个半小时　　B. 一半小时　　C. 半一个小时　　D. 一个小时半
9. 以前，北京一般每个家庭都有（　　）辆自行车。
   A. 两　　　　　B. 二　　　　　C. 俩　　　　　D. 两个
10. 这些新鲜蔬菜大概有（　　）重吧。
    A. 4多斤　　　B. 4来斤　　　C. 14来斤　　　D. 4斤来
11. 春节（　　），我打算去外地走走，以放松自己过于紧张的神经。
    A. 前后　　　　B. 左右　　　　C. 上下　　　　D. 先后
12. 他的家离这里也就十来公里（　　），不算太远。
    A. 前后　　　　B. 左右　　　　C. 上下　　　　D. 里外
13. 他写这篇文章用了一个钟头（　　）。
    A. 内外　　　　B. 上下　　　　C. 左右　　　　D. 前后
14. 他病了，有（　　）没来公司了，今天我去看看他。
    A. 两三天　　　B. 三两天　　　C. 一二天　　　D. 三二天
15. 生活的压力使他过早地衰老了，四十来岁看起来却像五十（　　）了。
    A. 内外　　　　B. 前后　　　　C. 开外　　　　D. 先后
16. （　　）年，他父亲就来中国考察过。
    A. 一些　　　　B. 前些　　　　C. 多些　　　　D. 少些
17. 提前半个月就通知你了，都（　　）了，你现在还没准备好？
    A. 多大工夫　　B. 多长时间　　C. 多久时间　　D. 多少工夫
18. 你甭担心，我二十号（　　）就回来。
    A. 上下　　　　B. 先后　　　　C. 左右　　　　D. 高低
19. 这次出国考察个（　　）月就回来，耽误不了正事儿。
    A. 个　　　　　B. 一　　　　　C. 把　　　　　D. 半
20. 这所学校去年招收本地生800名，今年只招收200名，（　　）。
    A. 减少了0.75倍　B. 减少了3/4　　C. 减少了1/4　　D. 减少到3/4

三、改错

1. 春节期间，反映异国风情的首届国际风情节在北京市朝阳公园举行，近3万多观众前
   　　　A　　　　　B　　　　　　　　　　　　　　　　　　　　　　　　　　C
   来参观，给公园带来了良好的社会效益与经济效益。
   　　　　　　D

2. 我还打算去二个地方，一个是西藏，一个是新疆，看来今年是去不成了。
   　　　　A　　　　　B　　　　　C

3. 北京他已去过十趟多了，对那里多少比你熟悉一些，只要你把地址写清楚，找个地方
   　　A　　　　　　　　　　　B　　　　　　　　　　　　C　　　　　　　　D

还是不成什么问题的。

4. 图书馆上个月进了两万左右册图书,并增加了很多种类,这样一来,图书馆显得比以
    A   B   C   D
前更像样了。

5. 这是座新建的体育馆,建筑风格独特,地处繁华闹市区,可以容纳十个千人观看比赛。
    A   B   C   D

6. 这是一所综合性的语言类大学,位于市中心,主要招收各国的留学生,目前在这所大学
    A   B   C   D
就读的大概有1000多个留学生们。

7. 带这么百十多块钱逛街够干什么用的呀!还是多带点儿吧,万一碰上件可心的东西,
         A   B   C
钱不够多可惜呀!
    D

8. 他是个有点儿聪明的人,又是个很会看时机的人,有些话你一点他就明白了,不必明
    A   B   C   D
说。

9. 周大夫是位年轻有为的医学专家,在心血管方面很有一下子,患者从全国各地慕名
    A   B   C
而来,每年经他的手救治的患者不计其数。
         D

10. 这个孩子生下来时才4左右斤,后来在大家的精心护理下才存活下来,现在已成为一
       A   B   C
名小学生了,健康而又活泼。
        D

11. 他对中国的历史怀有极为浓厚的兴趣,拍一部历史长剧是他的心愿,来中国以前就看
         A   B   C
过很多些关于中国历史的书,所以关于中国历史他不比你我知道得少。
      D

12. 我急需用钱,他二话没说,从兜里拿出二千块钱给我,我心里很感激他。
       A   B   C   D

13. 这部巨著耗费了作者十年的心血,是作者精神的再现,目前初稿已完成,近五百万字
         A   B   C   D
左右。

14. 你别逗了!我这一二句汉语的水平,怎么能给你做翻译呢?简单的会话还凑合。
       A   B   C   D

15. 这是一对双胞胎姐妹,每天放学,小姐妹俩个人总是手拉手走出学校,人们投以羡慕
          A   B   C   D
的目光。

16. 时间一钟头一钟头地过去了，手术还没做完，全家人的心提到了嗓子眼儿，谁也不知道
       A   B   C   D
   等待他们的是什么？

17. 在高中读书的时候，是一点儿学过语法，但现在也忘得差不多了，还得从头学起。
       A   B   C   D

18. 他很宠爱他的女友，在女友身上从不吝惜钱，这不，女友生日那天，他又花了多钱给
       A   B   C   D
   女友买了一条很珍贵的钻石项链。

19. 2002年至2003年左右这里曾住过一户人家，无儿无女，只有老两口，生活都是靠邻
                  A   B   C   D
   居们帮助。

20. 你看你，熬了几个通宵，整个人都瘦了一大圈，再吃一些吧。
       A   B   C   D

第六章

量　　词

第一节　量词的分类

第二节　常用量词

实力测试

基本概念：表示事物或动作的数量单位的词，与数词组合。

第一节　量词的分类

量词是表示事物或动作数量单位的词。量词可分为名量词、动量词两大类，不管是名量词还是动量词都是汉语中特定的，不可随意改变的。

名量词：一个朋友　　一张床　　　几口锅　　　几眼井
动量词：吃一顿饭　　看一场电影　看一下儿　　研究一番

一、名量词

表示人或事物的数量单位的词，多和数词结合用在名词前作定语。分为专用名量词、借用名量词两类。

1. 专用名量词：包括个体量词、集合量词、度量词、不定量词等。
（1）个体量词：表示人或事物的个体。

例：一个月　两位先生　一条消息　五张桌子

（2）集合量词：表示事物的集合体，用于由两个以上的个体组成的事物。

例：一堆东西　一群人　一对眼睛　几套衣服

（3）度量词：即度量衡的计算单位，表示长度、高度、距离、重量、面积、体积等。

例：一尺　一米八　三公斤　几公里　十平方米

（4）不定量词：表示不确定的数量。

例：一些人　一些材料　一点儿东西　一点儿水

2. 借用名量词：名词临时用作量词，多由表示身体部位或容器的名词充当。

表示身体部位的名词：一头（手、脸、身、脚……）汗
表示容器的名词：一杯（瓶、盒、听、碗、箱……）水

二、动量词

表示动作或变化的次数单位的量词叫动量词，分为专用动量词、借用动量词两类。
1. 专用动量词：表示动作或变化的量。

例：吃一顿饭　研究一番　教训了一通　看一场比赛

2. 借用动量词：名词临时用作量词，多由表示身体某个部位或所凭借的工具的名词充当。

例：吃一口　看一眼　打一拳　踢一脚（表示身体部位的名词）
　　打一针　切一刀　写一笔　剪一剪子（表示所凭借的工具的名词）

第二节　常用量词

一、名量词：包括个体量词、集合量词、度量词、不定量词。

1．个体量词：

除了"个"以外，常用的有：

条：(1) 多用长条物，可弯曲的。

例：毛巾　领带　蛇　路　河　胡同　腿　腰带　鞋带　绳子
（注："羽毛"的量词为"根"）

(2) 用于跟人有关的。

例：一条人命　四条汉子　全国人民一条心

(3) 用于分事项或抽象事物。

例：一条妙计（计策）　两条标语　三条罪状　四条措施　一条经验　一条新闻
　　一条（则）消息　一条出路　一条路线

(4) 用于由固定数量合成的长条形状的物品。

例：一条肥皂（两块连接在一起）　　一条香烟（十盒包装在一起）

根：多用细长物，一般为生物。

例：头发　草　棍子　竹子　黄瓜

线：用于抽象事物，数词限于"一"，表示极少。

例：一线希望　一线光明

艘：用于体积大的机动船只。

例：轮船　客轮　货轮　军舰　航空母舰　科学考察船
（注：手划的小船用"只"）

张：(1) 用于平面或有平面的物体。

例：地图　床　桌子　纸　照片　脸

(2) 用于某些可张开的东西。

例：一张嘴　一张弓

(3) 用于某些农具、乐器。

例：一张犁　一张古琴

贴：膏药一张叫一贴。

例：一贴膏药

颗：多用于颗粒物。

例：珠子　心　星　子弹　珍珠

粒：多用于小颗粒物。

例：种子　沙子　米　花生

块：(1) 用于块状和某些片状的东西。

例：石头　玻璃　黑板　橡皮　肥皂

(2) 用于银币或纸币。

例：一块钱　一块银元　一块九毛

滴：用于液体。

例：眼泪　水　汗　酒　油

声：表示声音发出的次数。

例：他哼了一声。
远处传来一声声雷鸣。

席：用于谈话或酒宴等。

例：听君一席话，胜读十年书。
这席酒是特意为他准备的。

本：多用于装订成册物。

例：书　词典　杂志　地图　影集　账

篇：用于文章、纸张、书页等。

例：一篇论文　两篇小说　三篇稿纸
(注：诗词、戏剧的量词不能用"篇")

册：用于书的数量。

例：这是第三册吗？

则：用于分项或自成段落的文字的条数。

例：寓言　新闻　消息　试题

期：用于分期的事物。

例：这是最后一期杂志。
银行分期付款买车。

棵：多用于植物、蔬菜等。

例：树　草　花　白菜

支：(1) 用于直硬细长的非生物。

例：一支钢笔（笛子、蜡烛、香、笔）

（2）用于队伍。

例：一支队伍（生力军、文化新军、教师队伍）

（3）用于歌曲、乐曲。

例：一支歌（乐曲）

类：用于相同或相类似的事物。

例：第一类学校　二类学校

种：表示种类，用于人或所有事物。

例：这种人（朋友）　各种意见（建议、看法、条件、情况、商品、价格、困难）

床：用于被褥等。

例：一床毛毯　两床被子

顶：用于某些有顶的物品。

例：一顶草帽　一顶帐篷

部：用于车辆或机器。

例：汽车　机器　电话

台：用于"戏"以及某些机器设备一类。

例：一台冰箱（电视、计算机、录音机）一台戏　一台歌舞节目

堵：用于"墙"。

例：两院之间建了一堵墙。
（注：不能用于"门"）

扇：用于门、窗等。

例：一扇门（窗户、屏风）

幅：用于布帛、呢绒、图画等。

例：一幅油画、两幅布

届：（1）用于定期的会议。

例：第二十七届奥运会已经结束。

（2）用于毕业的年级。

例：他是八八届毕业生。

道：（1）用于江河和某些长条形的东西。

例：一道风景线　一道光　一道道山来一道道水

（2）用于门、墙等。

例：砌了一道围墙。
这个院子有三道门。

(3) 用于命令、题目等。

例：一道命令　两道判断题

(4) 用于关卡。

例：办护照要经过好几道手续。
制造一辆汽车要几道程序。
你去应聘要过几道关。

门：(1) 用于亲戚等。

例：他是你家的哪一门亲戚？

(2) 用于功课、技术等。

例：学一门技术　选了一门课

(3) 用于军事武器。

例：两门炮

名：(1) 用于有某种职业或身份的人。

例：一名教师　两名职员　三名团员

(2) 用于表示名次。

例：他得了第一名。

位：(1) 用于人（含有尊敬语气）。

例：一位老师　两位朋友　三位客人　四位先生　多位旅客
（注："人"本身不用"位"）

(2) "位"前面可以有"诸"、"各"、"列"等词语。

例：各位同学　诸位先生　列位首长

员：用于武将。

例：他可是队里的一员虎将。

口：(1) 用于家庭人口。

例：这是一个五口之家。

(2) 用于牲畜。

例：他家养了一口猪。

(3) 用于有口或带刃的某些东西。

例：一口锅　三口井

(4) 用于棺木。

例：两口棺材

(5) 用于跟口有关的动作或事物。

例：讲一口普通话　喝三口水　吸了一口气

头：(1) 用于某些动物。

例：一头牛　两头驴　三头猪　四头大象　好几头牲口

(2) 用于大蒜。

例：一头大蒜

匹：(1) 用于马、骡子、骆驼。

例：一匹马　两匹骡子　三匹骆驼
（注：其他家畜都有特定的量词，不用"匹"。）

(2) 用于整卷的绸缎，棉麻织品及其他纤维织品，幅长因品种不同而不同。

例：一匹布　两匹丝绸

只：(1) 用于某些成对的东西之一。

例：两只手（眼睛、耳朵、脚）　一只鞋（袜子）

(2) 用于某些动物。

例：一只鸟（鸽子、鸡、猫、狗、兔子）

(3) 用于某些交通工具。

例：一只小船（雪橇）

份（分）：(1) 整体中的一部分。

例：尽一份力量　分成五份

(2) 用于搭配成组的事物。

例：一份工作（礼物、饭）

(3) 用于报刊、文件等。

例：一份杂志　一式两份

(4) 用于某些抽象事物。

例：我可没那份闲心。
你看他那份高兴劲儿。

项：用于分项目的事物。

例：一项声明　几项决议　一项议程　三项任务　四项措施　五项研究成果　多项支出　分项列出　两项规定　逐项进行　一项议案

度：(1) 次。多用于书面语。

例：一年一度的全运会开幕了。

那部电影曾几度获奖。

(2) 表示地球的经纬线、温度、电量的单位。

例： 气温20度　用两度电

阵：指事情或动作经过的段落（限用"一"）。

例： 一阵雨　一阵风　一阵疼痛　一阵热烈的掌声　闹了好一阵　笑一阵　干一阵　玩一阵　说一阵　忙一阵　想了一阵

段：(1) 用于时间、路程。

例： 一段时间（路程、距离）

(2) 用于音乐、戏曲、文章、话语的一部分。

例： 这首歌曲有四段。
这篇文章的最后一段还要修改一下。
他的一段发自肺腑的话感动了大家。

(3) 用于曲艺，表示的是完整的节目。

例： 一段相声　一段评书

(4) 用于长条东西分成的若干部分。

例： 一段铁路　一段木头　一段绳子

件：用于个体事物。

例： 一件事　两件衣服　三件行李

起：用于案件、事故。

例： 一起交通事故

桩：用于事情。

例： 这桩婚事定下来了。
一桩桩不顺心的事让人心烦。
这是小事一桩。

层：(1) 用于重叠、累积的事物。

例： 三十层大楼　里三层外三层　一层层地传达下去

(2) 用于可以分项、分步的思想、含义、理由等事物。

例： 多了一层顾虑　两层意思　上层人物

(3) 用于覆盖在物体表面上的东西。

例： 河面上结了一层冰。
桌子上落了厚厚一层土。
天又不是很冷，你怎么穿了这么多层衣服？

点：（1）用于事项。

　　　例：两点建议　三点要求　几点希望

　　　（2）用于表示时间单位。

　　　例：三点一刻　六点　十点半

宗：多用于较重大的事物。

　　　例：一宗交易　一宗大事

笔：（1）用于账目、款项、交易。

　　　例：存了一笔钱　谈了一笔生意

　　　（2）指汉字的笔画。

　　　例：字要一笔一画地写。
　　　　　这个字有几笔？

　　　（3）用于书画艺术。

　　　例：这笔字写得真不错。
　　　　　平时没事他也能画上几笔。

片：（1）用于平而薄的东西。

　　　例：两片面包　三片药　一片红叶　一小片牛肉

　　　（2）用于地面、水面等（面积、范围数）。

　　　例：一大片新楼房　一片绿地　一片汪洋　一片白雪

　　　（3）用于景色、气象、声音、语言、心意等（限用"一"）。

　　　例：一片丰收景象（新气象、真心、欢腾、掌声、真情）

派：（1）用于派别。

　　　例：各派学者对这一问题都进行了阐述。

　　　（2）用于景色、气象、语言、形势、声音等，数词限用"一"。

　　　例：好一派北国风光　祖国一派新气象　一派大好形势　一派胡言

所：（1）用于房屋。

　　　例：一所房子　两所住宅

　　　（2）用于学校，医院等。

　　　例：一所学校　两所医院

家：（1）用于家庭。

　　　例：一家人家（人）

　　　（2）用于企业。

例：一家商店（饭店、公司、工厂、银行、医院、旅行社）

座：大而固定物，多用于建筑物。

例：山　桥　楼房　塑像　水库　城市　塔　碑

间：用于房屋的最小单位。

例：一间教室　几间宿舍　一间客厅　两间房子

把：(1) 用于有把柄的器具。

例：刀　椅子　扇子　伞　壶　剪刀　钥匙　锁　梳子

(2) 用于表示能用手抓起的部分数量。

例：两把花生　三把米　几把土

(3) 用于表示某些抽象事物。

例：努一把力　加一把劲　一大把年纪

(4) 用于手的动作。

例：推一把　帮他一把　拉他一把

班：用于定时开行的交通运输工具。

例：下一班飞机是几点？
　　从青岛开往天津的客轮一周有几班？

（注：火车的量词不用"班"，用"列"。）

节：(1) 用于细长的植物的一段。

例：一节竹子　两节甘蔗　三节藕

(2) 用于电池、火车车厢等。

例：我买了两节电池。
　　这列火车有十节车厢。

(3) 用于文章的段落。

例：这篇文章分为三节。

(4) 用于课程在时间上的划分，四十五分钟为一节。

例：第二节课

（注：不能用于课程类别。）

例：＊他这个学期选了四节课。(应为"四门课")

架：用于某些跟支架有关的机械、乐器等。

例：一架显微镜　两架照相机　三架钢琴　四架飞机

面：(1) 用于扁平或能展开的东西。

例：一面锣　两面鼓　三面镜子

(2) 用于会面的次数。

例：我跟他见过几面。

款：用于样式种类。

例：一款新装　两款西式点心

盘：用于形状像盘子的东西。

例：一盘磁带　一盘棋　一盘香

回：(1) 用于事情，相当于"件"。

例：没有这回事。
这是两回事。

(2) 用于小说，评书等，相当于"章"。

例：《红楼梦》共有一百二十四回。

场：(1) 戏曲中的较小的段落，一出戏中小于"幕"的片段（读第三声）。

例：新编的一出京戏有十二场。

(2) 戏剧演出，体育活动等完整地进行一次为一场（读第三声）。

例：看场电影　一场球赛　一场舞会　一场歌剧

(3) 用于考试等（读第三声）。

例：考了一场阅读。

(4) 用于雨、风、病、灾、农事活动等（读第二声）。

例：刮了一场风　下了两场雨　生了场大病　发生了一场风波　受了一场虚惊

(5) 用于某些言语和行为（读第二声）。

例：一场争论　一场辩论　哭了一场　大闹了一场　一场激烈的斗争　大干一场

场次：（复合量词）表示演出若干场数的总和。

例：一个月演出四十场次。

手：指某种技能或本领。

例：他还留了一手。
他真露了两手。
他做得一手好活儿。

出：(1) 传奇剧本结构上的一个段落叫"一出"。

例：这本传奇故事总共四出。

(2) 戏曲中的一个独立剧目也叫"一出"。

例：他录下了自己演的几出戏。

股：用于气体、气味、力气等。

例：一股冷气（香味、劲儿）

2．集合量词：

团：（1）用于成团的东西。

例：一团火（棉花、乱丝、毛线、棉花糖）

（2）表示人或事物的某种状态。

例：一团糟　一团和气　大人孩子哭成一团　一团混乱　抱成一团

打：十二个叫一打。

例：一打铅笔有十二支。

套：（1）用于搭配成组的器物。

例：一套房子　两套家具　全套邮票

（2）用于机构、制度、本领、办法、言语等。

例：两套班子　一套章程　几套方案　一套办法　一大套空话

捆：用于捆起来的东西，相当于"束"。

例：一捆草　两捆报纸　三捆行李

束：用于某些捆在一起或聚集成把的东西。

例：一束鲜花　一束稻草　一束头发　一束阳光　一束文稿

列：用于成行列的事物。

例：一列队伍　两列火车

轮：（1）用于日、月等。

例：一轮红日　一轮明月

（2）用于循环进行的事物或动作。

例：这是第二轮比赛。
　　我比你大一轮（即大十二岁）。
　　经过多轮谈判，双方达成协议。

排：用于成行列的东西。

例：一排牙齿　两排小树　三排平房

副：（1）用于成套的东西。

例：一副手套（对联、眼镜、牌、棋）

（2）用于面部表情。

例：一副笑脸　一副面容　一副面孔

双：（1）用于左右对称的某些人体器官。

例：一双手（脚、眼睛、耳朵）

（2）用于某些成对使用的东西（多为穿戴在肢体上的）。

例：两双袜子（鞋）　三双筷子

对：用于按性别、左右、正反等配合的两个人、两个动物或事物。

例：一对夫妻（鸽子、手镯、翅膀、沙发、矛盾）

注意：（1）"对"有时只是"双"的意思，不含性别、左右、正反等因素。

例：一对傻瓜　一对梳子

（2）由相同的两部分连在一起的单件物品不能用"对"或"双"。

例：不说"一对剪子"（应为"一把剪子"）。
不说"一对眼镜"（应为"一副眼镜"）。
不说"一双裤子"（应为"一条裤子"）。
不说"一双眼镜"（应为"一副眼镜"）。

（3）跟肢体、器官有关的东西，一般用"双"。

例：一双手　两双袜子

（4）跟肢体、器官无关的东西，一般用"对"。

例：一对金鱼　两对矛盾
（"眼睛"、"翅膀"既可用"双"又可用"对"。）

群：用于人或动物。

例：一群孩子　一群马

批：用于大宗货物或多数的人，多为有组织的。

例：一批学生　一批货物

伙：用于成群的人（多含有贬义）。

例：一伙歹徒　一伙流氓

拨：用于人的分组。

例：你们班五十个同学分拨去参观。

帮：用于成群的人。

例：那帮人在看什么？

堆：（1）用于成堆的物或成群的人。

例：两堆垃圾　一大堆人

(2) 引申用于抽象事物，形容数量多，数词限于"一"。

例：这里有一堆问题没法儿解决。
一大堆工作等着我呢。
他说了这么一大堆，没一句是有用的。

挂：用于成串的东西。

例：一挂鞭炮　两挂辣椒

串：用于连贯起来的事物。

例：一串项链（钥匙、葡萄、珍珠）

3．度量词
长度：分、寸、尺、丈、厘米（公分）、毫米、米、里、公里
容量：毫升、升、公升
重量：钱、两、斤、克、公斤、吨
面积：分、亩、公顷、平方寸、平方尺、平方米
体积：立方厘米、立方分米、立方米

4．不定量词："一点儿"、"一些"

(1) 一点儿

A. 可修饰名词，作定语，表示数量少，也可用"一些"。但是，"一点儿"可用于祈使句或能愿动词"想"或"要"后面，"一些"不行。

例：我去买点儿东西吃。（一些）
冰箱里还剩点儿菜。（一些）
你还是吃点儿东西吧。（＊些）
你要喝点儿什么吗？（＊些）

B. 可修饰动词/形容词，作状语。

a. 重叠后作状语，表示数量少，常构成"一点儿（一）点儿＋动词"形式。

例：土地被沙漠一点儿（一）点儿地吞食掉了。
词汇需要一点儿（一）点儿地积累。
意志被一点儿（一）点儿地磨平了。

b. 用在否定副词前，表示完全否定，常构成"一点儿＋（也/都）＋否定副词＋动词/形容词"形式。

例：这件衣服一点儿也不漂亮。
我一点儿都不明白。
昨天的作业我一点儿也没做。
这件事我一点儿都不知道。

C. 用在动词或形容词后作补语，表示程度轻微的意思，常构成"动词/形容词＋一点儿"形式。（可省去"一"）

例：这本书我看过一点儿。

他的情况我知道一点儿。
孩子长高了，衣服短了点儿。
他的病已经好一点儿了。

(2) 一些

A. 可修饰名词，作定语，表示数量少。

例：我去买些东西吃。
在这里我认识了一些朋友。
这些礼物都是朋友送来的。
晚会来了好些人。

B. 用在动词或形容词后作补语，表示程度轻微的意思，常构成"动词/形容词＋一些"形式。(可省去"一")

例：他的情况我知道一些。
语法学过一些。
他的病好些了。
今天比昨天冷一些。

(3) 有点儿：是"有一点儿"的省略形式。
"有点儿"修饰名词时，是"动词＋量词"的省略形式，不是副词。

例：杯子里还有点儿果汁。
冰箱里有点儿面包，你先吃吧！
他最近有了点儿变化。

另外："有点儿"作副词时，修饰表示消极意义的动词或形容词，表示程度轻微，常构成"有点儿＋动词/形容词"形式。

例：我有点儿讨厌他。
这次考试有点儿难。
我有点儿不舒服。
我还是有点儿不放心。

二、动量词

步：(1) 用于棋类竞赛。

例：这步棋走得不对。
他想了半天才走了两步棋。

(2) 用于走路、跑步的次数。

例：他跑了几步停下了。
路要一步一步地走。

次：(1) 表示动作的重复，着重指动作的次数。

例：游了几次泰山　　商量过两次

(2) 用于可以重复出现的事物。

例：这是千载难逢的一次机遇。
　　三次会谈都没达成共识。

遍：表示动作从开始到结束的全过程，着重指动作的全过程。

例：这本书学过一遍。
　　我给他讲了一遍事情经过。

回：表示动作的反复进行，相当于"次"。

例：他去过那儿一回。

趟：只用于表示行走意义的动词。

例：我去了趟上海。
表示公共汽车线路时，不用"趟"，应为"路"。

例：331路汽车在学校门口有一站。

顿：一般用于吃饭或斥责、打骂等不好的动作。

例：我昨天吃了一顿西餐。
　　他被老师批评了一顿。

下儿：一般用于短时间的动作。

例：他拍了我一下儿，走了出去。
　　他摇了两下儿头，叹了口气儿。

番：(1) 表示种类，数词限于"一"。

例：另有一番滋味　　别有一番风味

(2) 用于心思、言辞、过程。表示次数，数词限于"一"、"几"。

例：花了一番心血　费了一番唇舌　做过一番劝解　见过一番世面　经过几番风雨
　　费了几番周折　嘱咐了我一番

(3) 用于费力较多、用力较大或过程较长的动作。表示"回"或"遍"。

例：教训了一番　　检讨了一番　　三番五次打电话

(4) (自主量词) 用于打麻将或斗纸牌和（音：胡）时的计算

例：一番　　两番　　三番

(5) 用在动词"翻"后，表示加倍。

例：粮食产量翻两番。

局：下棋或其他比赛一次叫一局。

例：下了一局棋。

第二局比赛已结束。

实力测试

一、将所给的词语填到适当的位置上

1. 一回到家，他就一句话也不说，闷头 A 喝 B 了 C 啤酒 D。（两瓶）
2. 他又一次恋恋不舍地 A 环顾了 B 他 C 住了五年的小屋 D，就上车走了。（一下儿）
3. 上星期 A 你们 B 不是 C 见过 D 面吗？怎么还没把问题说清楚呢？（一次）
4. 因突降大雾，飞机无法 A 正点起飞，B 大约要 C 晚点 D。（三个小时）
5. 因场地关系，我们 A 只好 B 把准备好的比赛 C 推迟了 D。（一天）
6. 我和他 A 谈 B 了 C 的话 D，终于冰释前嫌，消除了我们之间的误会。（整整一天）
7. 我 A 做 B 了 C 梦，梦见 D 一大堆乱七八糟的事情。（一晚上）
8. 明天你能抽空儿 A 到 B 我这儿 C 来 D 吗？我跟你商量点儿事儿。（一趟）
9. 请 A 你把老师上课时重点 B 讲解的内容 C 给他重复 D。（一遍）
10. 自从那次 A 突发心脏病以后，他不敢 B 工作很长时间 C 了，而是 D 每天只干一点儿。（一口气）
11. 他平均 A 一年之内 B 参加 C 国际医学研讨会 D。（三次）
12. 突如其来的一些变故把她 A 刺激 B 得 C 没睡着觉 D。（一夜）
13. 我已 A 从事 B 我所热爱的汉语教学工作 C 十 D 年了，学生的成绩就是对我工作的最大肯定。（多）
14. A 老师要求我们每星期 B 交 C 作文 D。（一次）
15. 最近 A 发生了 B 让人难以应付的 C 事情 D，让我伤透了脑筋。（一件）

二、判断选择

1. 凡在节日期间光临本商厦购物的顾客，商厦将为您准备一（　　）精美的礼物。
   A. 份　　　　　　B. 条　　　　　　C. 项　　　　　　D. 把
2. 老师，这是您昔日学生们的一（　　）赤诚之心，就请您收下吧。
   A. 片　　　　　　B. 门　　　　　　C. 条　　　　　　D. 张
3. "六一"儿童节这一天，在本市的各大公园，随处可见带孩子游园的三（　　）之家。
   A. 户　　　　　　B. 名　　　　　　C. 口　　　　　　D. 位
4. 一（　　）青年恋人手拉手地走进一家豪华饭店。
   A. 对　　　　　　B. 双　　　　　　C. 伙　　　　　　D. 副
5. 这（　　）豪华饭店的价格都很高，她不好意思地把菜单递给了男友。
   A. 所　　　　　　B. 家　　　　　　C. 座　　　　　　D. 户
6. 在毕业典礼上，校长宣布全年级第一（　　）的同学上台领奖，他兴高采烈地走上领奖台去。
   A. 位　　　　　　B. 名　　　　　　C. 号　　　　　　D. 种
7. 一（　　）新推出的"豆腐冰淇淋"色香味俱佳，而且含脂率极低，受到那些减肥心切的人的普遍欢迎。
    A. 样　　　　　B. 碗　　　　　C. 口　　　　　D. 种

8. 这套茶具小巧玲珑、做工极为考究，透着一（　　）自然天成的艺术韵味。
    A. 样　　　　　B. 种　　　　　C. 股　　　　　D. 项

9. "怎么了？""别问了"他极不耐烦地说了一（　　）。
    A. 言　　　　　B. 语　　　　　C. 句　　　　　D. 口

10. "你总算猜透了我的心思。"她非常高兴，他们之间一（　　）薄薄的窗户纸终于被捅破了。
    A. 批　　　　　B. 扇　　　　　C. 层　　　　　D. 块

11. 她紧张极了，急中生智扑到一（　　）微亮着灯光的房门前，大声喊："妈，我回来啦！"
    A. 道　　　　　B. 扇　　　　　C. 座　　　　　D. 盏

12. 只见那男子拿出一（　　）钥匙奇怪地对她说："这是我的家，怎么会有你的妈？"
    A. 套　　　　　B. 支　　　　　C. 条　　　　　D. 串

13. "累死了，"几乎成了现代都市人的一（　　）口头禅了。
    A. 话　　　　　B. 张　　　　　C. 句　　　　　D. 副

14. 黑嘴鸭是世界上现存的44（　　）欧鸟中人类认识最晚、最为珍贵的物种之一。
    A. 种　　　　　B. 样　　　　　C. 项　　　　　D. 只

15. 虽然那（　　）不为人知的往事已经过了很久，我却一直铭刻在心。
    A. 段　　　　　B. 阵　　　　　C. 趟　　　　　D. 回

16. 你这样对他是一（　　）极不负责任的态度，他也真是枉把你当成了他的知己。
    A. 副　　　　　B. 种　　　　　C. 样　　　　　D. 会

17. 如今，城里人为图个消闲，掀起了一（　　）喂养宠物的热潮。
    A. 股　　　　　B. 浪　　　　　C. 派　　　　　D. 份

18. 拿着通知书正暗自窃喜的时候，门"吱呀"一（　　）开了。
    A. 把　　　　　B. 阵　　　　　C. 声　　　　　D. 扇

19. 这部电影我看了两（　　），可每次都没看完。
    A. 次　　　　　B. 遍　　　　　C. 阵　　　　　D. 下儿

20. 今天的报纸报道了两（　　）惊人的消息。
    A. 则　　　　　B. 篇　　　　　C. 页　　　　　D. 张

21. "书读百（　　），其义自现"书要多读才能体会到文章中的深意。
    A. 次　　　　　B. 遍　　　　　C. 本　　　　　D. 回

22. 吃早茶是一种文化，一种消闲的饮食方式，尝一尝就是一（　　）享受。
    A. 种　　　　　B. 块　　　　　C. 起　　　　　D. 道

23. 早茶还没有被大众接受，因为这潇洒玩意儿被大众人为地蒙上了一（　　）神秘的面纱。
    A. 层　　　　　B. 块　　　　　C. 张　　　　　D. 片

24. 他在一家机关当秘书，单位有一（　　）全自动办公设备，除了打印机、复印机、还有传真机、扫描仪等。
    A. 台　　　　　B. 件　　　　　C. 套　　　　　D. 部

25. 老先生笑得合不上嘴，一（　　）气把酒喝了下去。
    A. 股　　　　　　B. 口　　　　　　C. 喘　　　　　　D. 松
26. 这（　　）"随身听"陪着我度过了日复一日，年复一年的日子。
    A. 种　　　　　　B. 张　　　　　　C. 台　　　　　　D. 只
27. 刚进家门，一（　　）饭菜香味扑面而来，勾起了我的食欲。
    A. 股　　　　　　B. 道　　　　　　C. 条　　　　　　D. 碗
28. 一（　　）五星红旗在天安门广场上迎风飘扬。
    A. 张张　　　　　B. 面面　　　　　C. 件件　　　　　D. 条条
29. 他的汉语水平不知比我高出多少（　　）。
    A. 回　　　　　　B. 块　　　　　　C. 次　　　　　　D. 倍
30. 公路上发生了交通事故，一（　　）人在围观，想知道警察处理的结果。
    A. 伙　　　　　　B. 群　　　　　　C. 批　　　　　　D. 团

三、改错

1. 小喜鹊吃了十块面包虫后，安心地闭上眼睛依偎着妈妈睡着了，喜鹊妈妈慈爱地看着
       A   B   C
   自己的宝贝，也安详地睡着了。
           D

2. 在美国人心目中，豆腐是中华民族饮食文化的象征，又是一种价廉物美的保健食品，
       A   B   C
   目前在美国掀起了一场高过一场的"豆腐热"。
              D

3. 听写是一项常用的复习手段，既可以使孩子复习巩固学过的内容，又能检查出识字的效
            A   B   C
   果，不失为一个好方法。
         D

4. 我国居民食盐摄入量过多，平均值是世界卫生组织建议值的两番以上，专家建议应调
            A   B   C
   整我国居民的饮食结构，以减少心血管疾病的发生。
                      D

5. 这片电影深深地吸引了我，我为主人公的不屈服于命运的精神所感动，虽看了两遍，
       A   B   C
   但仍有意犹未尽之感。
           D

6. 我到世界历史课去旁听第一回时，那位教授自我介绍后，接着问：这里有多少学生是不
          A   B   C   D
   得不决定来这所学校读书的。

7. 那儿发生了一起汽车追尾事故，周围围着一批人想知道警察处理的结果，把整个马路
            A   B   C
   堵得水泄不通，一时交通陷入无序状态。
          D

8. 吃早茶是一种文化，一种消闲的饮食方式，对百姓来说也是一种新的生活方式，尝一尝
   A   B   C
   就是一起享受。
   D

9. 早茶之所以还没有被大众所接受，是因为这潇洒玩意儿人为地给大众蒙上了一块神秘
   A   B
   的面纱，也人为地制造出一种距离感，难以走入普通百姓的生活。
           C   D

10. 97年的那起事故使我在医院住了一点儿日子，一来使自己紧张的神经得以片刻的放松，
    A   B
    二来有时间好好思考一下儿自己的人生路， 而重要的是我的第一本小说在此期间构思
    C   D
    完成。

11. 她跳啊、唱啊，开心极了，没想到一不留神，跌倒在一堆乱草丛中，弄得浑身上下都
    A   B   C   D
    是草。

12. 本来约好了我们下午见面，我在约定的地方整整一个下午等了他，他却未露面，害得
           A   B   C   D
    我白等了。

13. 达·芬奇之所以能成为一名宗师是与老师的严格训练分不开的，老师不是先教他创作
                  A   B
    什么作品，而是训练他用眼睛去细致地观察事物，使他懂得即使相同的事物观察角度
                                  C
    不同，结果也不尽相同。
         D

14. 嘿！这么高的台阶我怎么能上得去?拉我一次，真是的，一点儿男人风度都没有。
              A   B   C   D

15. 一年以后，我见到了她又一次，她还是一副"不知愁为何物"的老样子，我又看到了
    A   B   C   D
    她身上那颗不老的童心。

16. 他曾做过五年农民，后又进工厂当了几年工人，而后又去军队锻炼了几年，特殊的生
            A   B   C   D
    活环境把他塑造成了一根铁打的汉子。

17. 他那张极力讨好又十分笨拙的表情让我这个做朋友的看了都替他脸红，一种莫名的
                        A   B
    耻辱感掠过心头，我再也坐不住了，走了出去。
       C   D

18. 这是一所专门从事健身器材生产及销售的民营企业，虽说规模不大，但还算过得去，
          A   B   C

也占据了一定的市场份额。
　　　　　D

19. 这是一台反映普通百姓生活的电视剧，写的好像就是你我身边的事情，使人感到很亲切，
　　　　　　　　　A　　　　　　　　　　　　B　　　　　　　　　　　　C
可以看出编导者丰富的生活阅历。
　　　　D

20. 给人印象最深的是，她那双永远隐含着丝丝缕缕的忧郁的双眸，即使在高兴时，也能
　　A　　　　　　　　　　　　　B　　　　　　　　　C　　　　　　D
看出她眼中的那份忧郁。

第七章

比较句

第一节 比较句的形式

第二节 比较句辨析

实力测试

基本概念：表示事物之间的比较。

第一节　比较句的形式

对 A、B 两种或两种以上的事物进行比较的句子，叫做比较句。包括 A、B 两个比较项以及比较的结果。常用的有以下几种比较形式：

一、"比"字句

1. **基本概念**：表示不同人或事物性质、程度上的差别。
2. **常见形式**：A＋比＋B＋比较的结果（即谓语）＋具体差别。

例：他比我高多了。
　　　他的房间比我的房间大一点儿。

3. **用法**：
（1）可以充当比较的结果（即谓语）的词语一般是形容词、少数动词以及动词短语、形容词短语或主谓短语等。比较的结果前不可使用"很"、"非常"、"最"、"特别"等词；表示程度进一步时，可在比较的结果前加"还"、"更"等词语；表示差距大时，可在比较的结果后加"一点儿"、"一些"、"多了"、"远了"、"得多"等词语。

例：他的个子比我的个子还高。（＊比我的个子很高）
　　　这里的风景比那里的风景更美。（＊比那里的太美）
　　　写书比看书有意思多了。（＊比看书非常有意思）
　　　他的水平可比你差远了。（＊比你的水平特别差）

（2）"比"字句的谓语一般由形容词充当，表示具体差别时，谓语后面可用"一点儿"、"一些"、"多了"、"得多"表示具体差别，不用具体的数量词。"多"、"少"、"大"、"小"、"早"、"晚"、"高"、"低"、"贵"、"便宜"、"厚"、"薄"等形容词作谓语时，谓语后可以使用数量词表示具体差别。

例：今天比昨天热一点儿。（＊热几度）
　　　这个房间比那个房间宽敞一些。（＊宽敞十平方米）
　　　这本书的词汇比那本书的丰富得多。（＊丰富很多词）
　　　这件衣服比那件衣服暖和多了。（＊暖和几倍）
　　　这件衣服比那件衣服贵一些。（＊昂贵几百块钱）
　　　今天的温度比昨天高几度。
　　　他比我大十岁。
　　　今天比昨天早三十分钟。
　　　这本书比那本书厚几厘米。
　　　这件衣服比那件衣服贵几百块钱。

可以充当"比"字句的谓语的动词一般有几种情况：
A. 表示愿望、爱好或思维活动等心理状态的动词，谓语前面可用"还"、"更"等状语，后面可带"一点儿"、"一些"、"多了"、"得多"等补语。

例：我比他更了解情况。

他比我还想念家乡。
对于足球他比我更喜欢一些。
对于这里的情况他比我熟悉得多。

B. 动词"有"作谓语动词，多带"办法"、"经验"、"能力"、"思想"、"意思"、"水平"、"眼光"、"道理"等抽象名词，后面可带"多了"、"得多"等补语。

例：写书比看书有意思多了。
在社会交往方面，他比我有能力得多。
还是你比我有办法。
爸爸比妈妈有眼光。

C. 表示增加或减少、提高或降低的动词作谓语动词。

例：火车的速度比以前加快了。
今年的收入比去年增加了。
产品质量比去年提高了。
经济负担比以前减轻了。

D. 一般动词作"比"字句的谓语动词，前面一般要带"早"、"晚"、"先"、"多"、"少"、"好"、"难"等状语。

例：他比我早来一会儿。
我比你先走几分钟。
这次比上次多写了几百字。
这个问题比那个问题好处理。

E. 一般动词作"比"字句的谓语动词，后面带有由形容词充当的程度补语，补语后可带"一点儿"、"一些"、"多了"、"得多"，但不能带表示具体差别的数量词语。

例：他比我来得早一点儿。（*来得早几分钟）
这次比上次考得高一些。（*考得高几分）
他骑得比我快得多。（*骑得快几分钟）
妹妹长得比姐姐高多了。（*长得高十厘米）

(3) AB 两个比较项应为同类事物（即具有相同的词性、属性或短语结构）。

例：他写的文章比我写的（文章）好。（*他写文章比我的文章好）
他的自行车比我的快。（*他的自行车比我快）
南方的气温比北方的高。（*南方的气温比北京的高）
他睡觉时间比我睡觉时间长。（*他睡觉比我的睡觉时间长）

如"比"的前后比较项中有相同的部分，可以在不改变句子原义的基础上，省略某些成分：
A. "比"字句的 AB 两项均为"名词/代词＋的＋中心语"形式，可省 B 的中心语。

例：他的房间比我的（房间）大。
今天的天气比昨天的（天气）好。
这次的成绩比上次的（成绩）高。

B. "比"字句中的AB两项如中心语不同，定语相同，可省略B的定语。

例：他的口语成绩比（他的）写作成绩高。
　　他的工作时间比（他的）睡觉时间长。
　　我的精神状态比（我的）身体状态好多了。

C. "比"字句中的AB两项如部分定语和中心语是相同的，可省略A或B的相同部分。

例：北京秋天的景色比（北京）春天（的景色）更宜人。
　　这间教室的面积比那间（教室的面积）大。
　　昨天（的空气质量指数）比今天的空气质量指数高。

D. "比"字句的AB两项均为主谓短语，即为"名词/代词＋动词/形容词"形式，如"名词/代词"相同，可省略B的相同部分；如"动词/形容词"相同，可省略A或B的相同部分。

例：他工作比（他）学习积极。
　　他帮助别人比（他）帮助自己更快乐。
　　他（学习）比我学习用功。
　　他骑车比我（骑车）还快。

E. "比"字句表示同一事物不同时间或地点的比较，A表示的是现在或说话人现在所处的地点，A中表示时间、地点的词语可省略。

例：（这次）感觉比上次好多了。
　　（今天）比赛比昨天更精彩。
　　（这里）环境比那里更安静。
　　（这个）房间比那个大一点儿。

F. "比"字句表示相同的人或事物的比较，可省略B的中心语和结构助词"的"。

例：秋天的景色比春天（的景色）更宜人。
　　今年的留学生比去年（的留学生）还多。
　　南方的天气比北方（的天气）更潮湿。
　　今天的气温比昨天（的气温）高。

(4) "比"的否定：没有

例：他来得没有我早。（我来得早）
　　今天没有昨天凉快。（昨天凉快）
　　他的身体没有我的强壮。（我的身体强壮）
　　我的阅历没有他的丰富。（他的阅历丰富）

注意："比"的前面可以加否定词"不"，即"不比"，意思是"A跟B差不多"，用"不比"时多含有辩驳的语气。

例：他来得不比我早。（＊他来得比我不早）
　　今天不比昨天凉快。（＊今天比昨天不凉快）
　　他的水平不比我的高，为何他能参加我不能参加？（反驳别人说我比他的水平低）

"不比"后的形容词的感情色彩不同，所表达的意义有所不同。形容词如果是正向（表示积极意义）的，含有"A不如/没有B+形容词"的意思；形容词如果是负向（表示消极意义）的，则含有"A比B+形容词"的意思。

例：他的身体不比你的好。（含有"他的身体不如你"的意思）
　　他的水平不比你的高。（含有"他的水平不如你"的意思）
　　他的身体不比你的差。（含有"他的身体比你的好"的意思）
　　他的水平不比你的低。（含有"他的水平比你的高"的意思）

二、"有"字句

1. 基本概念：表示以B为标准，A达到了B的程度。
2. 常见形式：A+有+B+这么（那么）+比较的结果（即谓语）。

　　例：他有我大吗？
　　　　他哪有我大呀！

3. 用法：

(1) "A有B这么（那么）+比较的结果"这种格式多用于疑问句和反问句。

　　例：这里有那里的环境那么好吗？
　　　　你的家乡有北京这么冷吗？
　　　　她哪里有你这么漂亮呀！
　　　　南京哪会有北京这么冷呢！

(2) 否定：没有或不如。

　　例：他有你大吗？→他没有（不如）你大。
　　　　天津有北京这么大吗？→天津没有（不如）北京大。
　　　　他有你这么能干吗？→他不如（没有）你这么能干。
　　　　她长得有你漂亮吗？→她长得不如（没有）你漂亮。

(3) 比较的结果后不能使用表示具体差别的词（一点儿/一些/得多/多了）或数量词。

　　例：他有我这么高吗？（*他有我高多了）
　　　　他有我这么高吧。（*他有我高两三厘米吧）
　　　　他的房间有我的这么大吗？（*他的房间有我的大一些吗）
　　　　他的房间有我的这么大吧。（*他的房间有我的大五平方米吧）

三、"像"字句

1. 基本概念：表示A达到了B的标准。
2. 常见形式：A+像+B+这么（那么）+比较的结果（即谓语）

　　例：他像我这么大方。
　　　　他像你这么努力。

3. 用法：
(1) 用"像"表示比较，"像"前不可使用程度副词，比较的结果的前后也不能使用

"很"、"非常"、"太"、"极了"等程度副词。

> **例**：她像她妈妈那么漂亮。（＊她很像她妈妈那么漂亮）
> 　　她长得像妈妈那么漂亮。（＊她长得太像妈妈那么漂亮）
> 　　我的家乡像北京的这么冷。（＊我的家乡像北京的这么冷极了）
> 　　他的个子像你的这么高。（＊他的个子像你的这么很高）

(2) "那么"、"那样"、"这么"、"这样"应放在比较的结果前。

> **例**：他的发音像小王的发音那么标准。（＊他的发音那么像小王的发音标准）
> 　　这孩子长得像妈妈那么漂亮。（＊这孩子长得那么像妈妈漂亮）
> 　　你小的时候像这孩子这么胖。（＊你小的时候这么像这孩子胖）
> 　　昨天的气温像今天这么高。（＊昨天的气温这么像今天高）

(3) 否定：不像。

> **例**：他不像你那么喜欢踢足球。（＊他没像你那么喜欢踢足球）
> 　　妹妹不像弟弟那么爱玩儿。（＊妹妹像弟弟那么不爱玩儿）
> 　　他的头脑不像你的这么灵活。（＊他的头脑不这么像你的灵活）
> 　　我的口语不像他的那么流利。（＊我的口语像他的那么不流利）

四、"不如"句

1. 基本概念：表示 A 没有达到 B 的程度，也就是 "A 不及 B"。
2. 常见形式：A＋不如＋B＋这么（那么）＋比较的结果（即谓语）。

> **例**：我不如他能干。
> 　　我不如他聪明。

3. 用法：

(1) 表示近指用"这么"或"这样"，远指用"那么"或"那样"。

> **例**：那个公园不如这个这么安静。（＊那个公园不如这个那么安静）
> 　　那个房间不如这个房间这么大。（＊那个房间不如这个房间那么大）
> 　　他的身体不如前几年那么好了。（＊他的身体不如前几年这么好了）
> 　　这里的风景不如那里的那么美。（＊这里的风景不如那里的这么美）

(2) 比较的结果后不能使用"一点儿"、"一些"、"得多"、"多了"等表示具体差别的词语。

> **例**：我写的汉字不如他写的整齐。（＊我写的汉字不如他写的整齐一点儿）
> 　　那个房间不如这个房间这么大。（＊那个房间不如这个房间大一些）
> 　　这件衣服不如那件衣服漂亮。（＊这件衣服不如那件衣服漂亮多了）
> 　　这里的风景不如那里的那么美。（＊这里的风景不如那里的美得多）

(3) 用"不如"表示比较，可省略比较的结果。

> **例**：他想像力很丰富，这一点我不如他。
> 　　要说品尝美食，谁都不如小王。
> 　　他汉语说得不如你（流利）。

论交际，我可不如你（交际广）。

(4) 表示比较的结果多用"大"、"高"、"长"、"好"、"美"、"快"、"聪明"、"积极"、"大方"、"勤快"等正向形容词，不可使用"小"、"短"、"低"、"坏"、"丑"、"慢"、"愚蠢"、"消极"、"小气"、"懒惰"等负向形容词。

例：他的水平不如你的高。（*你的水平不如他的低）
　　这根棍子不如那根棍子长。（*那根棍子不如这根短）
　　他不如你聪明。（*你不如他愚蠢）
　　他不如你大方。（*你不如他小气）

五、"没有"句

1. 基本概念：表示 A 没有达到 B 的程度，也就是"A 不如 B"。
2. 常见形式：A + 没有 + B + 这么（那么）+ 比较的结果（即谓语）。

例：我没有他能干。
　　他没有你这么聪明。

3. 用法：
(1) 表示近指用"这么"或"这样"，远指用"那么"或"那样"。

例：那个公园没有这个这么安静。（*那个公园没有这个那么安静）
　　那个房间没有这个房间这么大。（*那个房间没有这个房间那么大）
　　他的身体没有前几年那么好了。（*他的身体没有前几年这么好了）
　　这里的风景没有那里的那么美。（*这里的风景没有那里的这么美）

(2) 比较的结果后不能使用"一点儿"、"一些"、"得多"、"多了"等表示具体差别的词语。

例：我写的汉字没有他写的整齐。（*我写的汉字没有他写的整齐一点儿）
　　那个房间没有这个房间这么大。（*那个房间没有这个房间大一些）
　　这件衣服没有那件衣服漂亮。（*这件衣服没有那件衣服漂亮多了）
　　这里的风景没有那里的那么美。（*这里的风景没有那里的美得多）

(3) "没有"表示比较与"不如"意义相同，只是"没有"后不可省略比较的结果。

例：他汉语说得没有你流利。（*他汉语说得没有你）
　　他汉语说得不如你流利。（他汉语说得不如你）
　　论交际，我可没有你交际广。（*论交际，我可没有你。）
　　论交际，我可不如你交际广。（论交际，我可不如你。）

(4) 表示比较的结果多用"大"、"高"、"长"、"好"、"美"、"快"、"聪明"、"积极"、"大方"、"勤快"等正向形容词，不可使用"小"、"短"、"低"、"坏"、"丑"、"慢"、"愚蠢"、"消极"、"小气"、"懒惰"等负向形容词。

例：他的水平没有你的高。（*你的水平没有他的低）
　　这根棍子没有那根棍子长。（*那根棍子没有这根短）
　　他没有你聪明。（*你没有他愚蠢）
　　他没有你大方。（*你没有他小气）

六、"跟……一样（……）"句

1．基本概念：比较事物、性质的异同。
2．常见形式：A+跟（和/同）+B+一样+（结果）。

例：他跟你一样大。
　　　今天的气温跟昨天的一样。

3．用法：
(1) 介词"跟"、"和"、"同"与"一样"、"相同"、"差不多"、"类似"组成介词词组，表示事物或性质相似。"跟（和/同）……一样"还可以在句中充当状语、定语或补语。

例：他的成绩跟你的一样。
　　　今天的气温跟昨天的差不多。
　　　我跟他一样地喜欢运动。（作状语）
　　　昨天跟今天一样冷。（作状语）
　　　我有一本跟他一样的书。（作定语）
　　　我想买一条跟你一样的裙子。（作定语）
　　　他说得跟你一样流利。（作补语）
　　　他长得跟你一样精神。（作补语）

(2) 否定形式：A跟B不一样+动词/形容词。

例：他的爱好跟你的不一样。（＊他的爱好不跟你的一样）
　　　昨天的气温跟今天的不一样。（＊昨天的气温不跟今天的一样）
　　　这个房间跟那个不一样大。（＊这个房间跟那个一样不大）
　　　他跟你不一样高。（＊他跟你一样不高）

还有一种特殊的情况："A跟B一样"作状语，谓语是动宾结构的否定形式。

例：我跟你一样不了解他。
　　　工作跟生活一样少不了热情。
　　　我跟你一样不明白他的意思。
　　　他跟你一样不爱做家务。

(3) 介词词组"A跟B一样"的"一样"前不能用程度副词修饰，但否定形式可以受程度副词"太"修饰。

例：他的爱好跟你的一样。（＊他的爱好跟你的很一样）
　　　这次成绩跟上次的一样。（＊这次成绩跟上次的非常一样）
　　　他的衣服跟你的不太一样。
　　　我跟你的想法不太一样。

(4) "A跟B一样"在句中作状语时，其后一般不加结构助词"地"。若所修饰的成分是一个短语时，一般要加结构助词"地"。

例：我跟他一样大。（＊我跟他一样地大）
　　　这里跟那里一样安静。（＊这里跟那里一样地安静）
　　　他跟我一样地想念祖国。（＊他跟我一样想念祖国）
　　　他跟我一样地喜欢运动。（＊他跟我一样喜欢运动）

(5)"A 跟 B 一样"在句中作定语时，一般要加结构助词"的"。

例：我有一本跟他一样的书。（＊我有一本跟他一样书）
　　我想买一条跟你一样的裙子。（＊我想买一条跟你一样裙子）
　　他有跟你一样的爱好。（＊他有跟你一样爱好）
　　他过着跟你一样的生活。（＊他过着跟你一样生活）

(6) 句中有"差不多"、"几乎"、"完全"、"不太"等表示 AB 两个比较项很相近或不够的词语，应放在"一样"前，不可放在介词"跟"前。

例：他的个子跟你的差不多一样。（＊他的个子差不多跟你的一样）
　　我跟他几乎一样高。（＊我几乎跟他一样高）
　　我的想法跟他的完全一样。（＊我的想法完全跟他的一样）
　　他昨天说的跟今天的不太一样。（＊他昨天说的不太跟今天的一样）

七、"越来越（愈来愈）……了"句

1．基本概念：表示同一事物随着时间的增加而变化。
2．基本结构：越来越 ＋ 动词/形容词 ……（了）。

例：中国的发展越来越受到世界的关注。
　　我越来越喜欢汉语了。
　　他的水平越来越高了。
　　你近来越来越漂亮了。

注意：

(1)"越来越"所修饰的动词一般是心理状态的动词，而不是动作动词或关系动词。

例：他精神越来越紧张了。
　　他越来越热爱生活了。
　　＊这里的环境越来越改变了。
　　＊他把工作越来越当做娱乐了。

(2) 谓语后有程度补语时，"越来越"应放在程度补语前边，不能放在谓语前面。

例：他变得越来越开朗了。（＊他越来越变得开朗了）
　　他说得越来越精彩了。（＊他越来越说得精彩了）
　　他跑得越来越快了。（＊他越来越跑得快了）
　　孩子长得越来越高了。（＊孩子越来越长得高了）

八、"越（愈）……越（愈）……"句

1．基本概念：表示 B 随着 A 的增加而增加。
2．基本结构：越 ＋ 动词/形容词 ＋ 越 ＋ 动词/形容词。

例：这件衣服我越看越喜欢。
　　这孩子越长越高了。
　　这份稿件翻译得越快越好。

他越解释我越糊涂。
他越生气我越高兴。
天气越好我越爱在家呆着。

> **注意**："越来越……"、"越……越……"所修饰的动词或形容词一般不再使用其他表示程度的词语。
>
> **例**：他越来越适应这里的生活了。（＊越来越比较适应）
> 他精神越来越紧张了。（＊他精神越来越紧张极了）
> 这件衣服我越看越喜欢。（＊越看越很喜欢）
> 这孩子越长越高了。（＊这孩子越长越非常高）

第二节 比较句辨析

基本结构	结构特点	比较的结果	否定	释义	要点提示
A＋比＋B＋比较的结果	比较的结果前可用"还/更/稍微"，比较的结果后可用"一点儿/一些/多了/得多"等表示具体差别的词。**例**：他比我还大。他比我大一点儿。	积极意义消极意义**例**：他比我大。他比我小。	没有**例**：他没有我大。你没有他高。	比较"差别处"**例**：他比我大一些。他比我更有经验。	不可使用"很"、"太"、"非常"、"最"等程度副词。＊他比我很大。＊他比我大得很。＊他比我非常大。
A＋有＋B＋比较的结果	比较的结果前常用"这么/那么"。**例**：他有你这么大吗？你有他那么高吗？	积极意义消极意义**例**：他有你这么善良吗？他有你这么讨厌吗？	没有、不如**例**：他没有你这么善良。他不如你这么善良。	比较"相似处"**例**：他有你这么高吧。今天有昨天那么冷吗？	比较的结果后不可使用具体差别的词语。＊他有我大多了。＊他有我大一岁。＊他有我大一点儿。
A＋像＋B＋比较的结果	比较的结果前可用"这么/那么"。**例**：他像你这么高。昨天像今天这么冷。	积极意义消极意义**例**：他像你这么聪明。他像你这么愚蠢。	不像、没有**例**：他不像你这么聪明。他没有你这么聪明。	比较"相像处"**例**：他像你这么努力用功。他像你这么高了。	"像"前不加程度副词。＊他很像你这么聪明。＊他太像你这么善良。＊他更像你这么大方。
A＋没有＋B＋比较的结果	比较的结果前常用"这么/那么"。**例**：他没有你这么大方。这个房间没有那个那么大。	积极意义**例**：他没有你这么大方。＊他没有你这么小气。		A比不上B**例**：昨天没有今天冷。他没有你这么大方。	比较的结果后不可使用表示具体差别的词。＊他没有你大方一点儿。＊他没有你跑得快一点儿。＊他没有你说得好多了。

续表

基本结构	结构特点	比较的结果	否定	释义	要点提示
A+不如+B+（比较的结果）	比较的结果前可用"这么/那么"。 例：他不如你这么大方。 这个房间不如那个房间那么大。	积极意义 例：他不如你这么大方。 *他不如你这么小气。		A比不上B 例：昨天不如今天冷。 他不如你这么大方。	比较的结果后不可使用表示具体差别的词。 *他不如你大方一点儿。 *他不如你跑得快一点儿。 *他不如你说得好多了。
A+跟+B+一样+其他形容词/动词等	"一样"前可加"差不多"、"几乎"、"完全"、"都"等副词。 例：他跟你一样高。 他跟你几乎一样高。	积极意义 消极意义 例：他跟你一样地喜欢运动。 他跟你一样地讨厌运动。	不一样 例：他的性格跟你的不一样。 这个房间跟那个不一样大。	比较"异同处" 例：他跟你一样大。 他跟你不一样高。	"一样"一般不受程度副词修饰。 *他的性格跟你的很一样。 *哥俩长得太一样。 *你们俩一样极了。

正向形容词：漂亮　聪明　大方　勤快　自然　大度　热情　舒服　干净
　　　　　　美丽　高　大　好　美
负向形容词：丑陋　蠢笨　死板　小气　冷淡　难受　肮脏　低
　　　　　　小　坏　丑

附：常用比较句固定用法

1．A + 与（跟、同、和）+ B 相比：表示比较性质、程度的差别。

例：今年冬天与去年冬天相比，更暖和一些。
　　　要说对学校的贡献，没有人可以与他相比。

2．A + 与（跟、同、和）+ B 相比之下：表示比较性质、程度的差别。

例：他与同龄人相比之下，就显得幸运多了。
　　　学校的条件与家里的条件相比之下，学校的好多了。

3．A + 与（跟、同、和）+ B + 比较之下：表示比较性质、程度的差别。

例：今年冬天与去年冬天比较之下，今年更暖和一些。
　　　学校的条件与家里的条件比较之下，学校的好多了。

4．A + 与（跟、同、和）+ B + 相比较：表示比较性质、程度的差别。

例：你怎么能把我和他相比较呢？
　　　小万和小李相比较，你更喜欢哪个？

5．A + 与（跟、同、和）+ B + 比起来：表示比较性质、程度的差别。

例：南方和北方比起来，我更适应北方的生活。
　　　篮球跟足球比起来，足球更能吸引全世界的目光。

6. A ＋ 比起 ＋ B ＋ 来：表示比较性质、程度的差别。

例：中国的物价比起外国的物价来，还是很便宜的。
　　　这条路比起那条路来，可宽敞多了。

7. A ＋ 不比 ＋ B ＋形容词＋多少：表示 A 跟 B 差不多。

例：要说个子，小王可不比小刘矮多少。
　　　这里的物价不比我的家乡贵多少。

8. A ＋ 比 ＋ B ＋形容词＋不了多少：表示 A 跟 B 差不多。

例：要说个子，小王比小刘矮不了多少。
　　　这里的物价比我们家乡的物价贵不了多少。

9. A ＋ 比 ＋ B ＋ 早/晚/多/少/大/小 ＋ 动词 ＋ 数量词：表示比较性质、程度的差别。

例：我今天比昨天早来了三十分钟。
　　　这个班比那个班多招了二十个人。

10. A ＋ 比 ＋ B ＋ 还/更/再/更加/越加/越发/愈发 ＋ 动词/形容词：表示比较性质、程度的差别。

例：出了那次事故后，他开车比以前更小心了。
　　　北京的交通拥堵问题比以前越发严重了。

11. A ＋ 比 ＋ B ＋ 形容词＋ 多了/得多/一点儿/一些：表示比较性质、程度的差别。

例：今天还冷呀？昨天可比今天冷多了。
　　　我哪能跟他比，他的水平可比我高得多。

12. 没有 ＋ 名词/代词 ＋ 比 ＋ 名词/代词 ＋ 更（再）＋ 动词/形容词 ＋（的）＋ 了：表示程度高，即"最"的意思。

例：没有哪家比这家百年老店更重视声誉了。
　　　没有比失去家庭的幸福更悲惨的了。

13. "一" ＋ 量词 ＋ 比 ＋ "一" ＋ 量词：表示进一步的意思。

例：天气一天比一天暖和了。
　　　这里的汽车一辆比一辆漂亮。

14. 莫过于：表示程度高，即"最"的意思。

例：北京最美的季节莫过于秋天。
　　　我们古代的伟大建筑，恐怕莫过于万里长城。

15. A ＋ 没有（不如、不像）＋ B ＋ 这么/那么 ＋ 动词/形容词：表示 A 没有达到 B 的程度。

例：他可没有你那么热衷于足球。
　　　他平时花钱可不如你这么大方。

16. A ＋ 有（像）＋ B ＋ 这么/那么 ＋ 动词/形容词：表示 A 达到了 B 的程度。

例：他有你这么努力吗？
　　孩子希望自己能像父亲那样强壮。

17. A + 不如（比不上、比不了、比不过）+ B +（动词/形容词）：表示A没有达到B的程度。

例：他那股工作起来就玩命的劲儿，我可比不了他。
　　要说口语，我说得可不如他流利。

18. A + 与（跟、同、和）+ B + 差不多（相等、相同）：表示事物或性质相同。

例：这种药品的功效和那种药品的功效差不多。
　　今年的考试科目跟去年的相同，没有什么变化。

19. 相当于：表示差不多的意思。

例：他学过一年汉语，相当于中级的程度。
　　一美元相当于八元人民币。

20. 越来越（愈来愈）……了：表示同一事物随着时间的增加而增加。

例：这孩子越来越懂事了。
　　天气越来越冷了。

21. 越（愈）+ 动词/形容词 + 越（愈）+ 动词/形容词：表示B随着A的增加而增加。

例：自己的孩子就是越看越喜欢。
　　他越着急就越说不好，急得满脸通红。

实 力 测 试

一、将所给的词语填到适当的位置上

1. 我觉得A他B说普通话C我说得好D。（比）
2. 自从大城市实行禁放以来，每年A几个城市B过年的C气氛像农村D那么热闹。（没有）
3. 大家虽属同窗，但A谁B像他C升得D那么快，几年工夫一跃成为"省内要员"。（没有）
4. 你可以去别的商店转转，A比我们的B价格C更D低的了。（没有）
5. 就质量而言，A那种产品B比C这种产品D好。（更）
6. 我A没有见过B比你们C不D负责任的父母了，自己的孩子一推了事，连问都不问。（更）
7. 随着A人们B对自身健康的关注，C人们D讲究生活质量，健身中心、各种娱乐性质的俱乐部也随之应运而生。（越来越）
8. 他每天的工作也很紧张，A他B不C轻松D。（比我）
9. 我觉得他A说普通话B说得C比我D好多少。（不）

10. 这段时间他又要忙工作，又要忙家务，A 像你 B 想得 C 那么 D 轻松。(不)
11. 我们一起去中国留学的，只是我 A 比他 B 呆了 C 一年 D。(多)
12. 他写汉字 A 比我 B 写得 C 快 D。(一点儿)
13. 今天 A 天气 B 热得让人喘不过气来，C 比前两天 D 热。(还)
14. A 开车去那儿 B 跟走路去那儿的时间 C 一样 D 长。(几乎)
15. 关于这件事，他 A 比我 B 知道的 C 更 D 多。(不)
16. 我的设计方案 A 跟他们的 B 都 C 一样，他们那 D 也叫设计？(不)
17. 今天的气温 A 跟 B 昨天的 C 一样，都 D 不太冷。(差不多)
18. 他 A 这个学期的 B 考试 C 成绩 D 好多了。(比上学期)
19. 他为人谦和 A 像 B 你 C 那么 D 爱张扬。(不)
20. 我 A 从书中 B 得到的益处 C 从实践中得到的 D 还要多。(比)

二、判断选择

1. 在你的家乡秋天（　　）北京这么美吧？
   A. 没有　　　　B. 没像　　　　C. 不比　　　　D. 不跟
2. 其实这个房间（　　）那个房间差不多大小，你要哪个都行。
   A. 不比　　　　B. 和　　　　　C. 有　　　　　D. 不如
3. 他玩电子游戏可（　　）你，充其量也只能算是初级水平。
   A. 不如　　　　B. 不比　　　　C. 没有　　　　D. 不一样
4. 这个月收入（　　）支出几乎持平，没亏也没盈。
   A. 比较　　　　B. 和　　　　　C. 比　　　　　D. 不像
5. 她对待自己的每一个学生都（　　）同自己的子女一般，孩子们亲切地叫她"刘妈妈"。
   A. 犹如　　　　B. 好比　　　　C. 如　　　　　D. 好像
6. 你可是这方面的专家，这一点没人（　　）你，你就别推辞了。
   A. 不如　　　　B. 比不过　　　C. 比得上　　　D. 比较
7. 没想到你出的主意（　　）他的还蠢，还是算了吧。
   A. 跟　　　　　B. 不如　　　　C. 没有　　　　D. 比
8. 听说家庭的变故对她的打击很大，但我并未看出她（　　）从前有何两样。
   A. 比　　　　　B. 跟　　　　　C. 像　　　　　D. 不如
9. 吹得倒挺神的，我看他的所谓"学问"也（　　）你高多少，聘请他还不如请你呢！
   A. 比　　　　　B. 不如　　　　C. 不比　　　　D. 没有
10. 今年又是一个暖冬，比去年可（　　）。
    A. 暖和很多　　B. 暖和多了　　C. 暖和极了　　D. 暖和多很多
11. 他虽不（　　）你这样头脑灵活，但（　　）你一样努力肯学。
    A. 像　　　　　B. 没有　　　　C. 有　　　　　D. 好像
12. 我今天比昨天（　　）。
    A. 来得早十分钟　B. 早十分钟来　C. 来得早　　　D. 来早十分钟
13. 人生最大的悲哀，（　　）过于被你最信任的人所出卖。
    A. 没有　　　　B. 没　　　　　C. 不　　　　　D. 莫

14. 灯光即使再亮又怎能（　　）太阳光呢？
    A. 比不过　　　　B. 比不上　　　　C. 比得上　　　　D. 不如
15. 再没有哪家（　　）这家百年老店更重视声誉的了。
    A. 跟　　　　　　B. 不比　　　　　C. 比　　　　　　D. 不如
16. 这篇文章写得不比那篇文章（　　），都有值得借鉴之处。
    A. 差　　　　　　B. 不错　　　　　C. 不好　　　　　D. 好
17. 大字不识的母亲含辛茹苦，每月拿出（　　）于全家收入的2/3供养两个在外求学的儿子，数年后两个博士后就从这个贫寒的家庭中诞生了。
    A. 相等　　　　　B. 相同　　　　　C. 相对　　　　　D. 相当
18. 这个小男孩在她的精心哺育下，一天天长大，（　　）活泼可爱了。
    A. 越发　　　　　B. 越来　　　　　C. 越是　　　　　D. 越
19. 光阴似箭，转眼间孩子们已长得（　　）我们差不多一样高了。
    A. 比　　　　　　B. 跟　　　　　　C. 有　　　　　　D. 像
20. 听大夫说，他流鼻血是因为干燥引起的，并无大碍，父母提着的心才（　　）放松了一些。
    A. 格外　　　　　B. 刚才　　　　　C. 稍稍　　　　　D. 非常

三、改错

1. <u>自大城市实行禁放以来</u>，<u>大城市过春节不像农村那么不热闹</u>，<u>显得</u>清静多了，人们过春
   　　　　A　　　　　　　　　　　　　　B　　　　　　　　　　　　　C　　　　　　　D
   节的心思也比以前淡多了。

2. <u>他做事可不比你很灵活</u>，<u>毕竟是刚走入社会</u>，<u>还有些学生气</u>，<u>有些事你还得好好指导他</u>
   　　　A　　　　　　　　　　　B　　　　　　　　C　　　　　　　　　　D
   一下儿。

3. 这个学校<u>无论开多少个英语班</u>，<u>每个班还是人满为患</u>，<u>少儿英语班的学生就有少儿</u>
   　　　　　　　A　　　　　　　　　　　　B
   <u>书画班的学生多三十多个人</u>,看来将来<u>不会英语将寸步难行</u>。
   　　　C　　　　　　　　　　　　　　　　　D

4. 他<u>连这么简单的人际关系都处理不好</u>，<u>复杂的人际关系处理不好</u>，这么大的公司<u>交给</u>
   　　　　　　A　　　　　　　　　　　　　　　B　　　　　　　　　　　　　　　　C
   <u>他让人怎能放得下心</u>?我看还是考虑别的人选吧！
   　　　D

5. <u>一进冬天就太冷了</u>,<u>这两天下了雪以后</u>就<u>更冷了</u>,你出去<u>可得多穿点儿</u>,别感冒了。
   　　A　　　　　　　　　　B　　　　　　　　　C　　　　　　　　D

6. <u>北京是我们祖国的首都</u>,<u>是个国际化的大都市</u>,<u>建设中的北京正发生着日新月异的</u>
   　　　　A　　　　　　　　　　　B　　　　　　　　　　　C
   <u>变化,现在的北京更加美了</u>。
   　　　D

7. 今年公司的状况<u>基本维持在原有的水平</u>,<u>并没有什么新的起色</u>,<u>职工业绩平平</u>,<u>公司总</u>
   　　　　　　　A　　　　　　　　　　　B　　　　　　　　C　　　　　　D

营业额有去年的一样多。

8. 我们是同一年进入大学学习的，又是同一天进入这家公司任职的，可每个月他都比我
   A   B   C
   多有几千块钱，你要说我心理平衡那是瞎话！
   D

9. 繁忙的工作虽然使他感到很疲劳，但更给他带来了一种从未有过的满足感，一种被认可
   A   B
   的快乐与愉悦，使他忘掉了身体的疲劳。
   C   D

10. 这里山川秀丽，景色迷人，鲜花漫山遍野，特别是杜鹃花更漂亮。
    A   B   C   D

11. 我年纪轻轻，身体条件又比大家都不差，请大家别这么照顾我，弄得我挺过意不去的。
    A   B   C   D

12. 除夕之夜，大家都回家与家人团聚去了，整个大楼最安静极了，一种失落感油然而生。
    A   B   C   D

13. 刚来时，因不适应这里干燥的气候，曾生过病，现在越来越比较习惯这里的生活了。
    A   B   C   D

14. 随着中国与国际交往的日益增多，来中国越来越学习汉语的人多了，汉语课本、汉语
              A   B
    读物也随之热销起来，各大书店都设立了汉语专柜。
    C   D

15. 这间朝南的屋子有那间朝北的屋子很大，而且周围环境也不错，价钱也还算合理，
              A   B   C
    我看就要这间吧！
    D

16. 初来这里生活时，这里的待人接物风俗习惯比我们那里的完全不同，常常闹笑话，
    A   B   C
    现在好多了。
    D

17. 显然司机是喝醉了，只见车左摇右摆，而且眼见着车越来越开得很快，最后撞到了树上。
    A   B   C   D

18. 退休后，老人的脾气突然比以前非常暴躁了，一种精神的失落几乎击垮了他，这时候
    A   B   C   D
    就更需要家人的关心。

19. 他跑得快极了，跑跟飞一样，一会儿就不见了踪影，谁追得上呀？
    A   B   C   D

20. 我对他目前的什么总裁身份并不在意，他身上更吸引我的是那特有的军人素质，以及
                A   B
    他对工作的狂热与执着，一种坚韧与不屈深深地感染了我。
    C   D

21. 看到他学习态度在慢慢地改变，人也越来越沉稳，水平也一天比一天有了很大的进步，
    A   B   C

作为他的老师我真的为他高兴。
                    D

22. 我看我们现在可以走了,雨比刚才小多,再等下去,恐怕就走不了了。
         A   B   C   D

23. 他们虽是亲兄弟,但弟弟比哥哥的性格完全不同,哥哥豁达开朗,弟弟却敏感多疑。
         A   B   C   D

24. 这是一对儿双胞胎兄弟,哥哥长得跟弟弟长得太一样了,我想一般人是分不清谁是
          A   B   C
   哥哥谁是弟弟的,恐怕只有他们父母才分得清吧。
                      D

25. 我们是朋友,又是同学,而且还是同一年生人,他却有我高那么一点儿。
        A   B   C   D

26. 这哥俩可不像现在的年轻人,而完全像个书呆子,你还没看见那戴着高度近视镜的弟
          A   B   C
   弟呢,整天书不离手才最像个书呆子呢。
              D

27. 自从经历了人生中的诸多变故以后,他的话不那么多了,人也不那么张狂了,显然比
              A   B   C
   以前越来越成熟多了。
       D

28. 他没有我早来中国多长时间,前后差不了一个月,可水平却完全不一样,看来我得加
          A   B   C   D
   油了!

29. 我这本词典收词太少,而且有的词义解释也欠准确,没有你那么好,我想再买一本。
        A   B   C   D

30. 就家庭生活而言,你还是比她有点儿幸运,你毕竟有一个那么疼爱你的老公,而她有
         A   B   C   D
   什么呢?

31. 他是个很勤奋的人,每天都比我们起得早一个小时,当我们还在梦乡时,他已经在去
            A   B   C   D
   上班的路上了。

32. 由于特殊的知识结构与经历,使这位老师的教学方式比我们大学里的老师的教学方
              A   B
   式完全不同,这位老师更清楚我们需要什么,而不是照本宣科。
       C   D

33. 我时刻牢记着我现在的身份,我是一个老师,目前对我来说,难道哪件事情有工作更
              A   B   C   D
   重要吗?

34. 今天没有昨天那么凉快清爽一点儿,空气中闷闷的感觉,让人觉得很压抑,好像要下
         A   B   C   D

雨了吧!

35. 我觉得这个学院更干净舒服一些比我以前上学的那个学院，这里的办公室人员亲切
         　　　　　　　A　　　　　　　　　　　　　　　　　B
   而周到,老师教学又认真又有责任,使我们这些游子并未有身在异乡的感觉。
   　　　　　　C　　　　　　　　　　　　D

第八章

副　　词

第一节　副词用法及分类
　　　　分项测试（1）
第二节　常用副词
　　　　分项测试（2）
　　　　分项测试（3）
　　　　分项测试（4）
　　　　分项测试（5）
　　　　分项测试（6）
实力测试
第三节　重点副词讲解
　　　　分项测试（7）
　　　　分项测试（8）
　　　　分项测试（9）
　　　　分项测试（10）

基本概念：修饰动词、形容词，只作状语的词。

第一节　副词用法及分类

一、副词的用法

1．主要作状语，修饰动词或形容词，一般不能修饰名词或代词。

例：马上走　　正在上课　　才来　　再说
　　更加漂亮　非常聪明　　很美　　特别好
　　＊不学生　＊也老师　　＊又房间　＊很城市

2．有的副词可用在主语前作状语，修饰全句。

例：其实男人也是很累的。
　　的确他的汉语不错。
　　原来他已经知道了。
　　就他了解这件事的真相。

3．有的表示程度的副词，如"极"、"很"、"坏"、"死"、"透"可以放在形容词或心理状态的动词后面作程度补语。

例：他的汉语好极了。
　　最近我忙得很。
　　这段日子我可累坏了。
　　问题还解决不了，烦死了！
　　这次成绩糟透了！

4．"不"、"没"、"别"、"立刻"、"马上"、"也许"、"当然"、"一定"、"赶快"、"赶紧"、"刚刚"等少数副词可以单独使用，多用于问话和答话中。

例：（1）A．你什么时候到的？
　　　　　B．刚刚。
　　（2）A．你明天还来吗？
　　　　　B．不。
　　（3）A．他能通过吗？
　　　　　B．也许。

二、副词的分类

1．表示范围的副词：
　　都　全　就　只　仅　仅仅　惟独　一味　一道　总共　一共
　　净　共　独　单　光　一起　一同　一齐　一概　统统　一块儿

2．表示语气的副词：
　　才　可　却　倒　偏偏　偏　幸亏　好在　难道　居然　竟然　竟
　　究竟　到底　简直　反正　也许　大约　几乎　差点儿　果然　果真　敢情　明明
　　千万　万万　何尝　索性　终于　毕竟

3．表示肯定、否定的副词：
　　不　没　未　必定　必然　未必　一定　准　别　休　勿　无须　不必　必须

4. 表示时间的副词:
刚刚 已经 曾经 正在 将要 立刻 马上 顿时 起初 时时 偶尔 老是
原先 一时 向来 一向 一直 从来 好久 永远 随时 总是 忽然 突然
在 将 刚 就 已 都 曾 正 才

5. 表示频率的副词:
又 再 还 也 再三 屡次 常常 经常 时常 往往 不断 反复 来回

6. 表示程度的副词:
很 挺 十分 非常 特别 相当 极其 极为 更 更加 越发 越加 愈加 极
太 怪 最 比较 格外 稍微 稍稍 略 较 可 过于 尤其 多么

7. 表示情态的副词:
仍然 依然 渐渐 逐渐 逐步 猛然 毅然 悄然 互相 特地 百般 亲自

分项测试 (1)

一、将所给的词语填到适当的位置上

1. 现在年轻人A不喜欢B听我们这些老人C没完没了地D唠叨。(可)
2. A你B千万别把我告诉你的话C告诉D给别人。(可)
3. 他的体质相当A好,B不C闹什么D头疼脑热,可最近不知是怎么了?(轻易)
4. 他A做事B顽强绝C不是个D认输的人。(轻易)
5. 小王A信里说他B毕业后C在北京D工作。(仍然)
6. 你A还是先B打个电话吧,C免得D跑一趟。(白)
7. 你怎么A干B傻事,自己C费力还D不讨好,这又是何苦呢?(净)
8. 我A想学音乐,可是B父亲却C要D让我学医学。(偏)
9. 你A要在B一周之内C把D这些材料整理出来。(一定)
10. 今天A是星期天,B那家医院C门诊D开门。(未必)
11. A我B就赶上C参加他们的婚礼了,真D可惜!(差点儿)
12. 你A走不到B五分钟,他C就来D找你了。(刚)
13. A你B到他那里去一趟吧,他C有急事D找你。(赶快)
14. A我B已等不了明天,恨不得C把这个消息D告诉他。(马上)
15. A我B找不到房间钥匙,原来C是你D拿走了。(怪不得)
16. 那阵子,A我B一连几天吃不下睡不着,C经常一个人躲起来D落泪。(悄悄)
17. 对此事,我A有自己的想法,而且B不C会D改变的。(轻易)
18. 请放心,A我们B会C保质保量地完成D编写教材的任务。(一定)
19. A相信B当时很多在场的人C和我一样,被他的无理D激怒了。(一定)
20. A有什么困难B尽管说好了,大家C会帮助D你的。(一定)
21. A回国以后你B别忘了我这个老朋友呀!得C给我D来信啊!(可)
22. 滥用药物的现象A在全世界B随处可见,C造成了D极为严重的恶果。(并)
23. 我终于A收到了一封信,那字迹B歪歪扭扭,C不漂亮,但毫无疑问D是妈妈的笔迹。(并)

24. 他们 A 考验 B 了好几年了，至今 C 还没 D 结婚。（互相）
25. 他们俩 A 打量 B 了半分钟，谁 C 也不 D 说话。（互相）
26. 你 A 发现我们工作 B 有什么不足，C 直说，D 不必客气。（不妨）
27. 你 A 去图书馆，B 请 C 替我告诉小李一声，我 D 找他有事。（顺便）
28. A 那儿的房子 B 挺大的，C 房价也便宜，就是离我上班的地方 D 远了点儿。（倒）
29. 这件事 A 做得很机密 B，但 C 没有不透风的墙，D 后来还是慢慢传了出去。（本来）
30. 完成 A 这项跨世纪工程，B 需要十年 C 的 D 时间吧。（大概）

二、判断选择

1. 我（　　）不愿意陪你去，确实是有事去不了，你看我手上这一大堆活儿。
   A. 不妨　　　　B. 未必　　　　C. 无非　　　　D. 并非

2. 他性格过于软弱，（　　）都是息事宁人，与世无争。
   A. 从此　　　　B. 向来　　　　C. 本来　　　　D. 原来

3. 他（　　）没有这种想法，只是不说罢了。
   A. 以后　　　　B. 未尝　　　　C. 曾经　　　　D. 不妨

4. 昨天我（　　）看见他去了，他怎么能否认呢？
   A. 真实　　　　B. 明确　　　　C. 明明　　　　D. 明显

5. 九寨沟我去年曾去过一次，今年（　　）要去一次。
   A. 只　　　　　B. 也　　　　　C. 就　　　　　D. 还

6. 他动了动嘴显然想说什么，却（　　）没有说出来。
   A. 曾经　　　　B. 从来　　　　C. 难于　　　　D. 始终

7. 别人不了解我，（　　）你也不了解吗？
   A. 何必　　　　B. 何况　　　　C. 哪能　　　　D. 难道

8. 出国留学的事，你（　　）跟父亲好好谈谈，我想他会同意的。
   A. 再　　　　　B. 又　　　　　C. 就　　　　　D. 还

9. （　　）做了母亲的人，都能真正体会到母亲的辛苦。
   A. 凡是　　　　B. 全体　　　　C. 一概　　　　D. 统统

10. （　　）我们兴高采烈准备出去郊游时，突然下起了雨。
    A. 正在　　　　B. 正要　　　　C. 正当　　　　D. 在

11. 他昨晚翻来覆去睡不着，（　　）是心里有什么心事。
    A. 必须　　　　B. 必需　　　　C. 必然　　　　D. 必定

12. 这只是我的初步设想，（　　）合理，只供大家参考。
    A. 何必　　　　B. 未必　　　　C. 必须　　　　D. 必定

13. （　　）听过他讲课的人，没有不称赞他讲课讲得好的。
    A. 凡　　　　　B. 总　　　　　C. 是　　　　　D. 共

14. 听他讲话（　　）没什么意思，东拉西扯，半天也讲不到正题。
    A. 真实　　　　B. 实际　　　　C. 实在　　　　D. 事实

15. （　　）房间里这么冷，原来你把暖气关上了。
    A. 不禁　　　　B. 不免　　　　C. 免不了　　　　D. 难怪

16. 在大学期间，我们（　　）同桌四年。

A. 往往　　　　B. 一直　　　　C. 常常　　　　D. 成天
17. 平时不努力学习,（　　）跟不上教学的进度。
　　A. 未必　　　　B. 必然　　　　C. 始终　　　　D. 终于
18. 你来得真巧,我是几分钟前（　　）到家的。
　　A. 刚才　　　　B. 刚刚　　　　C. 就　　　　　D. 刚要
19. 他喜欢这里的环境,（　　）喜欢房后的那片竹林。
　　A. 优先　　　　B. 尤其　　　　C. 特殊　　　　D. 极其
20. 你放心吧,这件事我们会认真研究的,（　　）你还得等几天。
　　A. 只是　　　　B. 只要　　　　C. 只有　　　　D. 只

三、改错

1. <u>面对挫折,</u><u>我相信只要自己勇敢地去面对,</u>就没有<u>不能解决的问题,</u>如果自己能解决现
　　　A　　　　　　　　B　　　　　　　　　　　　　　C
　在的问题就将来可以解决更大的问题。
　　　　　　　D

2. <u>拥有的东西一般我们不懂得珍惜,</u>只有在<u>失去以后才知道它的价值,</u><u>健康也是一样,</u>一般
　　　　　A　　　　　　　　　　　　　　　　B　　　　　　　　　　　C
　人<u>也在生病之后才知道健康的重要性。</u>
　　　　　　　D

3. <u>俗话中有这样的一种说法：</u><u>在世界上最难莫过于战胜自己,</u>我们都不但在社会上而
　　　　　A　　　　　　　　　　　　　　B
　且在<u>日常生活上可能试图战胜过自己,</u>那么<u>我们为什么要战胜自己呢？</u>
　　　　　C　　　　　　　　　　　　　　　　　D

4. <u>人人都有自己的梦想,</u><u>我也当然有自己的梦想,</u><u>小时候有小时候的梦想,</u><u>大了有大</u>
　　　A　　　　　　　　　　B　　　　　　　　　　C　　　　　　　　　　D
　<u>的梦想</u>。

5. 在中国<u>虽然只有短短的一年时间,</u>但<u>我已经爱上了这片土地,</u>在我的一生中,<u>这个学</u>
　　　　　A　　　　　　　　　　　　　　B　　　　　　　　　　　　　　C
　<u>期都是最幸福而又美好的</u>,将来的某一天,<u>我一定会再踏上这片土地的</u>。
　　　　　　　　　　　　　　　　　　　　　　　D

6. <u>从小父母就教育我,</u><u>做事要持之以恒,</u>不可半途而废。<u>事实证明,</u>我<u>凡是坚持的事情</u>
　　　A　　　　　　　　　B　　　　　　　　　　　　　　C　　　　D
　都比我的朋友做得好。

7. <u>来中国已经好几个月了,</u><u>我的汉语水平比以前高了一些,</u>但<u>我总是在中国人面前说不出话来,</u>
　　　A　　　　　　　　　　　B　　　　　　　　　　　　　　　C
　<u>可能就是潜在的心理障碍吧</u>。
　　　　　D

8. <u>如果我有一天做了父母,</u>我会让<u>我的孩子学至少三种语言,</u>但<u>决不会逼迫孩子,</u>而是让
　　　A　　　　　　　　　　　　B　　　　　　　　　　　　　　C
　<u>他们在快乐中体验学习的快乐</u>。
　　　　　D

第八章 副 词

9. 这里管理得很严格，进入必需出示本人的有效证件才可以入内，要想蒙混过关，并非
   A　　　　　　　　　　　B　　　　　　　　　　　　C　　　　　D
   易事。

10. 话不投机半句多，如果是一个陌生人，你大凡可以采取置之不理的态度，但如果是一
    　　A　　　　　　　B　　　　　　　　C
    个朝夕相处的伴侣呢？你又当如何？
    　　　　　　　　　　D

11. 我们不能否认，这次比赛我们打得很艰苦，仅以略微的优势战胜了对手，应该好好反
    　　　A　　　　　　B　　　　　　　　　　　C　　　　　　　　　　　　D
    思一下儿了！

12. 这本教材都不是他翻译的，别人也翻译了一部分，所以单凭这一本书去评价他的翻译
    　　　A　　　　　　　　B　　　　　　　　　　　C
    水平，不能不说欠妥当。
    　　　D

13. 长期生活在动物园里的野生动物，因不必自己去捕食就可以吃上一顿美味，过着无忧无
    　　　A　　　　　　　　　　　　　B　　　　　　　　　　C
    虑"饭来伸手"的日子，而日益胖了。
    　　　　　　　　D

14. 近年来，医院接治患肾病的儿童较以前有大幅度的提高，其中很主要的原因就是，
    　　　　　　A　　　　　　　　　　　　　　　　B
    家长过分溺爱孩子，过多地为其提供诸如巧克力之类的高蛋白、高糖分的食品。
    　　C　　　　　　D

15. 思绪把我带向那遥远的国度，带向他的身边，我再想起了我们在一起的那段时光，
    　　　　　　　A　　　　　　B　　　　　　C
    那段刻骨铭心的往事。
    　　　D

16. 孩子个子长高了，比以前懂事了，也能主动帮助父母做些力所能及的事情了，步入了渐
    　　A　　　　　B　　　　　　C　　　　　　　　　　　　　　　　　　　D
    渐的成熟期。

17. 待我一个月后从外地归来，杜鹃花已完全枯萎，看来谁也无回天之力了，哪知道几天
    　　A　　　　　　　　　　B　　　　　　　C　　　　　　　　　D
    后它出人意料地居然活了。

18. 他这是第一次出国，而且这一去就是两年，不免他有些担心，这也在情理之中。
    　　A　　　　　B　　　　　　　　　　C　　　　　　　D

19. 我觉得晚上学会给孩子带来较大的压力，孩子们很容易失去学习的兴趣，而且晚上
    　　　　　A　　　　　　　　　　　　　　　　　　　　　　　　　　B
    学的孩子比较晚点儿接受教育，对孩子各方面思想的形成不能给以帮助。
    　　　C　　　　　　　　　　　　　　　　D

20. 据统计，目前世界上野生大熊猫仅存大约1000只左右，大部分生活在四川盆地周围
    　　　A　　　　　　　　　　　　B　　　　　　　　　　　C
    的群山之中，生命安全受到极大的威胁。
    　　　D

— 133 —

第二节 常用副词

一、否定副词及否定副词其他的搭配限制

1. "不"和"没"的用法比较说明

都是表示否定意义的副词，都可以修饰动词或形容词，用在动词或形容词之前作状语。

说明＼词	不	没
基本用法	一般修饰动词或形容词，用在动词或形容词之前。 例：不来　不同意　不好　不暖和	一般修饰动词或形容词，用在动词或形容词之前。 例：没吃　没去　病没好　天没亮
释义	用于否定主观愿望或性质状态。 例：我不去上课。（否定主观愿望） 　　他不吃中国菜。（否定主观愿望） 　　他身体不好。（否定性质） 　　这个桌子不结实。（否定性质）	用于事情或变化已经发生。 例：我没去上课。（否定动作发生） 　　他没考大学。（否定事情发生） 　　他病还没好呢，就去上班了。 　　（否定变化发生） 　　天没晴呢，等会儿再走吧。 　　（否定变化发生）
异同点	A. 多用于表示主观愿望。 例：我不去旅行了。 　　他不来参加晚会了。 　　你不说就算了。	A. 多用于客观叙述。 例：我今天哪儿都没去。 　　他没来参加晚会。 　　他没说认识你。
	B. 可用于过去、现在或将来。 例：他昨天不在，今天不在，明天也不在。 　　我昨天没去，明天也不去。 　　我昨天不想去，今天也不想去，明天也不想去。	B. 可用于过去、现在，不用于将来。 例：他昨天没在，今天也没在，明天也不在。 　　＊他昨天没在，今天也没在，明天也没在。 　　我明天不想去上课。 　　＊我明天没想去上课。
	C. 可用于否定经常性、习惯性动作或非动作性动词。 例：他常常不来上课。 　　爸爸一生不抽烟，不喝酒。 　　他不喜欢运动。	C. 不能用于否定经常性、习惯性动作或非动作性动词。 例：＊他常常没来上课。 　　＊爸爸一生没抽烟，没喝酒。 　　＊他没喜欢运动。
	D. 否定事物性质或状态。 例：今天天气不好。 　　这件衣服不漂亮。 　　这种桌子不结实。	D. 否定情况或变化已经发生。 例：他的病还没好呢，不能上班。 　　天还没亮呢，别出去那么早。 　　衣服还没干，等干了再收起来吧！

续表

说明 \ 词	不	没
异同点	E. 多数能愿动词的否定用"不"。 例：我不想去商店了。 　　他不会来找你的。 　　你不应该这样做。 　　他不愿意来。	E. 否定少数能愿动词 例：我根本就没想去旅行。 　　我没想隐瞒真相呀！ 　　因为大雾，飞机没能按时起飞。 　　去年太忙，没能休假。

注意：

(1) 否定副词与介词短语同时出现在句中时，否定副词一般用在介词前，常构成"不（没）+（介+名词/代词）+动词/形容词"形式。

例：我没对他提起过这件事。（＊对他没提起过这件事）
　　毕业后，我没跟他见过面。（＊跟他没见过面）
　　母亲没有一天不为他担心的。（＊为他不担心）

(2) 连动句中否定副词一般用在第一个动词前。

例：他没去图书馆看书。（＊他去图书馆没看书）
　　他不去中国留学。（＊他去中国不留学）
　　他没来中国学习过汉语。（＊他来中国没学习过汉语）

(3) 兼语句中否定副词一般用在第一个动词前。

例：他不让我来这里找他。（＊他让我不来这里找他）
　　她没请朋友来参加婚礼。（＊她请朋友没来参加婚礼）
　　他不叫孩子去麻烦邻居。（＊他叫孩子不去麻烦邻居）

(4) 双重否定：表示比肯定更强的表达效果。

双重否定的句子常包含"是"、"有"或能愿动词等。常见形式："不是不……"、"没有不……"、"不能不……"、"不得不……"、"不会不……""无不……"、"不无……"、"非……不可"等。

例：他说得那么诚恳，我不能不相信他。
　　我非坚持下去不可。
　　这里没有人不认识他。

2. 副词与否定副词其他的搭配限制

(1) 否定副词一般加在其他副词的后面，尤其是时间副词、语气副词和情态副词。

例：我一直没去过他的新居。（＊没一直去过）
　　他才不认识我呢。（＊不才认识我）
　　我从来没听说过。（＊没从来听说过）

(2) 有的副词只能在它的前面用否定副词。

— 135 —

常见的有：一起（一块儿、一道）、只（光、单、仅、仅仅）、马上、曾

例：我们去年没一起去旅行。（*一起没去旅行）
　　毕业后，他不马上找工作。（*马上不找工作）
　　我不曾跟他打过什么交道。（*曾不跟他打过交道）

> **注意：**（1）"曾（曾经）"的否定形式是"不曾"或"未曾"。
>
> 　　例：今天我不曾见过他。（*没曾见过）
> 　　　　我未曾和他交往过。（*不曾经）
>
> 　　（2）句中无介词时，否定副词放在"一起"前，但有介词时，一定要在介词前。
>
> **试比较：**我们春节就不一起过了，他要回家乡。
> 　　　　　我春节没跟他一起过，他回家乡了。

（3）有的副词前后都可以用否定副词，但所表达的意义不同。

都　例：这本书都不是他写的。（全部）
　　　　这本书不都是他写的。（部分）

全　例：他的话我全没听懂。（全部）
　　　　他的话我没全听懂。（部分）

很　例：他的身体很不好。（程度高）
　　　　他的身体不很好。（程度低）

太　例：这个沙发太不舒服。（程度高）
　　　　这个沙发不太舒服。（程度低）

一定　例：他今天一定不会来。（有绝对把握）
　　　　　他今天不一定会来。（没有绝对把握）

3. 多用于否定句中的副词。

A. 副词"根本"，表示本来、始终的意思，修饰动词或形容词，作状语，多用于否定句。

例：他根本就不懂汉语。
　　他根本就不知道这件事。
　　南方的冬天根本就不冷。
　　他的病根本就没好过。

B. 副词"轻易"表示随随便便，多用于否定句，否定副词"不"可以放在"轻易"的前面，也可以放在"轻易"的后面，在句中作状语。

例：他太爱面子，轻易不求人帮忙。
　　他身体很好，轻易不感冒。
　　他为人谨慎，不轻易相信别人。
　　人的观念不会轻易发生变化。

分项测试（2）

将所给的词语填到适当的位置上

1. 他独自一人在外留学，父母 A 没有 B 一天 C 为他 D 担心。(不)
2. 他病了，已经 A 一个星期 B 来 C 公司 D 上班了。(没)
3. 这个假期我 A 跟他 B 一起 C 去南方 D 旅行。(没)
4. 怎么到现在 A 还 B 把这些问题 C 弄 D 明白呢？(没)
5. 那个餐厅的菜味道不错，你 A 想 B 去 C 尝尝 D 吗？(不)
6. 既然你那么爱他，A 为什么 B 把自己的想法 C 直接 D 说出来呢，何苦这么痛苦地折磨自己呢？(不)
7. 他 A 像 B 什么 C 也 D 发生似的，又上班去了。(没有)
8. 谢谢你 A 还 B 把老同学 C 忘了，我一定 D 参加你们的婚礼。(没)
9. A 生活得 B 到 C 改善，人们工作起来就 D 没有积极性。(不)
10. 家人 A 一直 B 惦记着你，你也 C 给家里 D 写封信。(不)
11. A 只满足于 B 学习前人的经验 C 是 D 够的，应该勇于创新。(不)
12. 上个假期，我们 A 一起 B 去国外 C 度假，我 D 回老家了。(没)
13. 他 A 马上 B 回宿舍，要 C 跟我 D 一起去看看生病的同学。(不)
14. 这个餐厅的菜 A 做得也 B 太 C 地道了，咱们还是 D 换一家吧！(不)
15. 我根本 A 就 B 听说过你 C 要来的事儿，当然不会 D 去接你了，那你生什么气呀！(没)
16. 我 A 觉得屋子里的空气 B 实在 C 好，才 D 把门打开了一扇。(不)
17. 既然大家 A 都 B 同意，我也就 C 再 D 坚持了。(不)
18. 海南我 A 去 B 都 C 去过，让我 D 介绍什么？(没)
19. 既然你知道事情真相，就该早把事情的真相 A 告诉他，而 B 应该 C 隐瞒到现在才 D 说出来！(不)
20. 刚才他不在家，这会儿也 A 该回来了，你 B 再 C 打个电话 D 试试吗？(不)

二、频率副词

"又"和"也"、"又"和"再"的用法比较说明

都有表示相同的意义，修饰动词或形容词，在句中作状语。

1. "又"和"也"的用法比较说明

说明＼词	又	也
基本用法	多修饰动词或形容词，用在主语后作状语。 例：他又来了。 你怎么又不高兴了？ 他又没来上课。	多修饰动词，用在主语后作状语。 例：他刚走，你也要走吗？ 他没说走，也没说不走。 妈妈来看我，爸爸也来了。

说明＼词	又	也
释义	表示"添加"，即表示动作行为的重复或两种情况同时存在。 例：他今天又来了。 　　今天又下雨了。 　　明天又是周末了。	表示"类同"，即表示两种事物具有同样的性状或动作行为，同一事物具有两种性状或动作行为。 例：他刚走，你也要走吗？ 　　他没说走，也没说不走。 　　妈妈来看我，爸爸也来了。
异同点	表示和自己以前的动作相同。 例：这个电影我又看了一遍，真不错。 　　周末了，我又可以好好睡一觉了。 　　他说今天一定来，可是又没来。	表示和他人的动作相同。 例：你也能做得跟他一样好。 　　既然大家都同意了，我也不说什么了。 　　天亮了，雨也停了。
要点提示	多修饰动词，多用于主语相同的句子中。 例：他昨天来了，今天又来了。 　　快放假了，我又可以回故乡了。 　　*妈妈来了，爸爸又来了。	多修饰动词，多用于主语不同的句子中。 例：他去，我也去。 　　你不说，我也不说。 　　我在北京，他也在北京。
其他	A. 构成"一＋量词＋又＋一＋量词"形式，表示数量多。 例：你怎么搞的？一次又一次地犯相同的错误。 　　妈妈一遍又一遍地叮嘱他。 　　她把衣服一件又一件地整理好。 B. 构成"形容词①＋而又＋形容词②"形式，表示并列。 例：紧张而又愉快的学习生活结束了。 　　他是个聪明而又能干的人。 　　看到这个结果他兴奋而又激动。 C. 构成"形容词①＋而又＋形容词①"形式，表示程度高。 例：他对自己的要求严而又严。 　　这种葡萄酒纯而又纯，品质上乘。 　　她睁着一双圆而又圆的大眼睛，吃惊地看着我。 D. 构成"动词＋了＋又＋动词"形式，表示动作反复多次进行。 例：我想了又想，还是觉得这样做不妥。 　　我看了又看，也没看明白这是什么？ 　　他把床单洗了又洗，还觉得不干净。 E. 表示转折、反问、否定的语气。 例：想说，又怕你听了生气。（转折） 　　既然知道，又何必要问呢？（反问） 　　你又不是不知道，还问什么？（否定）	A. 构成"说什么也（怎么也）……"形式，表示无论怎样也……。 例：我说什么也看不明白。 　　我怎么也吃不下。 　　这么多作业我说什么也做不完呀！ 　　我怎么也想不明白他的话。 B. 构成"连……都／也……"形式，加强语气。 例：教室里连一个人也没有。 　　他连父母的话也不听。 　　他连故宫也没去过。 C. "也"可与连词"无论"、"不论"、"不管"、"虽然"、"尽管"、"即使"、"就是"、"宁可"或表示任指的疑问代词连用，起关联作用。 例：无论遇到多大的困难，我也不会放弃的。 　　虽然天气不好，他也坚持来了。 　　即使失败了，也不能放弃自己的信念。 　　我宁可自己多辛苦点，也不能累着你呀。 　　这里的人我谁也不认识。 　　他今天什么也没吃。 　　我哪儿也不想去。 D. 表示缓和语气。 例：你说得也有些道理。 　　我看也只能这样了。 　　我也就是随便说说，你别当真。 　　既然已经决定了，我也就不说什么了。

注意：

"也"表示类同，一般用于主语不同的句子中，主语相同时，有时也可以用"也"，如下具体用法：

(1) 主语不同，谓语相同。

例：你去，我也去。

　　风停了，雨也停了。

(2) 主语不同，谓语不同。

例：饭吃了，酒也喝了。

　　朋友交了，事也办了。

(3) 主语相同，谓语不同。

例：我们逛了街，也吃了饭。

　　他肯定了我的成绩，也指出了不足。

(4) 主语相同，动词相同，宾语不同。

例：他学英语，也学汉语。

　　我喜欢爬山，也喜欢游泳。

2．"又"和"再"的用法比较说明

说明＼词	又	再
释义	表示"添加"。 例：他又说了一遍。 　　我今天又去找他了。 　　今天又下雨了，不能去爬山了。	表示"重复"。 例：你能再说一遍吗？ 　　他不在，你明天再来吧！ 　　今天再下雨，就不能去爬山了。
异同点	A. 多用于过去的情况，常与"了"配合使用。 例：他昨天没找到人，今天又来了。 　　他又讲了一遍，我也没听懂。 　　今天又下雨了，外边很冷。 B. 可用于将来确定性的重复，后面常用动词"是"或能愿动词等。 例：真快呀，明天又是周末了。 　　快放假了，又可以回故乡了。 　　考试不及格，妈妈又得说我了。	A. 多用于将来的情况，不能与"了"配合使用。 例：他不在，你明天再来吧。 　　我没听懂，能再讲一遍吗？ 　　今天再下雨，就更冷了。 B. 多用于将来的重复，前面用能愿动词，多用于假设句中。 例：没听懂，可以再听一遍。 　　考试不及格，得再考一次。 　　如果再不走，就赶不上火车了。

分项测试（3）

一、将所给的词语填到适当的位置上

1. 你 A 是不是 B 跟我们 C 一起 D 去医院看望小李？（也）
2. 菜单上面的菜名 A 我 B 一个 C 看 D 不懂。（也）
3. 他 A 想 B 和咱们一起 C 骑自行车 D 去郊游。（也）
4. A 他的父亲 B 一张照片 C 没有 D 留下。（也）
5. 即使 A 他 B 来了，C 我 D 不理他。（也）
6. 我们 A 在发展经济的 B 同时，C 要 D 大力避免环境污染。（也）
7. 这件衣服 A 买来后 B 只穿了两次，C 以后再 D 没有穿过。（也）
8. A 你 B 该听取一下 C 别人的意见 D，不可贸然行事。（也）
9. 就算 A 没有 B 你的责任吧，你说话 C 应该 D 客气点儿呀！（也）
10. 当然，他不 A 总是 B 闷闷不乐，C 有高兴的时候，只是 D 高兴的时候不是很多。（也）
11. 他 A 头朝一边歪着，B 看 C 不看我，D 好像对我有着很大的气似的。（也）
12. 今天早上 A 我 B 跑步了 C，锻炼的感觉 D 真好。（也）
13. 他们 A 吵 B 起来了，你 C 去给他们 D 劝劝架吧。（又）
14. 长时间的寂寞 A 会 B 使他 C 脾气 D 暴躁、烦躁不安。（又）
15. 这是一项 A 复杂 B 而 C 十分 D 费力的工作。（又）
16. 我不让 A 他 B 去，C 可他不听，我 D 无可奈何。（也）
17. 既然 A 怕冷，B 不多穿点儿衣服，我 C 看你得了 D 感冒也活该！（又）
18. 既然大家 A 都 B 同意，那 C 我 D 没什么好说的了。（也）
19. A 他 B 不帮你 C 有什么关系？D 不是还有我吗？（又）
20. 课堂 A 学习 B 是学习，社会 C 实践 D 是学习，不可重此失彼呀！（也）

二、判断选择

1. 他（　　）说了一遍，我也没听清楚。
   A. 又　　　B. 还　　　C. 再　　　D. 也
2. 我没听清楚，你可以（　　）说一遍吗？
   A. 又　　　B. 还　　　C. 再　　　D. 也
3. 今天吃饭的时候，爸爸（　　）问起了上次考试的事。
   A. 又　　　B. 再　　　C. 还　　　D. 就
4. 吃饭的时候，我一直担心爸爸会（　　）问起上次考试的事。
   A. 又　　　B. 再　　　C. 还　　　D. 就
5. 周末了，你（　　）该去看看老人了。
   A. 再　　　B. 还　　　C. 又　　　D. 才
6. 周末了，你该（　　）去看看老人。
   A. 再　　　B. 还　　　C. 又　　　D. 就
7. 他虽然身体不好，可一天课（　　）没耽误。

A. 也　　　　B. 又　　　　C. 还　　　　D. 就
8. 见到他，我心里有千言万语，嘴里（　　）说不出来。
   A. 但　　　　B. 又　　　　C. 也　　　　D. 并
9. 他（　　）不会吃人，你怕什么？
   A. 又　　　　B. 也　　　　C. 还　　　　D. 才
10. 他在中国呆了一年（　　）六个月就回国了。
    A. 又　　　　B. 也　　　　C. 再　　　　D. 并

三、频率副词

"还"和"再"的用法比较说明

说明＼词	还	再
基本用法	多修饰动词或形容词，在主语后作状语。 例：这篇文章还要再修改一下儿。 　　你还愿意帮我吗？	多修饰动词或形容词，在主语后作状语。 例：你能再说一遍吗？ 　　这个问题明天再讨论吧！
释义	表示"持续"，即动作或状况继续存在。 例：他还在看书。 　　今天还这么热。 　　我还想看一遍这部电影。	表示"重复"，即表示同一动作行为的重复。 例：他不在，你明天再来吧。 　　我没听懂，请再说一遍。 　　这个问题明天再讨论吧。
异同点	A. 用于能愿动词前 例：他还会来。　你还应该想想。 B. 不用于祈使句 例：*请还说一遍。　*你明天还来吧！ C. 表示说话人在说话时已有的某种意愿 例：电影不错，我下次还来看。 　　黄山很美，以后有机会我还来。	A. 用于能愿动词后 例：他会再来。　你应该再想想。 B. 可用于祈使句 例：请再说一遍。　你明天再来吧！ C. 表示说话人在说话时临时产生某种意愿 例：他不在，我下午再来找他。 　　下雨了，我明天再去找他。
其他	A. 构成"在……的同时，还（又/也）……"形式，表示除了提到的情况，另有其他。 例：教师在教授孩子知识的同时，还应教他们做人的道理。 　　他在做好本职工作的同时，还主动帮助别人。 　　老师在肯定我们成绩的同时，还指出了我们的不足。 B. 表示出乎意料，含有"居然"的意思。 例：这么大的雨，他还真来了。 　　车丢了一年多，还真找到了。 　　你还真下得了手，把孩子打成这样。	A. 构成"再+形容词+没有了/不过了"形式，表示程度高，多用于评价。 例：这里的风景再美没有了。 　　今天的天气再糟糕没有了。 　　他能参加，再好不过了。 　　他对待工作再认真不过了。 B. 构成"形容词+得+不能+再+形容词+了"形式，表示程度高，形容词多为单音节的。 例：今天的天气好得不能再好了。 　　这个西瓜甜得不能再甜了。 　　这里的风景美得不能再美了。

词 说明	还	再
	C. 加强反问语气，用于反问句中。 例：他在中国长大，还能不会说汉语？ 　　要想找他，那还不容易？ 　　都什么时候了，还说早？	C. 构成"没有比……再+形容词+的了"形式，表示程度高。 例：没有比他记忆再差的人了，说多少遍还记不住。 　　没有哪家比这家百年老店再重视质量的了。 　　在这个公司，没有比他再认真的人了。
	D. 表示应该怎样而没有怎样，含有讽刺的意思。 例：亏你还在北京住了好几年，故宫都没去过。 　　亏他还是个大学生呢，一点儿道理都不懂。 　　亏你还是我朋友呢，这一点儿忙都不帮。	D. 表示另外，常用于"就是"、"不然"、"没有"等词语前面。 例：注意饮食，加强锻炼，再就是持之以恒。 　　周末去爬山或者去游泳，再不然就去钓鱼。 　　该说的我都说了，再没有什么了。
其他	E. 构成"比……还（更）……形式"，表示进一步。 例：昨天比今天还冷呢！ 　　那儿的物价比这儿还贵呢！ 　　弟弟比哥哥还高呢。	E. "再（也）不+动词"，含有"永远不……"的意思，句末常用"了"，"不再+动词"，表示语气和缓的否定，表示没有再发生某动作。"不再"、"再不"都可以用于假设句中，但侧重点不同，"不再"侧重于前面已经做过的事情不继续的话，会出现什么结果，"再不"侧重于如果不做某事，将会出现什么结果。 例：你走吧，我再（也）不想见你了。 　　既然道理你都懂，我就不再说什么了。 　　你再不说实话，我就打你了。 　　这病再不去医院就耽误了。 　　我不再看一遍的话，还是记不住。 　　临走不再说一声，不合适吧。
		F. 构成"先……然后（接着）再……"形式，表示动作或情况发生的顺序。 例：先做好充分准备，然后再动手去做。 　　先考虑周全以后，然后再着手准备。 　　我们今天先去颐和园，接着再去故宫。

分项测试（4）

将所给的词语填到适当的位置上

1. A 从那儿以后，B 小王 C 没缺过 D 一次课。（再）
2. 我 A 已 B 决定不 C 跟他这种毫无信用的人 D 来往了。（再）
3. 你 A 得 B 先做 C 好自己的本职工作 D 考虑其他，别本末倒置啊！（再）

4. 临走 A 不 B 去 C 打招呼的话，他 D 会不高兴的。（再）
5. 他 A 高烧几天 B 不 C 去医院，D 就该出危险了。（再）
6. 请你 A 给我 B 一次机会吧，我 C 知道 D 错了。（再）
7. 我们现在 A 不想 B 把这件事 C 公布于众，公司要 D 研究研究。（还）
8. 他 A 在中国生活了十年，B 能 C 不 D 会说汉语？（还）
9. A 别人怎么请他，他也 B 不来，你一去他 C 就来了，D 你有面子。（还是）
10. 这种思想 A 在当时可谓 B 是进步的，就是 C 在今天也 D 有一定的教育意义。（仍）
11. 我 A 知道他 B 到现在 C 没有决定 D 是否去那儿工作。（还）
12. 你 A 不 B 努力 C 学习，恐怕就 D 跟不上班级进度了。（再）
13. 你 A 去 B 休息吧，C 有事我 D 叫你。（再）
14. 这件事情你不 A 要 B 问 C 了，总之 D 和你无关。（再）
15. 你 A 耽误 B 下去，恐怕连最后一班车 C 都 D 赶不上了。（再）
16. A 这样无谓地讨论 B 下去，只怕 C 到明天 D 也不会有什么结果。（再）
17. 你 A 别过于激动，这样什么也解决不了，B 先 C 冷静一下儿，咱们 D 谈。（再）
18. 老师，请别 A 放弃我，我 B 也不会 C 跟以前一样 D 贪玩了。（再）
19. 这件事 A 不能拖下去了，B 一定要抓紧时间 C 办，一味地 D 拖下去，只会拖垮人的意志。（再）
20. 他 A 一次 B 一次地欺骗我，我 C 不 D 会相信他了。（再）

四、范围副词和时间副词

1. "才"和"就"用法比较说明

说明 \ 词	才	就
基本用法	多修饰动词或形容词，在主语后作状语。 例：你怎么才来？ 　　我才不相信他的鬼话呢！	多修饰动词或形容词，在主语后作状语。 例：他早就来了。 　　我一会儿就走。
释义	表示时间、数量、年龄或起关联作用。 例：都什么时候了，你才来。 　　他才看了一遍，就记住了。 　　这孩子才十几岁，就独立生活了。 　　你只有努力才能学好。	表示时间、数量、年龄或起关联作用。 例：他早就走了，你才来。 　　我就认识他一个人。 　　他五岁就离开了家乡。 　　如果他能帮忙，那就太好了。
异同点	A. 表示时间晚、时间长、年龄大或数量多。 例：都什么时候了，你才来。（时间晚） 　　我等了半天他才来。（时间长） 　　他三十多岁才结婚。（年龄大） 　　我找了他好几次才找到。（数量多）	A. 表示时间早、时间短、年龄小或数量少。 例：他天不亮就起来了。（时间早） 　　你坐这么一会儿就走呀？（时间短） 　　他五岁就上学了。（年龄小） 　　我就见过他两次。（数量少）

续表

说明\词	才	就
异同点	B. 表示已经发生的动作或情况，"才"的句子末尾不能用"了"。 **例**：八点上课，他九点才来。 　　冬天，七点多天才亮。 　　我等了半天，他才来。 　　*等了半天，他才来了。 C. 表示两个紧接着发生的动作或情况，"才"表示两个动作间隔的时间长。 **例**：他说了半天，我才明白。 　　都准备好了，我才告诉他。 　　他到家半天了，才给我打电话。 　　他病完全好了，才去上课。	B. 表示已经发生的动作或情况，"就"的句子末尾常用"了"。 **例**：八点上课，他七点就来了。 　　夏天，四点多天就亮了。 　　等了一会儿，他就来了。 　　他早就回国了。 C. 表示两个紧接着发生的动作或情况，"就"表示两个动作间隔的时间短。 **例**：他一说，我就明白了。 　　事情刚发生，他就告诉我了。 　　他刚到家就给我打电话了。 　　他病刚好，就去上课了。
常见搭配	A. "时间/数量词语+才……"。 **例**：等了半天，他才来。 　　找了好几次，才找到。 B. "时间/数量词语+才……，时间/数量词语+就……"。 **例**：下午才上课，他上午就来了。 　　他十岁就离开了家乡，晚年才回到家乡。	A. "时间/数量词语+就……"。 **例**：他呆了一会儿就走了。 　　看了两遍就记住了。 B. "时间/数量词语+才……，时间/数量词语+就……"。 **例**：下午才上课，他上午就来了。 　　他十岁就离开了家乡，晚年才回来。
其他	A. "才"常与连词"只有"、"为了"、"因为"、"由于"连用，起关联作用。 **例**：只有认真去做，才能做好。 　　为了上大学他才这么拼命学习。 　　他因为生病才没来上课。 　　我是看你太累了，才没叫醒你。 B. 表示强调的语气，句末常带有"呢"。 **例**：他的汉语才好呢。 　　那里的风景才美呢。 　　我才不理那种无赖呢。 　　我才不相信你的话呢。	A. "就"常与连词"如果"、"只要"、"既然"连用，起关联作用。 **例**：如果能买到机票，我明天就走。 　　只要用心去做，就没有做不好的事情。 　　既然大家都同意了，我就不说什么了。 　　他一看见妈妈进来，就马上拿起了书。 B. 加强语气。 **例**：银行就在前边。 　　我觉得这里就挺好的。 　　他就是周大夫。 　　他让我去，我就不去。

2. "才"和"都"用法比较说明

说明 \ 词	才	都
基本用法	多修饰动词或形容词，在主语后作状语。 **例：**你怎么才来？ 　　我才不相信他的鬼话呢！	多修饰动词或形容词，在主语后作状语。 **例：**谁都可以参加这次比赛。 　　我什么都不知道。
释义	表示时间、数量、年龄或起关联作用。 **例：**你怎么才来就走呀？（时间） 　　这个学校才有三十个老师。（数量） 　　他才十五岁。（年龄） 　　等到放假了，我才能去旅行。（关联）	表示时间、数量、年龄、范围或起关联作用。 **例：**他来中国都好几年了。（时间） 　　我都找他好几次了。（数量） 　　都二十多岁了，还这么不懂事？（年龄） 　　大家都认识他。（范围） 　　不管工作还是学习，他都很认真。（关联）
异同点	说话人认为时间早、时间短、年龄小、数量少。 **例：**才八点钟，他就睡觉了。（时间早） 　　我才等了几分钟，他就来了。（时间短） 　　他才三十来岁，正是好时候。（年龄小） 　　我才看了一遍，就记住了。（数量少）	说话人认为时间晚、时间长、年龄大、数量多。 **例：**都十点了，他还不起床。（时间晚） 　　我都等了半天了，他还没来。（时间长） 　　你都三十多岁了，该结婚了。（年龄大） 　　我都看了好几遍了，还没记住。（数量多）
常见搭配	常构成"才+时间/数量词语……，就……"形式。 **例：**才坐了这么一会儿，就要走呀？ 　　他才吃了几口饭，就急急忙忙地走了。	常构成"都+时间/数量词语……了，才……"形式。 **例：**都什么时候了，你才来。 　　他都四十好几了，才结婚。
其他		A. 表示范围。 a. 用于陈述句，所总括的对象在"都"的前面。 **例：**他每天都起得很早。 　　所有的人都来了。 　　他哪儿都没去过。 　　他把什么东西都拿走了。 　　我哪儿都不舒服。 　　谁都认识他。 b. 用于疑问句，所总括的对象在"都"的后面。 **例：**你都想去哪儿？ 　　他都把什么东西拿走了？ 　　你都哪儿不舒服？ 　　都谁认识他？ B. 表示进一步，有"甚至"的意思，常构成"连……都……"或"一……都……"形式。 **例：**这个人我连见都没见过。 　　他连家人的话都不听，会听我的吗？ 　　教室里一个人都没有。 　　他今天一点儿东西都没吃。

> **注意：**
> "都"表示范围，下列情况一般要用"都"：
> (1) 句子中有"每"、"各"、"所有"、"一切"、"全部"、"这些"、"那些"、"随时"、"到处"、"任何"等词语，谓语中一般都要用"都"。
>
> 例：每天他都要写一篇日记。
> 　　你随时来都可以。
> 　　一切都是为你准备的。
>
> (2) 名词或量词重叠使用时，含有复数的意思，谓语中也要用"都"。
>
> 例：人人都应认真对待自己的工作。
> 　　家里事事都要她亲自料理。
> 　　除夕，家家户户都张灯结彩。
>
> (3) 句中有表示任指的疑问代词"谁"、"什么"、"哪"、"哪儿"、"哪里"、"怎么"等，谓语中要用"都"或"也"表示范围。
>
> 例：谁都不认识他。
> 　　你什么时候来都可以。
> 　　我哪儿都想去看看。

3. "到处"和"处处"的用法比较说明

都可以表示各个地方，指具体的处所。句中有处所词语时，用"到处"、"处处"都可以，常与"都"一起使用。如果没有处所词语和副词"都"时，只能使用"到处"，不能使用"处处"。"处处"可以指各个方面，"到处"没有这种用法。

例：周末，公园里到处都是人。（处处）
　　房间里床上、地上到处都是书。（处处）
　　你去哪儿了？我到处找你。（*处处）
　　垃圾别到处乱扔。（*处处）
　　在生活上，他处处关心我。（*到处）
　　领导就应该处处为群众着想。（*到处）

4. "一概"、"一律"和"统统"的用法比较说明

都表示全部、没有例外，所包括的成分应是复数，用在"一概"、"一律"、"统统"的前面，后面都不能使用单音节词。

例：这些事我一概不清楚。（一律、统统）
　　有益的建议我们一概接受。（一律、统统）
　　漂亮的衣服女孩子一概喜欢。（一律、统统）
　　*这件事我一概不清楚。（*一律、*统统）
　　*我一概不清楚这些事。（*一律、*统统）
　　*小食品孩子们一概吃。（*一律、*统统）
　　小食品孩子们一概喜欢吃。（一律、统统）

一概	一律	统统
A. 只能用于概括物，不能用于概括人。 例：球票过期一概作废。 　　*行人一概右侧通行。 　　*没有票的一概不得入内。 B. 不能用于"把"字句中。 例：*他把以前的材料一概扔掉了。 　　*我今天得把作业一概做完。	A. 既用于概括人，又可用于概括物。 例：球票过期一律作废。 　　行人一律右侧通行。 　　没有票的一律不得入内。 B. 不能用于"把"字句中。 例：*他把以前的材料一律扔掉了。 　　*我今天得把作业一律做完。	A. 既用于概括人，又可用于概括物。 例：球票过期统统作废。 　　行人统统右侧通行。 　　没有票的统统不得入内。 B. 可用于"把"字句中。 例：他把以前的材料统统扔掉了。 　　我今天得把作业统统做完。

分项测试（5）

将所给的词语填到适当的位置上

1. 生于香港的 A 他 B 从小 C 随父母 D 游遍了世界各地。（就）
2. 他待人很热情，只要你去他们家，A 他马上 B 会 C 给你 D 拿出一大堆东西招待你。（就）
3. A 两国领导人 B 主要 C 加强两国民间交流问题 D 举行了会谈。（就）
4. 你的成绩再 A 比现在高出 B 十分，C 能考上 D 你理想的学校了。（就）
5. 当时 A 别人 B 都不在场，C 他 D 在场，所以有些事情你还得去问他。（就）
6. 我 A 弄好了，B 你别 C 一遍一遍地 D 唠叨了，受得了受不了啊！（就）
7. 他肯定 A 会来的，B 可能是路上塞车吧，我们 C 再等 D 一会儿吧！（就）
8. A 这件事 B 你 C 我知道，D 千万别走漏风声。（就）
9. 据说 A 在这里学习一年，B 可以 C 直接 D 进入大学二年级学习。（便）
10. 他明明 A 知道我 B 在外边等他，可是还是磨磨蹭蹭 C 半天 D 出来。（才）
11. A 有些话 B 你 C 我说一说，D 不要泄露出去。（就）
12. 飞机 A 10 点 B 起飞，我们 C 现在不走 D 来不及了。（就）
13. 他 A 花了好几个月 B 时间 C 把毕业论文 D 写完。（才）
14. 老师 A 到下课时 B 通知大家明天 C 考试，D 弄得大家毫无准备。（才）
15. 他 A 离家 B 20 多年，最近 C 第一次 D 回到自己的家乡。（才）
16. 你明明 A 知道今天 B 会有客人来，还一直 C 睡到这个时候 D 起床。（才）
17. 他 A 是见你实在太累了，B 让你 C 多睡一会儿，D 不忍心叫醒你的。（才）
18. 我 A 问了 B 半天，他 C 说出自己 D 来此的真正目的。（才）
19. 他 A 身高 B 一米八，我 C 身高 D 一米六。（才）
20. 他平时工作很忙，A 三年 B 回 C 一次 D 家乡。（才）

21. A 在场的人 B 全 C 吃惊地 D 望着她，她的脸一下涨得通红。（都）
22. A 深夜一点了，B 妹妹 C 还没回来，我 D 怪担心的。（都）
23. 他 A 是个好奇心 B 很重的人，C 对于任何事情 D 很感兴趣。（都）
24. 真倒霉，书包 A 忘在出租车上了，B 把什么 C 东西 D 丢了。（都）
25. 你怎么做事 A 这么不小心呢？B 把什么 C 东西 D 丢了？（都）
26. 我 A 跟他的想法 B 不 C 一样，我 D 同意他的部分观点。（都）
27. 我 A 跟他的想法 B 不 C 一样，我 D 根本就不同意他的观点。（都）
28. 他走过来关切地问：A 你 B 哪儿 C 不舒服 D？（都）
29. 我就是不喜欢这个人，A 看到他 B 我就 C 哪儿 D 不舒服。（都）
30. A 出了这样的事情，B 也 C 不 D 是他一个人的责任。（都）

五、程度副词

1. 基本概念：表示程度，一般修饰性质形容词或心理活动的动词，一般不能修饰普通动词、状态形容词、形容词重叠形式或非谓形容词。

例：非常好　特别满意　很合适　　相当高（性质形容词）
　　真喜欢　十分信任　非常感谢　很怀念（心理活动的动词）
　　*十分说明问题　　*非常符合实际　　*很适应环境（普通动词）
　　*很雪白　　*太通红　　*真冰凉　　*非常笔直（状态形容词）
　　*真痛痛快快　*很冷冰冰　*比较红红　*特别笔直笔直（形容词重叠形式）
　　*很必然　　*太通常　　*真良性　　*非常初级（非谓形容词）

2. 常用程度副词辨析：

(1)"非常"和"十分"的用法比较说明

都表示程度很高，修饰一般性质形容词或心理活动的动词。

说明 \ 词	非常	十分
异同点	A. 表示程度极高。 例：我非常喜欢这里的环境。 　　昨晚的比赛非常精彩。 B. 可以以 ABAB 形式出现。 例：今天的天气非常非常好。 　　我非常非常喜欢这里。 C. 前面不可使用否定副词"不"。 例：*今天的气温不非常高。 　　*我对这里不非常满意。 D. 后面可用"地"或"之"。 例：今天的天气非常地好。 　　这里的情况非常之复杂。	A. 表示程度高。 例：我十分喜欢这里的环境。 　　昨晚的比赛十分精彩。 B. 不能以 ABAB 形式出现。 例：*今天的天气十分十分好。 　　*我十分十分喜欢这里。 C. 前面可以使用否定副词"不"，表示程度不高。 例：今天的气温不十分高。 　　我对这里不十分满意。 D. 后面不能使用"地"或"之"。 例：*今天的天气十分地好。 　　*这里的情况十分之复杂。

(2)"太"和"很"的用法比较说明

都表示程度高，修饰一般性质形容词、心理活动的动词或少数能愿动词。

词\说明	太	很
异同点	A. 表示程度高，含有过头的意思或用于赞叹。 例：车开得太快了！ 　　你太信任他了。 　　这里的景色太美了！ 　　昨晚的比赛太精彩了！ 　　他不愧是个名律师，太能说了！	A. 表示程度高。 例：他怕迟到，车开得很快。 　　他是我多年的朋友，我很信任他。 　　那里的景色很美，你不妨去看看。 　　昨晚的比赛很精彩，你没看太遗憾了！ 　　他很能说，一说起来就没完没了。
	B. 多具有主观评价性。 例：文章写得太简单了！ 　　这个菜太难吃了！ 　　北方的冬天太冷了！ 　　我已经吃得太多了，不能再吃了。	B. 多侧重于客观叙述。 例：文章写得很简单，但意思表达清楚了。 　　这种人很难对付。 　　北方的冬天很冷。 　　我已经吃了很多，不吃了。
	C. 句末常带"了"。 例：这座山太高了！ 　　今天玩得太高兴了！ 　　这个人太讨厌了！ 　　这部电影太有意思了！	C. 句末不带"了"。 例：*这座山很高了！ 　　*今天玩得很高兴了！ 　　*这个人很讨厌了！ 　　*这部电影很有意思了！
	D. 可构成"太+不+动词/形容词"或"不+太+动词/形容词"用于加强否定程度或减弱否定程度。 例：这个菜的味道太不好了。 　　这个沙发太不舒服了。 　　这个菜的味道不太好。 　　这个沙发不太舒服。	D. 可构成"很+不+动词/形容词"或"不+很+动词/形容词"用于加强否定程度或减弱否定程度。 例：这个菜的味道很不好。 　　这个沙发很不舒服。 　　这个菜的味道不很好。 　　这个沙发不很舒服。

(3) "更"和"更加"的用法比较说明

都可以表示程度增高，用于比较。

词\说明	更	更加
异同点	A. 表示程度增高，用于比较。 例：今天比昨天更热。 　　他比你更喜欢运动。 B. 可修饰单音节、双音节动词或形容词。 例：今天的气温更高了。 　　运动是为了更好地投入工作。 　　得奖后，他更喜欢写作了。 　　看到礼物，孩子们更高兴了。 C. 可用于比较句或表示递进关系的句子。 例：经历了诸多变故，他比以前更成熟了。 　　我欣赏他的经历，欣赏他豪爽的性格，更欣赏他不屈的精神。	A. 表示程度增高，用于比较。 例：南方比北方更加潮湿。 　　他比你更加喜欢运动。 B. 只修饰双音节动词或形容词。 例：*今天的气温更加高了。 　　*运动是为了更加好地投入工作。 　　得奖后，他更加喜欢写作了。 　　看到礼物，孩子们更加高兴了。 C. 只用于比较句，一般不用于表示递进关系的句子。 例：经历了诸多变故，他比以前更加成熟了。 　　*我欣赏他的经历，欣赏他豪爽的性格，更加欣赏他不屈的精神。

(4) "还" 和 "更" 的用法比较说明
都可以表示程度增高, 用于比较句中表示比较。

说明 \ 词	还	更
异同点	A. 用于比较句,表示比较。 例：今天比昨天还热。 　　儿子比父亲还高。 B. 句末可用"呢"。 例：今天比昨天还热呢。 　　儿子比父亲还高呢。 C. 用于比拟句,起描写或衬托作用。 例：这孩子真可爱,小脸比苹果还圆。 　　他的腰可够粗的,比那信筒还粗。	A. 用于比较句,表示比较。 例：今天比昨天更热。 　　儿子比父亲更高。 B. 句末不用"呢"。 例：＊今天比昨天更热呢。 　　＊儿子比父亲更高呢。 C. 不能用于比拟句中。 例：＊这孩子真可爱,小脸比苹果更圆。 　　＊他的腰可够粗的,比那信筒更粗。

(5) "越来越" 和 "越 A 越 B" 的用法比较说明
都表示程度增高。

说明 \ 词	越来越	越 A 越 B
异同点	A. 表示事物随着时间变化而变化。 例：爷爷的脾气越来越暴躁了。 　　他越来越喜欢运动了。 B. 句末常带表示变化的"了"。 例：他说得越来越快了。 　　考试越来越难了。 C. 只能用于主语相同的句子中。 例：天气越来越热了。 　　孩子越来越胖了。	A. 表示程度 B 随着 A 的变化而变化。 例：人年龄越大越成熟。 　　比赛越看越精彩。 B. 句末一般不加"了"。 例：＊他越说越快了。 　　＊考试越考越难了。 C. 可用于主语相同或主语不同的句子中。 例：水平当然越高越好。 　　我越解释他越生气。

3. 程度副词常用固定用法
(1) 真……啊：表示程度高, 带有一定的感情色彩。"真+形容词"不能作定语。
例：这里的景色真美啊！
　　这件衣服真漂亮啊！
　　＊他是个真热心的人。
　　＊他有一双真大的眼睛。
(2) 可……了（啦/呢）：表示程度高, 有"确实"的意思。
例：他的汉字写得可好了！
　　那里的环境可美呢！
　　那座山可高了！
　　孩子们可喜欢这里了！
(3) 多么（多）……啊：表示程度很高, 用于感叹句中, 不能用于陈述句中。
例：现在的孩子多么幸福啊！

这里的景色多美啊!
＊即使遇到多大的事情,他也没放弃过。
＊他希望自己能有个多幸福的家。

(4) 怪……的:表示程度很高,感情色彩比较浓,一般修饰心理状态的动词或形容词。

例:这么麻烦他,我怪不好意思的。
分开这么久,我怪想念他的。
这孩子长得怪可爱的。
自己做饭怪麻烦的。
＊他帮了我大忙,我怪感谢他的。
＊我怪希望他来的。

(5) 挺……(的):表示程度高,比"很"所表示的程度低。

例:他帮了我大忙,我挺感谢他的。
他的水平挺高的。
我挺喜欢这里的环境。
这个人挺坏,最好少来往。
吃了药后,胃挺不舒服的。
这里的交通挺不方便的。

(6) 稍稍(稍微)＋动词/形容词＋一点儿/一些/一下:表示数量不多、程度不深、时间不长。"稍微"修饰形容词时,形容词后有"了",一般表示不满意,没有"了"多用于比较句中。

例:你稍稍吃一点儿吧。
你得稍稍休息一下了。
他的病稍微好一些。
今天比昨天稍微冷一点儿。
他比我稍微高一点儿。
这件衣服稍微肥了一点儿。
这个菜做得稍微咸了一点儿。

(7) 稍稍(稍微)＋有点儿＋动词/形容词:表示不满意或不如意,与"稍稍(稍微)＋形容词＋了＋一点儿"用法相同,可以互换。

例:这件衣服稍微有点儿肥。
这个菜做得稍微有点儿咸。
今天稍稍有点儿冷。
这里的东西稍微有点儿贵。

(8) 稍(微)＋不＋动词/形容词:表示程度不深,动词一般为"注意"、"留神"、"小心"等少数动词。

例:汉语的虚词稍不注意就会弄错。
汉字稍不留神就会写错。
路很滑,稍不小心就会摔倒。

分项测试 (6)

一、将所给的词语填到适当的位置上

1. A 随着人们生活水平的 B 提高，C 人们 D 重视生活质量了。(越来越)
2. 个性的 A 清高与孤傲，B 使他 C 难以融入他那个平民家庭，更 D 看不惯身边那些"俗人"。(越来越)
3. 不知从什么时候 A 开始，B 我发现我与他的性格 C 差异 D 大，已难以对话了。(越来越)
4. 只要有空儿，他 A 喜欢 B 和年长的人 C 接触，以 D 了解他们那代人的生活，利于文学创作。(比较)
5. 穿上 A 新衣服，他显得 B 漂亮 C 精神 D 了。(更加)
6. A 即便是 B 有天大 C 的事也 D 此。(莫过于)
7. 这所学校 A 太 B 正规了，校内设备也 C 过于 D 简陋，连基本的电化教学设备都没有。(不)
8. 你 A 把屋子 B 收拾 C 一下儿，免得一会儿客人来了，让人 D 笑话。(稍微)
9. 公司章程上 A 写得 B 明白：贪污公款者一律 C 严惩，并追究 D 刑事责任。(非常)
10. 这孩子 A 别看不大，B 汉字 C 写得 D 漂亮了。(可)

二、判断选择

1. 我觉得这次考试出的题已超出大纲的范围，对初级班的同学（　　）。
   A. 难了一点儿　　B. 难一点儿　　C. 难一点儿了　　D. 一点儿难了
2. 他这个人（　　）不简单，没花多少钱就弄了辆车。
   A. 很　　B. 多么　　C. 怪　　D. 够
3. 我今天身体（　　）不舒服的，不能陪你们去爬山了。
   A. 太　　B. 很　　C. 更　　D. 怪
4. 他（　　）乐观了，总觉得一切都毫无希望，你得开导开导他。
   A. 太不　　B. 不太　　C. 很不　　D. 不很
5. 我不解释还好点儿，这一解释，糟了！他（　　）生气了。
   A. 非常　　B. 还　　C. 更　　D. 太
6. 那段学生时代的时光真让人怀念，（　　）美好啊！
   A. 特别　　B. 非常　　C. 多么　　D. 很
7. 这阵子他又要工作，又要照顾孩子，还得搞自己的创作，真（　　）忙的。
   A. 太　　B. 够　　C. 很　　D. 特
8. 去寄宿学校读书以后，孩子的性格比以前开朗（　　）。
   A. 极了　　B. 多了　　C. 得多　　D. 得多了
9. 孩子一天天长大，（　　）活泼可爱了。
   A. 越发　　B. 越来　　C. 越是　　D. 越

10. 听大夫说，他的病不要紧，休息一阵儿就好了，大家才（　　）轻松了一些。
    A. 格外　　　　B. 更加　　　　C. 稍稍　　　　D. 非常
11. 这件衣服无论是款式还是颜色，我穿着都（　　），还是不买的好。
    A. 比较不合适　B. 不比较合适　C. 不非常合适　D. 不十分合适
12. 从他的言谈举止一看便知，他是个做事（　　）果断的人。
    A. 真　　　　　B. 最　　　　　C. 很　　　　　D. 更
13. 全国大城市几乎都走遍了，我还是（　　）喜欢北京。
    A. 更加　　　　B. 最　　　　　C. 很　　　　　D. 非常
14. 这件衣服如果再瘦一点儿会（　　）好看。
    A. 很　　　　　B. 太　　　　　C. 更　　　　　D. 有点儿
15. 这道题并不是很难，你稍微（　　），就可以想明白。
    A. 想了一下　　B. 想一下　　　C. 想一点儿　　D. 一点儿想

实 力 测 试

一、判断选择

1. 哪怕天气（　　）不好，我也要去看他。
    A. 很　　　　　B. 太　　　　　C. 再　　　　　D. 非常
2. 他特别喜欢这部电影，昨天（　　）看了一遍。
    A. 再　　　　　B. 也　　　　　C. 又　　　　　D. 还
3. 他有点儿不讲道理，明明他撞了人家，（　　）说人家没有躲开。
    A. 还　　　　　B. 再　　　　　C. 又　　　　　D. 在
4. 起初他没听懂我的话，后来（　　）反应过来，回答了我的问题。
    A. 才　　　　　B. 就　　　　　C. 刚　　　　　D. 刚才
5. 你一会儿（　　）来吧，老先生刚吃过药，得稍稍休息一下儿。
    A. 又　　　　　B. 再　　　　　C. 仍　　　　　D. 还
6. 你只有横下一条心下苦功夫，（　　）能学好，没有别的捷径可寻。
    A. 就　　　　　B. 才　　　　　C. 也　　　　　D. 还
7. 从上海到北京的特快列车怎么（　　）得十几个小时。
    A. 也　　　　　B. 将　　　　　C. 没　　　　　D. 更
8. 这次考得不太理想，明年我想（　　）考一次。
    A. 还　　　　　B. 又　　　　　C. 也　　　　　D. 再
9. 口语虽然大有长进，但要想做到自由与人交谈（　　）需要努力。
    A. 还　　　　　B. 再　　　　　C. 才　　　　　D. 都
10. 繁忙的都市生活使人们聚少离多，真是相见时难别（　　）难呀！
    A. 再　　　　　B. 又　　　　　C. 亦　　　　　D. 还
11. 春节将至，我终于（　　）可以回到一别十载的故乡与家人团聚了，不禁颇有感触。
    A. 再　　　　　B. 还　　　　　C. 又　　　　　D. 就

12. 我人穷志不短，哪怕（　　）穷，别人的东西我也不会拿。
　　A. 还　　　　　B. 再　　　　　C. 更　　　　　D. 多
13. 他说了好几遍，我（　　）听懂。
　　A. 就　　　　　B. 才　　　　　C. 还　　　　　D. 再
14. 同学们有的看书，有的听录音，（　　）有一个闲着。
　　A. 不　　　　　B. 没　　　　　C. 非　　　　　D. 无
15. 大家（　　）随便聊聊，一会儿我们再讨论。
　　A. 先　　　　　B. 首先　　　　C. 开始　　　　D. 刚
16. 我（　　）叮嘱，但他还是只当耳旁风，你让我怎么办？
　　A. 一向　　　　B. 再三　　　　C. 经常　　　　D. 往往
17. 有件事一直想告诉你，（　　）怕你听了不高兴。
　　A. 又　　　　　B. 只　　　　　C. 还　　　　　D. 也
18. 这儿的人真多，咱们去（　　）一家好吗？
　　A. 又　　　　　B. 再　　　　　C. 还　　　　　D. 另
19. 亏你（　　）是大学生呢，这么点儿问题都处理不好。
　　A. 才　　　　　B. 还　　　　　C. 就　　　　　D. 再
20. 我还是不太明白，你能（　　）给我讲一遍吗？
　　A. 还　　　　　B. 再　　　　　C. 也　　　　　D. 又
21. 我等了整整一个小时，火车（　　）进站。
　　A. 就　　　　　B. 已经　　　　C. 才　　　　　D. 还
22. 我只等了十几分钟，火车（　　）进站了。
　　A. 就　　　　　B. 已经　　　　C. 才　　　　　D. 还
23. 你来得正好，他（　　）从学校回来。
　　A. 就　　　　　B. 才　　　　　C. 马上　　　　D. 立刻
24. 公司的负责人没找到，我下午得（　　）去一趟。
　　A. 还　　　　　B. 再　　　　　C. 又　　　　　D. 也
25. 暑假快结束了，我（　　）得离开家了。
　　A. 又　　　　　B. 还　　　　　C. 再　　　　　D. 也
26. 体检结果出来后，你应该（　　）给妈妈打个电话，免得妈妈担心。
　　A. 顿时　　　　B. 立刻　　　　C. 立即　　　　D. 马上．
27. 你到哪里去了，我（　　）找你。
　　A. 处处　　　　B. 到处　　　　C. 各地　　　　D. 随处
28. 没有票的（　　）不能入内。
　　A. 一概　　　　B. 一律　　　　C. 一道　　　　D. 一起
29. 把你知道的情况（　　）说出来，争取宽大处理。
　　A. 一概　　　　B. 一律　　　　C. 统统　　　　D. 一起
30. 你们班的同学中谁口语（　　）好？
　　A. 更　　　　　B. 最　　　　　C. 还　　　　　D. 非常

二、改错

1. 这个假期就没见你的影儿,听说你去旅行了,收获一定不少吧,哪儿你都去了?
   　　A　　　　　　　　　B　　　　　C　　　　　　D

2. 他是个酷爱运动的人,无论春夏秋冬,他每天早起锻炼,所以身体一直很好。
   　　A　　　　　　B　　　　　　C　　　　　　D

3. 这是公司的绝密,你怎么能透露出去呢?你说,你对谁都说了这件事?
   　　A　　　　　B　　　　　　C　　　　D

4. 人是一种社会动物,当然每个人不可能知道未来的事情,但是,每个人都知道现在所做的
   　A　　　　　　　　B　　　　　　　　　　　　　　C
   任何事情,都是为了到将来的时候他们的生活会更变好了。
   　　　　　　　　　D

5. 在我的韩国朋友当中,一部分的朋友已经找到了工作,但是几个朋友还没有找到称心的工作,
   　　A　　　　　　B　　　　　　　　　　　　C
   他们是有点儿简单想法的人。
   　　　D

6. 他经过一段的休整后,以更加崭新的面貌出现在观众面前,使观众看到一个成熟清新
   　　A　　　　　　　B　　　　　　　　　　　　　C
   的他,给人一种焕然一新的感觉。
   　D

7. 对我们公司来说,你可是难得的人才啊,只要你愿意,我们都随时欢迎你来我们公司
   　　A　　　　　　B　　　C　　　　　　　D
   工作。

8. 他的病已经很危险了,绝对不能再耽误下去了,不再去医院,恐怕就没救了。
   　　A　　　　　　　　B　　　　　　C　　D

9. 我跟他曾经在一起共过事,只是一般的同事关系,我一概不知道他的事情,所以他的
   　　A　　　　　　　B　　　　　　　　C
   事情你别来问我。
   　D

10. 他不看中这些比赛的胜败,更看中从比赛失败中所得到的教训,以及队员们在比赛中
    　　A　　　　　　　　B　　　　　　　　　　　　　C
    所经受的心理考验,借以增加球队的整体实力及凝聚力。
    　　　　　　　D

11. 两年的留学生活丰富多彩, 糖葫芦的故事只不过是我的留学生活中的一个小插曲,
    　　A　　　　　　　　　　　　B
    因为除了糖葫芦故事以外,我还有太多好玩的东西了!
    　　　C　　　　　　　D

12. 随着人们生活水平的提高,父母对孩子的教育投入也相应提高,现在的孩子们从三四岁开
    　　A　　　　　　　　　　B
    始就学习英语,六岁就上小学等,这种事情已成为屡见不鲜的事儿了。
    　　　　　　　　　C　　　　　　　　　D

13. 我奶奶今年八十多岁了,我妈妈在一个保险公司工作,所以我从小一直奶奶照顾我,
    　　A　　　　　　B　　　　　　　　　　C
    对我来说,奶奶比父母更重要。
    　　　D

14. <u>以前</u>，按照中国传统的风俗习惯，<u>红色代表着吉祥喜庆</u>，<u>所以结婚的时候新人一概</u>
    　A　　　　　　　B　　　　　　　　　C　　　　　　　　D
    穿红色的衣服。

15. <u>这件事关系重大</u>，<u>涉及到一些法律问题</u>，<u>我奉劝你</u>，你最好把知道的事情<u>一概</u>说出来。
    　　A　　　　　　　　B　　　　　C　　　　　　　　　　　D

16. <u>只有毫无畏惧、勇往直前</u>，<u>永不放弃人生责任的人</u>，才会在自己的生命里有很大的<u>进</u>
    　　　A　　　　　　　　　　B　　　　　　　　　　C
    <u>展</u>，通过失败走上很高的地位。
    D

17. <u>人是善于怀旧的</u>，<u>我们花费了真多的精力去缅怀过去</u>，沉浸于往日的种种，<u>经常沉迷</u>
    　　A　　　　　　　　　B　　　　　　　　　　　　　　　　　　　　　　C
    <u>于过去的事物只能使我们的心智变得更迟钝</u>。
    　　　　　　D

18. 无论何时何地你都要保持<u>自我清醒的认识</u>，<u>不要被任何人所控制</u>，<u>不管他们的意图是</u>
    　　　　　　　　　A　　　　　　　　B　　　　　　　　　　C
    很善良，<u>你必须保有你自己的独立自主意识</u>。
    　　　　　　　　D

19. <u>暂时性的挫折是一种幸福</u>，<u>它会使我们振作起来</u>，<u>调整我们的努力方向</u>，<u>使我们向着</u>
    　　A　　　　　　　　　　B　　　　　　　　　C　　　　　　　　D
    不同的但多么美好的方向前进。

20. <u>高科技是一把双刃剑既能助人也能杀人</u>，关键是我们怎样利用它，<u>既然我们不可排斥</u>
    　　　　　　A　　　　　　　　　　　　　　　　　　　B
    <u>它</u>，应该就<u>取长补短</u>，让它为人类发挥良好的作用。
    C　　　　　D

21. <u>这个方案你不必拿去给他看了</u>，<u>我太了解他的个性</u>，<u>他极其不喜欢你这样做</u>，<u>当然也</u>
    　　　　A　　　　　　　　　　　B　　　　　　　C　　　　　　　D
    绝对不会同意的。

22. <u>你穿上这件深色的衣服</u>，<u>显得更加黑了</u>，<u>还是换一件吧</u>！<u>我看那件挺适合你的</u>。
    　　　A　　　　　　　　　B　　　　　C　　　　　　D

23. <u>昆明湖真是太美了</u>，<u>特别湖里的荷花多让人陶醉啊</u>！<u>坐在湖边</u>，<u>一切烦恼与不快都化</u>
    　　A　　　　　　　　B　　　　　　　C　　　　　D
    为乌有。

24. <u>抱歉</u>，<u>我来晚了</u>，<u>今天路上不太顺利了</u>，<u>车堵得厉害</u>。
    A　　　B　　　　　C　　　　　　　D

25. 以前，几乎所有的用人单位招聘人员时<u>颇重视应聘者的学历</u>，名牌大学的文凭就能保
    　　　　　　　　　　　　　　　　　A
    证他拥有灿烂的未来，而今，越来越多的用人单位<u>不管他毕业于哪所名牌大学而凭他</u>
    　　　C　　　　　　　　　　　　　　　　　　　　　　　　D
    <u>的实际能力录用他</u>。

26. 听到这个喜讯，全家人很兴奋，都特别睡得晚，而我则兴奋得一夜未睡。
    　　A　　　　　B　　　　　　C　　　　　　　D

27. 父母含辛茹苦把我们养大，看到我们学习中一点一滴的进步，父母都格外高兴，这
    　　　A　　　　　　　　　　　　　B　　　　　　　　　　　C
    一切都离不开父母的辛勤培养。
    　　　D

28. 我人生中最快乐的阶段是在这里度过的，我留恋这里的一山一景，也留恋这里的一
    　　　　　A　　　　　　　　　　　　　B　　　　　　　　　C
    草一木，更加留恋这里的一人一物。
    　　　　D

29. 现在在我们的周围随处可以看到很多家长强迫孩子做些事情，然后他们不听话，就
    　　　　　　　　A　　　　　　　　　　　　　　　　　　　　　B
    打他们，但我认为最佳的教育方法不是这样，而是让他们在生活中慢慢养成良好的
    　　　　　C　　　　　　　　　　　　　　　　　　　D
    习惯，且根据他们的兴趣培养能力。

30. 对我来说，优美的音乐是最佳的叫醒方式，闹铃声也另外的一种有效的叫醒方式，
    　　　　　　A　　　　　　　　　　　　　　　B
    因为它能让我从美梦中惊醒，提醒我天天向上，不可懒惰。
    　　C　　　　　　　　　　　D

第三节　重点副词讲解

一、时间副词

1. "正"、"在"和"正在"的用法比较说明

都可修饰动词，表示动作正在进行或状态持续。

说明＼词	正	在	正在
异同点	A. 强调动作进行。 例：他正开会呢，你稍等。 　　他正学习呢，你别打扰他。 　　我看见他正向我走来。 B. 后面不能使用动词的单纯形式，常构成"正＋动词＋着……/呢/着呢"形式或动词后带有趋向动词。	A. 强调状态持续。 例：他在开会，你稍等。 　　他在学习，你别打扰他。 　　宇宙在运动，时代在发展。 B. 后面可以使用动词的单纯形式。	A. 既强调动作进行又强调状态持续。 例：他正在开会，你稍等。 　　他正在学习，你别打扰他。 　　他正在准备毕业论文。 B. 后面可以使用动词的单纯形式。

续表

说明＼词	正	在	正在
异同点	例：＊他正学习，你别打扰他。 ＊他正开会，你稍等。 那本书我正看着呢，看完还你。 我看见他正向我走来。 C. 后面可跟介词"从"。 例：我走进房间时，见他正从床上坐起。 太阳正从地平线上升起。 他正从各个方面了解学校的情况。 D. 不能表示动作反复进行或状态持续。 例：＊他又正唠叨什么呢？ ＊他一直正等你呢。 ＊每天清晨，他都正跑步。	例：他在学习，你别打扰他。 他在开会，你稍等。 那本书我在看着呢，看完还你。 我看见他在向我走来。 C. 后面不能跟介词"从"。 例：＊我走进房间时，见他在从床上坐起。 ＊太阳在从地平线上升起。 ＊他在从各个方面了解学校的情况。 D. 可以表示动作反复进行或状态持续。 例：他又在唠叨什么呢？ 他一直在等你呢。 每天清晨，他都在跑步。	例：他正在学习，你别打扰他。 他正在开会，你稍等。 那本书我正在看着呢，看完还你。 我看见他正在向我走来。 C. 后面可以跟介词"从"，口语较少使用。 例：我走进房间时，见他正在从床上坐起。 太阳正在从地平线上升起。 他正在从各个方面了解学校的情况。 D. 不能表示动作反复进行或状态持续。 例：＊他又正在唠叨什么呢？ ＊他一直正在等你呢。 ＊每天清晨，他都正在跑步。

注意：
（1）表示动作正在进行或状态持续，动词后不能使用时量词。
例：＊电话正响着半天了，他也不接。
＊你等着我一会儿，我这就走。
（2）表示动作正在进行或状态持续，动词后不能使用动量词。
例：＊我正给他打着三次电话。
＊他学着三遍这本书了。

2．"已经"和"曾经"的用法比较说明

都是表示时间的副词，修饰动词或形容词，作状语。表示在过去某时间里发生过的动作行为或状态。

说明＼词	已经	曾经
释义	表示的动作或变化在说话时可以继续存在。 例：他已经来了。 我已经学了一年汉语了。 天已经黑了。 他的病已经好了。	表示的动作或变化在说话时不再存在。 例：我以前曾经见过他。 我曾经学过一年汉语。 他曾经告诉过我这件事。 他曾经来过中国。

续表

说明＼词	已经	曾经
常见结构	常构成"已经+动词/形容词……了/过"形式。 例：这本书我已经看过了。 　　他已经在中国住了两年了。 　　为了婚事，他已经忙了一个月了。 　　他们的关系已经好了一阵了，现在很幸福。	常构成"曾经+动词/形容词……过/了"形式。 例：这本书我曾经看过。 　　他曾经在中国住过两年。 　　为了婚事，他曾经忙了一个月。 　　他们的关系曾经好过一阵，后来还是离了。
否定形式	常构成"（还）+没+动词"或"已经+不"形式。 例：这本书我还没看过呢。 　　他还没去过上海呢。 　　他已经不在这里住了。 　　他已经不学汉语了。	常构成"（从来）+没+动词+过"、"不+曾"或"未曾"形式。 例：这本书我从来没看过。 　　他从来没去过上海。 　　他不曾在这里住过。 　　他未曾学过汉语。

注意：

(1) "曾经"、"已经"修饰心理活动的动词或形容词时，必须加上"了"或"过"。

例：她年轻时也曾漂亮过。
　　没有人知道她也曾经快乐过。
　　他已经够难过的了，你就别再说了。
　　路边的小树已经绿了，春天来了。

(2) "曾经"后面有表示时段的词语时，所修饰的动词前可加"不"或"没"，句末不用"了"，而"已经"同样格式，句末要带"了"。

例：为了写论文，他曾经一周没出过门。
　　他曾经十几天不回家。
　　为了写论文，他已经一周没出门了。
　　他已经十几天不回家了。

3. "赶紧"、"赶快"、"赶忙"和"连忙"的用法比较说明

都有动作很快，不拖延的意思。

说明＼词	赶紧	赶快	赶忙	连忙
异同点	可用于祈使句、也可用于陈述句。 例：外边风大，赶紧进屋来。 　　赶紧走吧，不然赶不上车了。 　　听到有人敲门，我赶紧去开门。 　　孩子一回到家，就赶紧做作业。	只用于祈使句，不用于陈述句。 例：外边风大，赶快进屋来。 　　赶快走吧，不然赶不上车了。 　　*听到有人敲门，我赶快去开门。 　　*孩子一回到家，就赶快做作业。	只用于陈述句，不用于祈使句。 例：*外边风大，赶忙进屋来。 　　*赶忙走吧，不然赶不上车了。 　　听到有人敲门，我赶忙去开门。 　　看到有人进来，他赶忙站了起来。	只用于陈述句，不用于祈使句。 例：*外边风大，连忙进屋来。 　　*连忙走吧，不然赶不上车了。 　　听到有人敲门，我连忙去开门。 　　看到有人进来，他连忙站了起来。

分项测试（7）

一、将所给的词语填到适当的位置上

1. 我 A 走进房间时，看见他 B 懒洋洋地 C 似睡非睡地 D 躺在床上。（正）
2. 晚上，我 A 去医院 B 看望他时，他 C 靠 D 在床上写作呢。（正）
3. A 这一年来，B 他 C 做了 D 一千多例心导管病人。（已经）
4. 假期 A 转眼之间 B 过了 C 一半了，D 马上又要开学了。（已经）
5. 来到中国以后，他 A 独自 B 去西藏 C 旅行过 D 一次。（曾）
6. 我们 A 共事时，B 得罪过他 C 一次，多少年 D 过去了，他仍耿耿于怀。（曾）
7. 毕业后，A 我们 B 有五年 C 没有 D 见面了，不知道还能不能认出他。（已经）
8. A 他独创的这套理论 B 为 C 越来越多的人 D 所接受。（已经）
9. A 他来 B 中国 C 半年 D 多了，汉语却不见什么长进。（已经）
10. 由于 A 决策的失误，这件事 B 无挽回的余地了，公司 C 将为此 D 蒙受巨大损失。（已经）

二、判断选择

1. 我（　　）跟他打过什么交道，对他连了解都谈不上，更不用说知心了。
   A. 不曾经　　　　B. 没曾经　　　　C. 未曾经　　　　D. 未曾
2. 几年前（　　）和他见过一面，后来就一直没联系过。
   A. 曾　　　　　　B. 就　　　　　　C. 已　　　　　　D. 刚
3. 我是在一次聚会上与他相识的，（　　）他是一家集团公司的总裁。
   A. 按时　　　　　B. 此时　　　　　C. 届时　　　　　D. 当时
4. 只要好好想想，迟早会有解决的办法的，你（　　）着急。
   A. 不必　　　　　B. 未必　　　　　C. 必须　　　　　D. 无必
5. 他只是对工作认真负责罢了，（　　）存心跟你过不去。
   A. 不妨　　　　　B. 不必　　　　　C. 无非　　　　　D. 并非
6. 大学期间，他（　　）是学校的体育骨干。
   A. 往往　　　　　B. 一直　　　　　C. 常常　　　　　D. 成天
7. 夫妻之间的感情也是需要培养的，你对人家那样，他离开你也是（　　）的结果。
   A. 必需　　　　　B. 必然　　　　　C. 始终　　　　　D. 必要
8. 我（　　）有过一个知己朋友，后来他出国了。
   A. 已经　　　　　B. 曾经　　　　　C. 不曾　　　　　D. 未曾
9. 这只是我个人的想法，（　　）对，只供大家参考。
   A. 何必　　　　　B. 未必　　　　　C. 必须　　　　　D. 必定
10. 他躺在床上翻来覆去睡不着，心里（　　）有事。
    A. 必须　　　　　B. 必需　　　　　C. 必要　　　　　D. 必定
11. 你来也不打个招呼，谁知道你来得这么（　　），人家一点儿精神准备也没有。

A. 突然　　　　　　B. 忽然　　　　　　C. 急忙　　　　　　D. 匆匆
12. 这个问题一天不解决，我的心（　　）一天得不到安宁。
　　A. 才　　　　　　　B. 就　　　　　　　C. 还　　　　　　　D. 也
13. 本想派人去接你，没想到您老（　　）先来了。
　　A. 也　　　　　　　B. 倒　　　　　　　C. 才　　　　　　　D. 就
14. 上大学时他（　　）在北京住过好几年，对这里是很熟悉的。
　　A. 已经　　　　　　B. 曾经　　　　　　C. 马上　　　　　　D. 还
15. 买房你可要慎重，多看几家，（　　）别上当啊。
　　A. 无论　　　　　　B. 必须　　　　　　C. 肯定　　　　　　D. 千万
16. 毕业后，大家都各忙各的，（　　）见过面。
　　A. 不曾经　　　　　B. 未曾经　　　　　C. 没曾　　　　　　D. 不曾
17. 我（　　）没去过他的新房呢，有时间得去看看。
　　A. 曾经　　　　　　B. 已经　　　　　　C. 还　　　　　　　D. 从来
18. 他说他（　　）在那家公司工作了，去了一家新公司。
　　A. 已经不　　　　　B. 不已经　　　　　C. 不曾　　　　　　D. 未曾
19. 我（　　）听过这位老师的语法课，只听过他讲的写作课。
　　A. 不曾经　　　　　B. 未曾经　　　　　C. 从来不　　　　　D. 从未
20. 我已经去（　　）很多次颐和园了，今天就不跟你们去了。
　　A. 了　　　　　　　B. 过　　　　　　　C. 的　　　　　　　D. 来着

三、改错

1. 我在这儿曾经三天等了他，你还让我等，以为我是个整天无所事事的闲人？我可不
　　　　　　　A　　　　　　　　B　　　　　　　　　　　　　　　C
　想再等了。
　　　D

2. 他文章写得是不错，就是考虑的时间太长了，你瞧，整整十分钟过去了，他还是正
　　　　　　　　　　A　　　　　　　　B　　　　　　　　　　　　　　　C
　在给文章立意，不知从何写起。
　　　　　　D

3. 在日本的姑姑突遇交通事故，她临时决定回国，我匆匆赶到她家时，见她拿着行李
　　　　A　　　　　　　　　　　B　　　　　　　　　C
　一脸的泪水在急冲冲地从房间里出来。
　　　　　　　　D

4. 最近，他都正在公司里忙着搞他的建筑设计，好久都没回家了，更不用说跟朋友聚
　　　　A　　B　　　　　　　　　　　　　　　　C　　　　　　　　D
　一聚了。

5. 他昨天又熬了个通宵，以为他得多睡会儿呢。我正当准备去上班时，没想到他起来了。
　　　　A　　　　　　　　B　　　　　　　　　C　　　　　　　　　　D

6. 你怎么又来晚了？在办公室里经理正在等你呢，等着瞧吧，看来又要挨训了。
　　　　A　　　　　　　　　B　　　　　　　　C　　　　　D

7. 这是我第一次来中国，在这儿之前，我不曾经离开过家乡，更不用说去国外留学了。
　　　　　　　A　　　　　　　　　B　　　　　C　　　　　　　　D

8. 我看到这个人觉得很面熟，好像已经在什么地方见过面，但又一时想不起来，叫不
　　　　　　　　A　　　　　　　　　B　　　　　　　　C
上他的名字来。
　　D

9. 你来得真巧，我也是刚才进门几分钟，你要是早来一会儿，还真的找不到我。
　　　A　　　　　　B　　　　　　　　　C　　　　　　　　D

10. 我们曾经因一些鸡毛蒜皮的小误会没有什么联系，今天找机会进行了一次长谈，终
　　　　　　　　　　A　　　　　　　　　　　　　　　　B
于冰释前嫌，和好如初了。
　　C　　　　D

11. 我去找他时，他正收拾行李，根本就没时间搭理我，看来是起床起晚了。
　　　　A　　　　　B　　　　　　　　C　　　　　　　　D

12. 我和她是大学同窗，我们已经在一起生活过五年，一起上课，一起吃饭，那段时光
　　　　　A　　　　　　　　　B　　　　　　　　　　　　　　　C
留下很多美好的回忆。
　　　D

13. 他曾经结婚一次，拥有一个美满而让人羡慕的家庭，而现在已经离婚，一个人孤零
　　　A　　　　　　　B　　　　　　　　　　　　　　C　　　　　　D
零地生活着。

14. 他大学刚毕业，还未找到一份理想稳定的工作，事业上还毫无成就，就立刻忙着结
　　　A　　　　　　　　B　　　　　　　　　　　C　　　　　　D
婚的事情。

15. 以前，曾经我在他身上投入了我毕生的情感，投入了一个女人毕生的希望，可我又
　　A　　B　　　　　　　　　　　　　　C
换来了什么呢？
　　D

16. 这本书我虽然在非常仔细地校对好几遍了，但还是觉得有些不妥之处，有的章节还
　　　　　　　A　　　　　　　　　　　　　B
需进一步完善，以做到科学、准确地论述每个语法点。
　　C　　　　　　D

17. 你来得正好，我正在要打电话找你呢，没想到你就来了，省得我再打电话了。
　　　A　　　　　　B　　　　　　　C　　　　　　　　D

18. 你放心吧，对于当时的情况，我们在从各个方面进行调查，绝不会冤枉一个好人，
　　　A　　　　B　　　　　　　　　　　　　　　　　　　C

也绝不会放过一个坏人。
                D

19. 昨天晚上，外边下了一晚上的雨，我也一直正在看电视，哪儿也没去成。
    A   B   C   D

20. 我已经很长时间没见过他了，最近，他正在准备毕业论文，到处查资料。
    A   B   C   D

二、肯定、否定副词

1. "必然"、"必定"和"必须"的用法比较说明

都有一定、肯定如此的意思。

说明＼词	必然	必定	必须
释义	表示说话人强调事物的客观规律，多用于论证说理。 例：人长期不运动，身体必然会越来越差。 课堂纪律不好，必然会影响学习。	表示说话人对事物的判断，强调主观的肯定。 例：我看今天必定下雨，你看这天儿阴的！ 告诉他这个消息，他必定很高兴！	表示一定得这样做，有非做不可的意思。 例：你明天必须来。 我必须努力了，要不赶不上进度了。
用法	也可作形容词，可作定语。 例：必然的结果 必然的趋势	只有副词用法，只作状语，不作定语。 例：*必定的结果 *必定的趋势	只有副词用法，只作状语，不作定语。 例：*必须的要求 *必须的物品
否定形式	没有否定形式 例：*创作必然不会离开生活。 *骄傲必然不会进步。	否定形式是"未必"，意思是不一定。 例：他说得未必对。 他未必不知道。	表示否定用"不必"或"无须"，有不需要，用不着的意思。 例：我办完事就回来，你不必担心。 我一个人就可以完成，无须帮忙。

2. "无须"、"不必"和"未必"的用法比较说明

"未必"的"未"，"不必"的"不"，"无须"的"无"都含有否定的意义，但是当组成"未必"、"不必"和"无须"时，意思却有所不同。

说明＼词	无须	不必	未必	何必
释义	是"必须"的否定形式，表示不需要，用不着。 **例**：你无须去得太早。 你无须担心。	是"必须"的否定形式，表示不需要，用不着。 **例**：你不必去得太早。 你不必担心。	是"必定"的否定形式，表示不一定。 **例**：他这个人未必可信。 他未必会来。	用反问语气表示不必。 **例**：又不是外人，你何必这么客气呢？ 开个玩笑，你何必当真呢？
异同点	A. 可用在动词前或主语前。 **例**：事情已经办妥了，你无须来了。 他的病情已经稳定了，你无须着急。 这件事我能行，无须你担心。 B. 后面只能接肯定形式，表示否定意义。 **例**：这件事与你无关，你无须知道。 他的病情已经稳定了，你无须担心。 ＊他的病情已经稳定，你无须不放心。 C. 一般不单独使用。 **例**：A. 还是找个人帮忙吧。 B. ＊无须了。	A. 一般只用在动词前，不能用在主语前。 **例**：事情已经办妥了，你不必来了。 他的病情已经稳定了，你不必着急。 ＊这件事我能行，不必你担心。 B. 后面只能接肯定形式，表示否定意义。 **例**：这件事与你无关，你不必知道。 他的病情已经稳定了，你不必担心。 ＊他的病情已经稳定，你不必不放心。 C. 可单独使用，句末多用表示变化意义的"了"。 **例**：A. 还是找个人帮忙吧。 B. 不必了。	A. 只用在动词前，不能用在主语前。 **例**：我看他未必会来。 他未必会同意这样做。 ＊未必他会同意这样做。 B. 后面可以接肯定形式，表示否定意义；也可以接否定形式，表示肯定意义。 **例**：他未必同意你这样做。（表示否定意义） 他未必不同意你这样做。（表示肯定意义） 你去试试吧，他未必肯帮忙。（表示否定意义） 你去试试吧，他未必不肯帮忙。（表示肯定意义） C. 可单独使用，句末多用表示不定语气的"吧"。 **例**：A. 他一定会帮忙的。 B. 未必吧。	A. 一般用在动词或形容词前，不能用在主语前，常与"这么"、"那么"或"呢"配合使用。 **例**：还早着呢，你何必这么着急呢？ 你何必跟自己过不去呢？ 又不是你的错，你何必自寻烦恼呢？ B. 用于反问句中。 **例**：又没说你，你何必生气呢？ 又没说你，你何必不高兴呢？ 今天能做的，何必要等到明天呢？ C. 可单独使用，多与"呢"配合使用。 **例**：跟自己过不去，何必呢？ 为这么点儿事气坏了身体，何必呢？

分项测试（8）

改错

1. 他是个说一不二的人，既然答应了你，就必然能做到，你不必担心。
   　　A　　　　　　　B　　　　　　C　　　　　D

2. 你想怎么做就怎么做，不必管别人有什么想法呢？别人的意见对你来说也只是个参
   　　　　A　　　　　B　　　　　　　　　　　C
   考而已，最后的主意还得你自己拿。
   　　　　　　D

3. 这么乏味的电影，他不必很有兴趣地看完。真是个忠实的观众，他的忍耐力也实在
   　　A　　　　　B　　　　　C　　　　　　　　　　　　　D
   不能不令人佩服！

4. 他不告诉我到底发生了什么事情，只是说"你何必知道"，弄得我丈二和尚摸不着头
   　　A　　　　　　　　　　　　　　　　B　　　　　　　C
   脑，不知哪儿得罪了他。
   　　　D

5. 这里环境又差，离单位又远，而且交通也不方便，你何必不住在这里呢？
   　　　A　　　　　B　　　　　　C　　　　　　　　D

6. 植物离开了人类仍然能生存，而我们人类离开了植物，却不能生存，等待我们的必
   　　A　　　　　　　　　　　B　　　　　　　　　C　　　　　　　　D
   定是死亡。

7. 我之所以选择中文系，最初是遵从父母的意愿，但是现在我已经不能脱离汉语的程
   　　A　　　　　　　　B　　　　　　　　　　　　　　　C
   度，我觉得最适合我的工作就是当一名翻译。
   　D

8. 即使他做错了，你也不该那样没鼻子没脸地骂他呀，总得给人家留一点儿面子吧，
   　　A　　　　　　B　　　　　　　　　　　　　　C
   更况且他根本没错呢？
   　　D

9. 你不必再说什么了，必需明天之前把稿件交上来，我不听什么理由，我要看结果！
   　　A　　　　　　B　　　　　　　　　　　C　　　　　　　　D

10. 你别看他嘴上说得跟抹了蜜似的，心里不必不真的对你好，他这个人我太了解了，
    　　A　　　　　　　　B　　　　　　　　　C
    当面一套背后一套。
    　　D

11. 身体不舒服，必定得去医院看看，健康可不是儿戏，马虎不得！
    　　A　　　　B　　　　　　　C　　　　　D

12. 留学生要想进入这所大学学习，必定得得到HSK七级以上的成绩，否则，即使考
    　　A　　　　　　　　B　　　　　　　　　　　C
    上了也只能先进入预科班学习一年。
    　D

13. 上这位老师的课得有个必须的条件，就是得听得懂他满口的方言，不然你只会一
    　　A　　　　　　　　　　　　　　　B　　　　　　　　　　　C

头雾水，不知先生所云。
　　　　　　　　D

14．你一味地迁就他，袒护他，他更加得寸进尺也是必定的，说到底，事情搞到今天这
　　　A　　　　　　　　　　B　　　　　　　　　　　　　　C
　　个地步，你也有不可推卸的责任。
　　　　　　D

15．这或许是老人在有生之年最后的一个心愿，我必定要满足他的心愿，带他回故乡看
　　　　　　A　　　　　　　　　　　　　　　　B　　　　　　　　　　C
　　一看，免得留下终身遗憾。
　　　　　D

16．众所周知，战胜自己是实际上最难的事情，小时候体会不到这句话的含义，长大后
　　　A　　　　　B　　　　　　　　　　　　　　C
　　才真正体会到这句话的含义。
　　　　　　D

17．我大学毕业后在一家公司工作，对汉语的向往和兴趣也越来越浓，这是很早以前已
　　　　A　　　　　　　　　　　　　B　　　　　　　　　　　　C
　　经就开始的，现在我终于有机会深入系统地学习汉语了。
　　　　D

18．睡觉时经常做梦的人也许拥有很多梦想，我也同意这种说法，因为梦境反映人的现
　　　　　　　A　　　　　　　　　　　B　　　　　　　　　C
　　状与梦想，我也睡觉时做各种各样的梦。
　　　　　　D

19．我是遵照父母的意愿开始学汉语的，可是现在我的想法有点儿变了，我越来越喜欢
　　　　　A　　　　　　　　　　　　B　　　　　　　　　　　　C
　　汉语，还想以后做个优秀的汉语老师呢！
　　　　　　D

20．很多年轻人毕业后不找工作，只在家里吃闲饭，当然经济方面完全只能依靠父母，
　　　　　A　　　　　　　　B　　　　　　　　　C
　　过着寄生虫的生活。
　　　　D

三、语气副词

1．"可"、"倒"和"偏偏（偏）"的用法比较说明
都可以表示强调，加强语气。
可
（1）用在陈述句、感叹句或祈使句中，表示强调，句尾常用语气助词"了"、"啦"、"啊"或"呢"。

　　A．强调所说的真实性，有"的确"的意思。

　　例：这个人我可不认识。
　　　　我可没干过这种事！

　　B．强调程度高，有"确实"的意思。

　　例：那里的风景可美了！
　　　　他买的新房子可大了！

　　C．强调希望的事情发生了，有"终于"的意思。

例：你可来了，我都急死了！
你回来了，这下妈妈可放心了！

D. 强调必须如此，有"无论如何"的意思。

例：你可不能骗人啊！
明天的聚会，你可得来呀！

(2) 用在反问句中，强调反问语气。

例：这种事，我可怎么开口呀！
都说好，可有谁见过呢？

倒

(1) 表示结果与正常情况相反，有"反而"的意思。

例：春天了，倒冷起来了。
没怎么吃药，病倒好了起来。

(2) 表示转折，有"却"的意思，后面多用表示积极意义的词语。

例：房间不大，倒挺干净。
话不中听，倒有些道理。

(3) 表示让步，后一分句常与"就是"、"只是"、"不过"、"可是"、"但是"等词语搭配。

例：我倒是知道，只是没法儿开口。
房间倒不错，就是小了点儿。

(4) 表示跟事实相反，用在"得"字句中，动词常用"说"、"看"、"想"等，形容词常用"容易"、"简单"、"轻松"等。

例：你说得倒简单，你做做看！
你想得倒容易，哪儿那么容易呀！

(5) 表示缓和语气。

例：我觉得他说得倒有些道理。
我倒是不反对你这样做。

(6) 表示追问或催促语气。

例：光哭有什么用，你倒说话呀！
你倒表个态呀！

偏（偏偏）

(1) 表示事实与主观愿望相反。

例：好不容易找到他家，他偏又不在家。
好容易有个休息日，公司偏又要加班。

(2) 表示主观上故意与他人的愿望相反。

例：他让我去，我偏不去！
他说我做不了，我偏要做给他看看！

(3) "偏偏"可表示范围，仅仅，单单，可用在主语前。"偏"没有这种用法。

例：大家都同意，偏偏他提出了不同意见。
　　　大家都同意，他偏偏提出了不同意见。
　　　本想跟大家一起去郊游，偏偏我又病了。

2．"居然"和"竟然（竟）"的用法比较说明
都表示出乎意料的意思。

说明＼词	居然	竟然（竟）
异同点	A．用于不容易或不可能做到的事情做到了，用于积极方面。 **例**：这么短的时间，他的汉语居然能说得这么好。 　　　在大家都放弃希望时，他的病居然一天天地好了起来。 B．用于不应该的事情发生了，用于消极方面。 **例**：危难时刻他居然抛弃了自己的亲生骨肉。 　　　真没想到，他居然做出这种不道德的事情。	A．"竟然"、"竟"都表示出乎意料。 **例**：没吃药，病竟然好了。 　　　他竟忘了今天考试。 　　　聊了半天，竟不知道他是谁。 B．"竟"可表示程度加深，表示进一步关系，有"以至于"的意思。 **例**：说到伤心之处，他竟哭了起来。 　　　历经8年终于找到了心上人，他竟放声痛哭。

3．"到底"和"究竟"的用法比较说明
都可以表示追究和强调事物的本质或特点。

说明＼词	到底	究竟
异同点	A．表示进一步追问，句末不用"吗"。 **例**：火星上到底有没有生命？ 　　　你到底怎么想的？ 　　　他到底来不来呢？ 　　　＊这件事到底要拖到何时吗？ B．用于陈述句中，强调原因，多带有评价的意思，常用在"是"字句中。 **例**：到底是老师傅呀！人一来机器就修好了。 　　　他到底还是年轻，犯错误是难免的。 　　　孩子到底是孩子，哪能不淘气呢？ C．可用在动词、形容词或主语前作状语，如果主语是表示疑问的词语时，一般用在主语前。 **例**：汉语到底该怎么学？ 　　　到底汉语该怎么学？ 　　　到底什么改变了他？ 　　　＊什么到底改变了他？ D．可以用于表示经过较长过程最后出现某种结果前。 **例**：多年的努力没有白费，实验到底成功了。 　　　他想了很久，到底还是明白过来了。 　　　他坚持了很久，后来到底还是放弃了。	A．表示进一步追问，句末不用"吗"。 **例**：火星上究竟有没有生命？ 　　　你究竟怎么想的？ 　　　他究竟来不来呢？ 　　　＊这件事究竟要拖到何时吗？ B．用于陈述句中，强调原因，多带有评价的意思，常用在"是"字句中。 **例**：究竟是老师傅呀！人一来机器就修好了。 　　　他究竟还是年轻，犯错误是难免的。 　　　孩子究竟是孩子，哪能不淘气呢？ C．可用在动词、形容词或主语前作状语，如果主语是表示疑问的词语时，一般用在主语前。 **例**：汉语究竟该怎么学？ 　　　究竟汉语该怎么学？ 　　　究竟什么改变了他？ 　　　＊什么究竟改变了他？ D．不能用于表示经过较长过程最后出现某种结果前。 **例**：＊多年的努力没有白费，实验究竟成功了。 　　　＊他想了很久，究竟还是明白过来了。 　　　＊他坚持了很久，后来究竟还是放弃了。

4．"终于"、"到底"和"毕竟"的用法比较说明
都可以表示经过某过程最后出现某种结果。

说明＼词	终于	到底	毕竟
异同点	A．可用于经过种种变化，所期望发生的结果前。 例：我劝了好几天，他们终于和好了。 　　历尽千辛万苦，母子终于团聚。 　　母亲含辛茹苦，终于把儿女抚养成人。 B．可用于经过一段时间，所意料发生的结果前。 例：他再也无法忍受了，终于爆发了。 　　她强忍了半天，终于落下泪来。 　　长期的超负荷工作，他终于病倒了。 C．不用于经过一段时间，所不期望发生的结果前。 例：＊我千叮咛万嘱咐，他终于还是说了出去。 　　＊他拿着花瓶玩着玩着，终于掉在了地上。 　　＊抢救了一天一夜，终于没抢救过来。	A．可用于经过种种变化，所期望发生的结果前。 例：我劝了好几天，他们到底和好了。 　　历尽千辛万苦，母子到底团聚了。 　　母亲含辛茹苦，到底把儿女抚养成人了。 B．可用于经过一段时间，所意料发生的结果前，所修饰的动词或形容词必带"了"。 例：他再也无法忍受了，到底爆发了。 　　她强忍了半天，到底落下泪来。 　　长期的超负荷工作，他到底病倒了。 C．可用于经过一段时间，所不期望发生的结果前。 例：我千叮咛万嘱咐，他到底还是说了出去。 　　他拿着花瓶玩着玩着，到底掉在了地上。 　　抢救了一天一夜，到底没抢救过来。	A．不用于经过种种变化，所期望发生的结果前。 例：＊我劝了好几天，他们毕竟和好了。 　　＊历尽千辛万苦，母子毕竟团聚了。 　　＊母亲含辛茹苦，毕竟把儿女抚养成人了。 B．不用于经过一段时间，所意料发生的结果前。 例：＊他再也无法忍受了，毕竟爆发了。 　　＊她强忍了半天，毕竟落下泪来。 　　＊长期的超负荷工作，他毕竟病倒了。 C．用于无论怎样，结果还是如此，多用于表示让步转折的句子中。 例：虽然来得晚了点儿，毕竟来了，你就原谅他吧！ 　　这份迟到的爱虽说等了好久，但毕竟等到了。 　　虽说他还没有完全恢复，但毕竟比以前好多了。

5．"千万"和"万万"的用法比较说明
都可以表示无论怎样，用在主语后作状语。

说明＼词	千万	万万
异同点	A．只用于祈使句中，后面可接肯定或否定形式，常构成"千万＋要/别/不……"形式。 例：安全问题千万不可掉以轻心。 　　这是公司机密，千万不要透露出去。 　　明天你可千万要来呀！ B．不能用在陈述句中。 例：＊千万没想到他竟这样做。 　　＊千万料不到他这样对待朋友。	A．可用于祈使句中，后面只能接否定形式，常构成"万万＋不可/不能/不要……"形式。 例：安全问题万万不可掉以轻心。 　　这是公司机密，万万不要透露出去。 　　＊明天你可万万要来呀！ B．可用在陈述句中，后面只能接否定形式，常构成"万万＋没想到/没料到/想不到/料不到……"形式。 例：万万没想到他竟这样做。 　　万万料不到他这样对待朋友。

分项测试（9）

一、将所给的词语填到适当的位置上

1. 你们俩 A 是多年的夫妻，风风雨雨这么多年 B 不容易，我想他 C 会 D 谅解你的。（毕竟）
2. 你说夫妻之间 A 什么 B 才 C 是 D 最重要的呢？（到底）
3. A 我们的活动你 B 参加不参加呢？C 总得 D 表个态吧！（究竟）
4. 他 A 慢慢地 B 平静下来了，不再 C 提 D 刚才的事了。（终于）
5. 他的病情 A 严重 B 不 C 严重？谁 D 也不知道，他只字不提。（到底）
6. 他 A 是 B 老师傅，C 技术水平真到家，一会儿的工夫 D 就修好了。（毕竟）
7. 我又不了解情况，你们俩 A 谁是 B 谁非，我 C 哪能 D 说得清？（到底）
8. A 行家 B 是行家，C 只一袋烟的工夫就把问题 D 解决了。（毕竟）
9. 我一直坚信，A 做任何事情只要坚持 B，就一定会 C 有所 D 成就。（到底）
10. A 我 B 也不知道他 C 为什么 D 这样对待我。（究竟）

二、判断选择

1. 我今天特别疲劳，不知（　　）是怎么回事。
   A. 毕竟　　　　B. 究竟　　　　C. 竟然　　　　D. 怎样
2. 我越急于想知道这件事的结果，他就越慢吞吞地，（　　）不告诉我，故意气我。
   A. 偏偏　　　　B. 到底　　　　C. 相反　　　　D. 只好
3. 他（　　）一声不吭地走了，连个招呼都没打。
   A. 竟然　　　　B. 毕竟　　　　C. 究竟　　　　D. 当然
4. 老朋友（　　）是老朋友，遇到困难时他总是第一时间出现。
   A. 到底　　　　B. 终于　　　　C. 后来　　　　D. 最后
5. 你就不要再瞒我了，你跟她（　　）是什么关系？
   A. 最后　　　　B. 终究　　　　C. 毕竟　　　　D. 到底
6. 我叮嘱他不知多少遍，一定要保守秘密，可一天后他（　　）说出去了。
   A. 毕竟　　　　B. 到底　　　　C. 终于　　　　D. 总算
7. 他一直不说话，谁也不知道他（　　）是怎么想的。
   A. 始终　　　　B. 毕竟　　　　C. 究竟　　　　D. 从来
8. 全县人民经过三年的艰苦努力，（　　）使一个温饱难以维持的贫困县一跃成为"产粮大县"。
   A. 毕竟　　　　B. 终于　　　　C. 究竟　　　　D. 往往
9. 经过几昼夜的奋战，（　　）把问题解决了。
   A. 甚至　　　　B. 竟然　　　　C. 果然　　　　D. 终于
10. 他熬过了无数个不眠之夜，经历了无数的失败与考验，（　　），他成功了。
    A. 终于　　　　B. 到底　　　　C. 毕竟　　　　D. 究竟
11. 你能告诉我这里（　　）谁说了算，别支来支去的，我没那闲工夫。

A. 究竟　　　　B. 终于　　　　C. 毕竟　　　　D. 总算

12. 别看他年龄不大，写的汉字（　　）漂亮极了。
    A. 简直　　　　B. 果然　　　　C. 总是　　　　D. 常常

13. 对此人的庐山真面目，我一直想找个机会探个（　　）。
    A. 到底　　　　B. 最后　　　　C. 毕竟　　　　D. 究竟

14. 经过多年的努力，他（　　）取得了事业上的成功。
    A. 终于　　　　B. 总之　　　　C. 总是　　　　D. 一生

15. 虽然你有理由怀疑他，但你（　　）没有证据，所以还不能去法院告他。
    A. 究竟　　　　B. 竟然　　　　C. 毕竟　　　　D. 终于

16. 这件事谁去我都不放心，我（　　）亲自去一趟。
    A. 必须　　　　B. 必需　　　　C. 必要　　　　D. 必然

17. 我（　　）没料到，多年的朋友就因这么一点儿鸡毛蒜皮的琐事掰了。
    A. 万分　　　　B. 万一　　　　C. 千万　　　　D. 万万

18. 你就听我一句忠告，（　　）不能把自己的终身大事当儿戏。
    A. 万万　　　　B. 必定　　　　C. 必须　　　　D. 必然

19. 我（　　）没有想到，我的到来会引起他这么大的反应。
    A. 必定　　　　B. 千万　　　　C. 万万　　　　D. 不必

20. 对我的请求他想了很久，（　　）还是答应了。
    A. 竟然　　　　B. 到底　　　　C. 所以　　　　D. 毕竟

三、改错

1. 他那么急于要见公司领导讨个说法，昨天又等了那么久，终于见到经理了没有？
   　　　　　　　A　　　　　　　　　　　　　B　　　　　　　　　C
   我看经理是有意回避他呢！
   　　　　D

2. 你们公司谁到底去参加这次会议，定下来了吗？可千万别派上次的那位，他可不行！
   　　　　　A　　　　　　　　　　B　　　　　　　C　　　　　　　　　D

3. 1999年韩国发生了经济危机，开始并未引起大多数韩国人的重视，结果经济状况逐渐
   　　A　　　　　　　　　　　　　B　　　　　　　　　　　　　C
   恶化，很多人丢了饭碗，长期以来韩国人自然处在经济恐慌之下。
   　　　　　　　　　　　　D

4. 你应该高兴才对呀，虽说这迟到的祝福等了三年，但到底还是等到了，总算功夫不
   　　　　　A　　　　　　B　　　　　　　　　　C　　　　　　　D
   负有心人。

5. 经过医护人员几天几夜的奋战，毕竟把病人从死亡线上抢救过来，看到他得救了，
   　　　A　　　　　　　　　　　B　　　　　　　　　　　　　C
   大家都松了一口气。
   　　　D

6. 游戏厅有关领导消防意识淡薄，对有关部门的多次警告置之不理，现在惨剧毕竟发
   A   B   C
   生了，案件涉及人员在逃。
        D

7. 没过多长时间，他终于把自己移情他人之事全盘托出，结果妻离子散，闹得一场空。
   A   B   C   D

8. 到底，他说出了自己的身世，那让人为之动情的悲惨童年，历经磨难的青年时代，
   A   B   C
   又是如何走到了今天的辉煌。
        D

9. 我顶着烈日，可谓"历尽千辛万苦"，好容易才找到他的家，可是偏他又不在家。
      A   B   C   D

10. 他最近简直跟变了个人似的，什么究竟使他突然间变化这么大，你是他的朋友，不会
    A   B   C
    一点儿也不知道吧？
        D

11. 本来一切都如计划有序地进行着，这是到底怎么回事，一时我也无法解释，等我回
         A   B   C
    去调查清楚再给你答复。
            D

12. 你都这么大人了，也该知道什么到底才是你需要的？整天还跟一帮孩子在一起混，
        A   B   C
    有什么出息！
        D

13. 我今天新买了一辆自行车，只去超市买瓶饮料的工夫，出来居然发现自行车不见了，
    A   B   C
    真倒霉！
      D

14. 他这么盛情邀请你，你万万要去呀，别再让他失望了，毕竟你们是多年的朋友。
    A   B   C   D

15. 真是知人知面不知心呀！万万我没想到，只因一点点的小利，我最信任的朋友出卖
                    A   B   C   D
    了我。

16. 她跟我谈起她的伤心事，越说越伤心，说着说着，居然忍不住大声地哭了起来，弄得
    A   B   C
    我不知所措。
        D

17. 这件事闹得沸沸扬扬，大家背后都在议论纷纷，太不可思议了，竟然你这个当事
    A   B   C

人一点儿也不知道？
　　　　　D

18. 他毕竟是个新手，单凭他一个人的力量，完成这么艰巨的任务大约有一定的困难，
　　　A　　　　　　　　B　　　　　　　　　　　　　　　　C
我想还是给他找几个帮手的好。
　　　　D

19. 依我看，你不能只凭表面的印象就做出判断吧，你的判断大概不能代表大家的意见吧，
　　　　　　　　　　　A　　　　　　　　　　　　　　　　B
结论还得大家来下，不是个别人能下的。
　　　C　　　　　　　D

20. 能参加国际大赛是他毕生的心愿，而这次意外伤病，大概他再也不能站起来了，更
　　　　A　　　　　　　　　　　　　　　　　　　B
不用说参加什么国际大赛了，他的艺术生命大概就这么结束了。
　　C　　　　　　　　　　D

四、频率、时间和情态副词

1. "常常"和"往往"的用法比较说明

都是表示频率的副词，用在主语后作状语。

说明＼词	常常	往往
异同点	A. 侧重于表示动作行为发生的频率。 例：他常常带着问题来听课。 　　希望你能常常给我写信。 　　周末，他常常去逛街。 B. 可用于主观意愿，可用于过去或将来的事情。 例：他喜欢上网，常常一上就是一整天。 　　周末，你应该常常出去走走。 　　希望你以后能常常来我家做客。 C. 表示动作行为的频率，句中不必指明与动作有关的情况、条件或结果。 例：每到周末，他常常睡懒觉。 　　他常常睡懒觉。 　　下午没课的时候，他常常去游泳。 　　他常常去游泳。 D. 否定形式用"不常"。 例：毕业后我们不常见面。 　　工作很忙，不常出去玩。 　　我不常回老家。	A. 侧重表示动作行为发生的规律性。 例：单亲家庭的孩子性格往往比较孤僻。 　　对犯错误的孩子教育往往比打骂更好。 　　人成熟后往往就老了。 B. 对已出现的事物的客观总结，不用于主观意愿，不用于将来的事情。 例：他喜欢上网，往往一上就是一整天。 　　*周末，你应该往往出去走走。 　　*希望你以后能往往来我家做客。 C. 表示一定的规律性，句中一般要指明与动作有关的情况、条件或结果。 例：每到周末，他往往睡懒觉。 　　*他往往睡懒觉。 　　下午没课的时候，他往往去游泳。 　　*他往往去游泳。 D. 一般不受否定副词的修饰。 例：*毕业后我们不往往见面。 　　*工作很忙，不往往出去玩。 　　*我不往往回老家。

2. "一再"、"再三"、"屡次"、"来回"和"反复"的用法比较说明

都是表示频率的副词，含有"不止一次"的意思。

说明＼词	一再	再三	屡次	来回	反复
用法	表示动作行为多次发生或出现，多修饰"强调"、"邀请"、"嘱咐"、"请求"、"劝告"等与说话有关的动词。**例**：他一再推辞，就是不肯收下礼物。他一再表示，决不辜负父母的期望。在我的一再邀请下，他参加了晚会。	表示动作行为多次发生或出现，多修饰"强调"、"邀请"、"嘱咐"、"请求"、"劝告"等与说话有关的动词，也可以用在动词后。**例**：我再三考虑，还是觉得这样做不合适。我考虑再三，还是觉得这样做不合适。我再三提醒他，他还是忘了。	表示动作行为多次发生或出现，多修饰一般性行为动词。**例**：虽然试验屡次遭受失败，但我们还会做下去。中国乒乓球队在国际比赛中屡次战胜对手获得冠军。我们屡次指出他的错误，但他知错不改。	表示往返多次或重复多次，一般修饰"说"、"走"、"跑"、"飞"、"响"等动作动词，可重叠使用。**例**：他急得在房间里来回走了好几趟。上课时，你别在走廊里来回走动。他来来回回说那几个问题。	表示动作行为多次进行或出现，可修饰一般性动词或跟说话有关的动作动词，可重叠使用。**例**：经过反复研究，我们接受了他的方案。妈妈反复交代我要注意身体。他反反复复地讲着苦难经历。

3. "逐步"、"逐渐"和"渐渐"的用法比较说明

都是情态副词，表示行为动作或状态慢慢地变化。

说明＼词	逐步	逐渐	渐渐
异同点	强调有意识地、一步一步地，多用于自主行为，一般只能修饰动词词语，不修饰形容词词语。	表示程度或数量依次增减，多用于非自主行为，侧重在一定基础上出现的慢慢变化，可修饰动词或形容词词语。	表示程度或数量的增加或减少，多用于非自主行为，侧重于新产生的、从无到有的变化，可修饰动词或形容词词语。出现在句首时，后面常常跟"地"。

续表

说明＼词	逐步	逐渐	渐渐
异同点	**例**：在实践中，他逐步摸索出自己的一套方法。 经过多年的努力，他逐步实现了自己的目标。 我们采取了必要措施，问题逐步解决了。 这种新方法在生产中逐步推广开来。 人们的生活逐步得到改善。 任何一种新的事物都是逐步被人们所认识的。 这所学校逐步发展起来了。 *春天了，天气逐步暖和起来了。 *天色逐步暗了下来。	**例**：在共同的学习中，他们的感情逐渐加深了。 火车驶出站台，逐渐远去，消失在黑夜中。 共同的生活使我们逐渐熟悉起来。 工作后，大学的同学来往逐渐减少了。 他的身体逐渐康复了。 经过亿万年的演变，地球逐渐变成了今天的样子。 他的学习成绩逐渐提高了。 春天了，天气逐渐暖和起来了。 天色逐渐暗了下来。	**例**：在共同的学习中，他们渐渐产生了感情。 太阳渐渐从地平线上升起。 火车启动了，渐渐离开站台驶向远方。 开始我们不认识，后来渐渐熟悉起来。 时间长了，他渐渐忘却了以前的事情。 春天了，天气渐渐暖和起来了。 天色渐渐暗了下来。 渐渐地，知道他的人多了起来。 渐渐地，他的病好了起来。

4. "一直"、"直"和"一向"的用法比较说明

都是时间副词，用在主语后作状语，表示不间断，强调动作状态的持续性。

说明＼词	一直	直	一向
异同点	A. 修饰动词或形容词短语，表示动作行为或状态持续。 **例**：他一直在等你。 他工作一直很努力。 父亲的工作一直挺累的。 他们的关系一直很好。	A. 表示不间断，多修饰身体动作或言语动词。 **例**：烟呛得我直咳嗽。 爷爷气得直哆嗦。 听了我的话，他直摇头。 他在马路那边冲我直招手。 他起晚了，直怪我不叫他。 他不说话，冲我直乐。	A. 表示行为或习惯的稳定性，多修饰表示品质、性质或态度等的动词或形容词，一般不修饰动作动词。 **例**：他对工作一向很认真。 他这个人一向好客。 他身体一向很好。 妈妈生活一向俭朴。 *他一向等你。 *他一向看书。

说明＼词	一直	直	一向
异同点	B. 表示行为延续的时间、达到的处所或程度，常构成"（从）……一直+动词+到……"形式。 例：他一直工作到深夜才休息。 他从早上一直工作到深夜才休息。 他一直把我送到家才走。 他从学校一直把我送到家才走。 C. 后面可跟肯定或否定形式。 例：我劝了他半天，他还是一直哭。 我劝了他半天，他还是一直不笑。 我恳求了半天，他还是一直摇头。 我恳求了半天，他还是一直不点头。	B. 表示行为延续的时间、达到的处所或程度，只修饰单音节动词。 例：他幼小离家直到晚年才归。 直至今日，他还没忘记那件事。 这趟车从北京直达上海。 这批货物直发北京。 从这里直走就到了学校。 放下电话，他直奔医院去了。 C. 后面只跟肯定形式，不能跟否定形式。 例：我劝了他半天，他还是直哭。 *我劝了他半天，他还是直不笑。 我恳求了半天，他还是直摇头。 *我恳求了半天，他还是直不点头。	B. 不用于表示行为或状态的延续。 例：*只要答应的，就该一向做下去。 *计划开始，就会一向坚持到底。 *你会一向在中国工作吗？ *我会一向关注他的变化。 C. 后面可跟肯定或否定形式。 例：他对运动一向感兴趣。 他对运动一向不感兴趣。 他一向喜欢管别人的闲事。 他一向不喜欢管别人的闲事。

分项测试（10）

一、将所给的词语填到适当的位置上

1. 路上 A 碰见 B 熟人，C 他 D 热情地打招呼。（总是）
2. A 闲暇之时，B 我们 C 去那个公园 D 散步。（常常）
3. 他 A 显得有些坐立不安，B 坐在窗前 C 向外 D 张望。（不时）
4. 你也太说不过去了，A 办事 B 这么粗心，C 左一次右一次出 D 错。（老）
5. 他昨天 A 从八点 B 工作 C 到 D 凌晨五点，这会儿刚躺下。（一直）
6. 难怪他不知道，A 没有人 B 对他 C 提起过 D 这件事。（一直）
7. A 中国人 B 给儿女 C 起的名字，D 寄托着父母自己的理想。（常常）
8. 他 A 是个 B 不拘小节的人，C 不注意 D 这些生活上的琐事。（从来）
9. 人 A 在遇到困难时 B 得到 C 他人的帮助，心里 D 很感激的。（总是）

10. 他 A 对待女友 B 不冷不热的,也 C 难怪女友最后 D 离开了他。(总是)
11. 他 A 唱歌 B 好听着呢,C 没 D 走过调儿。(从来)
12. 他 A 对你太好了,B 把你的事 C 当成他的事儿去做,你 D 该满足了。(始终)
13. 我 A 认为 B 我当初的选择 C 没有错,D 只是因经验不足而错失良机。(始终)
14. 这几天我 A 在琢磨着 B 如何 C 去 D 说服他那个顽固分子。(一直)
15. 这场大风 A 从昨晚 B 刮到 C 现在没 D 停过。(一直)
16. 真的 A 都没 B 看见过 C 他这么高兴了 D。(好久)
17. A 带着伞吧,这儿的夏天 B 都 C 可能 D 下雨。(随时)
18. 大家只要 A 好好 B 动动脑筋,C 会 D 想出办法的。(总)
19. 这几天 A 他 B 惦记着 C 出国的事,哪 D 有心思管你的事儿?(老)
20. 你也该 A 出去 B 找点儿 C 事儿做了,总不能 D 这么闲着呀!(老)

二、判断选择

1. 虽然你们都走上了自己的工作岗位,希望你们以后能（　　）回母校看看。
   A. 通常　　　　B. 往往　　　　C. 常常　　　　D. 一直
2. 我们来往不多,有事的时候,（　　）打个电话。
   A. 往往　　　　B. 偶尔　　　　C. 时常　　　　D. 经常
3. 他（　　）都是说到做到、说一不二的。
   A. 向来　　　　B. 总是　　　　C. 往往　　　　D. 常常
4. 他的学习（　　）是很被动的,不考试就从不看书。
   A. 曾经　　　　B. 常常　　　　C. 时常　　　　D. 一向
5. 老人一生吃素,不吸烟,不喝酒,坚持锻炼,身体（　　）很好。
   A. 一直　　　　B. 常常　　　　C. 一度　　　　D. 总
6. 两个人虽然性格完全不同,但相处得很愉快,（　　）不吵嘴,也没红过脸。
   A. 一直　　　　B. 总是　　　　C. 从来　　　　D. 经常
7. 这么点儿忙你都不帮,以后（　　）不理你了。
   A. 再也　　　　B. 从来　　　　C. 始终　　　　D. 一直
8. 他对工作（　　）认真负责,你尽管放心。
   A. 一贯　　　　B. 一律　　　　C. 一时　　　　D. 一味
9. 听到这个好消息,他（　　）不知说什么才好。
   A. 一度　　　　B. 一时　　　　C. 一味　　　　D. 一再
10. 高考落榜后,他（　　）很消沉,后来才振作起来。
    A. 一向　　　　B. 一贯　　　　C. 一旦　　　　D. 一度

三、改错

1. 常常的情况就是这样,你让他往东,他必定会往西,就是专门跟你唱反调。
   　　　A　　　　　　　　　B　　　　　　C　　　　　　　D
2. 地球上生命的诞生曾一直被认为是由于地球在太阳系中的独特位置所产生的奇迹——
   　　　　　　　　　A

离太阳近到可以获得温暖和能量，但又不会变成像水星一样的松脆的砖状物，或像
           B   C
星一样炽热的温室。
       D

3. 小两口哪有隔夜的仇呀？拌嘴是太常常的事了，你们老两口最好少参与，省得弄得里
        A   B   C
外不是人。
  D

4. 因为工作原因，他常常几年才回老家看一次父母，父母也能理解他，家里的事儿也尽
   A   B   C
量不去分他的心。
   D

5. 我们是要好的朋友，平时大家都很忙，他往往在周末时来我家里聊天，谈天说地，天南
   A   B   C
地北，无所不聊。
   D

6. 他是个特别喜欢独处的人，基本没什么朋友，也没见他跟什么人打过交道，通常也
        A   B   C
只是一个人听听音乐、散散步什么的。
              D

7. 我往往喜欢在酒吧和朋友们见面聊天，因为我喜欢那里的气氛，在疯狂的音乐中忘却
   A   B   C
烦恼，忘却自我。
   D

8. 人类与大自然的关系常常是十分亲密的，并体现在我们的日常生活中，现代的都市人
   A   B
甚至在设计自身的居住环境时，都会自然而然地寻求与大自然的沟通。
        C   D

9. 南方一到雨季，雨就一场一场地下个没完，这几天一向下了几天雨，到处都是潮呼
   A   B   C   D
呼的。

10. 我们是同学，又是很要好的朋友，每次遇到困难的时候，常常我会找他商量。
    A   B   C   D

11. 这个问题我反复思量过，这个决定也是经过一再思考才作出的，你就不必说什么了，
         A   B   C
一切后果我来承担。
         D

12. 我来中国之前，妈妈屡次嘱咐我，要好好学习，要注意身体。
        A   B   C   D

13. 在共同的工作学习中，他们渐渐产生了感情，三年过去了，他们的感情渐渐加深了。
　　　　A　　　　　　　　B　　　　　　C　　　　　　　　D

14. 你要在具备一定词汇的基础上，逐渐提高自己的写作能力，不可操之过急，所谓"万
　　　　　　　A　　　　　　　　　B　　　　　　　　C
　丈高楼平地起"就是这个道理。
　　　　　　D

15. 幸亏我今天也没什么特别的事情，呆在这里也挺无聊的，我就跟你去商店转一转，
　　　A　　　　　　　　　　　　B　　　　　　　　C
　或许能碰上一两件中意的衣服。
　　　　D

第九章

介 词

第一节 介词短语的构成和特点

实力测试（1）

第二节 常用介词

实力测试（2）

第三节 重点介词讲解

实力测试（3）

基本概念：一般用于名词或代词前，构成介词短语在句子里主要作定语、状语或补语。

第一节 介词短语的构成和特点

一、介词短语的构成

介词一般用于名词或代词前，构成介词短语，常构成"介词+名词/代词"形式。

例：跟他商量　向前看　被老师批评　按道理说　依我看

二、介词的语法功能和特点

一般不单独使用，构成介词短语，在句中作状语、定语、补语。

1. 作状语：这是介词短语的主要语法功能。

例：他向我走来。
　　他跟我商量了一下。
　　他早就从大学毕业了。
　　他对文学感兴趣。

2. 作定语：介词短语与中心语之间一定要加"的"。

例：人类对月球的研究才刚刚开始。
　　这是关于"龙"的传说。
　　我同意你对这个问题的看法。
　　上午讨论了关于暑期安排的问题。

3. 作补语：少数介词可以作补语。

例：孩子跑向妈妈。
　　这趟车开往北京。
　　他毕业于北京大学。
　　学生们来自五湖四海。

4. 介词不带"了"、"着"、"过"等动态助词。
注意："随着"、"沿着"、"顺着"、"本着"、"靠着"、"就着"、"向着"、"凭着"、"对着"、"乘着"、"冲着"、"当着"、"借着"、"趁着"、"为着"、"为了"、"除了"是词，其中的"了"、"着"是构词成分，不是动态助词。

三、常用介词

1. 引出时间的介词：从　自　由　打　自从　在　于　当　离　距

例：他每天从早干到晚。
　　自从毕业以后，就再没见过他。
　　在学生时代，他结交了很多朋友。
　　离上课还有五分钟了，快走吧。

2. 引出处所的介词：从　自　由　打　在　于　离　距

例：每天从宿舍到教室大概得五分钟。
他在图书馆看书呢。
他毕业于北大历史系。
教室离宿舍远吗?

3. 引出方向的介词：朝 向 往 沿（着）顺（着）

例：他朝着家乡的方向鞠了一躬。
兴奋的人们把他抛向空中。
车往东开去。
他顺着小路走了下去。

4. 引出对象的介词：和 跟 同 与 把 将 被 叫 让 对 对于 关于 给 为 替 朝 向 比 就 连 除了 除

例：我跟你商量点儿事。
他被老师批评了。
他对朋友很热情。
今天比昨天冷点儿。

5. 引出凭借、依据的介词：按 按照 依 依照 照 据 根据 以 凭 由 拿 趁

例：这部电影是根据同名小说改编的。
按照他的水平，上个名牌大学没问题。
我会凭自己的双手创造幸福的生活。
趁着开会的机会，我去看望了老朋友。

6. 引出原因、目的的介词：为了 为 由 以

例：为了学习汉语，他来到了中国。
父母总是为孩子操心。
肺炎是由感冒引起的。
北京以名胜众多而闻名于世。

实 力 测 试 （1）

一、将所给的词语填到适当的位置上

1. A 你们的秘密 B 他 C 发现了，他正在里边 D 发脾气呢。(被)
2. A 在中国生活的费用 B 一般 C 要 D 国外的低得多。(比)
3. 他是个很热心的人，每天 A 做好自己的 B 本职工作，还常常 C 帮助别人 D 做些本不属于他的工作。(除了)
4. A 公司 B 他工作能力的认可使 C 他更热情地投入到 D 新的工作。(对)
5. A 这几天 B 放春假，我要 C 在家好好 D 睡上几天。(趁)

6. A刚刚走出大学校门的我B处事圆滑的他这种模棱两可的态度C一直D很反感。（对）
7. A老师的好坏当然B学生C来评价了，D你我都无权评说任何一位老师。（由）
8. A三年前，他一个人B住C一间不足10平方米大的D单身公寓里。（在）
9. A第一本书的顺利出版B重又燃起了C他压抑多年的D写作的热情。（对）
10. 他每天A晚上都是B凌晨C一两点钟D上床睡觉。（在）
11. A杯子B刚才还C桌子上来着，怎么一会儿就不D见了！（在）
12. A早晨五六点是B一天的黄金时间，而C我们地球上的许多人在这段时间还处D睡梦之中。（于）
13. A物业的干预与不合作B我们新公司的C起步D带来了很多困难。（给）
14. 环境的过度开发A保护B目前已成为C世界上D很多国家所关注的焦点。（与）
15. 由于A他所带领的球队去年一年战绩不佳，B身为主教练的他C所在的俱乐部D解职了。（被）
16. A我B所不知的一切C都D抱有很浓厚的兴趣。（对）
17. 他又A从那遥远的国度B打C来了D越洋电话。（给我）
18. 谁也没有想到，A当时，那部轰动B全球的伟大作品就C诞生D这不足几平方米的简陋小屋里。（在）
19. 为了提高教师的教学质量，A我们B请来了C著名专家，定期D对老师进行业务培训。（从国内知名学府）
20. A这次来京实在是太匆忙，我B最敬爱的C恩师都没来得及D去拜访。（连）

二、判断选择

1. 他以敏锐的眼光，（　　）自己的过人的胆识，投资了一个当时并未被看好的房地产项目，结果一举成功。
   A. 按照　　　　B. 根据　　　　C. 依靠　　　　D. 由于
2. （　　）国家的一项调查显示，截止到2002年，来华求学的留学生已达35万之多，并且还呈持续上升的趋势。
   A. 以　　　　　B. 据　　　　　C. 在　　　　　D. 靠
3. 我国领导人（　　）目前国内外所关注的问题回答了记者的提问。
   A. 对于　　　　B. 关于　　　　C. 就　　　　　D. 向
4. （　　）北京到你的家乡大概需要坐多长时间的火车？
   A. 从　　　　　B. 离　　　　　C. 在　　　　　D. 往
5. 他才不会把一直珍藏多年的邮票白白送（　　）你呢！
   A. 到　　　　　B. 给　　　　　C. 向　　　　　D. 对
6. 今年，他（　　）优异的成绩考上了名牌大学。
   A. 借　　　　　B. 用　　　　　C. 以　　　　　D. 靠
7. 比赛进行了90分钟，结果双方以二（　　）二的比分握手言和。
   A. 对　　　　　B. 比　　　　　C. 跟　　　　　D. 和
8. 与他的第一次接触（　　）我留下了极为深刻的印象。
   A. 对　　　　　B. 给　　　　　C. 使　　　　　D. 让

9. 这是一部（　　）真实事件改编的、反映现代人复杂的情感世界的电影。
   A. 根据　　　　　B. 对于　　　　　C. 依靠　　　　　D. 按照

10. （　　）他本人的性格而言，让他去做这件事太难为他了。
    A. 就　　　　　B. 对　　　　　C. 在　　　　　D. 至于

11. 无论工作有多忙多累，每天（　　）睡前，我都要写一篇日记。
    A. 到　　　　　B. 当　　　　　C. 临　　　　　D. 对

12. 现代女性独身或离婚的最重要的原因是想（　　）自己的方式生活。
    A. 依靠　　　　　B. 按照　　　　　C. 本着　　　　　D. 遵照

13. 我看你一年（　　）头都这么忙，什么时候才有自己的时间呀？
    A. 至　　　　　B. 止　　　　　C. 没　　　　　D. 到

14. 已经是深夜了，（　　）人们都进入梦乡时，他还在灯下写作。
    A. 在　　　　　B. 正在　　　　　C. 当　　　　　D. 每当

15. 我们（　　）热情的导游小姐的邀请去她家做客。
    A. 应该　　　　　B. 应　　　　　C. 应当　　　　　D. 该

16. （　　）同学们的要求，自习室将在寒假期间照常开放。
    A. 根据　　　　　B. 依　　　　　C. 以　　　　　D. 凭

17. 你的人生该（　　）着怎样的路去走，完全取决于你个人，没有人会提醒你。
    A. 随　　　　　B. 顺　　　　　C. 沿　　　　　D. 朝

18. 你可以拿走这个东西，不过要（　　）你的有效证件才可以。
    A. 根据　　　　　B. 按照　　　　　C. 凭　　　　　D. 靠

19. 写作是（　　）考查学生文字应用、语言表达以及概括分析能力为主的综合性考试。
    A. 就　　　　　B. 对　　　　　C. 以　　　　　D. 用

20. 我有一种特殊的本事，就是记名字（　　）一般人快得多。
    A. 跟　　　　　B. 比　　　　　C. 不如　　　　　D. 不像

三、改错

1. 目前，很多汉语补习班是以营利为目的，并未从真正的教学角度出发为学生着想，对
   　　A　　　　　　　　　　　　B　　　　　　　　　　　　　　　　　　　　　C
   很多抱着热情来华的学子没有受到应有的训练。
   　　　　　　　　　　　D

2. 这张地图把你说的那个地方的位置并没有清楚地标出来，你让我两天内找到一个人，
   　　　　　　　　　　　A　　　　　　　　　　　　　　　　　B
   犹如茫茫大海中捞针，又谈何容易？
   　　　C　　　　　　　D

3. 这里禁止停车，汽车会影响我们的车辆正常进出，请你配合我们的工作，把汽车开在
   　　A　　　　　　　　　　　B　　　　　　　　　　　　　　　　C
   地下的停车场吧。
   　　D

4. 我在现在才明白他为什么对我发那么大的脾气，原来是因为我昨晚回来得太晚，而且
   　　　　　　A　　　　　　　　　　　　　　　　　B

第九章　介　词

一身烟味儿,他在吃醋呢!
　　　　C　　　D

5. 他已经够忙的了,我不应该再添麻烦他了,再说,这点事儿我自己未必不能做。
　　　A　　　　　　B　　　　　　　　C　　　　　　D

6. 在这个人生地不熟的地方,我突然病了,是一些素不相识的人帮助了我,我从内心深
　　　　A　　　　　　　　　B　　　　　　　　　　　　C
　处非常感激对他们。
　　　　　D

7. 你知道男人最怕什么?妻子的红杏出墙,你怎么能直接对他毫不隐讳地问这么难堪的
　　　　　A　　　　　　　　B　　　　　　　　　　　C
　问题呢?他大发雷霆也是情理之中的事。
　　　　　　D

8. 上个月,他因急用借了公司一大笔钱,在公司的再三催促下,一直在昨天才还给公司。
　　　A　　　B　　　　　　　　　　　　C　　　　　　D

9. 这部电视剧以夫妻之爱、母子之情等方面,讲述了家庭人际关系的亲密、家庭生活的
　　　　　A　　　　　　　　　　　　　　　　　　　　　　B
　幸福以及家庭成员的情感的真切,近期将在中央电视台黄金时段播出。
　　　　　　　C　　　　　　　　　　　　　D

10. 要打的回家时才发现丢了钱包,我急忙跟朋友打电话,可是朋友们都没在家,急得我
　　　　　　A　　　　　　　　　　B　　　　　　C
　　坐在路边哭了起来。
　　　　D

11. 你的人生路该顺着怎样的方向走,这全由你自己决定,没有人会在你身边,跟在你
　　　　　　A　　　　　　　　　B　　　　　　　　C
　　的左右时时提醒你的。
　　　D

12. 根据新华社报道,贵国总统将于近期对我国进行正式友好访问,届时,两国领导人
　　　A　　　　　　　　　　B　　　　　　　　　　　　C
　　将就加强两国各个领域的合作进行磋商。
　　　　　　D

13. 按照他的说话,你就什么事也不用做了,天天混日子就可以了,哪有做事没有风险的?
　　　A　　　B　　　　　　　　　C　　　　　　　　　　　D

14. 我跑着、跳着、笑着,沿着这条我曾经十分熟悉并伴我走过童年青年时代的小路,
　　　　　　　　　　　　A
　　这里曾留下过我成长的足迹,也曾有过太多的美好回忆,真是感慨万千!
　　　B　　　　　C　　　　　　　　　D

15. 现代的父母总希望孩子能在学业成绩上出人头地,为的是让孩子去补习或有更多时间
　　　　　　　　　　　　　　A　　　　　　　　　　　　B
　　念书,大多数的父母便不让孩子做家务事,其实这是很不好的现象。
　　　　　C　　　　　　　　　　　D

16. 每当夜深人静之时，我常常一个人躺着在床上问自己："你今天到底做了什么？有没有
    　　　A　　　　　　　　　B　　　　　　　　　　　　　　　C
    浪费这大好的时光"。
    　　　D

17. 他是个工作起来就很玩命的人，度过了他大部分的业余时间在实验室里，在他的身
    　　　　　A　　　　　　　　　　　B
    上全然找不到现在年轻人的影子，休息、娱乐都被他看成是一件很奢侈的事情。
    　　　C　　　　　　　　　　　　　　　　　　　D

18. 周末朋友逼着我跟她去逛街，我硬着头皮陪她去了，心里却很不痛快，结果反而对朋
    　　　　A　　　　　　　　　　B　　　　　　　　　C
    友帮了倒忙。
    　D

19. 与其这么呆着闲聊，白白浪费了很多时间，还不如现在趁着空儿，把明天的功课准备
    　　A　　　　　　　B　　　　　　　　　C
    一下。
    　D

20. 如果一个人对学习汉语感兴趣的话，他也许每天学习过程中，不会感到很吃力，进步
    　　　　　　　　　　　　　　　　　A　　　　　　　B　　　　　　　C
    也会很快的。
    　D

第二节　常用介词

一、表示时间和处所的介词

1. "从"、"由"、"自"和"打"的用法说明

说明＼词	从	由	自	打
用法	A. 表示时间的起点，可用于过去、现在或将来的时间。 **例**：他从小就离开了家乡。 从去年开始，来华的留学生猛增。 从今天起，你我毫无关系了。 从明天开始，你就是个大学生了。	A. 表示时间的起点，可用于过去、现在或将来的时间。 **例**：本店营业时间：由8点到17点。 由今天算起，再过十天就过年了。 由去年开始，她就从事对外汉语教学工作。 由上午八点到下午五点，是他们的对外办公时间。	A. 表示时间的起点，可用于过去、现在或将来的时间。 **例**：他自小就离开了家乡。 自去年开始，来华的留学生猛增。 自今天起，你我毫无关系了。 自古以来，人们就一直关注着健康。	A. 表示时间的起点，可用于过去、现在或将来的时间。 **例**：他打小就离开了家乡。 打去年开始，来华的留学生猛增。 打今天起，你我毫无关系了。 打明天开始，你就是个大学生了。

续表

说明＼词	从	由	自	打
用法	B. 表示处所的起点，后面跟处所词语。 **例**：明早我们从学校出发。 他是从美国来的留学生。 我刚从老师那儿来。 你从这里一直往前走就到了。 C. 表示通过的处所或路线。 **例**：孩子们的欢笑声从门外传进来。 悠扬的音乐从打开的窗户飘了进来。 代表们请从右边的门进入会场。 一辆车从门前开了过去。 D. 表示事物发展变化的起点。 **例**：通过这件事，他从幼稚走向了成熟。 老师讲解问题都是从易到难的。 他从一个普通青年成长为一名青年专家。 他的事业从辉煌走向了深渊。	B. 表示处所的起点，后面跟处所词语。 **例**：明早我们由学校出发。 他是由美国来的留学生。 我刚由老师那儿来。 你由这里一直往前走就到了。 C. 表示通过的处所或路线。 **例**：孩子们的欢笑声由门外传进来。 悠扬的音乐由打开的窗户飘了进来。 代表们请由右边的门进入会场。 一辆车由门前开了过去。 D. 表示事物发展变化的起点。 **例**：通过这件事，他由幼稚走向了成熟。 老师讲解问题都是由易到难的。 他由一个普通青年成长为一名青年专家。 他的事业由辉煌走向了低谷。	B. 表示处所的起点，后面跟处所词语。 **例**：明早我们自学校出发。 车流自东向西缓慢行驶。 汽车自远而近向我们驶来。 维族人写字自右向左。 C. 用于动词后，表示处所或来源。 **例**：这篇文章出自他的手。 他来自北京。 他的话是发自内心的。 这封信寄自北京。	B. 表示处所的起点，后面跟处所词语。 **例**：明早我们打学校出发。 他是打美国来的留学生。 我刚打老师那儿来。 你打这里一直往前走就到了。 C. 表示通过的处所或路线。 **例**：孩子们的欢笑声打门外传进来。 悠扬的音乐打窗外飘了进来。 代表们请打右边的门进入会场。 一辆车打门前开了过去。

说明 \ 词	从	由	自	打
用法	E. 表示来源。 例：汉语的各种方言都是从古代汉语演变而来的。 从生活中找素材，这样的作品才能受欢迎。 从他的话中，我了解了他的苦衷。 从书中，他找到了自己的影子。 F. 表示依据。 例：从他的脸色就能看出他病了。 从这件小事上，我体会到诚信的重要。 从外表看，他不过三十出头。 从他的话中可以感觉到他的无奈。	E. 表示来源。 例：汉语的各种方言都是由古代汉语演变而来的。 豆腐由黄豆做的。 人才是由学校培养出来的。 人体是由各种细胞组成的。 F. 表示原因或方式。 例：他们之间的矛盾是由琐事引起的。 这件事还是由大家决定吧。 代表由民主选举产生。 原子核由质子和中子组成。 G. 引出施事者，表示某事归某人去做。 例：这本书由哪家出版社出版？ 他的婚礼由朋友帮忙操办的。 这项任务由他负责。 会议由你来主持。		

2．由介词"从"、"由"组成的常用格式

(1) 从……上/下/里：表示处所、方面。

例：从泰山上往下看，真有饱览天下奇景之感。
他拿着一封信从房间里走了出来。
现在你得从精神上支持他一下儿。

(2) 从……中：表示来源。

例：一切花费从你工资中扣除。

汽油是从石油中提取出来的。
从书中，我明白了一些做人的道理。

(3) 从……起（开始）：表示时间、处所起点。谓语动词常是"说"、"找"、"学"、"算"等，放在"起"前，表示时间或动作的起点。

例：学习语言该从基础学起。
从今天开始，这里就是你的家了。
从十六岁起他就坚持每天写一篇日记。
你从这里开始走，一会儿就到了。

(4) 从……到（向）……：表示处所、时间、范围、发展、变化。

例：中国目前已基本完成从计划经济向市场经济的转化。
财富是积累的，都得从无到有，知识也是如此。
他从上到下把我打量了一番。
他从昨晚到现在一直在工作。
他把文章从头到尾检查了一遍。
这个操场从东到西有五百米。

(5) 从……来看（来说/说来/看）：表示根据什么或"从……方面谈问题"。

例：从这篇作文来看，这个同学汉语基础很扎实。
从营养学的观点来说，你这种吃法有害于健康。
从目前的国际形势看，对中国的经济发展非常有利。

(6) 从……出发：表示从某方面考虑处理问题。

例：做事应从自己的实际能力出发。
他是个事事都从个人利益出发的人。

(7) 从……着手：表示从……开始做。

例：要想学好一门语言必须从基础着手。
明年参加考试，你得从今年就着手准备。

(8) 从……以来：表示从过去某时到说话时的一段时间。

例：从开学以来，我还没真正休息过呢。
从学院建立以来，他就没有十点之前回过家。

(9) 从……以后：表示时间的起点。

例：从今儿以后，我不会再理睬这种人了。
从那儿以后，我们就再没有见过面。

(10) 由……到……：表示发展、变化、范围、时间、处所。

例：任何事情都有个由不懂到懂的过程。

他由南到北走了很多地方。
他由早上八点到晚上五点一直有课。

(11) 由……引起/导致/所起/所致/造成：表示原因。

例：火灾由吸烟引起。
他的肺炎由着凉所致。
事故由他的失职造成。

(12) 由……组成/构成/组合而成：表示凭借。

例：这个旅游团由各个不同年龄段的游客组成。
石油是由多种物质组成的混合物。
眼镜由镜片和镜架构成。

(13) 由……产生：表示方式。

例：大会代表由民主选举产生。
代表是由全体职工推选产生的。

3. "在"和"于"的用法说明
都可以表示时间或处所。

(1) "在"的用法说明

A. 表示时间

a. 可用于动词前

例：我们在上午上课。
典礼是在昨天举行的。
他在很小的时候就离开了家乡。

b. 可用于动词后

例：他生在 2000 年。
这件事发生在汉代。
典礼改在明天举行。

B. 表示处所

a. 可用于动词前

例：我们在学校上课。
典礼在礼堂举行。
他一直在农村长大。

b. 可用于动词后

例：我一直住在北京。
书包忘在学校了。
汽车停在这里吧。

(2) "于"的用法说明

A. 有"在"的意思，表示时间或处所。

a. 用于动词前

例：这本小说于2004年出版。

　　他于昨日返京。

　　公司于2003年成立。

b. 用于动词后

例：这座大厦建于2004年。

　　他生于北京。

　　事故发生于昨天。

B. 有"对"的意思，表示动作行为的对象。

a. 用于动词前

例：吸烟于身体有害。

　　户外活动于健康有利。

　　运动于身体有益。

b. 用于动词后

例：吸烟有害于身体。

　　户外活动有利于健康。

　　运动有益于身体。

C. 有"向"的意思，表示动作行为的对象，用于动词后。

例：我常常请教于他。

　　有求于人，哪敢造次？

　　她伸手求救于路人。

D. 有"给"的意思，表示方向或目标，用于动词后。

例：他把一生都献身于教育事业了。

　　他长期致力于医学研究。

　　他从事于新产品的开发。

E. 有"从"的意思，表示起点或由来，用于动词后。

例：他毕业于北京大学。

　　艺术是源于生活的。

　　天才来自于勤奋。

F. 有"比"的意思，表示比较，用于形容词后。

例：艺术来自生活，又高于生活。

　　他的成绩低于录取分数线。

　　他总是承诺多于行动。

G. 有"被"的意思，表示被动，用于动词后。

例：唐山毁于一场大地震。
    昨天的比赛，北京队负于上海队。
    谁能想到，世界名将败于一无名小卒。

H. 表示原因，用于单音节动词或形容词后。

例：父亲死于糖尿病。
    出于面子，我没说什么。
    苦于没有资金，公司一直未开业。

4. "当"和"在"的用法比较说明
都可以表示事情发生的时间或处所。

词 说明	当	在
异同点	A. 表示时间，后面跟动词短语或小句，不能跟单个时间名词。 **例**：当明年春天来临时，我就毕业了。 　　＊当明年春天时，我就毕业了。 　　当我再去找他时，他已经走了。 　　＊当那时，他已经走了。 　　＊当我五岁那年，举家南迁。 B. "当"构成的介词短语只能表示时点，不能表示时段。 **例**：当铃声响起时，我顿时来了精神。 　　当他刚来中国时，一句汉语也不会说。 　　当我过生日时，总能收到他的礼物。 　　＊当那些独处的日子里，我反思了自己的行为。 　　＊当几年前，我就认识他。 C. 表示处所时，不能与处所词、方位词组合，只能与表示"人"的名词组合。 **例**：＊他当众人面前宣布退出竞选。 　　他当众宣布退出竞选。 　　＊请你当大家的面前说清楚。 　　请你当大家的面说清楚。 　　＊别当我头上泼我冷水。 　　别当头泼我冷水。	A. 表示时间，后面既可跟动词短语或小句，也可跟单个时间词。 **例**：在他给病人看病时，外边又来了几个病人。 　　他在上课时，总是很专心。 　　他喜欢在夜深人静时看书。 　　公司不准在工作时打私人电话。 　　在我五岁那年，举家南迁。 B. "在"构成的介词短语既能表示时点，又能表示时段。 **例**：我喜欢在他说话时端详他。 　　他在中国留学时，认识了很多朋友。 　　高考是在昨天进行的。 　　他在几年前就来过中国。 　　在那些独处的日子里，我反思了自己的行为。 C. 表示处所，可和处所词、方位词组合，不能与表示"人"的名词组合。 **例**：他在众人面前宣布退出竞选。 　　＊他在众宣布退出竞选。 　　请你在大家的面前说清楚。 　　＊请你在大家的面说清楚。 　　别在我头上泼冷水。 　　＊别在我头泼我冷水。

二、表示对象、方向、范围的介词

1. "对"、"跟"、"为"、"给"、"向"、"朝"和"往"的用法比较说明

（1）"对"和"跟"的用法比较说明

都可引进动作行为的对象。

说明＼词	对	跟
异同点	A. 表示动作行为的对象或人与人之间的对待关系。 **例**：他对我很热情。 　　　他对我有意见。 　　　*他对我商量。 B. 多用于单方行为，谓语通常是"热情"、"冷淡"、"认真"、"满意"、"信任"、"严格"、"关心"、"有兴趣"等表示人的情感或态度的词语。 **例**：他对工作很认真。 　　　我对他很信任。 　　　他对自己要求很严格。 　　　他对文学有兴趣。	A. 引进动作协同的对象。 **例**：*他跟我很热情。 　　　他跟我有矛盾。 　　　他跟我商量。 B. 多用于双方行为，谓语通常是"握手"、"见面"、"结婚"、"配合"、"合作"、"协作"、"共事"、"商量"、"交流"、"讨论"、"辩论"、"比赛"、"打交道"、"闹矛盾"、"合得来"、"有关系"、"有矛盾"等双方参与的动作。 **例**：她跟心爱的人结婚了。 　　　他整天跟学生打交道。 　　　他跟同屋闹矛盾了。 　　　我跟他合得来。

另外：

介词"跟"还可以用于引进比较的对象，后面常有"一样"、"不一样"、"相同"、"不同"、"相似"、"相等"、"差不多"等词语。

例：她长得跟妈妈一样漂亮。
　　　今天跟昨天的气温一样。
　　　他跟你差不多高。
　　　汉语跟英语语法不同。

（2）"为"和"给"的用法比较说明

都可以引进动作行为的对象。

说明＼词	为	给
异同点	A. 引进动作行为的受益者，在句中作状语。 **例**：他为我帮忙。 　　　服务行业是为大家服务的。 　　　这个菜是专门为你做的。	A. 引进动作行为的受益者，在句中作状语。 **例**：他给我帮忙。 　　　服务行业是给大家服务的。 　　　这个菜是专门给你做的。

词\说明	为	给
异同点	B. 不能引进动作行为的受损者或接受者。 例：*他总为我找麻烦。 　　*他老为我出难题。 　　*我不想为别人添麻烦。 　　*他为我介绍了他的朋友。 　　*你为他回个电话吧。 C. 引进动作行为的对象时，不能用在动词后作补语。 例：*送这份礼物为你。 　　*他介绍朋友为我。 　　*我交作业为老师。 　　*他教做人的道理为我。 D. 可用于表示原因或目的。 例：父母为孩子操心。 　　图书馆为同学们借阅提供了方便。 　　我希望为两国友谊做出贡献。 　　我们要为世界和平而努力。 　　父母为孩子的进步而感到欣慰。	B. 引进动作行为的受损者或接受者。 例：他总给我找麻烦。 　　他老给我出难题。 　　我不想给别人添麻烦。 　　他给我介绍了他的朋友。 　　你给他回个电话吧。 C. 引进动作行为的对象时，可用在动词后作补语。 例：这份礼物送给你。 　　他把朋友介绍给我。 　　我把作业交给老师了。 　　他教给我做人的道理。 D. 不能用于表示原因或目的。 例：*父母给孩子操心。 　　*图书馆给同学们借阅提供了方便。 　　*我希望给两国友谊做出贡献。 　　*我们要给世界和平而努力。 　　*父母给孩子的进步而感到欣慰。

注意：

(1) "为"后是动作动词时，"为"可用"替"、"给"替换。"为"后不是动作动词时，"为"一般可以用"替"替换，不用"给"替换。

例：他为我帮忙。（替）（给）
　　我为大家做事。（替）（给）
　　我真为你高兴。（替）（*给）
　　别为我担心。（替）（*给）

(2) "为"和"替"可以引进心理活动的关涉对象，动词主要是"担心"、"难过"、"惋惜"、"害羞"、"着急"、"操心"、"着想"、"难为情"等少数心理活动的动词。

例：我在这里很好，不用为我担心。
　　父母一辈子都在为儿女操心。
　　没想到他会这样做，我真替他难为情。
　　都什么时候了，我能不替他着急吗？

(3)"向"、"朝"和"往"的用法比较说明

"向"和"朝"可以指明动作行为的对象或方向,"往"只能指明动作行为的方向。

说明＼词	向	朝	往
异同点	A. 指明动作行为的对象。 a. 动词可以是与身体动作有关的具体动词,也可以是与身体动作无关的抽象动词。 例：他向我点点头,算是打招呼了。 我向他招招手,示意他过来。 孩子向老师鞠了一躬。 我向他请教电脑知识。 我向你道歉,都是我的错。 他向我了解学校的情况。 b. 介词后不可以紧跟"着"。 例：*他向着我点点头,算是打招呼了。 *我向着他招招手,示意他过来。 *孩子向着老师鞠了一躬。 *我向着他挥挥手。 B. 指明动作的方向。 a. 动词可以是表示动作行为的动词。 例：请向前看。 孩子向家里跑去。 汽车向南开去。 b. 动词可以是表示动作状态的动词。 例：门向东开着。 他脸向外躺着。 汽车头向南停着。 c. 介词后可以紧跟有"着"。 例：汽车向着南方开去。 孩子向着家里跑去。 他脸向着外躺着。	A. 指明动作行为的对象。 a. 动词可以是与身体动作有关的具体动词,不能是与身体动作无关的抽象动词。 例：他朝我点点头,算是打招呼了。 我朝他招招手,示意他过来。 孩子朝老师鞠了一躬。 *我朝他请教电脑知识。 *我朝你道歉,都是我的错。 *他朝我了解学校的情况。 b. 介词后可以紧跟有"着"。 例：他朝着我点点头,算是打招呼了。 我朝着他招了招手,示意他过来。 孩子朝着老师鞠了一躬。 他朝着我挥了挥手。 B. 指明动作的方向。 a. 动词可以是表示动作行为的动词。 例：请朝前看。 孩子朝家里跑去。 汽车朝南开去。 b. 动词可以是表示动作状态的动词。 例：门朝东开着。 他脸朝外躺着。 汽车头朝南停着。 c. 介词后可以紧跟"着"。 例：汽车朝着南方开去。 孩子朝着家里跑去。 他脸朝着外躺着。	A. 不能用于指明动作行为的对象。 例：*他往我点点头,算是打招呼了。 *我往他招招手,示意他过来。 *孩子往老师鞠了一躬。 *我往他请教电脑知识。 *我往你道歉,都是我的错。 *他往我了解学校的情况。 B. 指明动作的方向。 a. 动词可以是表示动作行为的动词。 例：请往前看。 孩子往家里跑去。 汽车往南开去。 b. 动词不能是表示动作状态的动词。 例：*门往东开着。 *他脸往外躺着。 *汽车头往南停着。 c. 介词后不能有"着"。 例：*汽车往着南方开去。 *孩子往着家里跑去。 *请往着前看。

续表

说明＼词	向	朝	往
异同点	C. 可用于既指明动作行为的对象，又指明方向的句子。 **例**：她向客人伸手要小费。 　　歹徒向警察刺了一刀。 　　他狠狠地向小狗踢了一脚。 D. 可用于动词后面，动词限于"转"、"冲"、"走"、"奔"、"指"、"射"、"飞"、"通"、"推"、"流"等少数单音节动词。 **例**：孩子跑向流泪的妈妈。 　　小鸟展翅飞向远方。 　　小河流向大海。	C. 可用于既指明动作行为的对象，又指明方向的句子。 **例**：她朝客人伸手要小费。 　　歹徒朝警察刺了一刀。 　　他狠狠地朝小狗踢了一脚。 D. 不能用于动词后。 **例**：＊孩子跑朝流泪的妈妈。 　　＊小鸟展翅飞朝远方。 　　＊小河流朝大海。	C. 不能用于既指明动作行为的对象，又指明方向的句子。 **例**：＊她往客人伸手要小费。 　　＊歹徒往警察刺了一刀。 　　＊他狠狠地往小狗踢了一脚。 D. 可用于动词后，动词限于"开"、"送"、"寄"、"派"、"运"、"通"、"飞"、"逃"等少数单音节动词。 **例**：这趟车开往北京。 　　这些信件寄往上海。 　　他被公司派往中国学习。

(4) "沿（着）"和"顺（着）"的用法比较说明

都表示经过的路线。

说明＼词	沿（着）	顺（着）
异同点	A. 表示经过的路线（后面可跟表示具体或抽象意义的名词性词语）。 **例**：汽车沿着湖边开。 　　你沿这条路往西就到了。 　　人生到底该沿着怎样的方向走下去？ 　　你沿着这个思路拟出计划。 B. 表示人或事物所在的处所，后跟单音节名词。 **例**：春节期间，长安街沿街摆满了鲜花。 　　这条街沿路有很多小酒吧。 　　黄河沿岸有很多古迹。 　　汽车沿路一字排开。	A. 表示经过的路线（后面跟表示具体意义的名词性词语，不能用抽象意义的名词）。 **例**：汽车顺着湖边开。 　　你顺着这条路往西就到了。 　　汗水顺着脸颊流了下来。 　　＊人生到底该顺着怎样的方向走下去？ B. 表示"按照"的意思。 **例**：你别总顺着别人的意思做事。 　　他喜欢顺着别人的话说。 　　他顺着父母的意愿跟她结婚了。 C. 表示"顺便"的意思。 **例**：我去学校，顺路去趟邮局。 　　请你顺手把门关上。 　　我回家顺道去了趟商店。

2．"对于"、"对"、"关于"和"至于"的用法比较说明

(1)"对"和"对于"的用法比较说明

都引进对象或有关的人或事物，表示人、事物之间的对待关系，组成介词结构作状语或定语。可与"……来说（来讲/说来）"配合使用，表示所提出的论断、看法等与相关的人或事物的关系。

例：对这个问题，我与你的看法是一致的。（对于）

对工作，他一向很认真。（对于）

我们对好建议是乐意接受的。（对于）

语法对很多同学来说都是很头疼的。（对于）

春节对中国人来说是很重要的节日。（对于）

词 说明	对	对于
异同点	A. 可用于表示人与人之间的对待关系或动作行为的对象。 **例**：他真的对你那么重要吗？ 他对顾客很热情。 老师对我们特别关心。 你对大家说说你的想法。 他对我点点头，示意我坐下。 B."对"组成的介词短语可以用在能愿动词、副词前边或后边。 **例**：他们都对历史很感兴趣。 他们对历史都很感兴趣。 我应该对这起事故负责。 我对这起事故应该负责。 社会实践会对孩子的成长有好处。 社会实践对孩子的成长会有好处。	A. 不能用于表示人与人之间的对待关系或动作行为的对象。 **例**：*他真的对于你那么重要吗？ *他对于朋友倒挺热情。 *老师对于我们特别关心。 *你对于大家说说你的想法。 *他对于我点点头，示意我坐下。 B."对于"组成的介词短语只能用在能愿动词或副词前边。 **例**：*他们都对于历史很感兴趣。 他们对于历史都很感兴趣。 *我应该对于这起事故负责。 我对于这起事故应该负责。 *社会实践会对于孩子的成长有好处。 社会实践对于孩子的成长会有好处。

(2)"对于"和"关于"的用法比较说明

都可以用在主语前，如介词的宾语既表示动作涉及的对象，又可表示动作涉及的范围，用"对于"、"关于"都可以。

例：对于这个问题，大家看法一致。

关于这个问题，大家看法一致。

对于教学，他有自己的一套理论。

关于教学，他有自己的一套理论。

词\说明	对于	关于
异同点	A. 用于引进动作行为的对象。 **例**：对于这里的一切，他都很熟悉。 　　对于他的情况，我了解一些。 　　对于文化遗产，我们必须给以保护。 　　对于中国的历史，他知道得不少。 B. "对于"组成的介词短语可用于句首或动词前作状语，一般不能用在宾语前作定语。 **例**：对于如何改进教学，他有其独到的见解。 　　他对于如何改进教学有其独到的见解。 　　*他有其对于如何改进教学的独到见解。 　　对于他的情况，我知道一些。 　　我对于他的情况了解一些。 　　*我了解一些对于他的情况。 C. "对于"可以带指人的名词宾语。 **例**：对于犯错误的同学，我们要热心帮助。 　　对于中国人，春节是很重要的。 　　对于他来说，工作是第一位的。 　　对于爱国同胞，我们随时都欢迎。 D. 谓语动词是"有"或"没有"，宾语多为"……情况"、"……问题"、"……建议"时，"关于"、"对于"可以互换。 **例**：对于他的问题，我有自己的想法。 　　对于他的近况，大家都很关心。 　　对于工作出现的问题，我们会尽快解决。	A. 用于指出动作行为所涉及的范围或内容。 **例**：关于织女星，民间有个美丽的传说。 　　关于他的近况，我是知道一些的。 　　关于工作的安排问题，公司会尽快解决。 　　他读了很多关于中国民俗的书。 B. "关于"组成的介词短语可用于句首或宾语前作定语，不能用在动词前作状语。 **例**：关于如何改进教学，他有其独到的见解。 　　*他关于如何改进教学有其独到的见解。 　　他有很多关于如何改进教学的独到见解。 　　关于他的情况，我知道一些。 　　*我关于他的情况了解一些。 　　我了解一些关于他的情况。 C. "关于"不能带指人的名词宾语。 **例**：*关于犯错误的同学，我们要热心帮助。 　　*关于中国人，春节是很重要的。 　　*关于他来说，工作是第一位的。 　　*关于爱国同胞，我们随时都欢迎。 D. 谓语动词是"有"或"没有"，宾语多为"……情况"、"……问题"、"……建议"时，"关于"、"对于"可以互换。 **例**：关于他的问题，我有自己的想法。 　　关于他的近况，大家都很关心。 　　关于工作出现的问题，我们会尽快解决。

（3）"关于"和"至于"的用法比较说明

都可以表示动作行为所涉及的范围或内容。

词\说明	关于	至于
异同点	引进的是一个话题。 例：关于边境问题，两国领导人交换了意见。 关于他的近况，我知道一些。 我在网上搜索关于南极的资料。 他读过一些关于民俗的书。	引进相关的另一个话题。 例：我在网上搜索资料，至于能否找到，还是个未知数。 毕业后就没联系过，至于他的近况，我不太清楚。 我读过一些历史方面的书，至于民俗方面的，从未读过。 熊猫是素食动物，至于熊，则完全是食肉的。

三、表示凭借或依据的介词

1. "按"和"按照"的用法比较说明
都表示动作行为所遵循的标准或依据。

词\说明	按	按照
异同点	A. 后面可跟单音节或双音节的词语，后面如跟双音节词语可以加"着"。 例：按理，这件事你该承担责任。 产品当然按质论价了。 学校是按着学生水平分班的。 这件事你就按着他的意思办吧！ B. 后面可跟表示单位时间的名词或量词。 例：会议按期举行。 这个公司按月付酬。 保洁的工资按小时计算。 这些水果按斤卖。	A. 后面只跟双音节词语，不能跟单音节词，后面不能加"着"。 例：学校是按照学生水平分班的。 这件事你按照他的意思办吧！ 任何人都应按照公司的规定办事。 一切按照预定计划进行。 *会议按照期举行。 *一切按照着工作规定去做。 B. 后面不能跟表示单位时间的名词或量词。 例：*会议按照日期举行。 *这个公司按照月份付酬。 *保洁的工资按照小时计算。 *这些水果按照公斤卖。

2. "据"和"根据"的用法比较说明
都表示以某种事物或动作行为为前提或基础。

词 \ 说明	据	根据
异同点	A. 可以跟单音节词组合。 例：这件事我会据理力争的。 　　据说，最近公司会有人事变动。 　　这件事我会据实向上级反映。 　　事情真相，我会据情上报。 B. 后面一般跟表示动作意义的双音节名词，不能跟一般性的双音节名词。 例：据有关部门的统计，我国吸毒人数已达74万。 　　据气象台的预报，明天将有中到大雨。 　　据有关部门的调查，这起贪污案确实属实。 　　＊这部电视剧是据同名小说改编的。 　　＊据我以往的经验，这次考试不会难。 C. 后面可跟小句宾语。 例：据有关部门统计，我国吸毒人数已达74万。 　　据气象台预报，明天将有中到大雨。 　　据有关部门调查，这起贪污案确实属实。 　　据他说，公司内部将有人事变动。	A. 不可以跟单音节词组合。 例：＊这件事我会根据理力争的。 　　＊根据说，公司会有人事变动。 　　＊这件事我会根据实向上级反映。 　　＊事情真相，我会根据情上报。 B. 后面可以跟表示动作意义的或一般性的双音节名词。 例：根据有关部门的统计，我国吸毒人数已达74万。 　　根据气象台的预报，明天将有中到大雨。 　　根据有关部门的调查，这起贪污案确实属实。 　　这部电视剧是根据同名小说改编的。 　　根据我以往的经验，这次考试不会难。 C. 后面不跟小句宾语。 例：＊根据有关部门统计，我国吸毒人数已达74万。 　　＊根据气象台预报，明天将有中到大雨。 　　＊根据有关部门调查，这起贪污案确实属实。 　　＊根据内部消息透露，公司内部将有人事变动。

3. "依"和"依照"的用法比较说明

都可以表示做某事的依据。

词 \ 说明	依	依照
异同点	A. 后面可接单音节或两个音节以上的名词，后面如果不是单音节名词，"依"后面可加"着"。 例：我会依法办事的。 　　我会依法律办事的。 　　我会依着法律办事的。 　　必须依图施工，不得擅自改动。 　　必须依图纸施工，不得擅自改动。 　　必须依着图纸施工，不得擅自改动。 B. 可以引进对事物表示某种看法的人。 例：依我看，这次考试难不了。 　　依你说，那该怎么办？ 　　依你看，当警察的都不懂感情？ 　　依我看，凡事不可一概而论。	A. 后面只能接两个音节以上的词，不能接单音节名词，后面不能加"着"。 例：我会依照法律办事的。 　　＊我会依照法办事的。 　　＊我会依照着法律办事的。 　　必须依照图纸施工，不得擅自改动。 　　＊必须依照图施工，不得擅自改动。 　　＊必须依照着图纸施工，不得擅自改动。 B. 不能引进对事物表示某种看法的人。 例：＊依照我看，这次考试难不了。 　　＊依照你说，那该怎么办？ 　　＊依照你看，当警察的都不懂感情？ 　　＊依照我看，凡事不可一概而论。

4．"按"、"依"、"照"和"据"的用法比较说明

说明\词	按	依	照	据
异同点	侧重于"以……为标准或依据"。 A. 后面可接普通名词或小句，表示以某种标准为依据。 **例**：按他的意思去办吧。 我们还按原计划进行吧。 按着这个速度何时才能完工呀？ 按两天讲一课计算，一个月能讲完。 按每天记10个成语算，一个学期可不少呀！	侧重于"依顺"。 A. 后面可接单音节或两个音节以上的名词，后面如不是单音节名词，后面可加"着"。 **例**：我会依法办事的。 代表们依次就座。 你就依着他的意思做吧。 你还是依着他说的做吧。	侧重于以某种标准为依据。 A. 后面可接普通名词或小句。 **例**：照他的意思去办吧。 我们还照原计划进行吧。 照着这个速度何时才能完工呀？ 照两天讲一课计算，一个月能讲完。 照每天记10个成语算，一个学期可不少呀！	侧重于以某种事物或动作行为为前提或基础。 A. 可以跟单音节词组合。 **例**：这件事我会据理力争的。 据说，明天会有月全食。 这件事我据实向上级反映。 你该据情上报这件事。
	B. 后面可接表示单位的名词或量词，表示动作行为以某单位为标准。 **例**：这个公司按月付酬金。 保洁的工资按小时计算。 出租汽车是按公里计费的。 房租按月计算。	B. 可构成"依……看/说"的固定格式（后面多接人称代词"你"或"我"），引进对事物表示某种看法的人。 **例**：依我看，他完全可以胜任。 依你看，他行吗？ 依我说，升职他根本没戏。 依你说，这事该怎么办？	B. 后面不能接表示单位的名词或量词。 **例**：＊这个公司照月付酬金。 ＊保洁的工资照小时计算。 ＊出租汽车是照公里计费的。 ＊房租照月计算。	B. 后面一般跟表示动作意义的双音节名词，不能跟一般性的双音节名词。 **例**：据有关部门的统计，我国吸毒人数已达74万。 据气象台的预报，明天下午将有中到大雨。 据有关部门的调查，这起贪污案确实属实。 ＊这部电视剧是据同名小说改编的。 ＊据我以往的经验，这次考试不会太难。
	C. 不可以表示模仿某样子去做 **例**：＊我想按你这个样子去理。 ＊师傅，你能按着这件衣服做吗？ ＊我这也是按葫芦画瓢。 ＊按这件衣服的大小买吧。		C. 可表示模仿某样子去做。 **例**：我想照你这个样子去理。 师傅，你能照着这件衣服做吗？ 我这也是照葫芦画瓢。 照这件衣服的大小买吧。	C. 后面可跟小句宾语。 **例**：据有关部门统计，我国吸毒人数已达74万。 据气象台预报，明天将有中到大雨。 据有关部门调查，这起贪污案属实。 据他说，公司内部将有人事变动。

续表

说明＼词	按	依	照	据
异同点	D. 构成"按……说/讲"的固定格式（后面接表示道理、条件或规律的词语，不能接人称代词），表示以某种标准为依据。 例：按道理说，他这次考试该过关了。 按身体条件讲，你不比他差多少。 按常规讲，这次该轮到他了。 还用商量吗？就按老规矩办吧。		D. 可构成"照……看/说"的固定格式（后面多接人称代词"你"或"我"），引进对事物表示某种看法的人。 例：照你看，这件事有多大的把握？ 照你说，他能胜任这份工作吗？ 照我说，只要努力就问心无愧。 照我看，升职他没戏。	D. 可构成"据……看"（后面多接人称代词"你"或"我"）或"据……说/称/讲"（后面多接人称代词"他"或一般指人的名词）的固定形式。 例：据我看，鹿死谁手还很难说。 据你看，这个方案可行吗？ 据他讲，他根本就没说过这话。 据院方称，近两日并无新增病历。

5. "按照"、"依照"和"根据"的用法比较说明

都可以表示遵循某种规定或标准。

说明＼词	按照	依照	根据
异同点	侧重于以某种标准为依据，所遵循的规定通常是不成文的，可以改动的。 例：按照公司的规定，你这样做是不允许的。 你就按照他的意思去做吧！ 一切都按照计划进行。 办案得按照法律程序。	侧重于完全照办，所遵循的规定通常是不能改动的（法律条文等）。 例：依照合同约定，任何一方无权提前中止合同。 警察依照交通法规对他进行了处罚。 我是依照公司的规定办事的。 我国公民必须依照法律服兵役。	侧重于介绍得出某种论断的依据。 例：电视剧是根据同名小说改编的。 你应该根据自己的水平选择课程。 根据统计，我国吸毒人数已达74万。 根据群众的反映，该药店销售伪劣药品。

6. "以"、"凭"和"拿"的用法比较说明

说明＼词	以	凭	拿
用法	A. 表示凭借，有"用"、"拿"的意思。 例：以你的身体条件得第一没问题。 他以优异的成绩考上了大学。 你不能以老眼光看人。 医生应以高度负责的精神对待工作。 B. 表示原因，有"由于"、"因为"的意思，常构成"以……而……"固定格式。 例：我以自己是中国人而感到自豪。 北京以名胜众多而闻名于世。 他的婚姻以失败而告终。 平谷以盛产桃而著称。 C. 表示方式，有"按照"、"根据"的意思。 例：切不可以貌取人。 事物的发展不以个人意志为转移。 我以自己的方式生活。 不能以一次成败论英雄。	A. 表示凭借、依靠或根据，后面可接名词或名词性词语，可加"着"。 例：一律凭票入场。 单凭主观意愿作出判断是不行的。 他凭着双手创造了幸福的生活。 他凭着经验对这事作出了判断。 B. 后接动词、形容词或小句。 例：别光凭热情去工作，得讲究方法。 光凭自己努力是不够的，得有老师的指导。 凭本事挣钱，不亏欠谁。 凭死记硬背哪能学到真知识？	A. 引进动作的对象，有"把"、"对"的意思，常构成"拿+名词/名词短语+当/没办法/无可奈何/没辙/怎么样/开心/开玩笑"等形式。 例：父母都拿他没办法。 我就这样，你能拿我怎么样吧？ 你就别拿老实人开心了。 我哪能偷公家的东西，你拿我当什么了？ B. 引进所凭借的工具、材料或方法，常构成"拿+名词/名词短语+动词……"形式。 例：人都是会变的，别拿老眼光看人。 你该拿事实证明给那些人看。 他习惯拿毛笔写信。 他一直拿话暗示我。 C. 引进比较的对象，常构成"拿+名词/名词短语+来说/来讲/来看/比/比较/衡量"形式。 例：拿整体实力来讲，这两个队差不多。 拿自己跟高水平的人比，这样才能找出差距。 拿高标准衡量，我还差得远呢。 我就是我，别拿我跟人家比。

附1：常用介词词组

（1）当……时/的时候/之际：表示事件发生的时间。

例：当消息传来之际，全场沸腾了。

当他拿到录取通知书时，高兴得哭了。

当你走进社会的时候,你就完全独立了。

(2) 当……之前/以前/之后/以后:表示事情发生之前或之后发生另一件事。

例: 当事情未调查清楚之前,最好别下结论。
当结果还未公开之前,最好保密。
当你填报志愿之后,就不能改了。

(3) 每当……时/的时候/之时:表示事情发生的时间,同时表示事情的发生是规律性的。

例: 每当月圆之时,我都去看月亮。
每当中秋月圆之时,他都要回故乡。
每当我提起这事的时候,他都生气。

(4) 正当……时/的时候:强调某件事正在发生时,出现新的情况。

例: 正当大家都休息的时候,他还在工作。
正当我准备离开家时,电话响了。
正当大家准备出发的时候,突然下起了大雨。

(5) 当……面:表示事件发生的处所。

例: 孩子喜欢当着众人的面唱歌。
你别当着别人的面说我们的事。
昨天我当着大家的面给他道了歉。

(6) 在……上:表示方面或条件。

例: 文章水平高低是体现在质量上的。
这件作品在题材和内容上都很不错。
他在实践基础上,总结了一套自己的理论。

(7) 在……方面:表示范围。

例: 在营养学方面,他有专著。
在新产品设计方面,他很会动脑筋。
在人事关系方面,他不太会处理。

(8) 在……下:表示条件或前提。

例: 他在父母的劝说下,向人家承认了错误。
在饭店的协助下,解决了学生中午用餐的难题。
在大家的努力下,顺利完成了任务。

(9) 在……中:表示过程或范围。

例: 他在与人的交往中,恢复了自信。
在学生中,他是一位极受尊敬的老师。
他在掌声中走下舞台。

(10) 在……之外:表示在某个范围以外。

例：在八小时之外，你都干些什么呢？
本商场在折扣之外，还奉送一张精致的贺卡。
老人在做学问之外还有很多爱好。

(11) 在……里/中/内/期间：表示某段时间内发生什么事情。

例：因为外伤，他在五个月中不曾下过床。
在一年的时间内要学习五门课程。
在考试期间，你一定要注意身体。

(12) 在……以前/之前/以后/之后：表示时间。

例：在你做出最后决定以前，最好仔细地调查一下。
在回国之前，别忘了跟朋友打个招呼。
在取得HSK六级成绩以后，你才能进入大学学习。

(13) 在……以下/之下/以内/之内：表示范围。

例：参加本次绘画比赛的儿童年龄应在15岁以下。
我看他的水平也不在我之下，他去也行。
论文字数规定在一万字以内。

(14) 在……之间：表示范围。

例：她最终并没有在两个男人之间做出选择。
你必须在感情和工作之间做出选择。
学生人数在十到十五人之间。

(15) 在……同时：表示事情跟另一件事同时进行或发生。

例：人们在享受现代文明的同时，也受到了种种危害。
教师在教授知识的同时，还要教孩子们做人的道理。
在大力发展经济的同时，也要保护环境。

(16) 在……的时候/时/之际：表示事情发生的特定时间。

例：老师在上课的时候说的这件事。
他在看书时，总是放着音乐。
在新的学期到来之际，你有何打算？

(17) 在……看来：表示某人的想法。

例：在一般人看来，他是个很冷漠的人。
在他看来，这次考试不会难。
在我看来，学生没有理由不上课。

(18) 以……为……：等于"把……作为"或"认为……是……"。

例：不要事事都以自己为中心。
南方人以大米为主食。
这些文章是以介绍中国风情为主的。

(19) 以……而论：拿……来说。

例：以他的个人能力而论，完成这项任务很困难。
　　以产品质量而论，这种产品是不错的。
　　以我个人而论，工作就是休息。

(20) 从……出发：表示凭借或根据。

例：做事应从实际情况出发。
　　计划要从实际出发，别想当然。
　　考虑问题要从实际出发。

(21) 就……而言/而论/来说/来讲：表示从某方面论述。

例：就整体实力而言，这两支球队实力相当。
　　就身体状况来说，他比我强多了。
　　就他的写作水平来讲，不在你之下。

(22) 为……而……：表示原因、目的。

例：为得到好成绩而努力。
　　为信仰而奋斗，这是值得的。
　　我们为祖国的荣誉而战。

(23) 为了……而……：前后用意义相反的两个动词，表示转折。

例：为了得到更多而放弃眼前利益。
　　他为了成就一番事业而忽略了家人的情感。
　　母亲为了儿女的幸福而放弃了自己的幸福。

(24) 为……起见：表示原因、目的。中间多用动词或形容词。

例：为安全起见，你还是再检查一遍吧。
　　为方便同学起见，图书馆延长了开放时间。
　　为慎重起见，我劝你还是三思吧。

(25) 对……来说（说来）：表示从某人、某角度来看。

例：语言环境对留学生来说是很重要的。
　　对我来说，没有克服不了的困难。
　　商品房对工薪阶层来说还是比较贵的。

(26) 拿……来说/来讲/来看/比较/衡量/检验：表示从某方面提出话题或引进比较的对象。

例：拿学习成绩来说，他进步就不小呀！
　　你不能总拿老眼光来看人。
　　拿两个力量悬殊的球队比较是欠公平的。

(27) 拿……当……：表示认同关系。

例：我一直拿他当我的好朋友。
　　他从不拿自己的身体当回事。

妈妈老拿我当孩子。

(28) 到……为止：表示从过去某时到现在说话时。

例：到目前为止，一切进展顺利。
　　到今天为止，情况并无好转迹象。
　　比赛的分界线就划到这里为止。

(29) 跟（和）……过不去：引进动作的受损者。

例：你怎么能跟一个孩子过不去呢？
　　这鬼天气总和我过不去
　　你别老跟小猫过不去。

(30) 给……出难题：引进动作的受损者。

例：你怎么净给我出难题呢？
　　他常常给人家出难题。
　　你这不是给我出难题吗？

(31) 给＋我＋动词/动词短语：用于祈使句中，含有请求、命令、商量语气。

例：你给我倒杯水好吗？
　　你给我出去！
　　你给我看看，他怎么了？

(32) 按……说（讲）/来说（来讲）：表示根据某种事理做出判断，名词限于指道理、条件、规律之类的。

例：按理说，这个忙你是不该不帮的。
　　按一般情况来说，这时他早该到了。
　　按你的成绩来讲，录取的希望是很大的。

(33) 给……以……：表示给予。

例：父母给他以巨大的支持。
　　你应该给孩子以关心。
　　他给我以很大的帮助。

(34) 凭什么：表示质问。

例：你凭什么监视我？
　　他能去我凭什么不能去？
　　他凭什么这样对待我？

附2：可在动词、形容词后使用的介词

(1) 动词＋"自"＋处所/来源：表示处所起点或来源。

这类动词有："寄"、"来"、"发"、"引"、"摘"、"出"、"录"、"选"、"抄"、"译"、"转引"等。

例：寄自中国　　来自北京　　发自内心　　出自清朝　　选自报社

(2) 动词 + "给" + 对象（对象为表示人的名词）：表示对象。

这类动词有："送"、"交"、"递"、"转"、"还"、"借"、"教"、"买"、"赔"、"赏"等表示给予的动词。

例：送给他　　交给老师　　递给服务员　　还给朋友

(3) 动词 + "向" + 对象/处所：表示对象或方向。

这类动词有："走"、"跑"、"奔"、"冲"、"飞"、"引"、"推"、"通"、"指"、"转"、"倒"、"投"、"流"、"划"、"偏"等。

例：跑向妈妈　　推向他　　走向远方　　飞向蓝天

(4) 动词 + "往" + 处所：表示方向。

这类动词有："开"、"通"、"迁"、"送"、"运"、"寄"、"派"、"飞"、"逃"等。

例：开往北京　　迁往上海　　运往灾区　　派往中国

(5) 动词 + "在" + 处所/时间：表示处所或时间范围。

这类动词有："放"、"摆"、"排"、"生"、"死"、"定"、"处"、"改"、"出生"、"诞生"、"发生"、"出现"、"发现"、"布置"、"安排"、"确定"、"固定"等。

例：放在桌子上　　摆在大厅里　　出生在北京　　发生在2003年

(6) 动词/形容词 + "于"：表示时间、处所、对象、比较、被动等。

这类动词和形容词有："多"、"少"、"高"、"低"、"产"、"便"、"敢"、"勇"、"忙"、"苦"、"乐"、"发源"、"毕业"、"从事"、"致力"、"有利"、"有害"等。

例：多于去年　　产于上海　　便于携带　　忙于事业　　乐于助人
　　毕业于北大　　有利于健康

(7) 动词 + 到 + 处所/时间：表示处所或时间。

这类动词常用的有："等"、"回"、"赶"、"跑"、"送"、"放"、"说"等。

例：赶到学校　　跑到运动场　　等到放假　　说到下午

实力测试（2）

一、将所给的词语填到适当的位置上

1. 自习室里安静极了，同学们都 A 安静地 B 坐 C 那里，D 看着书。（在）

2. A 我们 B 兴致勃勃地 C 准备 D 去爬山时，突然下起雨来。（正当）

3. 大家的注意力正 A 集中 B 那展台上美丽的模特小姐 C 身上，谁也没注意到他 D 什么时候走的。（在）

4. A 他的情绪 B 很大程度上 C 受到 D 周围环境的影响。（在）

5. A 我 B 面谈的是 C 一位鬓发灰 D 白的老学者。（和）

6. A 学好 B 课本知识，C 还要积极参加 D 社会实践活动。（除了）

7. 这件事 A 你我都无权擅自决定,应 B 董事会 C 讨论通过,D 大家才是最后的决定者。(由)
8. A 孩子 B 这种初期的叛逆行为 C 我们 D 做家长的一定要予以重视,不可掉以轻心。(对于)
9. A 他买了 B 很多 C 中国 D 现代史方面的书。(关于)
10. A 张辉他们最近的 B 是 C 一辆 D 没有坐满人的客车。(离)
11. A 你别 B 小人之心 C 度 D 君子之腹。(以)
12. A 当今时代,知识就如同 B 古代帝王的权杖,能掌握特别知识的人就可扭转人生,C 进而改造 D 全世界。(在)
13. A 孩子无助的哭声突然唤醒了 B 她身为人母 C 那份深藏心底的 D 孩子的愧疚之情。(对)
14. A 这个计划的实施 B 公司的现在以及 C 将来的发展,都将具有积极的意义,D 使公司能在此领域立于不败之地。(对于)
15. A 春节 B 这几天 C 放假,D 他想去各地走走。(趁)
16. A 几位老师的同时辞职 B 这个原本很稳固的 C 补习班 D 蒙上了一层阴影。(给)
17. 他中文系博士都读完了,别说 A 现代汉语,B 就 C 古汉语原著 D 他都看得懂。(连)
18. A 他 B 一名医生的身份 C 跟这位教授 D 见了面。(以)
19. A 劳累了一天的妈妈 B 只有 C 家人都休息的 D 时候,才铺开图纸搞自己的建筑设计。(当)
20. A 我们 B 大学毕业 C 以后就再也 D 没见过面。(从)

二、判断选择

1. (　　) 改革开放的深入,中国普通百姓接触国外新鲜事物的机会也越来越多,视野也开阔了。
   A. 沿着　　　　B. 跟着　　　　C. 顺着　　　　D. 随着
2. 学校将于明日 (　　) 你的《高校教育改革之我见》进行进一步的讨论。
   A. 就　　　　　B. 至于　　　　C. 关于　　　　D. 在
3. 人们往往会 (　　) 生活中的遭遇很主观地赋予某种意义,有积极的,也有消极的。
   A. 对于　　　　B. 对　　　　　C. 关于　　　　D. 至于
4. 他曾大量阅读 (　　) 中国历史方面的书。
   A. 对于　　　　B. 关于　　　　C. 至于　　　　D. 对
5. 只要我们具有感受未来变化的敏锐,致力 (　　) 改变自我并适时变通,就能达到所期望的人生目标。
   A. 在　　　　　B. 与　　　　　C. 于　　　　　D. 把
6. 当你熟悉了建立人际关系的技巧后,便会很容易地和人们建立最诚挚的关系,并 (　　) 中获益颇多。
   A. 在　　　　　B. 从　　　　　C. 自　　　　　D. 打
7. 他的水平不在我 (　　),这件事你就放心让他去做吧。
   A. 之上　　　　B. 之下　　　　C. 之前　　　　D. 之后
8. 他在吃穿 (　　) 是非常讲究的,你要请他吃饭,可得找个像样的饭店。

A. 上　　　　　B. 中　　　　　C. 下　　　　　D. 时

9. 为了能把通知书及时送到考生手中，他在雪（　　）整整跋涉了一天。
   A. 中　　　　　B. 之中　　　　C. 下　　　　　D. 之间

10.（　　）他来说，一万块钱只是毛毛雨。
   A. 按　　　　　B. 依　　　　　C. 从　　　　　D. 对于

11. 他的第一本人物传记题材的小说将（　　）国外某出版社出版。
   A. 从　　　　　B. 自　　　　　C. 由　　　　　D. 打

12. 在我的印象（　　），他是一个非常有个性的人。
   A. 中　　　　　B. 内　　　　　C. 外　　　　　D. 上

13. 这桌饭菜是她专门（　　）你准备的，你说什么也得吃点儿！
   A. 为着　　　　B. 为　　　　　C. 对　　　　　D. 由

14. 你把这份材料送（　　）北大哲学系的陈老师那儿。
   A. 给　　　　　B. 到　　　　　C. 向　　　　　D. 往

15. 这里的服务很好，服务员（　　）顾客都很热情。
   A. 对于　　　　B. 对　　　　　C. 向　　　　　D. 朝

16. 经过抢救，他终于（　　）昏迷中苏醒过来。
   A. 由　　　　　B. 在　　　　　C. 从　　　　　D. 自从

17. 这篇文章是出（　　）他的手。
   A. 由　　　　　B. 自　　　　　C. 从　　　　　D. 在

18. 他这两天就对我爱理不理的，好像（　　）我有意见。
   A. 对　　　　　B. 对于　　　　C. 关于　　　　D. 朝

19. 人的本性是可以改变的，而这种改变的力量就握（　　）你手中。
   A. 在　　　　　B. 于　　　　　C. 从　　　　　D. 自

20. 我从小就（　　）表演艺术感兴趣，所以就报考了这个专业。
   A. 对　　　　　B. 对于　　　　C. 在　　　　　D. 向

21. 在这个学校学习的同学来（　　）四面八方，五湖四海。
   A. 由　　　　　B. 从　　　　　C. 自　　　　　D. 于

22. 他把秘密都深藏（　　）那不可触及的内心深处。
   A. 到　　　　　B. 自　　　　　C. 在　　　　　D. 给

23. 我昨天在公司收到了他发（　　）我的一份传真。
   A. 自　　　　　B. 给　　　　　C. 向　　　　　D. 到

24. 每（　　）听到这首歌时，她都泪流满面。
   A. 在　　　　　B. 正在　　　　C. 当　　　　　D. 正当

25. 他（　　）进入学校之日起就立志要成为一名最优秀的教师。
   A. 当　　　　　B. 在　　　　　C. 离　　　　　D. 自

26. 世上没有免费的午餐，也就是说，人家不会白白地送东西（　　）你。
   A. 为　　　　　B. 给　　　　　C. 向　　　　　D. 对

27. 一年（　　）头，从未见过他休息。

A．起　　　　B．从　　　　C．到　　　　D．开
28．我们该学会（　　）他人的成功中汲取经验，无论在哪一领域中，每往前跨一步，都要循着前人的发现和突破。
　　A．在　　　　B．从　　　　C．关于　　　D．打
29．（　　）大多数人（　　），下决心是再容易不过的事了，但又有多少人能做到持之以恒、始终如一呢？
　　A．在……看来　B．对……而言　C．从……来说　D．从……出发
30．如果你想责怪孩子的行为不当时，你得首先（　　）提高自己的素质（　　），因为你就是孩子第一个模仿对象。
　　A．从……中　　B．从……着手　C．从……来说　D．在……看来

三、改错

1．对于凡是在科学研究上有突出贡献而生活上又十分清贫的科学家、科技人员，都应该
　　　A
　受到全社会的尊重，而他们整体健康水平的低下，又不能不引起全社会的关注。
　　　B　　　　　　　　　C　　　　　　　　　D

2．到目前为止，农业收成的好坏，在很大程度上还是由于自然条件的好坏决定的，人为
　　　A　　　　　　B　　　　　　　　　　C
　地控制自然条件的能力还是很有限的。
　　　　　　　D

3．对于我们教学中所存在的问题，还有一点是必须要提到的，就是有些老师吃老本不思
　　　　　　　A　　　　　　　　　　　B
　进取，教学毫无新意、一成不变，这也是造成学生流失的一个重要原因。
　　　　　　　C　　　　　　　　　D

4．早晨还晴空万里呢，大家正当兴高采烈地准备向郊区进发时，谁知这老天爷的脸说变
　　　A　　　　　　　　B　　　　　　　　　　　　　　　C
　就变，忽然下起倾盆大雨，给我们当头泼了一盆冷水。
　　　　　　　　　　　D

5．这是一本纪实题材的书，讲述的是中国末代皇帝溥仪的一生，真实地记述了他从娃娃
　　　A　　　　　　　　B　　　　　　　　　　　　　C
　皇帝、假皇帝和傀儡皇帝，以及如何从罪犯改造为共和国公民的全过程。
　　　　　　　　　　　　D

6．刚来中国的时候，他一句汉语也不会说，只一年的时间他就考上了名牌大学，离开学
　　　A　　　　　　B　　　　　　　　　　　C
　校那天，他向着老师深深地鞠了一躬。
　　　　　D

7．按照马路边的指示牌往前走300米3分钟就到了，可我拐了两个弯走了十几分钟才到，
　　　　　　　A　　　　　　　　　　　　　　　　B

到了商场有种欺骗的感觉,已经没什么心思买东西了。
　　　　　　C　　　　　　　D

8. 从今后两天,受南下的一股冷空气的影响,我市气温将明显下降,望有关部门提前做
　　A　　　　　　B　　　　　　　　　　　C　　　　　　　D
好防寒准备。

9. 这次你们就瞧着吧,我宣布:自打今天开始,我要天天早起跑步,请大家监督我。
　　A　　　　　　B　　　　　　　　C　　　　　　　　D

10. 从家乡他早上刚回来,带着一身的疲惫与风尘,让他稍加休息以后,我就让他去找你。
　　　A　　　　　　　B　　　　　　　　C　　　　　　　D

11. 因为我的工作性质决定我没有节假日,所以对自己的身体特别在意,每当回到家就
　　　　　　A　　　　　　　　　　　　B　　　　　　　　　C
洗手,周围的人感冒了我就戴口罩。
　D

12. 如果我能回到过去,重新拥有快乐而无忧无虑的童年青年时代,我一定给别人劝,为了
　　　A　　　　　　　B　　　　　　　　　　　　　　　　　　　C
以后不在后悔中过日子,一定要抓住当前。
　　　D

13. 从他大起大落的经历,或多或少地能给我们一些启示,也给我们提出了警示,不再让
　　A　　　　　　　　　B　　　　　　　　　　　　　C
这样的悲剧重演。
　D

14. 目前,关于食物的种类、成分、烹调方法,以及人们的进食习惯,都已成为胃癌病因
　　A　　B　　　　　　　　　C
学研究的重要课题。
　D

15. 为了抢救落水儿童,他不顾个人安危跳入冰冷的湖水中,自己却因体力不支昏迷过
　　　　　　　　A　　　　　　　　　　　　　　　B
去,医生们全力抢救了三天三夜,他才打昏迷中苏醒过来。
　　　C　　　　　　　　　D

16. 我们关于国家文物,无论大还是小,年代是否久远,都应该十分爱惜,因为它是我
　　　A　　　　　　B　　　　　　　C
们民族的精神的。
　　D

17. 随着人们生活水平的日益提高,现在,很少有人再对温饱问题而发愁了,人们更加
　　　A　　　　　　　　　B　　　　　　　C
关注的是生活质量。
　D

18. 老舍先生的《茶馆》再次被搬上了话剧舞台,由"人艺"诸多资深的老艺术家担当
　　　A　　　　　　　　　　　　　　　　　B

主演，在忠实原作的基础上有所创新，重新改编的这台话剧将使观众对话剧的吸引
　　　　　　　　　　　　C　　　　　　　　　　　　　　　　　　　D
力大大增强。

19. 他离开时，我正在洗漱，他在镜子里的我点了点头，就转身走了。
　　　A　　　　　B　　　　C　　　　　　　　　D

20. 校长在观看和听取了学生们的汇报和表演后说：只有既有丰富的知识和较强的能力，
　　　A　　　　　　　　　　　　　　　　　　　　　B
又有较高的素质的人才，才能成为完全的和健全的人才，才能更好地适应时代的发
　　　　　　　　　　　　　C　　　　　　　　　　　　　　D
展。

21. 人们养宠物有时会被传染上宠物病，对我的朋友来说，上个星期他们全家就都得了
　　　　A　　　　　　　　　　　　　B　　　　　　　　　C
鹦鹉热，让人啼笑皆非。
　　D

22. 他年龄不小了，记忆力没法儿跟你们年轻人相比，拿他来说，能取得这样的成绩已
　　　A　　　　　　　　　　B　　　　　　　　　C　　　　　　　D
经很不容易了。

23. 父母给了我生命，当然是最重要的，但是我的男朋友也是对我来说很重要的人，我甚
　　　A　　　B　　　　　　　　　　　　　　　　C
至考虑过跟他共度余生。
　　　　　D

24. 我父亲是个地地道道的农民，身体一向很好，从不闹什么头疼脑热，小感冒对我父亲
　　　　　A　　　　　　　　　B　　　　　　C　　　　　　　　　　　D
根本不算什么。

25. 高科技在给人们带来极大的便利的同时，也带来了极大的危害，可以说高科技是一
　　　　A　　　　　　　　　　　　　　　B　　　　　　　C
把双刃剑，所以我认为人们应该减少高科技带来的危害而努力。
　　　　　　　　　　　　　　D

26. 我们不可盲目模仿别人，该顺着前人的足迹不断探索，有所创新，走出一条全新的
　　　　　　　　　　　A　　　B　　　　　　　　　　C
适合自己的道路。
　　D

27. 节日的北京到处是花的海洋，顺着长安街两旁摆满了鲜花，一缕缕花的香气弥散在
　　　　　　　　　　　　　　A　　　　　　　B　　　　　　　　C
空气中，整个城市沉浸在喜悦之中。
　　　　　　D

28. 他是个性格内向、不善交际的人，看到我进来，向着我点点头，算是打招呼了。
　　　　A　　　　　　　　　B　　　　　　C　　　　　D

215

29. 我来到停车场，看到一辆崭新的轿车头往东在停车场停着，他坐在车里得意洋洋地
　　　　A　　　　　　　B　　　　　　　　　　　　　　　C
看着我，显然是在向我炫耀他的新车。
　　　　　D

30. 广告已成为现代人生活中所不可缺少的东西，可以说广告无孔不入，可是广告对人们
　　　A　　　　　　　　　　　　　　　　B　　　　　　　　　　C
生活带来了什么呢？广告在带来最新信息的同时也带来了问题。
　D

第三节　重点介词讲解

一、"把"和"被"的用法比较说明

1. "把"字句

基本概念：由介词"把"构成的介词短语作状语的句子。"把"的宾语与全句的谓语动词之间存在着动宾关系。"把"的主语通常是谓语动词的施事者。

基本结构：名词/代词（施事）＋把（将）＋名词/代词＋谓语动词＋其他成分

2. "被"字句

基本概念：表示被动意义的介词"被"或由"被"构成的介词短语作状语的句子。"被"的主语通常是谓语动词的受事者。

基本结构：名词/代词（受事）＋被＋名词/代词＋谓语动词＋其他成分

	"把"字句	"被"字句
用法	1. "把＋名词/代词"用在主语后，谓语前作状语。名词/代词（即受事）是动词支配的对象、动作的处所、范围或使受事怎样。 例：他把门关上了。（动词支配的对象） 　　他把东西拿走了。（动作支配的对象） 　　我把家里都翻遍了，也没找到钥匙。（动作的处所） 　　我把这本书的语法点找了出来。（动作的范围） 　　他把我搞糊涂了。（使受事怎样） 　　当时的情景把我吓坏了。（使受事怎样）	1. "被＋名词/代词"用在主语后，谓语前作状语。主语是动词支配的对象、动作的处所、范围或使受事（即主语）怎样。 例：门被他关上了。（动词支配的对象） 　　东西被他拿走了。（动词支配的对象） 　　家里都被我翻遍了，也没找到钥匙。（动作的处所） 　　这本书的语法点被我找了出来。（动作的范围） 　　我被他搞糊涂了。（使受事怎样） 　　我被当时的情景吓坏了。（使受事怎样）

续表

	"把"字句	"被"字句
用法	2."把"的宾语应是已知的、确指的。 例：孩子把那个花瓶打碎了。 　　＊孩子把一个花瓶打碎了。 　　老师把他批评了。 　　＊老师把一个同学批评了。	2."被"的主语应是已知的、确指的。 例：那个花瓶被孩子打碎了。 　　＊一个花瓶被孩子打碎了。 　　他被老师批评了一顿。 　　＊一个同学被老师批评了一顿。
	3."把"的谓语动词不能是单个的动词（尤其是单音节动词），应带其他成分（"了"、"着"、动词重叠、动词前有"一"、补语、宾语等）。 例：他把护照丢了。 　　你把护照带着。 　　你再把机器检查检查。 　　他把书包一扔，就跑了出去。 　　我把作业都做完了。 　　我把那本书送给朋友了。 　　他把试卷检查了一遍。	3."被"的谓语动词不能是单个的动词（尤其是单音节动词），应带其他成分（"了"、"过"、补语、宾语等）。 例：护照被他丢了。 　　他被老师批评过。 　　我被他从睡梦中叫醒。 　　孩子被小狗吓哭了。 　　那本书被我送给朋友了。 　　病人被大家送进了医院。 　　他被老师批评了一顿。
	4.表示感知或认知的动词不能作"把"的谓语。 例：＊他把你看见了。 　　＊他把你的事情知道了。 　　＊他把你的话听见了。 　　＊他把你的秘密发现了。	4.少数表示感知或认知的动词可以作"被"的谓语。 例：你被他看见了。 　　你的事情被他知道了。 　　你的话被他听见了。 　　你的秘密被他发现了。
	5.表示人体自身动作的动词可作"把"的谓语。 例：他把头抬了起来。 　　他不情愿地把手举了起来。 　　孩子把小手伸出车窗。 　　他把眼睛睁开了，看了我一眼。 　　孩子把小嘴噘了起来，生气了。	5.表示人体自身动作的动词不能作"被"的谓语。 例：＊头被他抬了起来。 　　＊手不情愿地被他举了起来。 　　＊小手被孩子伸出车窗。 　　＊眼睛被他睁开了，看了我一眼。 　　＊小嘴被孩子噘了起来，生气了。
	6.能愿动词、否定副词或时间词应放在"把"的前面。 例：你能把这封信交给老师吗？ 　　你应该把真相告诉他。 　　你别把这件事告诉别人。 　　他没把今天的作业做完。 　　昨天老师把他批评了一顿。 　　我已经把作业做完了。	6.能愿动词、否定副词或时间词应放在"被"的前面。 例：你这样做会被他发现的。 　　冰激凌可能被他吃光了。 　　他的建议没被大家所接受。 　　他的想法从来没被大家接受过。 　　他昨天被老师批评了。 　　房间已经被妈妈打扫干净了。

注意：

(1)"可能补语"不用于"把"、"被"字句中。

例： 这张桌子孩子搬不动。（*被孩子搬不动）
孩子回答得了这么难的问题吗？（*被孩子回答得了吗）
我今天能把作业写完。（*能把作业写得完）
我可以照顾得过来这些客人。（*把这些客人照顾得过来）

(2)"同意"、"赞成"、"愿意"、"主张"、"反对"、"关心"、"讨厌"、"担心"、"喜欢"、"生气"、"害怕"、"怀疑"、"相信"、"决定"等心理活动的动词不能充当"把"的谓语。

例： *大家把他的意见同意了。
*我把他的话相信了。
*我把这个美丽的地方喜欢了。
*我把他的事情担心了。

(3)"有"、"在"、"是"、"叫"、"像"、"姓"、"当"、"等于"、"不如"等表示存在或等同的动词不能充当"把"的谓语。

例： *我把那本词典有了。
*她把老师当了。
*你把他叫什么呢？
*他把事业在中国。

(4)"站"、"坐"、"躺"、"跪"、"趴"、"蹲"等表示身体状态的动词不能充当"把"的谓语。

例： *别人把他的座位坐了。
*他慢慢地把腿蹲下了。
*他把身体趴在地上。
*他把腿站在椅子上。

(5)"上"、"下"、"进"、"去"、"出"、"回"、"到"、"来"、"过去"、"起来"等趋向动词不能充当"把"的谓语。

例： *我把泰山去了好几趟。
*他把中国很多地方到了。
*假期，他把家乡回了一次。
*别穿高跟鞋把山上吧。

(6)"把"字句的谓语动词后用"着"时，动词一般为"带"、"背"、"扛"、"放"、"摆"、"搁"、"挂"、"拿"、"开"等少数动词，且多用于祈使句中。

例： 天又阴了，还是把雨伞拿着吧。
太闷了，把门开着吧。

走时，别忘了把准考证带着。

把这些东西都背着吧，万一急用呢。

(7)"把"的谓语动词后很少使用表示过去曾经有过的某种经历或发生过某事的动态助词"过"。但是，如果句中的谓语动词后有结果补语时，在结果补语后可用动态助词"过"。

例：＊我把这本书看过两遍了。

＊我们早把这个问题研究过了。

他竟然把自己的名字写错过。

他从没把自己的事情做完过。

二、辨析"被"、"叫"、"让"、"给"和"为"（wéi）

都是表示被动意义的介词，都可以组成介词短语在句中充当状语，主语是谓语动词的受事，宾语是谓语动词的施事。

用法	例句
1."被"后有宾语，即引进施事。"叫"、"让"、"给"也有此用法，常构成"被（叫/让/给）+名词/代词+谓语动词+其他成分"形式。"为"没有这种用法。	例：他被这本人物传记吸引住了。 他让这本人物传记吸引住了。 他叫这本人物传记吸引住了。 他给这本人物传记吸引住了。 ＊他为这本人物传记吸引住了。
2."被"与结构助词"给"连用，"叫"、"让"也有此用法，常构成"被（叫/让）+名词/代词+给+谓语动词+其他成分"形式。"给"、"为"没有这种用法。	例：他被这本人物传记给吸引住了。 他让这本人物传记给吸引住了。 他叫这本人物传记给吸引住了。 ＊他给这本人物传记给吸引住了。 ＊他为这本人物传记给吸引住了。
3."被"在不需要或不能引进动作的施事时，"被"后可以没有宾语，直接紧跟着谓语动词，"给"也有此用法，常构成"被（给）+谓语动词+其他成分"形式。"叫"、"让"、"为"表示被动时，宾语（即施事）必须出现。	例：他被吸引住了。 他给吸引住了。 ＊他叫吸引住了。 ＊他让吸引住了。 ＊他为吸引住了。
4."被"与结构助词"所"连用，"所"字后面的谓语动词一般是"吸引"、"鼓舞"、"感动"、"尊敬"、"战胜"、"克服"、"控制"、"采纳"、"驱使"、"证明"、"发现"、"欺骗"、"泄露"、"误解"、"暴露"等双音节动词或"迫"、"阻"、"动"、"累"、"害"等个别单音节动词。"为"也有此用法，常构成"被（为）+名词/代词+所+谓语动词"形式。"叫"、"让"、"给"没有这种用法。	例：他被这本人物传记所吸引。 他为这本人物传记所吸引。 ＊他给这本人物传记所吸引。 ＊他让这本人物传记所吸引。 ＊他叫这本人物传记所吸引。

用法	例句
5."被"的谓语动词后可用动词"为"、"做"、"成",常构成"被+名词/代词+谓语动词+为/做/成+其他成分"形式。"叫"、"让"、"给"、"为"没有这种用法。	**例**：这两棵古树被人们视为珍宝。 水被人们称为生命之源。 黄河被中国人叫做"母亲河"。 他被我当做知己朋友。 这部小说被翻译成多种文字。

附1：◆ 辨析：让 叫 使 令

都可以作动词，表示致使，都可以作兼语句的第一个动词（即作谓语）。

例：他让我早点儿来。
　　他的事迹叫人感动。
　　教师的职业令我自豪。
　　谦虚使人进步，骄傲使人落后。

(1) "令"不能单独作谓语，与其共存的兼语只限于泛指"人"的词语，只能与"讨厌"、"兴奋"、"陶醉"、"反感"、"激动"、"生气"、"吃惊"、"惊讶"、"羡慕"、"嫉妒"、"失望"、"难堪"、"担心"、"担忧"、"灰心"、"泄气"、"神往"等表示人及人的感情的词语一起使用，"令"的后面不能使用程度副词"很"。

例：他的话太令人难堪了。
　　妈妈的身体令人担忧。
　　他的成绩令人羡慕。
　　北京是个令人神往的地方。
　　＊他的话令我很难堪。
　　＊他的成绩令人很羡慕。

(2) 表示命令或请求语气不用"使"，用"让"或"叫"。

例：他让我明天早点儿来。
　　他叫我明天早点儿来。
　　这里不让吸烟。
　　我不想见他，你别叫他来了。
　　＊他使我明天早点儿来。
　　＊这里不使吸烟。

(3) "让"或"叫"的主语一般指人，如果指事物，则一般用"使"。

例：他让我重新振作起来。
　　你让我好好想想。
　　谁叫你来的？
　　你叫他走吧。

他的话使我重新振作起来。
饮水过少使人发胖。
正午的太阳使人睁不开眼睛。
谦虚使人进步，骄傲使人落后。

附2：由"把"或"被"构成的固定格式

1. 主语+把+宾语+动词+"一/了"+动词

例：你再把这篇文章好好改一改。
　　你把房间收拾收拾吧，太乱了。
　　我又把这篇文章看了看。

2. 主语+把+宾语+动词+了/着

例：我把剩的菜都吃了。
　　他把没用的东西都扔了。
　　你把这份材料带着。
　　你把雨伞拿着吧，万一下雨呢。

3. 主语+把+宾语①+动词+成（做、为）+宾语②

例：他把这篇文章翻译成了英语。
　　我把他当做我的知心朋友。
　　我们把他选为代表。

4. 主语+把+宾语+给+动词+其他成分

例：我早把这件事给忘了。
　　老师把他给批评了。
　　大家把那个坏蛋给打了一顿。

5. 主语+"把"+宾语+动词+补语（可能补语不能用）

(1) 主语+"把"+宾语+动词+时量补语

例：我们把会议推迟了一天。
　　他把这件事拖了好几天。
　　他把门开了一会儿。

(2) 主语+"把"+宾语+动词+动量补语

例：你把我吓了一跳。
　　爸爸把他教训了一通。
　　他又把试题检查了一遍。

(3) 主语+"把"+宾语+动词+介宾补语

例：你把书放在那儿吧。
　　我把信交给他了。

他把行李寄到家乡了。

(4) 主语+"把"+宾语+动词+情态补语

例：今天可把我累死了。
　　把这孩子冻得浑身发抖。
　　那条狗把我吓坏了。

6. 连动句与"把"字句套用

例：他打电话让我把文件送到学校。
　　你去机场把他接回来。
　　他到邮局把包裹取了回来。

7. 兼语句与"把"字句套用

例：他让我叫人把文件送到学校。
　　你派人去机场把他接回来。
　　妈妈叫他到邮局把包裹取了回来。

8. 主语+被（叫/让）+宾语+（给）+动词+其他成分

例：他被小说（给）吸引住了。
　　他让小说（给）吸引住了。
　　那个花瓶被孩子（给）打碎了。
　　那个花瓶让孩子（给）打碎了。

9. 主语+被（给）+动词+其他成分

例：他的钱包被（给）偷走了。
　　淘气的孩子被（给）打了。
　　我都被（给）搞糊涂了。

10. 主语+被（为）+宾语+所+动词

例：他被美丽的景色所吸引。
　　公司的局面被他所控制。
　　我们为他的顽强精神所感动。

11. 主语+被+宾语①+动词+成（为/做）+宾语②

例：这篇文章被他翻译成了汉语。
　　他被大家选为代表。
　　高尔夫被人们看作一种高雅运动。

实力测试（3）

一、将所给的词语填到适当的位置上

1. A 他在医学上所 B 取得的成就 C 同行们 D 公认为是最好的。（被）
2. 他的这番高谈阔论 A 在场的 B 人 C 大吃一惊，D 几十双惊异的眼睛一齐投向他。
 （令）
3. 这件往事 A 我 B 心里十分 C 内疚，使 D 我一直无法去面对他。（令）
4. 许多人由于 A 长期不运动 B 而 C 身体 D 难以承受过重的负荷。（使）
5. 企业 A 为了 B 吸引人才而 C 工作前景 D 描绘得十分美好。（把）
6. A 我首先 B 自己的生意目标 C 锁定在 D 搞汽车保养上。（把）
7. 为了 A 自己的汉语 B 水平尽快 C 提高，以 D 跟中国人进行自由交谈，他请了两位家庭教师。（使）
8. A 我 B 刚洗的衣服都 C 孩子 D 弄脏了。（给）
9. 你可 A 被他的甜言蜜语 B 迷惑住，他 C 是个见一个 D 爱一个的人。（别）
10. A 他考试不及格，B 叫 C 爸爸 D 骂了一顿。（给）
11. A 请 B 把我生病的事情 C 告诉妈妈，免得妈妈 D 担心。（别）
12. 你 A 在一天之内 B 把这篇文章 C 翻译 D 完吗？（能）
13. 为了 A 好强的心得到满足，B 我暗暗 C 跟他较劲儿，看 D 谁笑在最后。（让）
14. A 刮风下雨的时候 B 别 C 忘了 D 门窗关好。（把）
15. 我 A 深深 B 山妹子 C 走出大山 D 独闯天下的胆识所折服。（为）
16. 他刚一进房间，A 就 B 被人 C 蒙上 D 了。（把眼睛）
17. 我 A 把这个秘密 B 告诉任何人 C 的，你 D 放心吧！（不会）
18. 你 A 把毕业论文 B 交给老师 C 修改，该抓紧了 D。（什么时候）
19. 孩子还在 A 为 B 喜欢的花瓶 C 打碎这件事，而 D 伤心难过呢。（把妈妈）
20. 真没想到，他被 A 自己 B 最信任的朋友 C 算计了，结果 D 赔个精光。（给）

二、判断选择

1. 我们要善于发现自己身上可爱的地方，（　　）人骄傲的地方，从而肯定自己、善待自己。
 A. 把　　　　　　B. 被　　　　　　C. 令　　　　　　D. 对
2. 无论何时何地你都要保持自我清醒的认识，不要（　　）任何人所控制。
 A. 被　　　　　　B. 叫　　　　　　C. 让　　　　　　D. 给
3. 暂时性的失败会让我们振作起来，调整我们的努力方向，（　　）我们向着不同的但更美好的方向前进。
 A. 使　　　　　　B. 为　　　　　　C. 给　　　　　　D. 令
4. 他这样做，（　　）问题更复杂了。
 A. 使　　　　　　B. 叫　　　　　　C. 令　　　　　　D. 让

5. 失败能让我们获得启迪，所以说不能（　　）成功作为惟一可以接受的标准。
   A. 把　　　　　　B. 被　　　　　　C. 使　　　　　　D. 让

6. 小王临时有事，你得（　　）他上今天的课了。
   A. 给　　　　　　B. 为　　　　　　C. 替　　　　　　D. 叫

7. 真是的，我出门前还千叮咛万嘱咐的，你怎么把这么重要的事（　　）忘了？
   A. 把　　　　　　B. 被　　　　　　C. 给　　　　　　D. 让

8. 我刚买的书放在桌子上，转眼的工夫，不知（　　）谁拿走了？
   A. 为　　　　　　B. 给　　　　　　C. 使　　　　　　D. 把

9. 马上就要过除夕了，各大商店都是人满为患，人们都在（　　）春节作准备。
   A. 给　　　　　　B. 对　　　　　　C. 让　　　　　　D. 为

10. 由于他的错误给公司造成了很大的损失，公司（　　）他在家停职反省呢！
    A. 请　　　　　　B. 说　　　　　　C. 使　　　　　　D. 让

11. 房间的门（　　）轻轻地推开了，孩子探进来一个小脑瓜。
    A. 叫　　　　　　B. 让　　　　　　C. 为　　　　　　D. 被

12. 老人家请放心，以后就（　　）我们来照顾你的生活。
    A. 由　　　　　　B. 令　　　　　　C. 替　　　　　　D. 使

13. 很可惜，这种名贵的白芷花早就（　　）每天上山下山的人踏得稀烂了。
    A. 被　　　　　　B. 受　　　　　　C. 把　　　　　　D. 拿

14. 你就放心吧，老人已（　　）安全送到医院了，并且得到了及时的救治。
    A. 把　　　　　　B. 将　　　　　　C. 被　　　　　　D. 让

15. 过来！（　　）你自己的玩具收拾好，放回原处。
    A. 让　　　　　　B. 把　　　　　　C. 被　　　　　　D. 替

16. 怎么能（　　）工业建设与环境保护完全对立起来呢？
    A. 将　　　　　　B. 用　　　　　　C. 拿　　　　　　D. 以

17. 老师的鼓励（　　）他增强了必胜的信心，决心搏一搏！
    A. 由　　　　　　B. 把　　　　　　C. 使　　　　　　D. 替

18. 汽车作为人类的代步工具，在（　　）人们的生活带来了便利的同时，也带来了严重的环境问题。
    A. 让　　　　　　B. 被　　　　　　C. 给　　　　　　D. 把

19. 盛怒之下，他一脚（　　）窗户踢碎了，孩子"哇"的一声吓哭了。
    A. 被　　　　　　B. 把　　　　　　C. 叫　　　　　　D. 为

20. 嫉妒成性的人是可怕的，他们总是（　　）自己放在与别人对立的位置上，目光短浅、气量狭小。
    A. 把　　　　　　B. 被　　　　　　C. 对　　　　　　D. 由

21. 十年前，一个偶然的机会，她（　　）选入中央乐团。
    A. 让　　　　　　B. 叫　　　　　　C. 使　　　　　　D. 被

22. 罗勃·赫金斯年仅30岁就（　　）任命为美国芝加哥大学的校长。
    A. 为　　　　　　B. 被　　　　　　C. 叫　　　　　　D. 使

23. 很少有人会关心别人批评我们的话，即使很在意，也会在不久后就（　　）这些事情给忘记了。

A. 把　　　　B. 给　　　　C. 被　　　　D. 让

24. 他没来得及跟老师告别就走了，让我替他（　　）这封信交给老师。

A. 把　　　　B. 使　　　　C. 被　　　　D. 由

25. 我跟护士小姐说了一大堆好话，才（　　）允许进去看望病人。

A. 被　　　　B. 让　　　　C. 使　　　　D. 替

26. 网络的普及（　　）人们的生活带来了极大的便利。

A. 使　　　　B. 把　　　　C. 给　　　　D. 被

27. 大家纷纷举起杯子（　　）老人的健康干杯！

A. 以　　　　B. 对　　　　C. 为　　　　D. 向

28. 在中国古代，月亮（　　）称作月宫。

A. 让　　　　B. 叫　　　　C. 被　　　　D. 把

29. 真抱歉，你的东西（　　）我给忘在学校了。

A. 叫　　　　B. 令　　　　C. 把　　　　D. 使

30. 她眼睛红红地看着我，一副极（　　）人爱怜又叫人心痛的模样。

A. 被　　　　B. 让　　　　C. 由　　　　D. 为

三、改错

1. <u>在这座偏僻的小城里</u>，我<u>重又感受到了那自然而纯朴的人间真情</u>，是一些素不相识的
　　　　　A　　　　　　　　　　　　　　　　B

好心人<u>帮助我度过了难关</u>，把身在异乡的<u>我感动得不知说什么才好</u>。
　　　　　　C　　　　　　　　　　　　　　　　D

2. <u>他是个不拘小节、大大咧咧的人</u>，我不得不再次打电话提醒他，<u>千万把我跟他说的事</u>
　　　　　　　A　　　　　　　　　　　　　　　　　　　　　　　　　　B　　　　　　　　C

情别告诉任何人，<u>一旦透露出去以前的努力将付之东流</u>。
　　　　　　　　　　　　　　D

3. <u>他以前可能与什么人结下了仇</u>，今天<u>走在街上</u>叫无缘无故地<u>给打了一顿</u>，现在还在医
　　　　　　A　　　　　　　　　　　　　　　B　　　　　　　　　　　　　　C

院呢，<u>你说冤不冤</u>！
　　　　　D

4. <u>他利用暑假的时间来中国旅行</u>，虽然<u>只有短短的一个月的时间</u>，却把中国的各大城市
　　　　　A　　　　　　　　　　　　　　　　　　B

<u>的名胜古迹已经都参观完了</u>，<u>可谓大开了眼界</u>。
　　　　　C　　　　　　　　　　　　　D

5. <u>高级考试对学生来说比较难的是口语和写作</u>，<u>尤其是写作</u>，要求你在三十分钟之内把
　　　　　　　　A　　　　　　　　　　　　　　　　B　　　　　　　　　　　　C

作文写得完，<u>这对留学生来说确实是个挑战</u>。
　　　　　　　　　D

6. <u>他为人豪爽而热情</u>，<u>见我们大老远地来了</u>，<u>又是让座又是让茶的</u>，还<u>拿出各种水果点</u>
　　　　　A　　　　　　　　　B　　　　　　　　　　　C　　　　　　　　　　D

心替我们吃。

7. 他对健康的理解独到而深刻，近年来，常被应邀到许多高校发表演讲，深受学生欢迎。
　　　　A　　　　　　　　　　B　　　　　　C　　　　　　　　D

8. 这个饭店生意很好，顾客很多，我们已经点了半天菜了，可是服务员把我们点的菜还
　　　A　　　　　　　　B　　　　　C　　　　　　　　　　　D
没送来。

9. 他收入不多，一生节俭，却把省下来的钱为贫困县建了一所希望小学，以帮助那些贫
　　A　　　　　B　　　　　　　　　　　C
困的孩子圆他们的上学梦。
　　　　　D

10. 我们需要的所有装修材料已经运来，并让暂时存放在库房里，只等有关人员去验收一
　　　　　A　　　　　　　　　　　　　B　　　　　　　　　C
下，就可以如期开工了。
　　　　　D

11. 在这次公司内部的人事调整中，由于他的出色表现及个人的突出业绩，他被总公司破
　　　　A　　　　　　　　　　　　　　　B
格当选为分公司经理，这对进公司还不到一年的他无疑是最好的肯定。
　　　C　　　　　　　　　D

12. 他一个招呼也没打就突然造访，我的计划完全叫打乱了，虽然我们是多年的朋友，心
　　　　A　　　　　　　　　　　B　　　　　　　　　C
中也难免会生出些不快。
　　　D

13. 我把这暖融融的气氛所感动，不由自主地加入了他们的谈话，原来的陌生感、恐惧感
　　　A　　　　　　　　　　　　B　　　　　　　　　　　　　　C
已荡然无存，犹如到了自己的家。
　　　　　D

14. 每逢春节，父亲都被我装扮得像个小公主，这时我才可以从父亲的脸上看到那难得的
　　　　A　　　　B　　　　　　　　　　　　C
满足的微笑，就像在欣赏自己创作的一件得意之作。
　　　　　　　　　D

15. 正是换季之时，这家洗衣店的活儿很多，不知道明天能不能把我送的衣服洗得出来？
　　　A　　　　　　B　　　　　　　　　　　　　C
我还等着明天演出时穿呢！
　　　　　D

16. 目前，中小学教师匮乏是个普遍存在的问题，也是个亟待解决的问题，但是难道这样
　　　　A　　　　　　B　　　　　　　　　　　　　C
就把一些道德品质败坏、知识水平低下的人可以统统拉进教师队伍吗？
　　　　　　　　　　　　　D

第九章 介 词

17. 父母担心不争气的儿子把家里所有的积蓄都给挥霍,所以在经济上对儿子控制得很
          A   B
严,从不随意给儿子一分钱,也不轻信儿子的每一句话。
       C   D

18. 你呀你,真是块麻木的木头!怎么就把他对你的一片痴情感觉不到呢?还是故意佯装
    A   B   C   D
不知呢?

19. 你去邮局,如果方便,能顺便帮我把一件包裹给取回来吗?省得我再跑一趟了。
    A   B   C   D

20. 他的一番肺腑之言,令我重新认识了他的为人,同时也看到了在那冷冰冰的外表下,
       A   B   C
跳动着一颗火热的心。
        D

21. 看到我的录取通知书,把妈妈高兴极了,妈妈整日为我操劳,功夫总算没白费。
          A   B   C   D

22. 昨天的会议我们把你的方案研究过了,觉得你提出的方案有进一步的可行性,所以,
              A   B   C
会议决定采纳你的方案。
       D

23. 好你个小王,好好的事情被你搞成什么样子,你必须跟大家有个交代,今天把这个问
       A   B   C
题不说清楚就别走。
    D

24. 这家位于北京市郊的豪华度假村,是一家被台胞经营管理的五星级标准酒店,设备一流,
          A   B   C
服务一流。
   D

25. 随着人们物质水平的提高,人们已不满足于温饱状态,更注重追求良好的生存环境,
       A   B   C
把居室办公等各种室内环境越来越重视。
             D

26. 今年公司内部加快了改革步伐,改变了以往人浮于事的局面,要把年经济增长率达
              A   B   C
到10%,明年将有望再提高3个百分点。
   D

27. 每周五天工作制的实行给人们有了更多的空闲时间,使繁忙的都市人能在忙碌的工
                A   B
作之余回归自然,在大自然的怀抱中得到片刻的宁静,找回那份恬静与轻松。
              C   D

— 227 —

28. 小轿车在都市家庭中已经很普及了,无庸讳言,它使人们的生活带来了很多方便,
          A   B   C
同时也带来了不可忽视的环境问题。
          D

29. 你这个孩子真是的,我刚把镜子擦干净,你怎么又被弄脏了,去外边玩去。
         A   B   C   D

30. 他用三千块钱申请下来一个广告公司,这件事情说起来的确被人觉得很可笑,但确实
              A   B
是真的,公司已经开业了。
  C   D

第十章

助 词

第一节 结构助词

实力测试（1）

第二节 动态助词

实力测试（2）

第三节 语气助词

实力测试（3）

基本概念：附在词或词组后起某种语法作用的词。

第一节　结构助词

基本概念：附在词或词组后起某种语法作用的词，包括"的"、"地"、"得"、"所"、"给"。

一、的

1. 结构助词"的"是连接定语与中心语的，是定语的主要标志。
基本形式：定语＋的＋名词
(1) 名词/代词＋的＋名词

例：中国的故宫　塑料的杯子　大学的同学　朋友的建议
你的意见　这样的条件　我们的计划　谁的东西

(2) 动词/形容词＋的＋名词

例：认识的老师　了解的情况　介绍的朋友　讲解的内容
舒服的环境　优美的风景　地道的汉语　幸福的生活

(3) 各种词组＋的＋名词

例：经验丰富的老师　具备条件的人　我认识的朋友　又聪明又能干的朋友
关于月亮的传说　废寝忘食的精神　全神贯注的样子

2. 名词/代词/动词/形容词＋的，组成"的"字结构，相当于名词。
(1) 名词/代词＋的：作定语。

例：我看木头的就挺好，很自然。
这个桌子是玻璃的，可得小心呀！
我的书早还了，你的呢？
什么你的我的，那么客气干吗？

(2) 动词/形容词＋的：作主语或宾语。

例：吃的、用的都是别人的。
这些都是他翻译的。
这件太老气了，我还是喜欢红的。
这孩子吃东西总是挑好的。

(3) 用在两个相同的动词或形容词之间，表示列举。

例：晚会开得很热闹，大家说的说，笑的笑，开心极了。
大家抬的抬，扛的扛，一会儿的工夫就搬完了。
汉字写得不错，不过怎么大的大，小的小？
这个村子剩下的老的老，小的小，没什么壮劳力。

(4) 用在并列的成分后面：表示列举。

例：书呀本的他买了一大堆。
床呀桌子的都换了新的。

苹果、香蕉什么的，我都爱吃。
上海、南京什么的，我去了很多地方。

(5) 用在名词短语或形容词短语后：表示某种情况或状态。

例：大星期天的，还不休息呀！
大过年的，谁愿意一个人呀！
孩子的小脸冻得冰凉冰凉的。
太阳照在身上，暖暖的。

二、地

结构助词"地"是连接状语与中心语的，是状语的主要标志。
基本形式：状语＋地＋动词

1. 副词作状语一般不加"地"，有的双音节副词强调修饰作用时可加"地"。

例：天渐渐地晴了。
听到这个消息，他非常地高兴。
唉，又白白地浪费了一个上午。
不要一味地追求享乐。

2. 双音节形容词和形容词重叠作状语一般加"地"。

例：他生气地走了。
他认真地检查着每一个零件。
他安安静静地坐在那里。
家人热热闹闹地度过了一个春节。

3. 各种短语作状语一般加"地"。

例：服务员非常热情地接待了我。
孩子又蹦又跳地跑了出去。
雨一场一场地下个不停。
他兴高采烈地走了。

三、得

结构助词"得"是连接补语与动词或形容词的，是补语的主要标志。
基本形式：动词/形容词＋得＋补语

1. 用在动词或形容词后，表示程度。

(1) 程度补语的肯定形式。

例：他汉字写得很好。
你来得太晚了。
我这阵子忙得要命。
她急得都快哭了。

(2) 程度补语的否定形式，用"……得不……"形式表示。

例：他汉字写得不好。
　　衣服洗得不干净。
　　他讲得不太明白。
　　风刮得不太大。

2．用在动词或形容词后，表示可能。
(1) 可能补语的肯定形式。

例：喝了那么多咖啡，你睡得着吗？
　　这件衣服我买得起。
　　你说这天儿晴得了吗？
　　我吃得下一个汉堡。

(2) 可能补语的否定形式，把"得"换成"不"。

例：喝了很多咖啡，我睡不着了。
　　我买不起这么贵的衣服。
　　我跟他的关系是好不了的。
　　我可吃不下一个汉堡。

四、所

1．所＋单音节动词：多为固定结构。

例：所见所闻刻骨难忘。
　　你怎么答非所问呢？
　　众所周知人离不开水。
　　这是我闻所未闻的。

2．所＋动词＋的＋（名词）：在句中充当定语。

例：我所知道的就是这些。
　　他所得到的比所失去的多。
　　你所提出的要求我们不能接受。
　　这就是我所了解的情况。

3．被（为）＋名词/代词＋所＋动词：表示被动。

例：我被这美丽的景色所吸引。
　　别被他的谎言所欺骗。
　　不要被眼前的利益所诱惑。
　　我被他的花言巧语所迷惑。

4．构成"有所（无所）＋动词（多为双音节的）"形式，表示有（没有）一定程度的变化。

例：近来，他的水平有所提高。
　　城市环境近来有所改善。

他在电脑方面无所不通。
他是个无所作为的人。

五、给

用于动词前,可有可无,有"给"更加口语化。

1. 用于主动句中:

例:我把书给忘在教室了。
老师把他给批评了。
我说的事你千万别给忘了。
准考证别给弄丢了。

2. 用于被动句中:

例:书被我给忘在教室了。
他被老师给批评了。
我被他给气坏了。
饮料都被他给喝光了。

实 力 测 试 (1)

一、将所给的词语填到适当的位置上

1. 他 A 诞生在一个 B 既传统 C 又守旧 D 家庭里。(的)
2. 只要你 A 真正 B 把他当成你的知心朋友,你们就会相处 C 很好 D。(得)
3. 我是下午 A 在街上 B 闲逛 C 时看见 D 他。(的)
4. 我是到北京 A 旅行时,替 B 朋友买 C 这件小 D 纪念品。(的)
5. 每天工作 A 十几个小时,下 B 班后,脚累 C 都走 D 不动了。(得)
6. 这本日记记下了他的成长 A 历程,也展现了他 B 那不为人知 C 情感 D 世界。(的)
7. 明天学校安排 A 小王去 B 接 C 来访 D 客人。(的)
8. 你走的时候,别忘了 A 把门锁 B 好,灯关 C 上,好好 D 检查一下。(地)
9. 他是个从来不苟 A 言笑的人 B,总是一副冷漠 C 而又毫无表情 D 脸。(的)
10. 他常穿 A 一件特别喜欢 B 黑色 C 长 D 皮衣,更透出了几分冷漠。(的)
11. 熬了几个通宵以后,他 A 那原本 B 就很瘦削 C 脸看 D 起来更黑更瘦了。(的)
12. 家庭 A 环境对他 B 影响是不言而喻的,从他的身上可以完全折射出 C 他 D 父母的影子。(的)
13. 这种 A 情况我可说不好,你最好找个懂 B 法律 C 咨询咨询 D。(的)
14. 这么多 A 东西要半天的工夫 B 才能 C 搬 D 完。(得)
15. 对你这个博士生来说,简单!你回 A 去看他 B 一眼两眼 C 就够了 D。(的)
16. 孩子 A 突然离家 B 出走使所有 C 人都焦急 D 万分。(的)
17. 他一句话也没说 A,只是涨红了脸,一摔 B 门 C 气冲冲 D 出去了。(地)
18. 下课 A 铃一响,孩子们飞快 B 冲出教室 C 奔向操场 D 去了。(地)

19. 这个周末A恐怕不能陪你了，我B把下个月的计划C做D一下，不然又要挨说了。(得)
20. 我认为做A任何B事，长期C坚持是十分重要D。(的)

二、判断选择

1. 他读过的所有的书都爱护（　　）像刚买的一样。
   A. 的　　　　　　B. 地　　　　　　C. 得　　　　　　D. 了
2. 这么漂亮的衣服你在哪里买（　　）。
   A. 了　　　　　　B. 来着　　　　　C. 过　　　　　　D. 的
3. 我们同时来（　　）中国，但他的水平可比我高得多。
   A. 过　　　　　　B. 了　　　　　　C. 得　　　　　　D. 的
4. 这孩子长（　　）不比我矮了，真快呀！
   A. 地　　　　　　B. 大　　　　　　C. 的　　　　　　D. 得
5. 看着他熬红（　　）眼睛、又黑又瘦的脸，我不禁心疼起来。
   A. 着　　　　　　B. 过　　　　　　C. 了　　　　　　D. 的
6. 母老鼠带（　　）一群小老鼠散步，突然遇到一只猫，小老鼠吓得乱成一团。
   A. 着　　　　　　B. 过　　　　　　C. 了　　　　　　D. 的
7. 猫鼠相遇，老鼠不慌不忙（　　）学了几声狗叫，吓跑了猫。
   A. 的　　　　　　B. 地　　　　　　C. 得　　　　　　D. 了
8. 到了北京，你应该去全聚德尝一尝地道（　　）北京烤鸭。
   A. 地　　　　　　B. 的　　　　　　C. 得　　　　　　D. 过
9. 大考临近，合理（　　）安排时间尤为重要。
   A. 的　　　　　　B. 得　　　　　　C. 地　　　　　　D. 着
10. 这是个一贫如洗的家，唯一的一台黑白电视还是儿子成亲时，借钱买（　　）高档电器。
    A. 过　　　　　　B. 了　　　　　　C. 的　　　　　　D. 地
11. 由于经营不善，这家公司面临（　　）倒闭的危险。
    A. 着　　　　　　B. 了　　　　　　C. 过　　　　　　D. 得
12. 见他这么不体谅我的苦衷，我难过（　　）说不出话来。
    A. 地　　　　　　B. 的　　　　　　C. 得　　　　　　D. 过
13. 他差不多身无分文了，现在身上（　　）钱只够买一张回乡的火车票。
    A. 有　　　　　　B. 的　　　　　　C. 地　　　　　　D. 得
14. 她真年轻，年轻（　　）像春天树枝上的嫩芽。
    A. 地　　　　　　B. 得　　　　　　C. 的　　　　　　D. 着
15. 他昨天坐飞机回（　　）北京，火车票根本买不到。
    A. 了　　　　　　B. 的　　　　　　C. 过　　　　　　D. 得
16. 你伤害（　　）谁，也许你早就忘了，可是被你伤害过的人却永远也忘不了。
    A. 的　　　　　　B. 了　　　　　　C. 过　　　　　　D. 着
17. 我喜欢听他（　　）他以前的经历，而有些事是我从来没听过的。
    A. 讲过　　　　　B. 讲了　　　　　C. 讲讲　　　　　D. 讲着

18. 这并不是我的故事，很多事情我是从他那里听来（　　）。
    A. 了　　　　　　　B. 的　　　　　　　C. 过　　　　　　　D. 呢
19. 已经半个多小时了，他俩还在为一件不值得的小事无休止地争论（　　）。
    A. 着　　　　　　　B. 吗　　　　　　　C. 了　　　　　　　D. 过
20. 老人在院子里慢腾腾（　　）一瘸一拐地走着。
    A. 地　　　　　　　B. 的　　　　　　　C. 得　　　　　　　D. 着

三、改错

1. 山本最近转到北京大学学习了，跟中国人交流的机会多了，而且还有了一个新同屋，
   　　　　A　　　　　　　　　　　　　　B　　　　　　　　　　　C
   你看，那边穿黑色牛仔装的男的同学就是他的同屋。
   　　　　　　　　　　　　D

2. 你别看他刚来中国，说得汉语可不比你差多少，现在的日常生活会话已经没什么问题
   　　A　　　　　　　　B　　　　　　　　　　　　　　　　C
   了，还可以跟中国人做简单的交流呢！
   　　　　　　　　　D

3. 我们这方面的工作经验还不足，要在今后的实践中多借鉴其他单位的经验，虚心学习
   　　　　　　　　　　　A　　　　　　　　　　　　　　　　　　　　　B
   别人的长处，并不断的总结、改进和提高。
   　　C　　　　　　D

4. 每天下课以后，全然看不到在课堂上那个充满活力的老师，真的想一下子躺在地上，好好
   　　　A　　　　　　　　　　　B　　　　　　　　　　　　　　C
   得休息一下儿。
   　　D

5. 人与人之间只有很小的差异，但这种很小的差异却往往造成了巨大的差异！很小的差异
   　　　　A　　　　　　　　　　　　　　　B
   就是所具备心态是积极的还是消极的！巨大的差异就是成功或是失败！
   　　　　C　　　　　　　　　　　　D

6. 录取名单就要公布了，决定命运的时刻到了，他紧紧拉着我的手，紧张地说不出话来。
   　　A　　　　　　　　　　B　　　　　　　　C　　　　　　　　D

7. 我们怎样对待生活，生活就怎样对待我们，我们在一项工作刚开始时心态就决定了最
   　　　A　　　　　B　　　　　　　　　　　　　　　C
   后有多大的成就，这比任何其他的因素都重要。
   　　　　　　　　D

8. 我们不能预知生活的各种情况，但我们要能够适应它，只要坚定走下去，就可以成为
   　　　　A　　　　　　　　　　　B　　　　　　　　　C
   生活中的强者。
   　　D

第十章 助 词

9. 孩子晚上学的话，孩子接受知识的能力相对较强，并能保证遵守课堂纪律，帮助孩子
　　　A　　　　　　　　　　　　B　　　　　　　　　　　C
学习效率的提高。
　　D

10. 人都有一种自欺欺人的想法，怎么对付这种行为呢？就让我们停下来严格审视自己，
　　　　　A　　　　　　　　　　　B　　　　　　　　　　C
并看清自己。
　　D

11. 人不能独自生活在这个世界上，需要交往，而诚信就是人与人交往的基础，如果没有
　　A　　　　　　　　　　　　　　　　　　B
人能相信你的说话，那怎么能跟你交往呢？
　　C　　　　　　D

12. 两个恋人在马路上吵了起来，看来，他们的争吵不那么简单，女孩被男孩的谎言所激
　　　A　　　　　　　　　　B　　　　　　　　　　　　　　　　　　　C
怒，说不定这已经不是第一次的谎言了。
　　　　　　　　　　　D

13. 我是很多来中国留学的留学生之一，生活看起来很平凡、很单调甚至有些乏味、无聊，
　　　　　A　　　　　　　　　　　　　B
不过在这样学习过程中，我却感到充实、很有意义，我的眼界在不知不觉中开阔了，
　　　　C　　　　　　　　　　　　　　　　　　D
我的观念也变得开放了。

14. 减肥是需要一个长期的过程的，而且还得巩固减肥成果，如果还吃以前一样东西那么
　　　　　A　　　　　　　　　B　　　　　　　　　　　　　C
还是很容易发胖的，所以在调整饮食结构的同时，也得加强体育锻炼。
　　　　　　　　　　　　　　　　　　　D

15. 我和每个人一样在生活中也有过无数次的失败，但是我相信自己能够解决，同时我也
　　　　A　　　　　　　　　　　　　　　　　　　B
相信只要能解决现在的问题，将来就能解决更大问题。
　　　　　C　　　　　　　　　D

16. 去年来到中国以后就开始了我的留学生活，刚到的时候我特别想家，因为一切都是
　　　　　A　　　　　　　　　　　　　　B
很陌生，过了一段时间，熟悉了周围的环境，也认识了很多新朋友，这种想法也渐
　　　　　　　　　　　C　　　　　　　　　　　　　　　　　　　D
渐地改变了。

17. 我每周从周一到周五都有课，在课堂上我非常认真上课，下课后跟中国朋友见面，
　　　　　A　　　　　　　　　　B

在和他们接触的过程中,我了解了中国的文化和习俗,留学生活很充实、丰富。
　　　　　　　　　　C　　　　　　　　　　　　　　　　　　　　D

18. 人是有感情的动物,家里丢了东西就怀疑是邻居偷的,而不会想到是家人所为,这是
　　 A　　　　　　　B　　　　　　　　　　　　　　　　　C
人之常情的。
　　D

19. 以前的一部电视连续剧给我留下了很深刻的印象,故事讲述得是一个年轻的警察在
　　 A　　　　　　　　　　　　　　　　　　　B
情与法面前做出抉择的事,正如他所说的:我们可以一辈子欺骗别人,但是一刻也
　　　　　　　　　　　　C　　　　　　　　D
无法欺骗自己的良心。

20. 夫妻之间最重要的是诚信,彼此之间没有信任,这样的结婚即使物质条件再优越,也不
　　 A　　　　　　　　　　B　　　　　　　　　C
会幸福的,所以说只有诚信才能使婚姻更稳固,家庭更美满。
　　　　　　D

第二节　动态助词

基本概念:表示动作或状态进行阶段的词,包括"了"、"着"、"过"。

一、动态助词"了"(le)

1．基本概念:动态助词"了"表示动作行为的发生或状态的出现,用在动词或形容词后。

例:文章翻译了一个小时。
　　　我等了半天。
　　　他的脸红了好一阵儿。
　　　妈妈头发白了许多。

(1) 既可以表示动作行为已经完成,也可以表示将要完成或假定完成。

例:他告诉了我这个消息。(已经完成)
　　　老师批评了他。(已经完成)
　　　下了课你去哪里?(将要完成)
　　　看了电影告诉我感受。(将要完成)
　　　到了那儿给家里打个电话。(假定完成)
　　　吃了药病就好了。(假定完成)

(2) 时间词语一般是表示过去的,只有在连动句中,"了"用在第一个动词后,才可用表示将来的时间词语。

例:昨天看了一场电影。
　　　上午,他去了趟邮局。

明天我下了课就去找你。
明天你吃了饭去哪里？

(3) 一个单句如果有"了"，动词后有宾语时，宾语一般要带数量或其他定语。

例：他遇到了各种各样的人。
我们拜访了一户中国家庭。
她买了很多衣服。
我观看了一场精彩的比赛。

(4) 动词与宾语是较固定的动宾短语，动词前一般要有状语。

例：由于玩忽职守，他被停了职。
十年后，我们终于见了面。
在我的再三请求下，他才给我帮了忙。
在大家的劝慰下，他才消了气。

2. 动态助词"了"的位置

(1) 在连动句中，表示两个动作连续发生时，"了"用在前一个动词后。

例：听了我的话，他激动起来。
他看了信，笑（了）起来。
我下了课就去找你。

(2) 在连动句中，后一个动作表示前一个动作的目的时，"了"用在后一个动词后。

例：他去图书馆借了一本书。
我去问了老师一个问题。
他来告诉了我一个消息。

(3) 在连动句中，前一个动作表示后一个动作的方式时，"了"出现在后一个动词后。

例：他骑车去了学校。
他坐飞机去了上海。
老师用汉语读了这篇文章。

(4) 谓语动词后有宾语时，不管是单宾还是双宾，表示完成意义的"了"都放在谓语后面，即构成"动词＋了＋宾语"形式。

例：他买了两张电影票。
他去了图书馆。
老师批评了他。
他丢了钱包。
他告诉了我一个消息。
他借了我一本书。

(5) 谓语动词后有时量补语时，表示动作从开始到完成的时间长短，"了"用在谓语和时量补语之间，即构成"动词＋了＋时量补语"形式。

例：这本书讲了两个月。
他在这里住了一年。
他坐了一会儿就走了。
我等了半天他才来。

(6) 谓语动词后有结果补语时,"了"用在结果补语后面,即构成"动词+结果补语+了+宾语"形式。

例：我记住了父母的嘱托。
我看完了这本书。
你听明白了吗？
他的病治好了。

(7) 谓语动词后既有简单趋向补语又有宾语,分两种情况：
A. 宾语是抽象名词或存现宾语时,"了"用在补语与宾语之间,即构成"动词+来/去+了+宾语"形式。

例：他的话给我带来了希望。
祖国给灾民送去了温暖。
村口走来了一群人。
远处传来了悠扬的歌声。

B. 宾语是具体名词时,"了"可用在补语后或动词后,即构成"动词+来/去+了+宾语"或"动词+了+宾语+来/去"形式。

例：妈妈给他寄来了一个包裹。
我给他送去了一些材料。
妈妈给他寄了一个包裹来。
我给他送了一些材料去。

(8) 谓语动词后既有复合趋向补语又有宾语,分两种情况：
A. 构成"动词+趋向动词+了+宾语+来/去"形式。

例：他从书包里拿出了一本书来。
教室里走出了一个人来。
房间里飞进了一只小鸟儿来。
村子里跑出了一匹马来。

B. 构成"动词+趋向补语+了+宾语"形式。

例：他从书包里拿出来了一本书。
教室里走出来了一个人。
房间里飞进来了一只小鸟儿。
村子里跑出来了一匹马。

3. 下列情况应使用动态助词"了"
(1) 在某一时刻动作已经完成或状态已经出现,动词后要用"了",句中常有具体的时间词。

例：昨天我看了一场电影。
近几年，中国发生了很大的变化。
在这次谈判中，他维护了祖国的尊严。
他在比赛中发挥了自己的实力。

(2) 前一事件完成后，出现后一事件，前一句谓语动词后用"了"。

例：听了这话，他的脸一下子红了。
我下了课就去找他。
他过了年就回家乡。
他到了家才给我打电话。

(3) 在某种原因、条件、方式下，取得某结果，后句谓语动词后用"了"。

例：在老师的帮助下，我完成了毕业论文。
通过协商，双方达成了协议。
我再三请求，他才同意了我的请求。
经过研究，我们采纳了他的建议。

4．动态助词"了"常见错误分析：

要点提示	正误例举
(1) 表示经常或反复多次进行的动作的动词后不用"了"。但是，如果第一个动作完成后，第二个动作才能出现，尽管句中有表示多次性的词语，第一个动词后仍然可以带动态助词"了"。	*他在大学时常常参加了足球比赛。 *他总是热情地帮助了我。 *我感冒了，今天老流了鼻涕。 我每天晚上总是准备好了材料才休息。 他总是看了晚间新闻才睡觉。
(2) 表示持续性的动作的动词后不用"了"。	*这几天始终下了大雨。 *每年春天，北京都一个劲儿地刮了大风。 *今天我一直等了你。
(3) 心理活动的动词动词后不用"了"。	*他早就盼望了出国留学。 *我打算了报考研究生。 *我现在才感觉了汉语的难度。
(4) 能愿动词后不用"了"。	*他会了说几种语言。 *我想了买那本书，可是没买到。 *他愿意了帮助我。
(5) 连动句中，前一个动词表示后一个动词的行为方式，前一个动词后不用"了"。	*他骑了车来上课。 *老师站了上课。 *他握了我的手说："谢谢你！"

续表

要点提示	正误例举
(6) 连动句中，后一个动词表示前一个动作行为的目的，前一个动词后不用"了"。但是如果表示第一个动作完成后才出现第二个动作，第一个动词不是"来"或"去"时，第一个动词后可以用"了"。	＊我们到了农村考察。 ＊他来了中国学汉语。 ＊他去了医院看病。 我下了课就走。 他等了一会儿才走。
(7) 兼语句的第一个动词后一般不用"了"。	＊他请求了我原谅他。 ＊他让了我打电话叫一辆车。 ＊老师叫了我们写一篇作文。
(8) 动词重叠后表示过去的，已完成的动作，应将动态助词"了"放在动词之间，不能放在重叠动词的后面。	＊我早看看了这本书。 ＊我跟他聊聊了这件事。 ＊我们讨论讨论了这个问题。
(9) 动词后有时量补语，表示动作从开始到完成的一段时间，"了"一般用在动词和时量补语之间。但是如果不表示动作完成，虽有时量补语动词后也不能用"了"。	他休息了一会儿就走了。 他住了几天才走。 ＊休息了一会儿再学吧！ ＊打算学了一年再回国。 ＊来了，就住了几天再走吧！
(10) 表示可能性而不表示动作完成，动词后不用"了"。	＊孩子总这样下去，会养成了不好的习惯。 ＊你下个学期能再来了中国吗？ ＊你可以把我的话转达了他吗？
(11) 作定语的动词动词后一般不用"了"。	＊昨天参加了的考试很难。 ＊他交了的朋友是中国人。 ＊吃了的中国菜很好吃。
(12) 动词与结果补语之间不能用"了"，表示完成应将动态助词"了"放在结果补语后面。	＊他吃了完饭就出去了。 ＊他打了碎杯子。 ＊我把车开了到家。
(13) 谓语动词后带有小句宾语时，谓语动词一般不用"了"。	＊我问了他怎么想的？ ＊我断定了他肯定没来。 ＊我看见了前边有一座房子。
(14) 宾语为动词、动词短语或主谓短语时，谓语动词后不用"了"。但是如果谓语动词是"进行"或"作"时，宾语虽是谓词性词语，谓语动词后仍可以用"了"。	＊我请求半天，他还是拒绝了帮助我。 ＊他去年开始了学习汉语。 ＊我看见了他慢慢地走过来。 进行了比赛　进行了讨论　作了安排　作了指导

续表

要点提示	正误例举
(15) 动词前有副词"刚",动词后不用"了"。	*我刚来了这里,还不太习惯。 *我刚回到了房间,就来了客人。 *老师刚进了教室,教室里就安静下来。
(16) 在"……以前"、"……时候"、"是……的"结构中,动词后不用"了"。	*我来了中国以前,不会说汉语。 *我上午去了学校的时候,碰见了他。 *他是坐飞机来了北京的。
(17) 动词前有否定词"没"或"不",动词后或动补结构后一般不用动态助词"了"。 **注意:** A. 构成"没+动词……了(语气助词)"形式时,动词前应加表示一段时间的词语。 B. 如果"不"用在假设句中时,可构成"不+动词/动补+了(动态助词)……"形式。	*我没去了学校找他。 *我今天不去了学校找他。 *你没看见了老师吗? 他两天没来公司上班了。 *他今天没来公司上班了。 你不吃了这药,病怎么能好呢? 你不说清楚了就别走。

二、动态助词"着"(zhe)

1. 基本概念:表示动作正在进行或状态正在持续。

(1) 动词后加"着",表示动作正在进行或状态正在持续。

例:孩子们笑着闹着,开心极了。
　　弟弟正看着漫画书。
　　教室的门一直开着,里边却没有人。
　　大家别站着,快坐呀!

(2) 某些形容词后加"着"表示状态的持续。

例:他红着脸向姑娘表达了爱意。
　　夜深了,老师房间的灯还亮着。
　　他正忙着准备毕业论文呢。

(3) 用于连动句的第一个动词后,表示状态或方式。

例:老师一直站着讲课。
　　他握着我的手激动地说:"谢谢你!"
　　他走着来上课。

(4) 两个动词连用,重复使用第一个动词和"着",表示第一个动作持续的同时,出现了第二个动作。

例:他说着说着流下了泪。
　　孩子哭着哭着睡着(zháo)了。

他想着想着笑了起来。

2. "着"的常见错误分析

要点提示	正误例举
(1) 同时进行的动作,"着"应在第一个动词后。	*他常常走吃着东西。 *你不该躺看着书。 *别站说着话。
(2) 动态助词"着"不能放在动宾结构的宾语后面,应放在动词与宾语之间。	*我正吃饭着的时候,他来了。 *外边正下雨着呢。 *他坐在那里低头着沉思。
(3) "动词+着"形式可以带宾语,但如果带处所宾语时,处所宾语是谓语动词的受事才可以,否则应改为"动词+在+处所"形式表示。	*他坐着汽车里看书。 *挂着墙上的照片是去年照的。 *别躺着床上看书。 他两眼盯着楼上。
(4) 谓语动词后,动态助词"着"与"在+处所词语"不能同时出现。	*别躺着在床上看书。 *挂着在墙上的照片是去年照的。 *他站着在那里一句话也不说。
(5) 不强调动作本身,而是说明一种状态,动词后应用"着"。	*这里住一对新婚夫妇。 *门口坐一位老人。 *他手里拿一本书看。
(6) 谓语动词后有补语时,谓语动词后不能用"着"。	*我等着他半天了,他还没来。 *他病着一个多月了,总不见好。 *我正在给他打着三次电话了,他一直不在。 *这本书我已经看着两遍了,还不太懂。
(7) 谓语动词前有能愿动词,谓语动词后不用"着"。	*他能跟中国人说着汉语交流。 *他可以写着一手好字吗? *你愿意帮着我检查一下吗?
(8) 本身含有持续意义的动词,动词后不用"着"。	*我从小就一直怕着小动物。 *他一直喜欢着运动。 *妈妈始终担心着爸爸的健康。
(9) 句中有两个谓语动词时,动词①完成后动词②才能进行,动词②的受事是通过动词①完成的,动词①不能带宾语。但是动词①是动词②进行的方式或目的时,动词①可以带宾语。	*他正找着水喝。 *他正排着队买球票。 他端着盘子吃。 他拿着话筒讲课。 他红着脸说。

三、动态助词"过"

1. 基本概念:表示过去曾发生或经历过某事,只能用于过去。

(1) 动词后加"过",表示过去曾经发生或经历过某事。

例: 这本书我看过。
他在这里住过。
我们昨天讨论过这个问题。
他在大学时参加过社团。

(2) 形容词后加"过"表示性质或状态已经过去，含有比较的意思。

例： 他以前胖过。
　　 他们的关系一度好过。
　　 为了感情，他快乐过，也伤心过。
　　 年轻时的妈妈也曾漂亮过。

2．"过"的常见错误分析

要点提示	病句
(1) 表示认知意义的动词，动词后不用"过"。	＊我早知道过这件事。 ＊我当然感觉过他的心意。 ＊我明白过做人的道理。
(2) 句中有表示经常性的词语，动词后不用"过"。	＊我小时候，北京常常下过雪。 ＊他常跟我讲过他以前的事。 ＊以前，我在这里经常看到过他。
(3) "过"应放在动宾结构的动词后，不能放在宾语后。	＊在我困难时，他帮忙过我。 ＊我昨天健身过，今天就不去了。 ＊毕业后，我再也没见面过他。
(4) 动词②是动词①进行的目的，动词①是"来"、"去"、"到"时，动词①后不用"过"。	＊他来过中国学汉语。 ＊他去过西藏旅行。 ＊他到过北京学习。

实力测试（2）

一、将所给的词语填到适当的位置上

1．他又突然改变主意了，不跟 A 我去 B 商店买 C 东西 D。（了）
2．明天的计划是游览 A 故宫再去 B 参观 C 历史博物馆 D。（了）
3．他天天准备 A 材料到 B 深夜 C，体重一下子减 D 三公斤。（了）
4．因为大雾，飞机起 A 飞 B 晚 C 两个小时 D。（了）
5．昨天我跟 A 他谈 B 谈 C 去 D 国外考察的体会。（了）
6．他回 A 国 B 之前，就找 C 到 D 一份好工作。（了）
7．寒假过后，他从家乡带 A 回 B 一些土特产来 C，一下子就被同学们分 D 光了。（了）
8．他因为职称的问题正闹 A 情绪呢，已经好几天没来 B 公司上 C 班 D。（了）
9．等 A 我打 B 完 C 电话再跟你详细谈 D 这件事。（了）
10．我前天在这里买 A 个 CD 机，回去后发现 B 有 C 毛病，能不能换 D 一个？（了）
11．你怎么好久不来 A 我家了？是不是忘 B 我这个老 C 朋友 D？（了）
12．等 A 我做 B 完 C 作业，再跟你出去玩 D 吧。（了）

13. 听说A那儿出B问题，你去C调查D一下儿。（了）
14. 他家里有A事，比平常早B走C几分钟D。（了）
15. 昨天，他吃A完B晚饭就到C办公室看书去D。（了）
16. 他病了好几天A，常发B烧C，老不见好D。（了）
17. 谁也不会想到A病没治好B还花C一大笔钱D，真是得不偿失。（了）
18. 他与男友相恋A四年B，听说他们打算C明年去D国外旅行结婚。（了）
19. 你跟他相处久A，会发现B他身上有C很多闪光点D。（了）
20. 孩子没吃A完B饭，就到C同学家玩D。（了）
21. 我抬A起头，顺着声音望B过去，见他笑C向我走D来。（着）
22. 他每个星期天都陪A女儿去B美术馆看C画D展。（着）
23. 虽然出A国多年，他仍保留B在国内早起C的生活D习惯。（着）
24. 我一走进A房间就看见B他坐C打D电话呢。（着）
25. 他答应A两天陪B孩子去C动物园看D大熊猫。（过）
26. 我们曾经请A他来B帮C几次忙D。（过）
27. 光这个月我就已经去A上海B出C三次差D了。（过）
28. 我不喜欢沙漠，想A都没想B要去C那儿旅行D。（过）
29. 他给A我讲B三次，可我还是没记C住D。（过）
30. 我以前从没跟A他打B什么交道，当然也谈C不上什么了解D了。（过）

二、判断选择

1. 真气死人了！我从没见（　　）如此软弱无能的男人！
   A. 了　　　　　　B. 着　　　　　　C. 过　　　　　　D. 的
2. 当我还在期盼（　　）的时候，他早已呼呼大睡，进入梦乡了。
   A. 着　　　　　　B. 了　　　　　　C. 来着　　　　　D. 过
3. 我走（　　）走（　　），一下子撞进了一个人的怀抱，把我吓了一跳。
   A. 啊　　　　　　B. 着　　　　　　C. 了　　　　　　D. 的
4. 终于见到（　　）他，我一直朝思暮想的人。
   A. 过　　　　　　B. 了　　　　　　C. 着　　　　　　D. 的
5. 昨天是星期天，你怎么过（　　）？
   A. 了　　　　　　B. 着　　　　　　C. 的　　　　　　D. 过
6. 你什么时候来（　　）？怎么也不告诉我去接你呢？
   A. 着　　　　　　B. 的　　　　　　C. 过　　　　　　D. 着呢
7. 今天我有些不舒服，所以没去上课，上午老师讲（　　）是什么内容？
   A. 着　　　　　　B. 了　　　　　　C. 的　　　　　　D. 过
8. 孩子眼巴巴地站在门口，等（　　）妈妈回来。
   A. 了　　　　　　B. 过　　　　　　C. 着　　　　　　D. 的
9. 我走（　　）走，好像这路总也走不到头儿，肚子饿了，人也乏了。
   A. 了　　　　　　B. 啊　　　　　　C. 一　　　　　　D. 完
10. 没关系，你坐（　　）说，不用客气。
    A. 了　　　　　　B. 过　　　　　　C. 着　　　　　　D. 的

11. 他的童年青年是伴随（　　）音乐长大的。
    A. 了   B. 过   C. 的   D. 着
12. 搬进这座现代化的大楼，生活是方便多了，可是看不见以前的老街坊（　　）。
    A. 的   B. 吧   C. 啊   D. 了
13. 我上上下下打量着他，细细地琢磨（　　）他说的每一句话。
    A. 着   B. 过   C. 了   D. 的
14. 他已经学（　　）两年汉语了。
    A. 着   B. 了   C. 的   D. 着呢
15. 你怎么还犯类似的错误，难道你没有细细琢磨（　　）他的每一句话吗？
    A. 了   B. 过   C. 一下   D. 来着
16. 多少年过去了，我们都老了，可他至今还保持（　　）年轻人的精神头儿。
    A. 了   B. 着   C. 过   D. 的
17. 我叫（　　）他好几声，他居然没听见。
    A. 着   B. 过   C. 了   D. 得
18. 说到伤心处，她不禁叹（　　）一口气，随之泪就下来了。
    A. 过   B. 着   C. 了   D. 的
19. 虽然爸爸每天都带（　　）我去学画儿，可是我的画儿始终不见长进。
    A. 过   B. 的   C. 着   D. 一下
20. 人活（　　）总该有所追求吧。
    A. 了   B. 过   C. 着   D. 的

三、改错

1. <u>俗话说："日久见人心"</u>，<u>经过一段时间的接触</u>，<u>我就喜欢了他</u>，<u>并被他所吸引</u>。
   　　　　A　　　　　　　　　　B　　　　　　　　　　　C　　　　　　　D

2. 他是个很懂事的孩子，<u>从来没让过父母为他的功课操心</u>，<u>门门功课都是优</u>，<u>父母感到</u>
   　　　　　　　　　　　　　A　　　　　　　　　　　　　B　　　　　　C　　　　D
   <u>很欣慰</u>。

3. <u>他早年毕业于某大学中文系</u>，<u>在八十年代初曾来过中国学习汉语</u>，<u>二十年后再次踏上</u>
   　　　　A　　　　　　　　　　　　　　B　　　　　　　　　　　　　C
   <u>这片土地</u>，不禁感叹中国的巨大变化。
   　　D

4. <u>写日记是他多年的习惯</u>，<u>无论工作有多忙</u>，<u>也无论身在何处</u>，<u>他每天都要写了一篇日记</u>。
   　　A　　　　　　　　　　　B　　　　　　　　C　　　　　　　　D

5. <u>听说你以前去过大连</u>，<u>你什么时候去了</u>，<u>对大连有什么印象？</u><u>那可是我的家乡呀！</u>
   　　A　　　　　　　　　B　　　　　　　　C　　　　　　　　D

6. <u>我早就问问过他这到底是怎么一回事？</u>事情为什么会搞成这样？<u>可他死活也不说</u>，我也
   　　　　　　A　　　　　　　　　　　　　B　　　　　　　C
   <u>毫无办法</u>。
   　　D

7. 既然你已来到中国，就安下心来，<u>利用这个机会好好学了几年吧</u>！机会难得呀！
   　A　　　B　　　　　　　C　　　　　　　D

8. 小时候，我一直是老师和家长眼里的好孩子，所以从小学起我在班级里一直当了班长
              A   B
   或者学生代表，学生代表是不能依赖老师的，我的独立性也是那时锻炼的。
                      C   D

9. 我从小就不是一个好学生，假装生病，上课从不带课本，每次考试靠考前开夜车得到高分，
         A   B   C
   这种方法的不正确直到上大学的时候才知道了。
                       D

10. 我觉得你现在走不合适，这样不明不白地走了，只能让大家对你的误解更深，总应该把
            A   B   C   D
    话说了清楚再走吧。

11. 听了这话，他脸一沉，生气地挥了手说："你死了这条心吧！"
        A   B   C   D

12. 他昨天身体不舒服，可能是最近准备答辩太累了，没跟大家一起去了参观鲁迅故居，现
           A   B   C
    在还在房间里躺着呢。
          D

13. 假期我想学打网球，找老师去了网球场，下决心要把网球打好，而且能有机会参加比赛。
          A   B   C   D

14. 去年，我不在北京，公司派了我去分公司，在那里呆了整整一年。
     A   B   C   D

15. 闲逛时，无意中发现一本很有价值的参考书，但却没带来了钱，真可惜！
     A   B   C   D

16. 我走进他的房间，一眼就看到了挂着墙上的我们合影的照片，照片上的我们笑得那么甜
          A   B   C
    蜜，而今却形同路人。
             D

17. 楼下的小伙子已经在那儿半天了，看他焦急地走来走去，好像在等了什么人，而那个人
                A   B   C   D
    又一直没有出现。

18. 这对双胞胎兄弟长得太像了，他们俩站着在一起，一般人分不清谁是哥哥，谁是弟弟。
         A   B   C   D

19. 由于期末考试，他已经很久没回家了，这次回家带了回去一大包脏衣服，周一准又会
         A   B   C   D
    带回很多好吃的东西来。

20. 连日来，漫天的大风刮得人睁不开眼睛，院子里的树也被刮倒了，都倒着三天了，也不
                A   B   C

见有关部门来处理一下。
　　　　　　　　D

21. 这是一本值得我们借鉴的书，虽然我已经读着三遍了，可是还不能准确把握其中的内涵，
　　　A　　　　　　　　　　　B　　　　　　　　C
　　我打算在空闲时再好好读读。
　　　　　　　　D

22. 这么多年，他一直不改初衷，喜欢着别人看似再平凡不过的工作，默默地做着自己分内
　　　A　　　B　　　　　　　　C　　　　　　　　　　　　　D
　　的事情。

23. 老人一个人孤独地在医院里躺了一个月，可儿女一个也没来过看他，这对身患重病的老
　　　　　　　A　　　　　　　　　　　　B　　　　　　　　C
　　人来说，无疑是雪上加霜。
　　　　　　D

24. 这都是什么时候的事情了，你现在才想起来，其实，上个星期我们就讨论了一下儿这个
　　　　　A　　　　　　　B　　　　C　　　　　　D
　　问题。

25. 他父母都是中国人，他是从小随父母去国外定居的，这次来了北京三个月了，生活上并
　　　A　　　　　　　　B　　　　　　　　　　C　　　　　　　　　　D
　　未遇到过什么困难。

26. 这个问题我想了好久也没想明白，最后还是找了老师问这个问题，现在完全明白了，
　　　　　　　A　　　　　　　　　　　B　　　　　　　　　　　　C
　　其实很简单。
　　　　D

27. 这个学期跟中国同学一起上课，老师完全用了汉语讲课，开始还真的很不习惯，现在
　　　A　　　　　　　　　　B　　　　　　　　　C
　　好多了。
　　　D

28. 陪她逛了一天街，我累极了，回到房间，一下子坐了在地上再也不想起来。
　　　A　　　　　　B　　　　　　　　C　　　D

29. 我走进房间时，看到他正躺着在床上看书呢，见我进来，马上坐了起来。
　　　A　　　　　　　　B　　　　　　C　　　　　D

30. 几年前，他曾来过北京旅行，这是第二次来北京，准备学习一年汉语。
　　　　　A　B　　　　C　　　　　　D

第三节　语气助词

基本概念：用于句末，表示各种不同的语气。常用语气助词有：

"吗"、"呢"、"吧"、"了"、"的"、"嘛"、"呗"。

一、"吗"和"呢"的用法说明

都可以用在疑问句句末。

1．"吗"的用法说明

(1) 用于是非问句(用肯定或否定形式回答)。用于否定形式的是非问句,问话人往往认为答案是肯定的或难以预料的。

> **例**：你去参加晚会吗?
> 孩子喜欢这份礼物吗?
> 你不认识他吗?(我以为你认识他)
> 你不会游泳吗?(我以为你会游泳)

(2) 用于反问句,常带有责备、质问、辩解语气,常与"不是"、"还不"、"还"、"没"、"不"、"岂"、"不就是"、"难道"、"莫非"等词语连用。

> **例**：你整天除了玩还是玩,还像个学生吗?(责备)
> 你这是承认错误的态度吗?
> 我没告诉你吗?这个东西你不能动!(质问)
> 难道领导有错就不能说吗?
> 我不是道歉了吗?(辩解)
> 你这样做岂不是让我为难吗?

2．"呢"的用法说明

(1) 用于正反疑问句,句中肯定形式与否定形式同时出现。

> **例**：你明天去不去参加晚会呢?
> 孩子们喜不喜欢这份礼物呢?
> 你认识不认识他呢?
> 你会不会游泳呢?

(2) 用于选择疑问句,带有商量或询问的语气。

> **例**：你明天是去还是不去呢?
> 你是坚持到底还是决定放弃呢?
> 你说我该不该去呢?
> 我一会儿去图书馆,你呢?

(3) 用于特指问句,一般与疑问代词连用。

> **例**：你到底想什么呢?
> 你怎么不说话呢?
> 谁去参加会议呢?
> 这是怎么回事呢?

(4) 用于反问句,常与"怎么"、"怎能"、"哪能"、"岂能"、"为什么"、"何不"、"谁"、"有什么"、"何必"、"何尝"、"何苦"等词语连用。

例：谁知道他会不来呢？
我哪能不来上课呢？
不明白为什么不问问老师呢？
你何苦这样做呢？

二、"呢"和"吧"的用法说明

都可以用在陈述句句末。

1. "呢"的用法说明

(1) 用于陈述句的句末，有缓和语气的作用。

A. 用于假设句，含有让对方或自己思考的意思。

例：我要是不同意呢，你能把我怎么样？
你要想跟我们一起去旅行呢，可得早点儿决定。
能帮呢，你就帮帮他，不能帮呢，就别说那风凉话。
知道呢，就说，不知道呢，就闭嘴！

B. 用于主语后，引起对方注意，含有"至于……"、"要说……"的意思。

例：我是同意的，他呢，你还是亲自问问吧！
他呢，不是说好了，你们一起来吗？
你先走你的，我呢，你就甭管了。

C. 用于表示说话人的看法或说明解释原因的句子。

例：人们所看到的更多的是男人的坚强，其实呢，男人也很累。
实际上呢，我跟他只见过一两面，谈不上了解。
我今天就不去了，一来呢，确实有事，二来呢，我也不喜欢凑热闹。

D. 用于表示否定意义的句子中。

例：听他的呢，哪有做事没有风险的？
管他做什么呢，我做好自己的事儿就行了。
管他呢，自己喜欢就行。

(2) 用于陈述句句末，含有强调、夸张、轻蔑的语气。

A. 表示状态的持续，常与"正"、"正在"、"在"或动态助词"着"一起使用。

例：他正上课呢，你一会儿再来吧。
他在睡觉呢，你别吵醒他。
老师等着你呢，快去吧。
我进门时，看见他在床上躺着呢。

B. 含有强调或夸张的意味，常构成"才/可/还＋动词/形容词＋呢"形式。

例：那儿的风景才美呢。
这种人我才懒得理呢。
他新买的房子可大呢。

他的作品比老师还多呢。

C. 表示不以为然，含有轻蔑的语气，常构成"还……呢"形式。

例：就这质量，还名牌呢？
　　就他这身体，还想当运动员呢？
　　还大学生呢，一点儿道理都不懂。
　　就你这个程度，还当翻译呢？

D. 用于否定句末，表示动作到说话时还没实现，常构成"还……呢"形式。

例：我还没吃饭呢。
　　他还没来呢。
　　这孩子还没见过奶奶呢。
　　我还不知道他是谁呢。

2．"吧"的用法说明

(1) 用于交替假设句，表示说话人左右为难的心理。

例：你说去吧，的确没时间；不去吧，人家专程来请我。
　　吃吧，实在难以下咽；不吃吧，她忙活了一早上。
　　扔了吧，觉得可惜；不扔吧，又实在没什么用。

(2) 用于列举。

例：他是个很不合群的人，就拿公司的活动来说吧，从未见他参加过。
　　我的汉语还是有问题的，就拿听力来说吧，有些口语就听不懂。
　　他爱好广泛，譬如茶道吧，他还真的很在行呢。

(3) 表示推测或估计语气，常构成"大概（大约/可能/也许/一定）……吧"形式。

例：我想他大概不会来了吧，都这么晚了。
　　看样子他可能是真的生你的气了吧。
　　昨天的晚会一定很热闹吧。

(4) 表示无所谓，满不在乎的语气，常构成"A 就 A 吧"形式。

例：算了吧，丢就丢了吧，明天再配一把。
　　一个就一个吧，有总比没有强。
　　他不愿意就不愿意吧，何必勉强他呢？

(5) 用于祈使句，"吧"有缓和语气的作用，"吧"一般不与"应该"、"必定"、"必须"等表示语气坚决的词语用在一起。

例：你就帮帮他吧，看把他急的！
　　快走吧，不然要迟到了。
　　公共汽车人太多，我们还是走着去吧。
　　就算没你的错吧，你也不必这么幸灾乐祸呀！
　　明天是周末，我们去看场电影吧！

＊你不能这么玩命地干了，必须休息吧！
＊知道自己的不足，就应该努力赶上吧！

三、"了"和"的"的用法说明

1．"了"的用法说明

基本概念：语气助词"了"用于句末，表示变化，即出现了新的情况。

常用的几种表示变化的情况：

(1) 表示事情从尚未发生到发生（谓语多为动作动词）。

例：上课了，快回去吧！
　　快上课了，就别出去了！
　　我吃饱了，不想再吃了。
　　雨停了，我们出去走走吧。

(2) 表示动作由未完成到完成（谓语动词后常带结果补语或趋向补语）。

例：这本书翻译完了。
　　妈妈的话我都记住了。
　　他终于从昏迷中苏醒过来了。
　　太阳升起来了。

(3) 表示动作由进行到停止。

例：我一看见他进来，就站住了。
　　听到有人叫他，他停住了。
　　老师来了，同学们都不说话了。
　　爸爸瞪起了眼睛，我马上不敢说了。

(4) 表示事物的性质、状态发生变化（谓语多是形容词或状态动词）。

例：苹果红了。
　　春天了，树叶绿了。
　　他进步了。
　　工作压力太大，他累病了。

(5) 表示意愿、能力发生了变化（句中多有能愿动词）。

例：我不想去参加今天的晚会了。
　　我不愿意给别人添麻烦了。
　　他现在能跟中国人自由交流了。
　　有些事情你应该自己拿主意了。

注意：
A．在疑问句中，只有问主语、谓语、宾语、定语、补语时，可以使用语气助词"了"，问状语时一般不能使用，而用"是……的"的句式表示，"是"有时可省略。

例：谁来了？（问主语）
今天星期几了？（问谓语）
他说什么了？（问宾语）
他买什么东西了？（问定语）
他来几天了？（问补语）
他是什么时候来的？（问状语）
＊他什么时候来了？（问状语）

B. 在某些形容词作谓语或结果补语的句子中，加上语气助词"了"表示不合某种标准，此类形容词多是"大"、"小"、"高"、"低"、"肥"、"瘦"、"长"、"短"、"轻"、"重"、"粗"、"细"、"咸"、"淡"、"厚"、"薄"、"宽"、"窄"、"早"、"晚"等表示性状的形容词。语气助词"了"后可加"一点儿"、"一些"等表示程度的补语。

例：他累瘦了。
孩子长高了。
这次考试难了一点儿。
衣服肥了一些。

2. 动态助词"了①"和语气助词"了②"

（1）动词＋了①：表示动作完成（可用于过去或将来的动作行为）
句末＋了②：表示变化（表示情况或状态的变化）

例：近来身体不适，他已去医院做了全面检查。
别担心，等我明天做了全面检查后，会把结果告诉你。
春天了。
他不再是我的朋友了。

（2）动词＋（了①）＋数量词＋了②：说明到现在为止，已持续的时间或已达到的数量。
动词＋了①＋数量词：说明动作从开始到完成的时间长短或达到的数量。

例：他已经在这里住了三年了。
我已经等了他半天了。
他曾在这里住了三年。
我昨天等了他半天，他也没来。

（3）否定形式

A. "了①"的否定式：否定动作的出现或完成时，谓语动词前用否定词"没"，此时不能再用动态助词"了"。即：没＋动词（动词后不可用"了"）

例：他去了学校。　他没去学校。　（＊他没去了学校）
我买了新衣服。　我没买新衣服。　（＊我没买了新衣服）
我看见了他。　我没看见他。　（＊我没看见了他）
我写完了作业。　我没写完作业。　（＊我没写完了作业）

B. "了②"的否定式：

a. 否定已出现的新情况，用"没"或"没……呢"形式表示，句末不能再用语气助词"了"。

例：这本书我已经看完了。
　　这本书我还没看完呢。（＊这本书我还没看完了）
　　信已经寄出好几天了，该到了。
　　信已经寄出好几天了，到现在还没到呢。（＊信还没到了）
　　火车已经到站了。
　　火车还没到站。（＊火车还没到站了）

> 注意：动词前有表示一段时间的词语，句末可用语气助词"了"。
>
> 例：我好长时间没看到他了。
> 　　他好久没上班了。
> 　　一年多没回过家乡了。

b. 否定将出现的新情况，用"不……了"形式表示。

例：我今天有事，就不陪你们了。
　　天又阴了，别去爬山了。
　　他睡了，别去打扰他了。
　　外边下雨了，不能爬山了。

3. "的"的用法说明

(1) 用在陈述句句末，加强肯定的语气，谓语前常有"是"与之配合使用。

例：这本词典是我买的。
　　他肯定会来的。
　　这里的情况我是很了解的。
　　他是坐飞机回来的。
　　没别人帮忙，他自己是做不好的。
　　我是不会忘记父母的恩情的。

(2) 用在谓语动词后，强调已发生的事情的时间、处所、目的、施事、方式、原因等。

例：我（是）昨天买的这本词典。（强调时间）
　　我（是）在学校书店买的这本词典。（强调处所）
　　我（是）为了应付考试才买的这本词典。（强调目的）
　　（是）我买的这本词典。（强调人物）
　　我（是）用现金买的这本词典。（强调方式）
　　我（是）因为需要才买的这本词典。（强调原因）

(3) 否定形式：用"没"否定，动词后不再用"的"，或者用"不是……的"格式，句末不用语气助词"了"。

例：我没坐飞机去。（＊我没坐的飞机去）
　　这件事我没告诉他。（＊这件事我没告诉的他）

我不是坐飞机去的。（＊我不是坐飞机去了）

他不是来找你的。（＊他不是来找你了）

四、"嘛"和"呗"的用法说明

1. "嘛"的用法说明

(1) 用于陈述句句末，表示说话人认为应该的或显而易见的语气。

例：不愿意就说嘛，背后说什么闲话。

不会就问嘛，有什么不好意思的。

他是中国人嘛，汉语当然比我好了。

孩子嘛，犯不上跟他生气。

(2) 用在陈述句句末，含有劝说的语气。

例：知道自己错了，就认错嘛。

喜欢他就告诉他嘛。

他病了，你就去看看嘛。

他不懂事，你就多担待点儿嘛。

(3) 用在句子停顿处，引出话题，提醒注意。

例：工作嘛，不能不做，家庭嘛，也不能不管。

有话大家可以商量，别这个态度嘛。

给每个人配一部车嘛，公司的确有困难。

他这个人嘛，倒挺能干的。

2. "呗"的用法说明

(1) 用在陈述句句末，常含有道理简单，无须多说的语气。

例：他哪儿病了，找借口呗。

好久没看见他了，准是工作忙呗。

别兜圈子，有事你就直说呗。

总不见他那位，离了呗。

(2) 对已出现的行为表示不满或不介意，语气不够客气。

例：得第一就得第一呗，有什么好骄傲的！

他要走就走呗，跟我有什么关系！

不满意就说呗，说什么风凉话！

打官司就打呗，我不在乎。

实力测试（3）

一、判断选择

1. 他的事情你别问我，我才懒得管他的那些闲事（　　）！

A. 吧　　　　　　B. 吗　　　　　　C. 的　　　　　　D. 呢

第十章 助 词

2. 无论你们之间有过什么不愉快，他现在病得很重，你还是去看看他（　　）！
　　A. 呢　　　　　　B. 吧　　　　　　C. 吗　　　　　　D. 呗
3. 这么大的风，我看他未必能来（　　）。
　　A. 吧　　　　　　B. 的　　　　　　C. 了　　　　　　D. 呢
4. 你怎么能这样对待曾经养育过你的父老乡亲（　　）？
　　A. 呢　　　　　　B. 吧　　　　　　C. 吗　　　　　　D. 啦
5. 你统计过到底有多少人报名参加这次比赛（　　）？
　　A. 吗　　　　　　B. 嘛　　　　　　C. 呢　　　　　　D. 吧
6. 爷爷，路滑，你可多加注意（　　）！
　　A. 啊　　　　　　B. 啦　　　　　　C. 了　　　　　　D. 呢
7. 你怎么来（　　）？外边下这么大的雨，快进来！
　　A. 了　　　　　　B. 的　　　　　　C. 吗　　　　　　D. 呢
8. 真快（　　）！转眼又到新年了。
　　A. 呀　　　　　　B. 了　　　　　　C. 啦　　　　　　D. 的
9. 我相信你会管理好自己的生活（　　）。
　　A. 的　　　　　　B. 吧　　　　　　C. 吗　　　　　　D. 呀
10. 你这个人呀，总是这么丢三落四的，让我说什么好（　　）？
　　A. 哪　　　　　　B. 呢　　　　　　C. 呀　　　　　　D. 啊
11. 听说明天你们去长城，我跟你们一起去行（　　）？我还没去过长城呢！
　　A. 嘛　　　　　　B. 吗　　　　　　C. 吧　　　　　　D. 啊
12. 等秋天一到，这里遍山的红叶才美（　　）！
　　A. 啊　　　　　　B. 吗　　　　　　C. 呢　　　　　　D. 的
13. 这件事对他也很有利，他大概会答应（　　）。
　　A. 吗　　　　　　B. 呗　　　　　　C. 吧　　　　　　D. 呢
14. 这么糟糕的电影不看就不看（　　）。
　　A. 吧　　　　　　B. 了　　　　　　C. 吗　　　　　　D. 啦
15. 他不是向你道过歉（　　）？你怎么还这么不依不饶的？
　　A. 呢　　　　　　B. 吧　　　　　　C. 吗　　　　　　D. 嘛
16. 你要去就去（　　），和我有什么相干！
　　A. 吗　　　　　　B. 啦　　　　　　C. 呗　　　　　　D. 啊
17. 只有一辆车，你骑还是我骑（　　）？
　　A. 吗　　　　　　B. 吧　　　　　　C. 呢　　　　　　D. 嘛
18. 我又没过去看，我怎么知道他来没来（　　）。
　　A. 呢　　　　　　B. 吗　　　　　　C. 了　　　　　　D. 吧
19. 你又被人蒙了，这怎么可能是真的，明摆着是骗人的（　　）！
　　A. 吗　　　　　　B. 嘛　　　　　　C. 呗　　　　　　D. 吧
20. 今天就别走了，外边正下着雨（　　）。
　　A. 呢　　　　　　B. 吗　　　　　　C. 了　　　　　　D. 的

二、改错

1. 这次上海之行,是他盼望已久的,你突然决定不让他去了,他会高兴吧?
   　　　　　　　　A　　　　　　　B　　　　　　C　　　　　　　D

2. 早晨的香山非常热闹,一般都是三五成群的老人,我想,他们都是为了锻炼身体才来爬山了。
   　　　　　　A　　　　　　B　　　　　　　　C　　　　　　D

3. 谁能不犯错误呢?既然他这么诚恳地向你认错,你难道不应该原谅他这一次啦?再给他一次机会吧。
   　　　　　　　A　　　　　　　　　　B　　　　　　　　C　　　　　　　D

4. 听说,你们学校的伙食不错,还专门为少数民族同学开设了小食堂,在那里是否可以吃到地道的家乡口味的菜肴吗?
   　A　　B　　　　　　　　　　C　　　　　　　　　　　　D

5. 他一门心思地盼着能出国深造,都盼了好几年了,现在机会来了,他岂能放弃嘛!
   　　　　　　　A　　　　　　　B　　　　　　C　　　　　D

6. 既然大家已经决定了,还征求我的意见干吗?再说,我说什么又有什么用吗!
   　　A　　　　　　　　B　　　　　　C　　　　　　D

7. 刚来的同学难免会想家,尤其是第一次离开家的同学,就拿你来说啊,不也是偷偷抹过眼泪吗?
   　　A　　　　　　　B　　　　　　　　C　　　　　　D

8. 你跟我合作呢,更好,你不跟我合作吧,我自己也会做下去,反正,我是一定要做下去的。
   　A　　　　　　B　　　　　C　　　　　　　D

9. 我去求他呢,又实在张不开这嘴,不求他呢,这件事又非他不可,别人又帮不上忙,你快帮我拿个主意,我该怎么办才好?
   　　　　　　　　A　　　　　　　　　　　　　　　B
   　C　　　　　　D

10. 最近,我在准备毕业答辩呢,所以特别忙了,等我忙过了这阵子再跟你联系吧。
    　A　　B　　　　　　　C　　　　　　D

11. 传统的教学方式已经不能适应现代社会的发展,学生的日渐流失,难道就没给你们敲响警钟嘛?是非改革不可的时候了。
    　　　　　　　A　　　　　　　　　B　　　　　　　　C
    　　　D

12. 他爱好广泛,知识面很广,什么看书呢、听音乐呢、唱歌跳舞呢,他都喜欢。
    　　A　　　　B　　　　C　　　　　　　　　D

13. 你也是这个集体里的一分子,谁也不愿意发生这样的事情,就算这件事跟你无直接关系
    　　　A　　　　　　　　B　　　　　　　　　C

呢,你也不该说三道四呀!
　　D
14. 马上就要进考场了,可是,我的准考证却找不到了,怎么办吗?
　　　A　　　　　B　　　　　　C　　　　　D

15. 他含含糊糊地说了半天,你听明白他的意思了嘛?我可一点儿没听明白,反倒越发糊涂了。
　　　A　　　　　　　　B　　　　　　　C　　　　　　　D

16. 你要是问中国的哪座山最美,我建议你去黄山,黄山的风景太美啊!值得一看!
　　　A　　　　　　　B　　　　　　C　　　　　D

17. 别吞吞吐吐的,有什么问题就问吗?没什么不好意思的,大家互相学习嘛!
　　　A　　　　　　B　　　　　C　　　　　　D

18. 他是个一是一、二是二的人,既然他答应过你,那么他就会做到吧!你就放心吧!
　　　A　　　　　　　B　　　　　　　C　　　　　D

19. 昨天的考试你参加了吗?听说这次考试可难呀,怪不得很多人没考好,幸亏我没参加。
　　　A　　　　　　B　　　　　　C　　　　　　D

20. 既然这种事情你自己可以解决,你又何苦要去麻烦别人吗?弄得人家大老远地跑来,你
　　　　　　A　　　　　　　　B　　　　　　　C
又不是自己解决不了。
　　　D

第十一章

特殊句式

第一节　连动句
第二节　兼语句
第三节　双宾语句
第四节　存现句
实力测试

连动句　　兼语句
双宾语句　存现句

第一节 连动句

一、基本概念

由一个主语，两个或两个以上的动词（短语）谓语所构成的句子。

二、基本结构

主语①……动词①……动词②……动词③……

例：他来中国学习汉语。
　　他去学校找过你。
　　他骑自行车上学。

三、用法

常见类型	1. 表示几个动作情况先后发生，后一个动作情况发生时，前一个动作已经结束。	**例**：他看完信就流下了泪。 他打开门走了出去。 他吃过饭就去散步了。
	2. 后一个动作行为是前一个动作的目的，前一个动词常用"来"、"去"。	**例**：你可以去图书馆看书。 他去飞机场接朋友了。 他想来北京留学。
	3. 前一个动作表示后一个动作的方式。	**例**：我每天骑车上学。 他坐火车来北京。 他常常用左手写字。
	4. 前一个动词表示肯定的意思，后一个动词表示否定的意思，从正反两方面说明一个事实。	**例**：他握着我的手不放。 你怎么还站着不动呢！ 他闭上嘴不说话了。
	5. 前一个动词是"有"或"没有"，宾语多是"理由"、"责任"、"权利"、"力量"、"办法"、"本事"、"把握"、"信心"、"机会"、"条件"、"能力"、"时间"等抽象名词，多含有应该或不应该的意思。	**例**：我有理由相信他。 我有责任帮助你。 你有权利提出自己的意见。 家里没有那么多钱供孩子上大学。
语法特点	1. 后一个动作行为是前一个动作的目的，常构成"来/去/到"+（处所宾语）+动词+宾语"形式，动态助词"了"或"过"不能放在前一个动词"来"、"去"、"到"后，只能放在后一个动词后。	**例**：他来医务室取走了化验单。 (*他来了医务室取走化验单) 他去图书馆借了一本书。 (*他去了图书馆借一本书) 我们到大医院请了专家。 (*我们到了大医院请专家) 他去北京旅行过。 (*他去过北京旅行) 他来找过你。 (*他来过找你) 我到公司找过他。 (*我到过公司找他)

续表

语法特点	2. 表示几个动作先后发生，后一个动作发生时，前一个动作已经结束，常构成"动词①+宾语+动词②+宾语"形式，前一个动词后可用动态助词"了"或"过"。	例：我们下了课一起回宿舍吧！ （*我们下课一起回了宿舍） 他想吃了饭就去图书馆。 （*他想吃饭就去了图书馆） 他吃过饭就去图书馆了。 （*他吃饭就去过图书馆了） 他看过报纸就打开了电视。 （*他看报纸就打开过电视）
	3. 否定副词一般应放在第一个动词前，含有解释或说明的意思时，否定副词可放在后一个动词前。	例：我不想去图书馆看书。 （*我想去图书馆不看书） 我去图书馆不想看书，而是去找个人。 我不想去中国学习汉语。 （*我去中国不想学习汉语） 我去中国不想学习汉语，想去各处转转。
	4. 状语一般放在第一个动词前，表示时间的状语也可以放在句首，不能放在后一个动词前。	例：他曾经来这里找过我。 （*他来这里曾经找过我） 他一直想来中国学汉语。 （*他想来中国一直学汉语） 昨天，他来这里找过你。 （*他来这里昨天找过你） 上个星期，他就坐火车回家乡了。 （*他坐火车上个星期就回家乡了）
	5. 连动句的谓语动词可以以重叠形式表示，一般只重叠后一个动词。	例：我找朋友商量商量。 （*我找找朋友商量） 我上图书馆查查资料。 （*我上上图书馆查资料） 我想去问问老师。 （*我想去去问老师）
	6. 连动句的第一个动词后不能用可能补语。	例：他不能去南方旅行了。 （*他去不了南方旅行了） 他不能来中国留学了。 （*他来不了中国留学了） 我没有证件，不能去图书馆看书。 （*进不去图书馆看书）

第二节 兼语句

一、基本概念

由一个动宾短语和一个主谓短语套在一起构成的句子，句中有两个谓语动词，前一个动词的宾语是后一个动词的主语（即兼语）。

二、基本结构

主语①……动词①……宾语①……主语②……动词②……动词③……

例：他让我来找你。
　　他请朋友帮忙。
　　他叫我来请你。

三、用法

<table>
<tr><td rowspan="5">常见类型</td><td>1. 表示使令意义的兼语句，即第一个动词为使令动词。此类动词有：
通知　请求　需要　要求　叮嘱　嘱咐
催促　委托　准许　劝说　组织　引导
命令　允许　强迫　吩咐　打发　使得
鼓励　请　让　叫　使　令
逼　求　派</td><td>例：他让我告诉你这件事。
　　公司派我去分公司工作。
　　他通知我们明天开会。</td></tr>
<tr><td>2. 表示爱憎、好恶意义的兼语句，即第一个动词为表示爱憎的动词。兼语及其后的谓语表示原因。此类动词有：
喜欢　表扬　动员　佩服　钦佩　羡慕
欣赏　赞扬　原谅　笑话　责备　夸奖
称赞　鼓励　讨厌　劝　怪　烦
祝　夸　嫌　怨　爱　恨</td><td>例：他喜欢我唱歌。
　　老师表扬他学习努力。
　　我嫌他办事拖拉。</td></tr>
<tr><td>3. 表示称谓或认定意义的兼语句，即第一个动词为表示称谓的动词。常构成"称（叫/选/拜/推选/选举/认）……做（为/当）"形式。</td><td>例：我们选这本书作教材吧。
　　大家选他当代表。
　　我拜他为老师。</td></tr>
<tr><td>4. "有"或"没有"作兼语句的第一个动词，"有"的宾语表示存在的人或事物。</td><td>例：有一个人在门口等你。
　　昨天没有人给你打电话。
　　学校有几位老师病了。</td></tr>
<tr><td>5. "是"作兼语句的第一个动词，动词"是"前一般没有主语。</td><td>例：是小王回答了这个问题。
　　是他把这件事告诉了我。
　　是他帮助我度过了难关。</td></tr>
<tr><td rowspan="2">特殊类型</td><td>1. 间接宾语作兼语，常构成"主语+动词+间接宾语+直接宾语+动词"形式。</td><td>例：你借我一本书看看。
　　我送你一盘磁带听。
　　你递我一份报纸看。
　　我租他一间房子住。</td></tr>
<tr><td>2. 介词"把"或"给"的宾语作兼语，常构成"主语+把/给+宾语①（兼语）+动词+宾语②"形式。</td><td>例：他把蛋糕送给我做晚餐。
　　他把朋友介绍到公司当秘书。
　　他给我买蛋糕吃。
　　他给大家讲笑话听。</td></tr>
</table>

续表

语法特点	1. 兼语句的动态助词"了"一般用在后一个动词之后。但句中有说明原因、结果的上下文或句末有表示新情况出现的"了",有的表示使令意义或认定意义的动词(不包括"让"、"叫"、"使")后可以加"了"。	例:他让我叫了一辆车。 学校请专家讲了一节课。 在他生日那天,他请了很多朋友来家里做客。 我们已经选了他去参加代表大会了。
	2. 表示时间的词语一般应放在第一个动词前或句首。	例:他下午请我吃饭。(＊他请下午我吃饭) 我昨天请他来帮忙。(＊我请他昨天来帮忙) 下午他请我吃饭。 昨天我请他来帮忙。
	3. 表示否定的词语一般应放在第一个动词前。	例:父母不让我抽烟。(＊父母让我不抽烟) 他不叫我去找你。(＊他叫我不去找你) 我们并没选他作代表。(＊我们选他没作代表) 我们没请他参加会议。(＊我们请他没参加会议)
	4. 能愿动词一般应用在第一个动词前。	例:你能让我见见他吗?(＊你让我能见见他吗) 我会叫他来向你道歉的。(＊我叫他会来向你道歉的) 我可以帮你检查一下儿。(＊我帮你可以检查一下儿) 挫折能使你看清自己。(＊挫折使你能看清自己)
	5. "有"作兼语句的第一个动词时宾语多是不确指的,常带数量定语,不能用"这个"或"那个"作定语。	例:有一位老师找过你。(＊有王老师找过你) 桌上有一本书是谁的?(＊桌上有这本书是谁的) 有多少人参加晚会?(＊有这些人参加晚会吗) 有件东西送给你。(＊有这件东西送给你)

第三节 双宾语句

一、基本概念

一个谓语动词带两个宾语的句子,其中宾语①指人(即间接宾语),宾语②指事物(即直接宾语)。

二、基本结构

谓语动词+间接宾语(人)+直接宾语(事物)

例:我送他一本书。
他告诉我这个消息。
我请教老师一个问题。

可带双宾语的谓语动词一般是表示给予或取得的动词，常见的有下列动词：
表示"给予"的动词：
告诉 通知 叮嘱 嘱咐 命令 转交 退还 报告 请示 吩咐 送 拿 交 寄 问 托 赚 租 分 递 买 卖 还 教 赠 赏
表示"取得"的动词：
拿 偷 买 问 夺 收 赢 罚 骗 赔 求 发 托付 请教 麻烦

三、结构上的特点

1. 表示人的宾语（即间接宾语）在前，表示事物的宾语（即直接宾语）在后。

例：他送我一件礼物。（＊他送一件礼物我）
　　他告诉我一个消息。（＊他告诉一个消息我）
　　我通知他明天开会。（＊我通知明天开会他）
　　我请教他一个问题。（＊我请教一个问题他）

2. 不必用介词引进宾语。

例：我问他一个问题。（＊我对他问一个问题）
　　公司通知他开会。（＊公司向他通知开会）
　　我告诉他一件事。（＊我对他告诉一件事）
　　他还我一本书。（＊他对我还一本书）

3. 宾语①与宾语②之间不能加结构助词"的"。

例：你送给他一件礼物。（＊你送给他的一件礼物）
　　我借给他一本书。（＊我借给他的一本书）
　　我请教他一个问题。（＊我请教他的一个问题）
　　他交给我一封信。（＊他交给我的一封信）

第四节　存现句

一、基本概念

表示某处存在、出现或消失某人或某事物的句子。

二、基本结构

处所词/时间词＋动词＋名词宾语（表示存在的人或事物）

例：那儿站着一个人。
　　树林里开满了各种鲜花。
　　古代有一位著名的诗人。
　　昨天发生了一件事。

> **注意**：句首一般是表示处所或时间的词语，宾语用在动词谓语后，一般带有数量词或其他定语。
>
> **例**：前面站着很多人。（*前面站着人）
> 桌上放着一些东西。（*桌上放着东西）
> 昨天来了一个人。（*昨天来了人）
> 刚才发生了一件事。（*刚才发生了事情）

三、常用的存现句的谓语动词

1. 常用来表示存在的谓语动词多是具有持续意义的，动词后常带动态助词"着"。

（1）谓语动词一般是"坐"、"睡"、"站"、"躺"、"蹲"、"跪"、"挤"、"围"、"停"、"住"等表示人或物体静止状态的词语。

例：门口站着一个人。
车里坐着几个人。
街上围着一群人。
门前停着一辆汽车。

（2）谓语动词一般是"放"、"种"、"搬"、"挂"、"插"、"摆"、"存"、"晾"、"贴"、"刻"、"绣"、"画"、"写"等表示安放物体的动作词语。

例：墙上挂着几幅画儿。
桌子上放着一堆东西。
院子里种着一棵树。
花瓶里插着一束花。

2. 常用来表示出现或消失的谓语动词多是跟物体移动有关的，动词后常带趋向补语或结果补语以及动态助词"了"。

（1）谓语动词一般是"来"、"跑"、"出"、"掉"、"上（来）"、"下（来）"、"进（来）"、"出（来）"、"起（来）"、"过（来）"、"走（出来）"、"开（过来）"等表示人或物体移动的动词。

例：远处走来一个人。
学院来了一位新老师。
书包里掉出一本书。
昨天出了一件事。

（2）谓语动词一般是"飘"、"冒"、"跑"、"丢"、"死"、"浮现"、"出现"、"消失"、"涌"等表示人或事物出现、消失意义的动词。

例：会场上响起一阵阵掌声。
天空上飘着几朵白云。
草堆后边冒出一个人来。
脑海中浮现出刚才的情景。

注意:

(1) 存现句不用介词"从"或"在"引进处所词或时间词。

例: 那里站着一个人。(＊在那里站着一个人)
　　前面走来了一个人。(＊从前面走来了一个人)
　　古代有一位著名的诗人。(＊在古代有一位著名的诗人)
　　昨天发生了一起事故。(＊在昨天发生了一起事故)

(2) 否定句中宾语前一般不能带数量定语。

例: 房间里走出了一个人。(＊房间里没走出一个人)
　　墙上挂着很多画儿。(＊墙上没挂着很多画)
　　楼下没停着汽车。(＊楼下没停着几辆汽车)
　　后边没开来汽车呀！(＊后边没开来一辆车呀)

实力测试

一、将所给的词语填到适当的位置上

1. 你别老闷在房间里，早晨起来 A 也 B 去外边 C，别那么懒 D。(活动活动)
2. A 桑拿浴减肥的原理就是 B 大量出汗 C 使人体 D 失去水分，从而减轻体重。(通过)
3. 我打算 A 下 B 课去 C 看看 D 生病的小李，你去吗？(了)
4. 他让全体同学 A 按时 B 到学校门口 C 集合 D 出发。(明早六点)
5. 我这里走不开 A 请 B 去图书馆 C 借 D 本书给我看看。(你)
6. 到了香港，我想下 A 飞机先去 B 逛 C 逛商店，再找 D 宾馆。(了)
7. A 他 B 帮 C 我 D 把钥匙找到的。(是)
8. "解铃还需系铃人"，她 A 听你的，你 B 安慰 C 安慰 D 她吧。(去)
9. 关于这件事，学校 A 准备 B 了解 C 一下儿 D 当时的情况。(找每个人)
10. 来中国以后，他 A 常常 B 给朋友 C 写信 D。(用汉语)
11. 他最近不知在 A 胡思乱想什么，什么时候我 B 打算 C 谈谈 D。(找他)
12. 他 A 喜欢 B 来 C 和我 D 天南地北地聊天。(到我的房间)
13. 你能 A 借 B 给我 C 这本书 D 吗？(看看)
14. 你能 A 陪 B 我去 C 外边散 D 步吗？我突然觉得很闷。(一下儿)
15. 你 A 告诉他 B 让他 C 马上 D 来我这里一趟吗？(能)
16. 别忘了，你是 A 来中国 B 的，不是 C 来 D 玩的。(学汉语)
17. 接待室 A 找你 B，C 在那里 D 等半天了。(有一位客人)
18. 你什么时候有空？我 A 有一件事情 B 商量 C 商量 D。(跟你)
19. 大家别 A 一直 B 站着 C，D 快请坐呀！(不动)
20. 他 A 用汉语 B 给所有的朋友 C 写 D 回信。(要)

二、判断选择

1. 你等我一下，我们一起走，我（ ）。
   A. 没有一些情况要问你　　　　　　　B. 还有一些情况要问你
   C. 有这些情况要问问你　　　　　　　D. 要问你还有一些情况

2. 我们今天的会议就开到这儿吧，（ ）?
   A. 别的问题谁还有什么要问　　　　　B. 谁有什么别的问题还要问
   C. 谁有什么问题别的还要问　　　　　D. 谁还有什么别的问题要问

3. 人生地不熟的，我真担心（ ）。
   A. 他开车会不会来飞机场接我　　　　B. 他会不会开车来飞机场接我
   C. 他开车来飞机场会不会接我　　　　D. 飞机场会不会开车他来接我

4. （ ），可我哪里躺得住呀？
   A. 他让我好好地在家休养几天　　　　B. 他休养几天让我好好地在家
   C. 他让我在家休养几天好好地　　　　D. 他好好地让我休养几天在家

5. 昨天我们开座谈会，老师（ ）。
   A. 让每个同学谈了谈这次农村之行的感受
   B. 让每个同学谈一谈这次农村之行的感受
   C. 让每个同学谈谈了这次农村之行的感受
   D. 让每个同学谈谈过这次农村之行的感受

6. 我们几个人（ ），听说那儿的国际风情节办得不错。
   A. 打算吃饭完了就去朝阳公园看看　　B. 打算吃完了饭就去朝阳公园看看
   C. 打算了吃完饭就去朝阳公园看看　　D. 打算吃完饭就去了朝阳公园看看

7. 这么大的城市，我们又没有地址，（ ）?
   A. 到哪儿可去找他呀　　　　　　　　B. 可到哪儿去找他呀
   C. 找到他可去哪儿呀　　　　　　　　D. 可去哪儿找他到呀

8. 他（ ），今天是破例了。
   A. 从没带新婚妻子参加过公司活动　　B. 从没带新婚妻子参加公司活动过
   C. 参加公司活动从没带过新婚妻子　　D. 带新婚妻子从没参加过公司活动

9. 昨天吃晚饭时（ ），当时你还没回来呢。
   A. 有那个人来宿舍找了你一趟　　　　B. 有某个人来宿舍找了你一趟
   C. 有一个人来宿舍找了你一趟　　　　D. 有哪个人来宿舍找了你一趟

10. 这次农村考察（ ）。
    A. 给我了解了很多中国人的风俗习惯
    B. 使我了解了很多中国人的风俗习惯
    C. 令我了解了很多中国人的风俗习惯
    D. 叫我了解了很多中国人的风俗习惯

11. 我难以跟上这个班的进度，而他（ ）。
    A. 总是鼓励我不能放弃努力　　　　　B. 总是不能鼓励我放弃努力
    C. 不能放弃努力总是鼓励我　　　　　D. 鼓励我不能放弃努力总是

12. 天这么晚了，（　　），然后再想办法和他联系。
    A. 我们先找个地方安顿下来 B. 先我们找个地方安顿下来
    C. 我们先安顿下来找个地方 D. 我们找个地方安顿下来先

13. 听说你交了个女友，周末，你（　　）。
    A. 请她来吃饭打电话吧 B. 请她打电话来吃饭吧
    C. 打电话请她来吃饭吧 D. 来吃饭打电话请她吧

14. 最近你不要来这里找我，（　　）。
    A. 我打电话给你有事 B. 有事我给你打电话
    C. 我打电话有事给你 D. 有事给你我打电话

15. 出国前（　　），不要想家。
    A. 再三父母叮嘱他要注意身体安心学习
    B. 父母叮嘱他要再三注意身体安心学习
    C. 父母叮嘱再三他要注意身体安心学习
    D. 父母再三叮嘱他要注意身体安心学习

16. 我有急事找他，请（　　），好吗？
    A. 找他一下儿你帮我 B. 我找一下儿他帮你
    C. 你帮一下儿我找他 D. 你帮我找他一下儿

17. 你等会儿再走，（　　）。
    A. 我要有几个问题向你请教 B. 我要向你请教有几个问题
    C. 我要向你有几个问题请教 D. 我有几个问题要向你请教

18. 你去邮局，（　　）。
    A. 替我把这封信寄了请顺便 B. 请顺便替我把这封信寄了
    C. 请顺便替我把一封信寄了 D. 顺便替我请把这封信寄了

19. （　　），你应该感谢他。
    A. 是他冒着生命危险救起了你的孩子
    B. 冒着生命危险是他救起了你的孩子
    C. 是他救起了你的孩子冒着生命危险
    D. 他是救起了你的孩子冒着生命危险

20. 项目已全部完成，（　　）。
    A. 就等着来上级单位验收了 B. 上级单位就等着来验收了
    C. 来验收了就等着上级单位 D. 就等着上级单位来验收了

21. 最近事太多，实在走不开，（　　），下次吧。
    A. 陪你不能去外地散心了 B. 不能陪你去外地散心了
    C. 陪你去外地不能散心了 D. 不能陪你散心了去外地

22. 因时间关系，我们就先讨论至此，（　　）。
    A. 再就这个问题进一步进行讨论下次开会
    B. 进一步进行讨论下次开会再就这个问题
    C. 下次开会再就这个问题进一步进行讨论
    D. 下次开会再进一步进行讨论就这个问题

23. 你瞧外边这天儿，风这么大，（　　）吧，反正明天你也得去公司。
    A. 我们再去明天找他商量　　　　B. 明天再去找他商量我们
    C. 明天我们再商量去找他　　　　D. 我们明天再去找他商量

24. 我因病在家休养，缺课多日，他每天（　　），风雨无阻。
    A. 利用课余时间来帮助我补课　　B. 课余时间利用来帮助我补课
    C. 补课利用课余时间来帮助我　　D. 利用课余时间补课来帮助我

25. 虽然有了自己的汽车，但多年来他仍保持着（　　）。
    A. 骑车上班以前的习惯　　　　　B. 以前的习惯骑车上班
    C. 上班以前骑车的习惯　　　　　D. 以前骑车上班的习惯

26. 鉴于我对这里的环境还不很熟悉，公司领导（　　）。
    A. 专门派了两个人来工作协助我　B. 专门派了两个人来协助我工作
    C. 来协助我工作专门派了两个人　D. 两个人专门派了来协助我工作

27. 每到春节长假，他们全家（　　）。
    A. 往往一起去南方度假　　　　　B. 一起往往去南方度假
    C. 往往度假去南方一起　　　　　D. 一起度假往往去南方

28. 这个房间我们已经收拾好了，你们俩以后（　　）了。
    A. 就在这里住下来可以安心过日子　B. 就可以在这里安心住下来过日子
    C. 可以住下来安心过日子就在这里　D. 可以过日子就在这里安心住下来

29. 老师上课时突然晕倒，同学们赶紧（　　）
    A. 把她送到医院去打电话叫救护车　B. 叫救护车打电话把她送到医院去
    C. 打电话叫救护车把她送到医院去　D. 到医院去打电话叫救护车把她送

30. （　　），如今已成为一名大学生了。
    A. 曾经那个整天缠人要糖吃的小丫头扎着两个小辫子
    B. 那个曾经扎着两个小辫子整天缠人要糖吃的小丫头
    C. 整天缠人要糖吃那个扎着两个小辫子的曾经小丫头
    D. 那个曾经整天缠人要糖吃的小丫头扎着两个小辫子

三、改错

1. 你不用担心，她没什么，只是心里不痛快，想自己出去一个人走走。
      A　　　　　B　　　　　C　　　　　D

2. 昨天玩得太高兴了，以至忘了回来的时间，回来时食堂都关门了，我们只好吃了点东西
      A　　　　　　　　　B　　　　　　　C　　　　　　　　　　　　　D
   随便在街上。

3. 他本来以前身体挺好的，只因在去年生了一场大病，身体一下子就不行了，整个人也完
      A　　　　　　　　　B　　　　　　　　　　　C　　　　　　　　　D
   全变了样。

4. 他看书看得太专心了，以至于我们进来他都不知道，发现我们时，忙给我们倒茶站起身来。
      A　　　　　　　　B　　　　　　　　　　　　C　　　　　　　　D

第十一章　特殊句式

5. 看到眼前这张发黄的照片，使我想起了我大学时代的同学，同时也想起了我的初恋情人，
　　　A　　　　　　　　　　　　B　　　　　　　　　　　　　　　　C
回忆起我们共同度过的美好时光。
　　　　　　D

6. 上课铃声已经响过了，有几个同学还没回来，忽然门开了，跑几个满头大汗的学生进来。
　　A　　　　　　　　B　　　　　　　　　　C　　　　　　　D

7. 他利用周末的时间把房间好好地整理了一下，用不着的东西都扔了，并把很多散落的书
　　　　　　A　　　　　　　　　　　　　　　　B　　　　　　　　　　　C
放着在新买的书架里，房间里显得整洁多了。
　　　　　　D

8. 你怎么一个人回来了？我已经对他告诉过你今天来京的消息，他没去机场接你吗？一定
　　　　A　　　　　　　　　　B　　　　　　　　　　　　　　　　C
是睡过头了。
　　D

9. 看到眼前这些朝气蓬勃的小足球运动员，使我看到了中国足球的希望和未来，他们才
　　　　　　A　　　　　　　　　　　　　　　　　B
是中国的希望，未来的中国主人！
　　C　　　　　　D

10. 你要是确实有什么不明白的，就对他问一问，有什么不好意思的呢？这叫不耻下问嘛！
　　　　　A　　　　　　　　　　B　　　　　　　C　　　　　　　　D

11. 这是一个还未完全开发的旅游景点，还保持着原有的自然与古朴，来这里旅游的人很多，
　　　A　　　　　　　　　　　　　　B　　　　　　　　　　　　　C
你看从前边又来了一批旅游者。
　　　　　D

12. 外边飘着毛毛细雨，演出刚刚结束，剧场里还没有走出来很多观众，只有几个人出来。
　　　A　　　　　　　　B　　　　　　　C　　　　　　　　　　　　D

13. 天刚蒙蒙亮，远处就开来这辆小型农用车，这辆小型农用车上装着很多水果，看来是要
　　　　A　　　　　B　　　　　　　　　　　　C　　　　　　　　　　　　D
拉到城里去卖的。

14. 比赛还没有开始，开幕式正在进行中，很多运动员站着运动场上，听大会主席致开幕辞。
　　　A　　　　　　　B　　　　　　　　C　　　　　　　　　　D

15. 今天是他们结婚周年纪念日，又是他太太的生日，他下班后匆匆买了一件送太太的生
　　　A　　　　　　　B　　　　　　　　　　　　　C
日礼物去商店，以纪念这个双喜的日子。
　　　　D

第十二章

定 语

第一节 定语的分类

第二节 定语与"的"

第三节 复杂定语的顺序

实力测试

基本概念：是一种修饰语，主要修饰名词性词语。
基本结构：定语＋（的）＋名词

第一节 定语的分类

定语是一种修饰语，主要用来修饰名词性词语，常构成"定语+（的）+名词"形式。按照其语法意义可划分为限定性定语和描写性定语。

一、限定性定语：从数量、时间、处所、归属、范围等方面来说明中心语，主要由数量词、时间词、处所词、名词、代词、介词短语充当。

1．表示数量的定语

例：他买了几本书。
　　　学校来了一批新学生。
　　　他认识一些中国朋友。
　　　他买了好多新衣服。

2．表示时间的定语

例：过去的事情就别提了。
　　　刚才的情况你都看见了吧。
　　　每天要处理的事情挺多的。
　　　上午的课是阅读课。

3．表示处所的定语

例：商店里的商品琳琅满目。
　　　桌子上的书不见了。
　　　下班时间，路上的车很多。
　　　房间里的空气不新鲜。

4．表示归属的定语

例：这是朋友的书。
　　　北京是中国的首都。
　　　我们学校有很多留学生。
　　　他爸爸是中国人。

5．限定范围的定语

例：前边那个人你认识吗？
　　　昨天说过的事你可别忘了。
　　　全校师生欢聚一堂。
　　　他很喜欢老师讲的那个故事。

二、描写性定语：从性质、状态、特点、质量、职业等方面描写人或事物，主要由名词或形容词充当。

1．描写人或事物性质状态的定语

例：老李真是个好人。

学校来了一位女老师。
　　她买了件红衣服。
　　他喜欢木制家具。

2. 描写人或事物特点的定语

例：他这个牛脾气谁受得了？
　　他真是个木头脑袋，不开窍。
　　他读过一些关于中国民俗的书。
　　这是一张古色古香的桌子。

3. 表示质料的定语

例：我买了张木头桌子。
　　今天他穿了件毛皮大衣。
　　玻璃杯子容易碎。
　　纯棉衣服吸汗。

4. 表示职业的定语

例：我认识一位汉语老师。
　　他想成为一名电影导演。
　　他现在是一家公司的职业经理人。
　　交通警察的工作很辛苦。

第二节　定语与"的"

结构助词"的"是定语形式上的主要标志，不是所有的定语都加"的"，大致规律如下：

1. 数量定语

(1) 表示限定关系，不加"的"。

例：房间里放着三张桌子。
　　他在这里住了五个月。
　　我请他吃了一顿中国菜。
　　他从乡下拉来一车水果。

(2) 表示描写关系，加"的"。

例：修车弄了我一手的泥。
　　这里百分之八十的学生都是亚洲人。
　　前面走来一个一米八的小伙子。
　　地上摆着一本一本的新书。

2. 名词定语

(1) 表示领属关系，加"的"。

例：文物都是国家的财产。

北京是中国的首都。
公司的业务都由他负责。
山上的风景很美。

(2) 表示质料、职业、比喻意义及专有名词，不加"的"。

例：孩子打碎了一个玻璃杯。
他送我一条珍珠项链。
我认识一位音乐制片人。
她想成为一名电影演员。
这个人蒜头鼻子、三角眼，不像个好人。
他的牛脾气谁也受不了。
北京大学位于海淀区。
他要参加汉语水平考试。

3. 代词定语

(1) 表示领属关系，加"的"。

例：他的心愿是当一名医生。
别人的事情我一般不管。
谈判双方代表各自的利益。
我们彼此的关系很融洽。

(2) 指示代词、疑问代词或指量词组作定语，一般不加"的"。但是，表示领属关系的"谁"和表示描写关系的"怎么样"、"这样"、"那样"、"什么样"作定语，应加"的"。

例：这人你认识吗？
他是你的什么人？
你是哪里人呢？
我看过这本书。
这是谁的东西？
这样的词典我也有一本。
他是一个什么样的人呢？

(3) 中心语是表示集体、机构、人的关系、方位的名词，一般不加"的"。

例：我们学校有很多留学生。
他们公司的老板是外国人。
这是我哥哥。
你们班有多少学生？
坐他旁边的是小王。
他下边放着一个书包。

注意：

(1) 表示领属关系的名词或代词作定语时，如后面的其他定语带有"的"时，表示领属关系的名词或代词一般不加"的"。

例： 他是我的朋友。
他是我在飞机上认识的朋友。
童年的回忆很美好。
童年各种各样的回忆很美好。

(2) 表示领属关系的名词或代词后带有指示代词"这"或"那"时，表示领属关系的名词或代词一般不加"的"。

例： 我的朋友是学中文的。
我这个朋友是学中文的。
门前的塑像是建校之初建的。
门前那座塑像是建校之初建的。

4．形容词定语

(1) 单音节形容词作定语，一般不加"的"，形容词"多"或"少"一般不单独作定语。

例： 他是我的老朋友。
我送给她一条红裙子。
他喜欢穿黑衣服。
他高个子，大眼睛，很帅。
晚会来了很多人。(＊多人)
我认识不少中国朋友。(＊少中国朋友)

(2) 双音节形容词作定语，一般加"的"。但是，有些形容词与某些名词构成一个固定短语，一般不加"的"。

例： 闷热的空气让人很不舒服。
他刻苦的精神感动了我。
美丽的风景把我吸引住了。
他可是个老实人。
我哪会做这种糊涂事。
违反交通规则的是个别人。

(3) 形容词短语作定语，加"的"。

例： 她是个美丽而又聪明的女孩。
他买了一套又宽敞又明亮的房子。
他是个非常谦虚的人。
这是个很可爱的女孩。
他是个做事非常谨慎的人。
他给我留下了特别深刻的印象。

(4) 形容词重叠形式作定语，加"的"。

例：红彤彤的太阳升起来了。
　　　滑溜溜的嫩豆腐好吃极了。
　　　红红的太阳升起来了。
　　　鲜花散发着淡淡的幽香。
　　　我们开了个热热闹闹的晚会。
　　　大大咧咧的她又把钥匙丢了。
　　　商店的橱窗里挂着花花绿绿的衣服。
　　　这花里胡哨的衣服哪能穿得出去呢？

5．动词定语

动词作定语一般加"的"。

例：你说的话算数吗？
　　　他看的书可多了。
　　　他写的文章很不错。
　　　这里出售的商品品种很全。
　　　我认识的朋友不多。
　　　我担心的事情发生了。

6．短语（主谓短语/动词短语/形容词短语/介词短语/固定短语）作定语，加"的"。

例：他是位知识丰富的老教师。
　　　公司来了一位打扮时髦的女郎。
　　　你所提出的条件我们不能接受。
　　　走过来的那个人是我们老师。
　　　爸爸有大海一般的胸怀。
　　　他们是很要好的朋友。
　　　这位老师对学生的要求很严格。
　　　他与同学的关系一直很融洽。
　　　杜甫写过很多脍炙人口的诗篇。
　　　长安街上五光十色的路灯很美。

第三节　复杂定语的顺序

一、并列关系的定语

定语之间是并列关系，没有主次之分，有时受习惯、对事物认识的先后规律的影响。

例：父亲、母亲的经历影响了我。（从男到女）
　　　亲人、朋友的帮助使我有了今天。（从亲到疏）
　　　国家、集体的利益高于一切。（从大到小）
　　　家里、家外的事情都不少。（从里到外）

这边、那边的楼都是新盖的。(从近到远)
我认识那个穿红衣服，大眼睛的女孩。(按照观察的先后)
公司走过了起步发展壮大的过程。(按照发展的规律)

二、递进关系的定语

几个定语在说明一个中心语时，具有层次关系，一般限定性的定语在前，描写性的定语在后。

例：他买了 <u>一本</u> <u>很实用的</u> 词典。
　　　　　限定性　描写性

学校来了 <u>一位</u> <u>表情严肃的</u> 女老师。
　　　　　限定性　描写性

<u>过去的</u> <u>那段</u> <u>令人不快的</u> 事情就别提了。
限定性　限定性　描写性

公司吸引了 <u>大批</u> <u>优秀</u> 人才。
　　　　　　限定性　描写性

我认识了 <u>一位</u> <u>汉语</u> 老师。
　　　　　限定性　描写性

多项限定性定语和多项描写性定语的一般排列顺序是：
1. 表示领属关系的名词或代词
2. 表示时间或处所的词语
3. 数量短语（后面为描写性的定语）
4. 主谓短语、介词短语、动词短语
5. 数量短语（前面为限定性定语）
6. 双音节形容词、形容词短语
7. 不用"的"形容词或描写性名词

例：他诞生在老北京 <u>一个</u> <u>既传统又守旧</u> 的家庭里。
　　　　　　　　　①　　⑤　　　⑥

同学们很喜欢老师讲的 <u>那个</u> <u>关于中国饮食文化</u> 的讲座。
　　　　　　　　　　①　　③　　　④

<u>那个</u> <u>曾写过《中国游记》的</u> <u>很有名的</u> <u>韩国</u> <u>女</u> 作家你认识吗？
③　　④　　　　　　　⑥　　　⑦　⑦

<u>一个</u> <u>知识渊博</u> <u>具有丰富阅历的</u> <u>医学</u> 博士闯入了我的生活。
③　　④　　　　④　　　　⑦

展现在我面前的是<u>一片</u> <u>一望无际的</u> <u>碧绿碧绿的</u> 麦田，一眼望不到边儿。
　　　　　　　　③　　　⑥　　　　⑥

我始终忘不了<u>那个</u> <u>扎着两个小辫子</u> <u>满脸稚气的</u> <u>农村</u> <u>小</u> 姑娘。
　　　　　　③　　　④　　　　④　　　⑦　⑦

<u>他刚才会上所说的</u> <u>关于公司建设的</u> <u>那套</u> 理论也是有些道理的。
②　　　　　　　　　　　　　⑤

<u>在台上讲话的</u> <u>那位</u> <u>穿着黑色礼服的</u> <u>漂亮</u> <u>女</u> 老师是我的班主任。
④　　③⑤　　④　　　⑥　⑦

桌子上的 那本 汉语 词典是我刚买的。
　②　　　③　　⑦

教室门口站着的 那位 老 教师是我们的校长。
　　④　　　　⑤③　⑦

实力测试

一、将所给的词语填到适当的位置上

1. 我昨天看望A是我B一个C大学D时代的同学。（的）
2. 兴奋A人们穿着各种各样B五颜六色的衣服从四面C八方走上D街头。（的）
3. A新的B三十层C现代化D大楼拔地而起，我们不禁感叹城市日新月异的变化。
　　　　　　　　　　　　　　　　　　　　　　　　　　　　　　　　（一座）
4. 你还记得你来中国留学时妈妈在机场A说的B那番C满怀深情D的话吗？（对你）
5. 这部A自传体的小说，充分展现了她作为女人B不为人知C情感D世界。（的）
6. 那个A穿着时髦B谈吐优雅C女D老师是我朋友。（的）
7. 这是我到北京旅行A时，替B朋友买C小D纪念品。（的）
8. 我们这里能用汉语跟中国A人自由B交流C就他D一个人。（的）
9. 昨天，学校安排A小王去机场B接C来访D客人，不是小李。（的）
10. 他A是个从来不苟言笑的人，总是一副B冷漠C而又严肃D表情。（的）
11. 他常穿A一件特别喜欢B黑色C长D皮衣，更透出了几分冷漠。（的）
12. 他希望能得到A一份B待遇优厚C又富有挑战性D工作。（的）
13. 家庭A环境对他B影响不言而喻，从他的身上可以完全折射出C他D父母的影子。
　　　　　　　　　　　　　　　　　　　　　　　　　　　　　　　　（的）
14. 这种A情况我可说不好，你最好找个懂B法律C咨询咨询D。（的）
15. 空气A中弥漫着一股B他C熟悉D气味。（的）
16. 孩子A突然离家B出走让所有C人都焦急D万分。（的）
17. 随着科学A技术B发展，人类对宇宙的探索日益C广泛D深入。（的）
18. 他A所要求B达到C标准很高D，我难以达到。（的）
19. 他A今年在他的中国B朋友C家过D春节。（的）
20. 我A在飞机上认识B那个C中国D朋友来看我了。（的）

二、判断选择

1. （　　）是我们的班主任。
   A. 那个站在前边的穿着一身便服的年轻的女老师
   B. 穿着一身便服的站在前边的年轻的那个女老师
   C. 年轻的那个女老师站在前边的穿着一身便服的
   D. 那个站在前边的穿着一身便服的年轻女的老师

2. （　　），使客人感到很方便。
   A. 每一间这里的客房都备有一套现代化的办公设备

B. 一套现代化的办公设备这里的每一间都备有客房
C. 这里的客房每一间都备有现代化的办公设备一套
D. 这里的每一间客房都备有一套现代化的办公设备

3. （　　），引得不少中外友人来此参观。
  A. 对面马路那一排排的四合院都是传统北京的小平房
  B. 马路对面那一排排的小平房都是北京传统的四合院
  C. 北京传统的四合院都是马路对面那一排排的小平房
  D. 马路对面那一排排的小平房是都北京的传统四合院

4. 公安部门收缴的盗版光盘（　　）了。
  A. 如今已经在一个不大的小院子里堆积成了一座小山
  B. 已经如今在一个不大的小院子里堆积成了一座小山
  C. 堆积成了小山一座如今在一个不大的小院子里已经
  D. 如今已经在不大的一个小院子里堆积成了一座小山

5. 他的一番话（　　）。
  A. 增强了大家在这次比赛中大大必胜的信心
  B. 大大增强了大家在这次比赛中必胜的信心
  C. 大大增强了在这次比赛中大家的必胜信心
  D. 在这次比赛中大家必胜的信心大大增强了

6. 生日那天，他收到了（　　）。
  A. 很多朋友从国外寄来的生日的精美贺卡
  B. 生日贺卡很多朋友从国外寄来的精美的
  C. 很多朋友从国外寄来的精美的生日贺卡
  D. 很多朋友精美的生日贺卡从国外寄来的

7. 这真是（　　）。
  A. 一个千载难逢的培养自我独立意识的好机会
  B. 一个千载难逢的培养自我独立意识好的机会
  C. 一个好机会千载难逢的培养自我独立意识的
  D. 一个千载难逢的意识自我独立培养的好机会

8. 他搬进了（　　）。
  A. 位于北京南郊的一座新建的花园式的别墅小区
  B. 一座位于北京南郊的新建的花园式别墅的小区
  C. 一座小区位于北京南郊的新建的花园式的别墅
  D. 位于北京南郊的别墅小区一座新建的花园式的

9. （　　），这台时空穿梭机给这个公园带来了巨大的收益。
  A. 近两年来在许多公园经济效益很不景气的情况下
  B. 在许多公园经济效益近两年来很不景气的情况下
  C. 在近两年来许多效益经济很不景气的情况下公园
  D. 近两年来在许多经济公园效益很不景气的情况下

10. 老教授花了毕生的心血撰写了（　　）。
    A. 一部具有独到见解的关于汉语音韵学方面的书
    B. 具有独到见解的关于一部汉语音韵学方面的书
    C. 一部关于汉语音韵学方面的书具有独到见解的
    D. 关于汉语音韵学方面的具有独到见解的书一部

11. 他是（　　）。
    A. 一个好的老师一向对工作认真负责令人尊敬的
    B. 一个一向对工作认真负责的令人尊敬的好老师
    C. 一个一向令人尊敬的对工作负责认真的好老师
    D. 一向令人尊敬对工作认真的一个好负责的老师

12. 他在中国留学期间，（　　）。
    A. 曾以自己的亲身经历写过长篇小说一部反映中国普通平民的生活
    B. 以自己的亲身经历曾写过一部反映普通中国平民生活的长篇小说
    C. 写过一部反映中国普通平民生活的长篇小说曾以自己的亲身经历
    D. 曾以自己的亲身经历写过一部反映中国普通平民生活的长篇小说

13. 看你冻得那样，快去把（　　）!
    A. 衣柜里那件我刚买回来的浅蓝色厚的毛衣穿上
    B. 我刚买回来的衣柜里那件浅蓝色的厚毛衣穿上
    C. 衣柜里那件我刚买回来的浅蓝色的厚毛衣穿上
    D. 我衣柜里那件浅蓝色的刚买回来的厚毛衣穿上

14. 她刚买回来了（　　）。
    A. 看起来很时髦的白色一双高跟鞋
    B. 一双看起来很时髦的白色高跟鞋
    C. 白色高跟鞋一双看起来很时髦的
    D. 一双白色的看起来很时髦高跟鞋

15. 青筋是指（　　）。
    A. 皮肤下可以清楚可见的静脉血管
    B. 皮肤下可以清楚可见静脉的血管
    C. 静脉血管皮肤下可以清楚可见的
    D. 可以清楚可见的皮肤下静脉血管

16. 他爱上了（　　）。
    A. 自己一个大大的蓝眼睛有着一头飘逸的长发的同门师妹
    B. 自己一个有着一头飘逸的长发大大的蓝眼睛的同门师妹
    C. 自己的一个同门师妹有着一头飘逸的长发大大的蓝眼睛
    D. 一个同门师妹自己有着一头飘逸的长发大大的蓝眼睛的

17. 孩子（　　）。
    A. 觉得自己是最幸福快乐世界上的人
    B. 觉得自己是世界上快乐最幸福的人

C. 自己觉得是世界上最幸福的快乐人
D. 觉得自己是世界上最幸福快乐的人

18. 我十分钦佩（　　）。
    A. 他那过人的胆识与骨子中的那份刚毅
    B. 骨子中的他那过人的胆识与那份刚毅
    C. 他骨子中那份过人的胆识与那的刚毅
    D. 那过人的胆识与那份刚毅他骨子中的

19. 老人（　　）。
    A. 一直喜欢远离城市喧嚣环境优美的小山村住在
    B. 喜欢一直住在环境优美的小山村远离城市喧嚣
    C. 一直喜欢在远离城市喧嚣优美环境的小山村住
    D. 一直喜欢住在远离城市喧嚣环境优美的小山村

20. 中国是（　　）。
    A. 一个有着五千年悠久历史和灿烂的民族文化的文明古国
    B. 一个有着五千年历史悠久和民族的灿烂文化的文明古国
    C. 有着一个五千年悠久历史和灿烂的民族文化的文明古国
    D. 一个文明古国有着五千年的悠久历史和灿烂的民族文化

三、改错

1. 你别看他刚来中国，说得汉语可不比你差多少，现在的日常生活会话已经没什么问题了，
   　　　　　A　　　　　　　B　　　　　　　　　　　　　C
   还可以跟中国人做简单的交流呢！
   　　　　　　　　D

2. 人的一生深受环境的影响，人生到底是喜剧收场还是悲剧落幕，是有声有色还是无声无
   　　　A　　　　　　　　　B　　　　　　　　　　　　　　　　　C
   息，就全在于这个人到底抱着什么样信念。
   　　　　　　　　　　　　　　D

3. 我们怎样对待生活，生活就怎样对待我们，我们在一项工作刚开始时心态就决定了最后
   　　　A　　　　　　　B　　　　　　　　　C
   有多大的成就，这比任何其他的因素都重要。
   　　　　　　　D

4. 今天好久没见的几个朋友聚在一起，小李把我们带到又干净又便宜的一家饭店吃饭，
   　　　　A　　　　　　　　　　　　　　　　B
   一直喝到凌晨才散，哥几个好久没这么痛快了。
   　　C　　　　　　　　D

5. 这是一座新建的现代化的星级酒店，装饰富丽而豪华，我们走进酒店时，面带微笑一个穿
   　　A　　　　　　　　　　　　B　　　　　　　　　　　　　　　C
   着合体的外套的大眼睛姑娘接待了我们。
   　　　　　　　D

6. 近年来，两国关系有了突破性的进展，新当选的该国总统夫妇应邀将于本月底对我国
　　　 A　　　　　　　　 B　　　　　　　　　　　　　　　　C
　　进行为期两天的正式访问，就双方共同关心的问题进行磋商。
　　　　　　　　　　　　　　　　　　D

7. 你别看不起这本薄薄的小册子，这可是一部催人奋进、促人猛醒、启人深思的好书，值
　　　　　　　　 A　　　　　　　　　　　　　　　 B
　　得一读，我读后受益匪浅。
　　　 C　　 D

8. 今天休息，上午去了趟朋友那儿，顺便去商店逛了逛，买了一条纯棉的非常漂亮的连衣裙。
　 A　　　　　 B　　　　　　　　　　 C　　　　　　　　　　　　　　　 D

9. 母亲是个普通的农村妇女，但却是我真敬佩的女性之一，在那些上有老下有小的琐琐碎
　　　　　　　　 A　　　　　　　　 B　　　　　　　　　　　 C
　　碎又磕磕碰碰的日子里，母亲付出了多少辛劳啊！
　　　　　　　　 D

10. 本来是打算上泰山欣赏日出的美景，可谁想到清晨却下起大雾漫天，什么也看不到了，
　　　　　　　　　 A　　　　　　　　　　　 B　　　　　　　　 C
　　一下子扫了大家的兴。
　　　　　 D

11. 我认识他纯属偶然，先是被他的真实自然所吸引，后来才知道，他是一家集团公司拥有
　　　 A　　　　　　　　 B　　　　　　　　　　 C　　　　　 D
　　亿万资产、多个上市公司的董事长。

12. 完成这些的书稿的校对工作大概得需要一个月的时间，光你一个人又要上课又要写作，
　　　 A　　　　　　　　　　　　　　　　　　　　　 B
　　还要校对，哪能行呀！
　　　 C　　 D

13. 我住在的地方是一户普通的农民家庭，看得出这是一户并不富裕的家庭，一个女孩子躲
　　　 A　　　　　　　　　　　　　　　　　 B　　　　　　　　　 C
　　在门边看着我这个不速之客，这是个脸上透着一种特有的清秀与淳朴的山村女孩。
　　　　　　　　　　　　　　　　　　　　　　　　　 D

14. 下课后，我们一边走路一边聊天关于中国的留学生活，虽然他还有些不自然，但倒也聊
　　　 A　　　　　　 B　　　　　　　　　　　　　 C　　　　　　　　　　 D
　　得愉快。

15. 这是一家具有国际标准的五星级酒店又宽敞又舒适，三面环山，正面是波涛滚滚的大
　　　　　　　　　　　 A　　　　　　　　　　　　　　　 B
　　海，环境优美景色宜人，是旅游休闲的好去处。
　　　　　 C　　　　　　 D

16. 如果你争取到暑期入学，等赴美后，你可以以想上课没有开设为由，要求延期到秋季入学，
　　　 A　　　　　　　　　　 B　　　　　　　　　　　　　　 C

这对于那些连一学期的学费都凑不足、必须自力更生的留学生来说,也是一种权宜之计。
　　　　　　　　　　　　　　　　　　　　　　　　　　　　　　　　　D

17. "发福",自然是有福之人的特征。它说明着自己温饱有余的经济地位,可是如今胖人已
　　　A　　　　　　　　　　　　　　B　　　　　　　　　　　　C
不再受人称赞,而减肥正作为一种时尚,被越来越多人所接受。
　　　　　　　　　　　　　　D

18. 人生事十之八九是不如意的,其中甚至于有极为痛苦的遭遇,要想活下去非得有积极的
　　　　A　　　　　　　　　　　　　　　　　　　B
信念不可,大概很少有人还会固步自封、与世隔绝,过着一种洋洋自得于个人小天地孤陋
　　　　　　C　　　　　　　　　　　　　　　　　　　　　　　D
的生活。

19. 人类对于生活中的遭遇会很主观地赋予某种的意义,有的积极,有的消极,前者可使人
　　　　　　　A　　　　　　　　　　　B　　　　　　　　　　　C
重拾破碎的心,继续往前迈进,而后者很可能就此便毁掉这个人的一生。
　　　　　　　　　　　　　　D

20. 我去邮局取回了一个包裹,里面是非常暖和的妈妈亲手缝制的一件棉衣,对着棉衣发
　　　　A　　　　　　　　　　　B　　　　　　　　　　　　　　　　C
了半天呆,眼前突然浮现出妈妈带着老花镜的脸。
　　　　　　　　D

第十三章

状 语

第一节　状语的分类

第二节　状语与"地"

第三节　状语的位置

第四节　复杂状语的顺序

实力测试

基本概念：状语是一种修饰语，主要修饰谓词性词语，一般位于主语后。

基本结构：状语＋（地）＋动词或形容词

第一节　状语的分类

状语是一种修饰语，主要是用来修饰谓词性词语，常构成"状语＋（地）＋动词/形容词"形式。按照其语法意义可划分为限制性状语和描写性状语。

一、限制性状语：从时间、处所、范围、对象、目的、程度等方面来说明中心语，主要由时间词、副词、形容词、介词短语充当。

1．表示时间的状语：多由时间名词、副词、介词短语充当。

例：今天上午你有课吗？
　　　一年前，他就回国了。
　　　刚才，谁打的电话？
　　　他曾经来过中国。
　　　我早就认识他。
　　　他一直在等你。
　　　自从毕业以后，我们就没见过面。
　　　他从早上一直工作到深夜。
　　　他在中国留学时我们就认识。

2．表示语气、关联、频率、范围的状语：多由副词充当。

例：我可找到你了。
　　　今天简直热极了。
　　　他一回来，就打电话。
　　　我也不认识这个人。
　　　你明天还来吗？
　　　请再说一遍，可以吗？
　　　我就认识他一个人。
　　　我谁都不认识。

3．表示否定或程度的状语：多由副词充当。

例：他不喜欢运动。
　　　我没参加昨天的晚会。
　　　我从未见过这个人。
　　　今天有点儿冷。
　　　这里的风景真美呀！
　　　他特别喜欢中国菜。

4．表示处所、路线、方向的状语：多由介词短语充当。

例：我看见从房间里走出一个人。
　　　他在房间里看书呢。
　　　沿着马路一直走，就到银行了。
　　　经朋友介绍，我认识了他。

经历了很多变故，他从幼稚走向了成熟。
汽车向南开去。
燕子朝南飞去。
往国外寄信贵吗？

4．表示目的、依据、对象的状语：多由介词短语充当。

例：母亲为孩子付出了一切。
为了学习汉语，他来到中国。
学校一般根据学生的水平分班。
我会按照原则办事的。
老师用汉语讲课。
我应该向他学习。
他给我讲了很多故事。
他替我找了位辅导老师。

二、描写性状语：主要是对动作或动作者行动时的情态加以修饰描写，主要由形容词（短语）或数量词语充当。描写性状语又可分为描写动作者的状语和描写动作的状语。

1．描写动作的状语：对动作者动作的方式加以修饰描写，此类状语不能与主语构成意念上的主谓关系。

例：他一把拉住了我。
老师一句一句地讲解着。
雨还在不停地下。
听了这话，他不住地点头。
他详细地介绍了这里的情况。
妈妈把房间彻底地打扫了一遍。
快走吧，要迟到了。
易碎物品应轻拿轻放。

2．描写动作者的状语：对动作者动作时的表情、姿态及心理活动加以描写，此类状语可以与主语构成意念上的主谓关系。

例：孩子们蹦蹦跳跳地跑了出去。
他大大方方地走上讲台。
我们应该好好地商量商量。
他定定地看着我，一句话也不说。
他亲切地跟我打着招呼。
孩子们规矩地坐在椅子上。
他非常诚恳地接受了大家的批评。
孩子很有礼貌地向客人问好。
他全心全意地为大家服务。
同学们聚精会神地听老师讲课。

第二节　状语与"地"

结构助词"地"是状语形式上的主要标志,不是所有的状语都加"地",大致规律如下:
1. 限制性状语一般不用"地"。

例：他去年来过中国。（时间）
　　　他曾在这里住过。（处所）
　　　你顺着这条路一直走就到了。（路线）
　　　车往北开去。（方向）
　　　他对汉语很感兴趣。（对象）
　　　你应该按制度办事。（依据）
　　　你到底去不去呀？（语气）
　　　我也知道这件事。（关联）
　　　明天又是周末了。（频率）
　　　同学们都来了。（范围）
　　　考试并不难。（否定）
　　　今天非常凉快。（程度）

2. 描写性状语多数可加"地"。
（1）描写动作者的状语一般加"地",多由少数动词（短语）或形容词（短语）、主谓短语及固定短语充当。

例：她不停地哭,谁劝也不行。（动词）
　　　他怀疑地上下打量着我。（动词）
　　　孩子蹦蹦跳跳地跑了出去。（动词短语）
　　　他唠唠叨叨地说个没完。（动词短语）
　　　他认真地检查着每一道试题。（形容词）
　　　服务员热情地接待了我们。（形容词）
　　　他非常热心地帮助我。（形容词短语）
　　　他一直糊里糊涂地生活着。（形容词短语）
　　　他一个人孤独地站在那里。（主谓短语）
　　　老人脚步沉重地走开了。（主谓短语）
　　　他全心全意地为大家服务。（固定短语）
　　　大家分秒必争地工作着。（固定短语）

（2）描写动作的状语一般加不加"地"比较自由,强调描写作用时,用"地";不强调时,不用"地"。但是,单音节形容词不加"地",单音节形容词的重叠式如果修饰单音节动词一般要加"地";数量短语不加"地",重叠式的数量短语一般要加"地"。一般句中同时出现两个描写动作的状语时,音节多的放在前面,音节少的放在后面。

例：他一向早来晚走。（单音节形容词）
　　　多听多说是学好语言的关键。（单音节形容词）

把文章再仔细(地)检查一遍。(双音节形容词)
请你相信我,我一定会努力(地)工作的。(双音节形容词)
我今天早早(地)就来到了公司。(重叠式形容词)
他静静(地)坐在那儿,一句话也不说。(重叠式形容词)
"你怎么了?"他轻轻地问。(重叠式形容词)
"别着急,慢慢地吃",母亲轻声说。(重叠式形容词)
我一下子被他吸引了。(数量短语)
他一把推开妈妈,跑了出去。(数量短语)
事情要一件一件(地)做。(重叠式数量短语)
妈妈一遍一遍(地)叮嘱他。(重叠式数量短语)
我自始至终(地)认为我并没有错。(固定短语)
疾病的肆虐使人们成千上万(地)死去。(固定短语)
他一字一句地仔细校对着。(按音节多少排列)
他慢慢地紧逼过来。(按音节多少排列)

第三节 状语的位置

一般状语只能用在主语后,少数状语只能用在主语前,有的状语既可以用在主语前,又可以用在主语后。

一、只用在主语前的状语:由"关于"、"至于"构成的介词短语。

例:关于织女星,民间有个美丽的传说。
关于下一步的工作安排,我们还得商量一下。
中国茶叶有很多品种,至于到底有多少种,谁也说不清。
熊猫是素食动物,至于熊,则完全是食肉的。

二、只用在主语后的状语:大多数描写性状语,部分限制性状语。

1.一般副词(表示语气及部分时间副词除外)。

例:我只认识他一个人。
他再三叮嘱我要注意身体。
他已经学过这本书了。
你别相信他。

2.由介词"把"、"将"、"被"、"让"、"叫"、"离"、"给"、"替"等构成的介词短语。"把"和"被"所构成的介词短语同时作状语时,一般"被"在前,"把"在后。

例:老师把他批评了一顿。
他被老师批评了一顿。
这儿离学校不远。
他净给我找麻烦。
他被流氓把眼睛给打伤了。
他被小偷把钱包给偷走了。

三、可以用在主语前或主语后的状语：
1. 表示目的的状语：为、为了等。

例：朋友们，为我们的友谊，干杯！
　　　人类为保护环境而努力着。
　　　为了找工作，他跑了好多地方。
　　　为了学汉语，他来到了中国。

2. 表示依据的状语：按照、根据、由、依照、拿、从等。

例：根据学生的要求，学校安排了这次讲座。
　　　这部电视剧是根据同名小说改编的。
　　　拿这个标准来衡量，我还差得远。
　　　他拿这个顽皮的儿子也没办法。

3. 表示路线的状语：沿（着）、顺（着）、经（过）、从、通过等。

例：沿着自己选择的路，他坚定地走了下去。
　　　你沿着这条小路一直走就到了。
　　　经过一年的努力，他考上了理想的大学。
　　　我经过再三考虑决定坚持到底。

4. 部分表示对象的状语：对、对于等。

例：对中国人来说，春节是全家团聚的日子。
　　　春节对中国人来说是很重要的。
　　　对于他的变化，我感到很吃惊。
　　　他对于收藏古币很感兴趣。

5. 表示时间的词语和部分语气副词：时间名词以及"突然"、"忽然"、"一时"、"原来"、"回头"、"起初"、"其实"、"的确"等副词。句中同时出现几个表示时间的短语，顺序一般应为：时间名词——介词短语——副词。

例：你刚才去哪儿了？
　　　刚才你去哪儿了？
　　　其实男人也很累。
　　　你的担心其实都是多余的。
　　　他昨天从上午一直工作到深夜。
　　　他从小就很喜欢音乐。
　　　我从今天起再也不想见到你。

第四节　复杂状语的顺序

一、并列关系的状语

状语之间是并列关系，没有主次之分，有时受习惯、对事物认识的先后规律的影响。

例： 你这样做对公司对个人都没好处。
　　他最近整天忙着写论文。
　　我们要完全彻底地解决这个问题。
　　孩子们幸福而快乐地生活着。
　　我紧张而又激动地看着他。

二、递进关系的状语

几个状语按一定顺序递次修饰后面的谓语部分，每项状语在意义上都和中心语存在修饰关系。

1. 描写动作者的状语在前，描写动作的状语在后。

例： 他 <u>非常艰难地</u> <u>慢慢地</u> 站了起来。
　　　　描写动作者　描写动作
　　他 <u>开心地</u> <u>大</u> 笑起来。
　　　　描写动作者　描写动作
　　他 <u>认真地</u> <u>一遍一遍地</u> 检查着。
　　　　描写动作者　描写动作
　　他 <u>狼吞虎咽地</u> <u>大口小口地</u> 吃着。
　　　　描写动作者　描写动作
　　他 <u>像雕像似的</u> <u>一动不动地</u> 站着。
　　　　描写动作者　描写动作

2. 多项限制性状语顺序一般是：时间——语气——目的/依据/关涉/协同——处所/空间/方向/路线——对象。

例： 我 <u>已经</u> <u>在学校</u> <u>把作业</u> 做完了。
　　　　时间　　处所　　对象
　　他 <u>竟然</u> <u>把这么重要的事</u> 给忘了。
　　　　语气　　　对象
　　他 <u>已经</u> <u>能用汉语</u> <u>跟中国人</u> 交谈了。
　　　　时间　　依据　　　协同
　　我 <u>以前</u> <u>为了工作</u> 求过他。
　　　　时间　　目的
　　他 <u>从书包里</u> <u>把书</u> 拿了出来。
　　　　空间　　　对象

3. 多项限制性状语和描写状语同时出现时，一般按下列顺序排列：
(1) 表示时间的状语
(2) 表示语气、关联、频率、范围的状语
(3) 描写动作者的状语
(4) 表示目的、依据、协同的状语
(5) 表示处所、空间、方向、路线的状语
(6) 表示对象的状语

（7）描写动作的状语

例：他 又 把作文 好好地 检查了一遍。
　　　　②　⑥　　⑦

　　妈妈的叮嘱他 马上 就 都 忘了。
　　　　　　　　①　②　②

　　今天，我得 认认真真地 跟他 好好 谈一谈。
　　　　　　　　③　　　　④　　⑦

　　你们 毕竟 在一起 共过事，你应该帮他。
　　　　②　　④

　　他 不声不响地 从我身边 溜了过去。
　　　③　　　　　⑤

　　他 不顾一切地 向前 奔去。
　　　③　　　　　⑤

　　他 每天 用汉语 跟中国人 交谈。
　　　①　④　　　④

　　我们 以前 常常 在一起 学习。
　　　　①　　②　　④

　　他 尽心尽力地 为大家 服务。
　　　③　　　　　⑥

　　他 很神秘地 冲我 笑了笑。
　　　③　　　　⑥

但是，表示空间、处所、路线或范围的状语，有时可以根据需要，位置可前后移动。描写动作的状语有时为了突出描写的作用也可以放在前面。

例：我 早 在学校 把作业 做完了。
　　　①　⑤　　⑥

　　我 在学校 早 把作业 做完了。
　　　⑤　　①　⑥

　　他 突然 从床上 猛地 坐了起来。
　　　①　　⑤　　⑦

　　他 从床上 突然 猛地 坐了起来。
　　　⑤　　　①　　⑦

　　他 飞快地 向南 跑去。
　　　⑦　　　⑤

　　他 一五一十地 把事情的经过 讲了一遍。
　　　⑦　　　　　⑥

　　他 跟我 慢慢地 聊了起来。
　　　⑥　⑦

　　他 慢慢地 跟我 聊了起来。
　　　⑦　　　⑥

实 力 测 试

一、将所给的词语填到适当的位置上

1. A 在下班之前，你 B 把这份文件 C 打印出来 D 吗？（能）
2. 我 A 在这里 B 等着他来 C 向我 D 道歉呢。（正）
3. 他 A 最近 B 从早 C 忙到晚 D，连面都见不到。（每天）

4. 你要是在这里A出点儿什么事儿，你B让我C向父母D交代呀？（怎么）
5. 他A在第一时间内B把大家的意见C及时地D反映给有关领导？（能不能）
6. A他B今天C一直D忙到深夜。（从早上）
7. 中国武术A在历史上B很早C向海外D传播了。（就）
8. 他们刚走出剧场，A就B被歌迷C团团地D围住了。（都）
9. 我A跟他B一起C去国外D旅行，我回家乡了。（没）
10. 他一直A拖到今天B把材料C给朋友D发过去。（才）

二、判断选择

1. (　　)，终于取得了实验的成功。
　　A. 他与科研所的科研人员一起多次反复地进行实验
　　B. 他一起与科研所的科研人员多次反复地进行实验
　　C. 他多次反复地进行实验与科研所的科研人员一起
　　D. 反复多次地进行实验他与科研所的科研人员一起
2. 在中国留学的这两年中（　　）。
　　A. 每逢节日我常常被邀请到我的中国朋友家过节
　　B. 我常常被邀请每逢节日到我的中国朋友家过节
　　C. 常常每逢节日我被邀请到我的中国朋友家过节
　　D. 每逢节日常常我被邀请到我的中国朋友家过节
3. 他（　　）。
　　A. 生活在中国从十岁到十五岁一直跟随父母
　　B. 在中国一直跟随父母从十岁到十五岁生活
　　C. 从十岁到十五岁一直跟随父母在中国生活
　　D. 一直跟随父母生活从十岁到十五岁在中国
4. 一个中年男人走进酒店，（　　）。
　　A. 突然他拿出一支自制的火药枪向手无寸铁的群众开枪
　　B. 拿出一支自制的火药枪向手无寸铁的群众突然他开枪
　　C. 他突然向手无寸铁的群众开枪拿出一支自制的火药枪
　　D. 拿出一支自制的火药枪他突然开枪向手无寸铁的群众
5. 他（　　）告诉家里人。
　　A. 一直没被公司把自己除名的事情　　B. 把自己没被公司一直除名的事情
　　C. 把自己被公司除名的事情一直没　　D. 一直没把自己被公司除名的事情
6. 考试不及格的他（　　）。
　　A. 今天又给狠狠地教训了一顿被爸爸
　　B. 今天又给教训了一顿狠狠地被爸爸
　　C. 今天又被爸爸给狠狠地教训了一顿
　　D. 又给狠狠地教训了一顿今天被爸爸
7. 你的提案（　　）?
　　A. 被与会的各界专家所认可是不是还没有
　　B. 是不是还没有被与会的各界专家所认可

C. 是不是被与会的各界专家所认可还没有

D. 是不是被与会的各界专家还没有所认可

8. 你所翻译的文章（　　），可以出版了。
   A. 已经被出版社校对过了认真地一字一句地
   B. 已经被出版社认真地一字一句地校对过了
   C. 已经一字一句地被出版社校对过了认真地
   D. 被出版社认真地一字一句地已经校对过了

9. 入夜，筑路工人（　　）。
   A. 在工地上冒着严寒仍紧张地工作着
   B. 紧张地工作着冒着严寒仍在工地上
   C. 仍冒着严寒在工地上紧张地工作着
   D. 仍在工地上紧张地冒着严寒工作着

10. 听了我的话，（　　），把我吓了一跳。
    A. 他兴奋地突然从椅子上一跃而起
    B. 突然他兴奋地一跃而起从椅子上
    C. 他兴奋地从椅子上突然一跃而起
    D. 他突然兴奋地从椅子上一跃而起

11. 现在很多报社（　　）输入电脑网络。
    A. 也纷纷把报纸内容直接　　　　　　B. 把报纸内容直接也纷纷
    C. 也把报纸纷纷内容直接　　　　　　D. 也直接纷纷把报纸内容

三、改错

1. 一个男人走进了我的视线，健美、成熟、坦诚、果敢、真实，像极了我以前的男友，我
          A   B   C
   完全被他迷住了。
        D

2. 天天老师总是第一个来到学校最后一个离开，老师的精神深深地感染着她的每一个学生，
                A   B
   课堂上充满活力，课下兢兢业业，这就是我们的老师。
        C   D

3. 我们不能预知生活的各种情况，但我们要能够适应它，只要毫不灰心地走下去，应该不
        A   B   C
   放弃自己的信念，就可以成为生活中的强者。
        D

4. 科学的发展带来的不一定都是舒适和方便，同时也给我们带来了危害，所以为了人类
        A   B
   的生存环境，我们应该增强环保意识在日常生活中，把一个完好的地球留给我们的后代。
                        C   D

5. 父亲的突然离世给这个家庭带来了巨大的不幸，为了不影响他的学业，母亲把这个不幸
        A   B   C

的消息没有告诉他,而是自己默默地承担了这一切。
　　　　　　　　　　　　　　　　　D

6. 我们的父母在身体条件允许的情况下都希望能替孩子分担一些,让自己的孩子有更多的
   <u>　　　　　　　　　　　　　　　　　　　　A　　　　　　　　　　　　B</u>
   精力投入到工作中,<u>他们都希望替子女照顾孩子</u>,但是如果我做父母我把照顾孩子的责
   　　　　　　　　　　　　　C　　　　　　　　　　　　　　　D
   任不会交给别人,即使他们是我的父母。

7. 近几年来,<u>他无时无刻不在搜集、整理民歌民谣</u>,并<u>积累了大量有价值的资料</u>,<u>有很大</u>
   　A　　　　　　　　　　B　　　　　　　　　　　　　　C
   帮助对他的文学创作。
   <u>　　　　　　</u>
   　　D

8. 这位歌星<u>经过包装</u>,<u>一改以前的演唱风格</u>,<u>以一种全新的形象将面对支持她的广大热情</u>
   　　　　　A　　　　　　　B　　　　　　　　　　　C
   歌迷,<u>人们拭目以待</u>。
   　　　　D

9. 他<u>猛地站起身</u>,<u>一句话也没说</u>,只是<u>涨红了脸</u>,<u>一摔门气冲冲出去了</u>。
   　　A　　　　　　　B　　　　　　　　　C　　　　　　D

10. <u>认清自己的最好方法是站在一旁</u>,<u>像陌生人一样来评估你自己</u>,接着,<u>要尽可能客观进</u>
    　　　　　A　　　　　　　　　　　　　　B　　　　　　　　　　　　　　　C
    <u>行自我检查</u>、评估自己的能力并认清自己的缺点。
    　　D

11. <u>中国是世界上人口最多的国家</u>,<u>在经济发展的同时也面临着人口老龄化的问题</u>,<u>在这种</u>
    　　　　A　　　　　　　　　　　　　　　B　　　　　　　　　　　　　　　　C
    情况下,<u>对老年人的临终关怀问题已经引起了社会各界的越来越重视</u>。
    　　　　　　　　　　　　D

12. <u>学习任何语言贵在坚持每天学一点儿</u>,<u>持之以恒</u>,学习汉语口语自然也如此,<u>用汉语</u>
    　　　　　A　　　　　　　　　　　B　　　　　　　　　　　　　　　C
    <u>跟中国人常常交流</u>,否则就很难学得好。
    　　D

13. <u>如今的城市里</u>,<u>到处可以看到新建的摩天大楼</u>,<u>每个家庭之间的交往越来越也受到钢筋</u>
    　A　　　　　　　B　　　　　　　　　　　　　C
    <u>水泥的限制</u>,往日街坊间那种长幼相熟的温馨渐成遐想。
    　　D

14. 老虎被联合国《濒危野生动物保护公约》早已列为一级濒危物种,<u>它也是我国一级保</u>
    　　　　　　　A　　　　　　　　　　　　　　　　　　　　　　　　　B
    护动物,<u>世界上老虎的亚种有东北虎、华南虎、新疆虎、印支虎、孟加拉虎等</u>,现生活在
    　　　　　　　　　　　　　　　　　C
    我国的有东北虎和华南虎。
    　　D

15. <u>中国得天独厚的自然条件</u>，<u>神州大地众多野生植物蕴藏着用于配制功能饮料的原材料</u>，
     　　　A　　　　　　　　　　　　　　　　B
   <u>如食用纤维、低聚糖、维生素及各种矿物质</u>，相信<u>以自然之物合成的饮料比依靠化学合成</u>
   　　　　　　　C　　　　　　　　　　　　　　　　　　　　　　D
   <u>的饮料定更受青睐</u>。

第十四章

补 语

第一节　动量补语
　　　　时量补语
　　　　分项测试（1）
第二节　趋向补语
　　　　分项测试（2）
第三节　结果补语
　　　　介词短语补语
　　　　可能补语
　　　　分项测试（3）
第四节　程度补语
　　　　情态补语
　　　　分项测试（4）

基本概念：补语位于动词或形容词后，起补充说明作用的成分。主要有动量补语、时量补语、趋向补语、程度补语、情态补语、结果补语、介词短语补语、可能补语等。

基本结构：动词或形容词＋补语

第一节　动量补语　时量补语

用法＼补语名称	动量补语	时量补语
基本概念	表示动作行为的数量，由动量词充当。 例：你过来一下。 　　毕业后，我们见过一次。 　　老师把我批评了一顿。 　　这本书我学过一遍。	表示动作行为持续时间的长短，由时量词充当。 例：请你等一会儿。 　　我看了半天，也没看明白。 　　他在这里住过两年。 　　他坐了几分钟就走了。
带有宾语	A. 宾语是代词时，常构成"谓语动词＋代词宾语＋动量补语"形式。 例：我找他好几次，都没找到。 　　他看了我一眼，没说话。 　　妈妈嘱咐他好几遍，他还是忘了。 　　他突然推了我一下。 B. 宾语是名词时，常构成"谓语动词＋动量补语＋名词宾语"形式。 例：我昨天看了一场电影。 　　老师读了一遍课文。 　　他打算干一番事业。 　　他给我打过一次电话。 C. 宾语表示确定的人或地名时，可构成"谓语动词＋人名/地名宾语＋动量补语"或"谓语动词＋动量补语＋人名/地名宾语"形式。 例：我找过小李两次。 　　我找过两次小李。 　　他去过中国两次。 　　他去过两次中国。	A. 宾语是代词时，常构成"谓语动词＋代词宾语＋时量补语"形式。 例：我等他半天，他也没来。 　　我叫了他半天，他毫无反应。 　　妈妈嘱咐他好半天，他还是忘了。 　　我找你好几天了，你去哪里了？ B. 宾语是名词时，常构成"谓语动词＋时量补语＋名词宾语"形式。 例：上午看了半天电影。 　　昨天，他玩了一晚上游戏。 　　他学过一年汉语。 　　我想听一会儿音乐。 C. 宾语是确定的人名时，可构成"谓语动词＋宾语＋时量补语"或"谓语动词＋时量补语＋宾语"形式。如果宾语表示处所，则构成"谓语动词（来/去/回/到）＋处所宾语＋时量补语"形式。 例：我等小李半天，他也没来。 　　我等半天小李，他也没来。 　　他来中国一年多了。 　　＊他来一年多中国了。
否定形式	一般不用否定形式。 例：我没见过他。 　　＊我没见过他一次。 　　我没去过中国。 　　＊我没去过中国一次。	一般不用否定形式。 例：我没等他。 　　＊我没等他一天。 　　我学过汉语。 　　＊我没学过一年汉语。
要点提示	A. 句中有否定副词时，动量词一般在谓语动词前作状语，构成"一……都/也……"形式。 例：我一次也没见过他。 　　＊我没见过他一次。 　　我一次中国也没去过。 　　＊我没去过中国一次。	A. 句中有否定副词时，时量词一般在谓语动词前作状语，构成"一……都/也……"形式。 例：我一天也没等过他。 　　＊我没等过他一天。 　　孩子一天也没离开过妈妈。 　　＊孩子没离开过妈妈一天。

补语名称 用法	动量补语	时量补语
要点提示	B. 动量补语与谓语动词之间可加动态助词"了"或"过"。 例：他看了我一眼，没说什么。 　　故宫我去了两次了。 　　我都去过两趟西藏了。 　　这部电影我看过两遍。	B. 谓语动词是持续性动词时，时量补语与谓语动词之间可加动态助词"了"或"过"。 例：他坐了一会儿，就走了。 　　我看了半天，也没看明白。 　　他学过一年汉语。 　　他在这里住过几天。 C. 谓语动词是非持续性动词或带有结果补语、趋向补语的动词，谓语动词后如有宾语，则动词与宾语之间不能加"了"或"过"。 例：*他去了北京好几天。 　　*他来过中国两年。 　　*他离开了家一年。 　　*他回到过家乡一个月，就又走了。
难点释疑	A. 表示反驳或解释时，谓语动词前可用否定副词"没"。 例：我没见过他很多次，只见过一次。 　　他没来过中国两次，而是一次。 　　这部电影我只看过一遍，没看过两遍。 B. 在假设或条件句中，谓语动词前可用否定副词"不"。 例：你不尝试一下，怎么就知道做不好呢？ 　　我不检查一下，不能发合格证。 　　你不跟他打一下招呼，他该生气了。 　　你不再说一遍，他是记不住的。	A. 表示反驳或解释时，谓语动词前可用否定副词"没"。 例：我没等他半天，只等了一会儿。 　　这个星期他只休息了一天，没休息两天。 　　我今天没打一天球，就打了一会儿。 B. 在条件句或假设句中，谓语动词前可用否定副词"不"。 例：你总这么干，不休息几天哪受得了？ 　　你不等他一会儿不就白来了吗？ 　　这么干，不休息一下不行呀！

分项测试（1）

一、将所给的词语填到适当的位置上

1. 我 A 没见 B 他 C 了，是不是 D 回国了？（好久）
2. 近来，天气很反常，A 几天 B 没 C 下 D 雨了。（一连）
3. 大家你一言我一语 A 讨论了 B，也 C 没讨论 D 出个结果来。（半天）
4. 我 A 做 B 了 C 梦，梦见 D 一大堆乱七八糟的东西。（一晚上）
5. 明天就要考《精读》，我晚上 A 突击 B 看了 C 书 D。（几遍）
6. 他这次病得不轻 A，病 B 好长时间 C，药吃了不少，也没见好转 D。（了）
7. 这孩子太淘气了，总闯祸，一周挨 A 爸爸 B 打 C，也还是没有 D 记性。（几次）
8. 因为雾太大，能见度太低，飞机 A 不得不 B 延迟 C 起飞 D。（几个小时）
9. 我们开会已经 A 讨论 B 过 C 这个问题 D。（几次）

10. 他已经 A 到 B 半年 C 多 D 了。(北京)
11. 他在这里 A 听 B 听了 C 一个多小时了 D。(报告)
12. 这部电影 A 我 B 看了 C 还看 D 不够。(三遍)
13. A 他们 B 结 C 婚 D 了，感情一直很好。(好几年)
14. A 他 B 没来过 C 这里了，也许 D 回国了吧。(很长时间)
15. 你怎么现在才来，他 A 一直 B 等了 C 你 D。(一下午)

二、判断选择

1. 我昨天（　　）。
   A. 看了电影两个多小时　　　　B. 看了两个多小时电影
   C. 看电影了两个多小时　　　　D. 看两个多小时电影了

2. 为了按期交稿，这几天他（　　），真让人为他的身体捏一把汗。
   A. 只睡觉了几个小时　　　　　B. 只睡了几个小时觉
   C. 只几个小时睡了觉　　　　　D. 睡觉只几个小时了

3. 为了提高职工的身体素质公司每年（　　）。
   A. 举办一次球类比赛　　　　　B. 举办球类比赛一次
   C. 一次举办球类比赛　　　　　D. 球类比赛举办一次

4. 同样的话，我（　　），他还是出错，这也太说不过去了。
   A. 再三叮嘱了已经多次了　　　B. 已经再三叮嘱了多次了
   C. 再三已经叮嘱了多次了　　　D. 再三多次了已经叮嘱了

5. 他在外边（　　），你就是铁石心肠也该被感动了。
   A. 整整等了你一天　　　　　　B. 等你了整整一天
   C. 整整一天等了你　　　　　　D. 一天整整等了你

6. 我有急事，不能去接他，（　　）好吗？
   A. 接他一下儿你帮我去机场　　B. 你帮一下儿我去机场接他
   C. 你帮我去一下儿机场接他　　D. 你帮我去机场接他一下儿

7. 我说怎么好久都没看到他呢，（　　）。
   A. 原来他回了国三个月　　　　B. 他原来回了三个月国
   C. 原来他回国三个月了　　　　D. 他原来回国了三个月

8. 明天一早就动身了，（　　）吧。
   A. 今晚再好好地检查一下儿行李　B. 好好地今晚再检查一下儿行李
   C. 今晚行李再好好地检查一下儿　D. 今晚再一下儿好好地检查行李

9. 不能否认，（　　），他是有了很大进步。
   A. 一年学了汉语以后　　　　　B. 汉语一年学了以后
   C. 学了一年以后汉语　　　　　D. 学了一年汉语以后

10. 我（　　）。
    A. 曾去过那里找他一次　　　　B. 曾一次去那里找过他
    C. 去那里找过他曾一次　　　　D. 曾去那里找过他一次

11. 你（　　），也该休息休息了。
    A. 已经看书了好几个小时了　　B. 已经看了好几个小时书了

C. 已经好几个小时看了书了　　　　　　D. 好几个小时已经看了书了
12. 他（　　），汉语说得不错。
　　A. 中国已经来三年多了　　　　　　　B. 已经三年多了来中国
　　C. 来中国三年已经多了　　　　　　　D. 已经来中国三年多了
13. 你别看他年轻，（　　），也可以说是一位老教师了。
　　A. 已经当了老师十多年了　　　　　　B. 十多年了已经当了老师
　　C. 已经十多年了当了老师　　　　　　D. 已经当了十多年老师了
14. 你（　　），老师在等你呢。
　　A. 去一下儿办公室找老师　　　　　　B. 去办公室找一下儿老师
　　C. 找一下儿老师去办公室　　　　　　D. 去办公室一下儿找老师
15. 他（　　），累得可以。
　　A. 坐车坐了四十分钟才到家　　　　　B. 才到家坐车坐了四十分钟
　　C. 坐了车四十分钟才到了家　　　　　D. 坐车了四十分钟才到了家

三、改错

1. 我和他还是多年的朋友呢，我三次找了他，三次都碰了大钉子，这么点儿忙都不帮。
　　　　　　　　　　　　　　　A　　　　　　B　　　　　　　C　　　　　　　　　D

2. 他学汉语三年了，怎么说也是有一定基础的，这个问题难不倒他，还是让他试试吧！
　　　A　　　　　　　　B　　　　　　　　　　C　　　　　　　　D

3. 来中国以前，他已经六个月学习了汉语，所以插班并未感到很吃力，还是跟得上学习进
　　　　A　　　　　　　B　　　　　　　　C　　　　　　　　　　　　　　　D
　度的。

4. 为了能促成这件事，我求过三回他，都被他以"研究研究"为托词给挡了回来，明摆着
　　　　　　A　　　　　　　B　　　　　　　　　　C
　是在刁难我嘛！
　　　D

5. 这段时间他也是太累了，昨天又熬了个通宵，今天一直八个小时睡觉了，到现在还睡着呢。
　　　　　　　　　　A　　　　　　　B　　　　　　　　　C　　　　　　　　　　C

6. 他离开了家已经三年多了，从未回去过一次，不是他无情无意，而是工作实在脱不开身。
　　　　A　　　　　　　　　B　　　　　　　　C　　　　　　　　　D

7. 老人退休后，一直潜心研究雕塑艺术，已经研究雕塑三年多了，并深深迷恋于此。
　　　A　　　　　　B　　　　　　　　　C　　　　　　　　　　D

8. 南方到了梅雨季节，几天一连下雨是经常的事，到处都是闷热潮湿的，对于在北方长大的
　　　A　　　　　　　　B　　　　　　　　　　C　　　　　　　　　D
　我来说当然极不习惯了。

9. 我的话刚一出口，马上就意识到错了，他嗔怪地看了一眼我，没说什么。
　　　A　　　　　　　B　　　　　　　　　C　　　　　　　　D

10. 他都北京来了好几天了，毕竟你们曾经是要好的朋友，别这么不理不睬的，出于礼貌
　　　A　　　　　　　　　　B　　　　　　　　　　　　C　　　　　　D
　　也该去看看呀！

11. 他是我多年前教过的学生，现在已经是要好的朋友，这次他专程来中国看我，我们用汉
　　　　　A　　　　　　　　　　　　B　　　　　　　　C　　　　　　D
　　语谈话了整整一个上午。

12. 他是个工作起来就很忘我的人，在常人看来，他的生活中毫无乐趣而言，而对他来说工
　　　　　A　　　　　　　　　　B　　　　　　　　　　　　　　C
　　作就是最大的乐趣，他每天十二到十四个小时工作。
　　　　　　　　　　　　　　　　　　　　D

13. 补充新的知识固然重要，每天的复习也是不能忽视的，所谓温故而知新就是这个道理，
　　　　A　　　　　　　　　　　B　　　　　　　　　　　C
　　你现在每天多长时间复习功课呢？
　　　　　　　　D

14. 早上开会之前，董事会的各位董事先碰了一下儿头，交换了意见一下儿，就关键问题已
　　　　A　　　　　　　　B　　　　　　　　　　　　C　　　　　　D
　　基本达成共识。

15. 这次我打算利用周末的时间，好好去转转北京的名胜古迹，来北京这么久，我还没去过
　　　A　　　　　　　　　　　　B　　　　　　　　C　　　　　　　D
　　一次天安门呢。

16. 这次晚会开得热闹极了，大家也玩得开心极了，每个人都表演了自己的拿手节目，就连
　　　A　　　　　　　　B　　　　　　　　　　　　　　C
　　平时不苟言笑的班主任老师也表演了节目十分钟。
　　　　　　　　　　　　　D

17. 家庭的变故给她不小的打击，加上成年累月地玩命地工作，终于积劳成疾，生病了好几
　　　　A　　　　　　　B　　　　　　　　　　　　C　　　　　　D
　　个星期。

18. 看来这次她是真的生男朋友的气了，房间里的电话响着半天了，她也不接，看来是要给
　　　　A　　　　　　　　　　　　B　　　　　　　C
　　男友点颜色看看了。
　　　　D

19. 上午我就给他打过电话了，他都不在，现在我给他打着三次电话，要不我就亲自去一趟。
　　　A　　　　　B　　　　　　　C　　　　　　　　　　　　　D

20. 本来约好了陪妻子去逛街，可跟哥们一聊就忘了时间，妻子在家整整一天等了他，特别
　　　A　　　　　　　　　　　B　　　　　　　　　　　　C　　　　　　D

生气。

第二节　趋向补语

基本概念：用在动词或形容词后，表示动作的趋向或事物发展的趋向，由趋向动词充当，包括简单趋向补语、复合趋向补语及趋向补语的引申用法。

基本结构：动词/形容词＋趋向动词（表示方向的动词）

例：跳起　留下　走过来　看起来　富裕起来　恶化下去

表示趋向的动词有：

	进	出	上	下	回	过	起	开	到
来：	进来	出来	上来	下来	回来	过来	起来	开来	到……来
去：	进去	出去	上去	下去	回去	过去		开去	到……去

一、简单趋向补语和复合趋向补语

简单趋向补语：补语由一个趋向动词表示。

例：走来　走去　爬上　走进　跑下　站起

复合趋向补语：补语由两个趋向动词表示。

例：走过来　看出来　吃下去　漂亮起来　安静下来　消沉下去

趋向补语 用　法	简单趋向补语	复合趋向补语
基本结构	动词＋趋向动词 例：他向我走来。 　　把刀放下！ 　　他带来了一个朋友。 　　下课了，同学们走出教室。	动词/形容词＋趋向动词 例：他向我走了过来。 　　我会继续学下去的。 　　上课了，教室里一下安静了下来。 　　天气一天天暖和起来了。
带有宾语	A. 宾语是表示处所的词语，常构成"谓语动词＋处所宾语＋来/去"或"谓语动词＋趋向动词＋处所宾语"形式。 例：我们进屋去吧，外边风大。 　　他早就回学校去了。 　　他悄悄走上楼。 　　他偷偷溜回房间。	A. 宾语是表示处所的词语，常构成"谓语动词＋处所宾语＋来/去"形式。 例：老师走进教室来。 　　我的行李早就邮回家去了。 　　他悄悄走上楼来。 　　他偷偷溜回房间去。

续表

趋向补语 用法	简单趋向补语	复合趋向补语
带有宾语	B. 宾语是表示人或物体的名词，常构成"谓语动词＋来/去＋宾语"或"谓语动词＋宾语＋来/去"形式。 **例**：弟弟叫哥哥来替他撑腰。 　　　弟弟叫来哥哥替他撑腰。 　　　妈妈寄了一个包裹来。 　　　妈妈寄来了一个包裹。 C. 简单趋向补语表示结果意义时，常构成"谓语动词＋趋向动词＋宾语"形式。 **例**：他带来一位陌生人。 　　　新计划引出很多问题。 　　　我看出他不高兴了。 　　　他摘下眼镜，揉了揉眼睛。	B. 宾语是表示人或物体的名词，常构成"谓语动词＋来/去＋宾语"或"谓语动词＋宾语＋来/去"形式。 **例**：他从书包里拿出来一本书。 　　　他从书包里拿出一本书来。 　　　房间里走出去一个人。 　　　房间里走出一个人去。 C. 谓语动词是离合动词（动词与宾语结合得很紧）时，常构成"谓语动词＋趋向动词＋宾语＋来/去"形式。 **例**：她居然也化起妆来了。 　　　他说起话来就没完了。 　　　老师站起身来，走了出去。 　　　她转过身去，偷偷地擦泪。
要点提示	不用动态助词"了"，表示动作行为还未完成；用"了"表示动作行为已经完成，"了"应放在补语后，而不能放在谓语动词后。 **例**：你放下刀！ 　　　他放下了刀。 　　　＊他放了下刀。 　　　前边走来一个人。 　　　前边走来了一个人。 　　　＊前边走了来一个人。	不用动态助词"了"，表示动作行为还未完成；用"了"表示动作行为已经完成，句中没有宾语时，"了"可用在谓语动词后或补语后；有宾语时"了"用在补语后，而不能用在谓语动词后。 **例**：有意见就提出来嘛！ 　　　他把意见提了出来。 　　　他把意见提出来了。 　　　他提出来了自己的意见。 　　　＊他提了出来自己的意见。

注意：

1. 句中有简单趋向补语又有宾语时

（1）宾语是表示人或物体的名词，表示动作已经发生时，常构成"谓语动词＋来/去＋宾语"或"谓语动词＋宾语＋来/去"形式。

例：弟弟叫来哥哥替他撑腰。
　　　弟弟叫哥哥来替他撑腰。
　　　妈妈寄来了一个包裹。
　　　妈妈寄了一个包裹来。

（2）宾语是表示人或物体的名词，表示动作还未发生时，常构成"谓语动词＋宾语＋来/去"形式。

例：弟弟要回家叫哥哥来替他撑腰。
＊弟弟要回家叫来哥哥替他撑腰。
下个月妈妈会寄包裹来。
＊下个月妈妈会寄来包裹。

2. 句中有复合趋向补语又有宾语时

(1) 宾语是表示人或物体的名词，表示动作已经发生时，常构成"谓语动词＋来/去＋宾语"或"谓语动词＋宾语＋来/去"形式。

例：他从书包里拿出来一本书。
他从书包里拿出一本书来。
我给他送过去一本书。
我给他送过一本书去。

(2) 宾语是表示人或物体的名词，表示动作还未发生时，常构成"谓语动词＋宾语＋来/去"形式。

例：你从图书馆借出一本书来。
＊明天你从图书馆借出来一本书。
我给他送过一本书去。
＊明天我给他送过去一本书。

3. 趋向补语后有宾语时，简单的趋向补语一般表示已然的情况，复合趋向补语一般表示未然。

例：他走进房间。（已然）
他走进房间来。（未然）
他搬回学校。（已然）
他搬回学校去。（未然）

4. 句中有趋向补语而没有宾语时，一般用复合趋向补语（不包括"上"或"开"）；而句中有趋向补语又有宾语时，可用简单趋向补语或复合趋向补语表示。

例：他的名字想起来了。
＊他的名字想起了。
闷热的夏天熬过去了。
＊闷热的夏天熬过了。
他走进房间。
他走进房间来。
孩子们唱起歌。
孩子们唱起歌来。

5. 趋向补语的否定形式，一般用"没"否定，假设句或条件句中一般用"不"否定。

例：我没做出来那道题。
我不做出这道题来就不回家。

他没爬到山顶去就下来了。
我不爬到山顶去不罢休。

二、趋向补语的基本意义及引申用法

常用补语	用法 释义	例句
上	A. 表示人或物体通过动作由低处向高处移动。	他走上了楼。 鸟儿飞上了天。
	B. 表示开始并继续。	家里来了客人,她又忙上了。 他在那儿又跟别人聊上了。
	C. 表示合拢、添加。	开会了,请你把嘴闭上! 这次去郊游就算上我吧。
	D. 表示附着、存在。	他在院子里种上了很多花。 快把邮票贴上吧。
	E. 表示达到目的。	这里家家户户都住上了新房子。 他的那篇论文终于被选上了。
	F. 表示达到一定数量。	我想在这里住上几个月。 他写上不到百字,就又去玩了。
下	A. 表示人或物体通过动作由高处向低处移动。	他一脚踩空了,滚下了楼。 你快坐下休息休息吧。
	B. 表示容纳一定数量。常用:坐、放、摆、装、容、盛、住、站、停、躺、睡等动词。	这个会议室能坐下一百人吗? 书包能装下这么多书吗?
	C. 表示固定。	老师的话我都记下了。 临走,我留下了联系电话。
	D. 表示完成、脱离。	他脱下了大衣。 他撕下一张纸递给我。

常用补语 \ 用法	释义	例句
过	A. 表示经过、通过。	穿过小区就是一条宽阔的马路。 他的嘴角掠过一丝微笑。
	B. 表示通过动作使人、物体由一处移动到另一处。	他接过我手中的行李。 他抢过我手里的东西，飞也似的跑了。
	C. 表示通过动作，人或物体改变方向。	他转过身，我立刻认出了他。 汽车掉过头向西开去。
	D. 表示超过合适的点。	他几乎每天早上都睡过头。 不知道问一问，可别坐过站。
	E. 表示度过。	再坚持一下，熬过这几天就好了。 他靠坚强的意志挺过了难关。
	F. 表示完成。	你们吃吧，我早吃过饭了。 这本书你看过了吗？
起	A. 表示通过动作，人或物体由低处向高处移动。	他站起身，走了出去。 学校主楼前升起了一面旗。
	B. 表示连接、结合以至固定。	他一回家就关起房门。 我们建立起了良好的师生关系。
	C. 表示突出、隆起。	孩子噘起了小嘴。 你该挺起腰做人，别让人看不起。
	D. 表示主观上有（无）某种承受能力，（多用于经济、时间、资格、精神、体力等方面）只用可能补语形式。	我一个穷学生哪买得起这么贵的衣服？ 离了吧，时间长了谁也拖不起。
	E. 表示进入新的状态。	我们聊起了公司的事情。 外边飘起了小雪花。
出	A. 表示从里向外。	他走出房间。 他跑出了教室。
	B. 表示从无到有，由隐蔽到显露。	我早想出办法了。 他猜出你是谁了。

续表

常用补语 \ 用法	释义	例句
开	A. 表示通过某动作，人或物体离开某处所。	他转身走开了。 请把这张桌子拿开。
	B. 表示分离。	他慢慢地睁开了眼睛。 你能帮我把瓶子打开吗？
	C. 表示舒展、分散。	他在我面前展开一幅画儿。 消息一下子就传开了。
	D. 表示容纳。	房间太小，摆不开两张床。 这么多菜，一张桌子放得开吗？
	E. 表示清楚、醒悟。	凡事要想开点，别跟自己过不去呀！ 大家把话说开了，误会也就消除了。
	F. 表示动作开始。	听我这么一说，大家就议论开了。 他一进门就喊开了："负责人在哪里？"
到	A. 表示通过动作，人或物体移动到某处所，达到某时间。	你把车开到停车场吧！ 他每天工作到凌晨。
	B. 表示达到某程度。	他的汉语可学到家了。 这个人坏到家了，最好少跟他来往。
	C. 表示通过动作达到目的或有结果。	我终于把你找到了。 你见到他了吗？
到……去	A. 表示通过动作，人或事物由近处向远处移动。	你把这份材料拿到老师那里去吧。 孩子终于回到妈妈身边去了。
	B. 表示程度。	北方的天气也冷不到哪儿去。 我看他的水平也高不到哪儿去。
起来	A. 表示由低到高。	清晨，太阳升起来了。 他站起身来，走了出去。
	B. 表示由分散到集中。常用：包、串、凑、叠、堆、关、合、积、存、捆、收、攒、加、连、拼、拼凑、勾结、连接、集中、收集、汇集、召集、组织、收拾、团结等动词。	大家应该团结起来。 你把桌子上的东西收起来吧！
	C. 表示开始并继续。	大家七嘴八舌地讨论起来。 他拿出一本书，看了起来。

续表

用法 / 常用补语	释义	例句
起来	D. 表示估计、评价。常用：吃、看、摸、听、闻、算等动词。	这件衣服穿起来更漂亮。 老人看起来也就六十来岁。
	E. 表示回忆有了结果。	我想不起来在哪儿见过他。 我终于记起来了他的电话号码。
	F. 表示动作的进行。	这段录音听起来清楚吗？ 这个菜吃起来不是味儿。
下来	A. 表示某人或某事物通过动作由高处向低处移动。	他从楼上走了下来。 你的改革方案已经批下来了。
	B. 表示分离。常用：撕、摘、拔、割、拆、剪、切、夺、打、落、脱落等动词。	热了，就把衣服脱下来吧。 他把零件拆了下来。
	C. 表示固定。	下课后，老师把他留了下来。 你今晚就在这里住下来吧。
	D. 表示开始出现并继续发展。	入夜，校园里安静下来了。 天渐渐地黑了下来。
	E. 表示动作从过去到现在。	这是古代流传下来的寓言故事。 虽然很艰难，但他还是坚持下来了。
	F. 表示完成（多用于费时、费力、需要克服的动作行为）。常用：撑、顶、过、活、算、念、干、生存、忍耐、背诵等动词。	一天的课上下来，也挺累的。 三年的中文学下来，他的进步不小。
下去	A. 表示由高到低。	他脸红了，头低了下去。 他一失足，从山上掉了下去。
	B. 表示继续。	他想一直在这里住下去。 别打断他，让他讲下去。
出去	A. 表示从里向外，说话人在处所内。	他从房间里走了出去。 房间里没有你的东西了，你的已经都拿出去了。
	B. 表示由隐蔽到显露。常用：讲、说、嚷嚷、透露、泄露等少数动词。	这件事千万别说出去。 是他把秘密泄露出去的。

续表

常用补语\用法	释义	例句
出来	A. 表示从里向外，说话人在处所外。	激动得我心都快跳出来了。 我看见他走了出来。
	B. 表示由隐蔽到显露。常用：说、讲、闹、漏、笑、哭、装、泄露、透露、表现、浮现、显露等动词。	这事千真万确，是内部的人透露出来的。 这个消息也是刚传出来的。
	C. 表示动作产生并且完成。常用：写、挣、逼、选、种、编、改、画、造、设计、概括、教育、产生、制造、创造、发泄、发挥等动词。	有什么不痛快就说吧，别憋出病来。 那篇稿子月末你赶得出来吗？
	D. 表示动作实现并获得某种能力。常用：答、考、熬、练、走、回答、背诵、锻炼等动词。	问题我都回答出来了。 路是人走出来的，钢是火炼出来的。
	E. 表示通过动作分辨、识别人或物。常用：分、看、认、查、闻、尝、猜、算、想、想像、感觉、估计、观察、检查、审查、识别、辨别、辨认等动词。	你听得出来我是谁吗？ 我一眼就认出他来了。
	F. 表示留出空间。常用：腾、留、打扫、收拾等动词。	我把房间腾出来了。 快把房间收拾出来。
过来	A. 表示到达说话人所在的地方。	他走过来了。 孩子向我跑过来。
	B. 表示改变方向，面向说话人。常用：翻、转、扭、掉、回、侧等少数动词。	他转过脸来的瞬间，我就认出了他。 他回过身来，不满地看了我一眼。
	C. 表示恢复正常的状态。常用：改、变、醒、活、救、劝、歇、清醒、苏醒、醒悟、明白、感动、感化、恢复、悔悟、补救、调整、变换、反应等动词。	你快把错字改过来。 经过抢救，他终于醒过来了。
	D. 表示能力可以达到（多与"得"或"不"连用）。常用：算、数、干、忙、背、念、画、顾、管、照顾、照应、照料、周转等动词。	这么多书你看得过来吗？ 我可照顾不过来这么多的孩子呀！
	E. 表示已经经历过了某个时期。常用：挨、渡、忍、熬、挺、磨练、挣扎、忍受、对付等动词。	痛苦的日子终于熬过来了。 大风大浪你都挺过来了，还怕什么？

续表

常用补语 \ 用法	释义	例句
过去	A. 表示离开说话人所在的地方到达说话人希望到达的地方。	他给老人送过去一些日常用品。 孩子向妈妈跑过去了。
	B. 表示侥幸地通过，动作完毕。常用：瞒、遮、骗、混、应付、遮掩、掩盖、蒙骗、隐瞒等动词。	你蒙混不过去的。 他连警察都骗过去了。
	C. 表示失去原来的、正常的状态。常用：晕、死、昏、醉、睡、迷糊、昏迷等少数动词。	病人晕了过去。 他又昏迷过去了。
	D. 表示某人或物改变方向，背对说话人。	她不好意思地扭过身去。 她背过脸去，偷偷地擦泪。
	E. 表示已经经历了某个时期。	苦日子总算熬过去了。 一转眼，几十年的时光流逝过去了。
上来	A. 表示由低到高，动作的方向是朝着说话人所在地。	他爬上山来。 只见他一瘸一拐地走上楼来。
	B. 表示完成某动作，多用于可能补语形式。常用：说、唱、答、背、叫、学、念、回答等少数动词。	我回答不上来这个问题。 我还叫不上他的名字来。
	C. 表示由较低部门到较高部门。	你的报告已经交上来了，你回去等着吧。 一般由生产第一线提拔上来的干部都没什么架子。
上去	A. 表示由低到高，表示动作离开说话人所在地。	老人迈着沉重的步子走上楼去。 我远远地看着他爬上山去。
	B. 表示添加、合拢。常用：搞、加、添、填、补、拧等少数动词。	你应该把名字写上去呀！ 掉下来的螺丝被他拧了上去。

◆ 辨析1：

	释义	例句
动词+下来	（表示动作行为继续）多表示近距离的、眼前的变化；强调现在的"结果"。	例：虽然生活很艰难，但我从未放弃过努力，终于坚持下来了。 他看这里环境还好，就在这里住下来了。 靠坚强的意志和医生的高超医术，他活了下来。
动词+下去	（表示动作行为继续）多表示远距离的变化；强调将来的"继续"。	例：无论生活多么艰难，我也不会放弃努力，会坚持下去的。 你要是喜欢这里，就在这里住下去吧。 母亲想我一定要活下去，把孩子抚养成人。

◆ 辨析2:

	释义	例句	常用形容词
形容词+下来	表示状态开始存在并继续发展，强调开始出现。可以与表示速度或人的态度、语气的形容词结合。	例：入夜，小区里安静了下来。 天渐渐地黑了下来。 大发脾气后，他慢慢冷静了下来。	形容词多是负向形容词，常用：安静、冷静、平静、黑、暗、冷、低、软等。
形容词+下去	表示状态已经出现并继续发展，强调继续发展。一般不与表示速度或人的态度、语气的形容词结合。	例：他的病越来越重了，眼看着一天天瘦了下去。 我们该帮他一把，不能看着他垮下去呀！ 我不会看着乡亲们穷下去的。	形容词多是表示消极意义的，常用：恶化、垮、冷淡、瘦等。
形容词+起来	表示状态开始出现并继续发展，强调状态开始。	例：他一来，教室里马上热闹起来。 春天了，天气一天天地暖和起来了。 乡亲们的生活一天天富裕起来。	形容词多是积极意义的，常用：好转、富裕、热闹、紧张、暖和、胖、亮、硬、好、多、忙等。

分项测试（2）

一、将所给的词语填到适当的位置上

1. 他是个很能说的人，A 说 B 起 C 来 D 也很动听。（话）
2. 你能帮我 A 把这本书 B 还回 C 图书馆 D 吗？（去）
3. 刚进 A 房间 B，我 C 就 D 发现他脸色极为难看地坐在那儿。（来）
4. 这孩子 A 办 B 起 C 来 D 有条有理。（事）
5. 要是 A 觉得热就 B 脱 C 下 D 来吧！（外衣）
6. 这么紧张的工作累得 A 人 B 喘 C 不过 D 来。（气）
7. 你就是再精，A 也 B 精 C 不过 D。（他）
8. 新朋友 A 可以 B 给你带 C 新的生活、工作、学习方面的乐趣 D。（来）
9. 我 A 听说小刘 B 已经 C 旅行 D 了，有事你就去找他吧！（回来）
10. 他忙扶 A 老人坐下，随后 B 递 C 一杯茶 D。（过来）

二、判断选择

1. 要想在短期内把口语水平提高（　　），非得下一番苦功夫不可。
   A. 起来　　　　　B. 上去　　　　　C. 过来　　　　　D. 过去

2. 这个计划经过反复讨论，总算定（　　）了，我心里的一块石头落了地。
  A. 起来   B. 下来   C. 过来   D. 下去

3. 是他身边的人出卖了他，他现在才明白（　　），以前一直蒙在鼓里。
  A. 过去   B. 过来   C. 起来   D. 下去

4. 家里家外都压得我喘不过气来，再让我做别的事情实在干不（　　）。
  A. 过来   B. 过去   C. 上来   D. 起来

5. 刚才小姐俩还玩得好好的，怎么一会儿的工夫就吵（　　）了？
  A. 起来   B. 过来   C. 上来   D. 下来

6. 跳槽后，他如鱼得水，各方面的才能都得以表现（　　）。
  A. 起来   B. 过来   C. 出来   D. 上来

7. 这只是你我的秘密，千万别透露（　　）。
  A. 上去   B. 出去   C. 出来   D. 过去

8. 这个结果我也是刚刚才知道的，是上边的人透露（　　）的。
  A. 出去   B. 出来   C. 起来   D. 进去

9. 孩子来到这儿以后，眼界开阔了，性格也开朗（　　）。
  A. 下去   B. 下来   C. 起来   D. 出来

10. 企业实施改革以后，职工的工作热情高了，生活也富裕（　　）。
  A. 起来   B. 下去   C. 上来   D. 上去

11. 墙上的画与整体环境太不协调了，快把画摘（　　）吧。
  A. 起来   B. 过来   C. 下去   D. 下来

12. 来北京虽然已经很多年了，但他的家乡话就是改不（　　）。
  A. 过去   B. 过来   C. 下来   D. 起来

13. 本来他已经决定跟我们一起干，但妻子的"枕边风"，使他又踌躇（　　）。
  A. 上来   B. 起来   C. 下去   D. 过来

14. 尽管我并不赞成他这样蛮干，但还是答应（　　）尽力帮他。
  A. 下来   B. 上来   C. 起来   D. 过去

15. 这房子质量不错，价钱也还可以接受，我看你就买（　　）吧。
  A. 下来   B. 下去   C. 过来   D. 过去

16. 听了我的话，他的眼睛都瞪（　　）了，显然是被我激怒了。
  A. 起来   B. 过去   C. 下来   D. 出来

17. 说实话，要把这个坏毛病改（　　），确实不容易。
  A. 过去   B. 过来   C. 出来   D. 下去

18. 这件事还没有最后敲定，怎么就传（　　）了？
  A. 出去   B. 过来   C. 出来   D. 下来

19. 他在医院整整昏迷了两天才醒（　　），可把大家急坏了。
  A. 过去   B. 起来   C. 过来   D. 下去

20. 我刚开始戒烟的时候，不也是很痛苦吗？现在也熬（　　）了，只要你下狠心就没有过不去的火焰山。
  A. 过来   B. 过去   C. 上来   D. 下来

三、改错

1. 他又要上班，又要照顾老人和孩子，还要搞他的业余创作，真是忙活不下来。
　　　A　　　　　B　　　　　　　　　C　　　　　　　D

2. 这部小说还没有最后完成，有些章节还需改动，请你暂时保密，先不要宣扬出来。
　　　　　　A　　　　　　　B　　　　　　　　C　　　　　D

3. 谁想到，刚晴了两天，这就又下雨起来了，弄得人心情也是阴沉沉的。
　　A　　　B　　　　C　　　　D

4. 他说着说着，伤心地哭下去，弄得我不知所措，不知怎么安慰他才好。
　　A　　　　　B　　　　　C　　　　　D

5. 她是个标榜自然美的人，从不注重穿着打扮，自从交了新男友以后又是化妆又是减肥，
　　　　A　　　　　　　B　　　　　　C

居然也穿起来时髦的衣服了。
　　　D

6. 这孩子可够犟的，我费了半天的口舌，哄了他好半天，他这才安静下去。
　　A　　　　　B　　　　　　C　　　　　D

7. 快到夏天了，天气逐渐热上去了，街上到处可以看到身着夏装的姑娘们，商店里夏装早
　　A　　　　　B　　　　　　　C

已摆上了柜台。
　D

8. 随着2008奥运会的临近，北京的绿化工作也日见成效，最近小区马路两侧种上了树和
　　　　A　　　　　　　　　　B　　　　　　　　　C

花草，风一吹，远远地飘了一阵花香过来。
　　　　　　D

9. 我看你就别这么慢慢地算了，还是弄台电脑吧，这些问题要是用计算机操作下来，就简
　　　　　　A　　　　　　B　　　　　　　C　　　　　　　D

便多了。

10. 我以前是曾跟他打过一两次交道，没什么深交只能算是认识，谈不上什么了解，他的
　　　A　　　　　　　　　B　　　　　　C

名字我还一时想不出来了。
　　　D

11. 姑娘有些腼腆，起初对我还存有戒心，过了一段时间见我还算和善，就大胆地跟我交
　　　A　　　　　B　　　　　　　C　　　　　　　D

起谈来。

12. 王维，我下个月就要回去韩国了，可能以后不会有机会来了，回国前想找个机会跟你
　　A　　　　　　　　B　　　　　　　　　　C

聊一聊，你看你什么时候有空？
　　　D

13. 夜已经很深了，街道上悄无一人，突然从路边窜出一个人，"拿来钱！"
    　　A　　　　　　B　　　　　　　　C　　　　　　　　D

14. 他开始练习写汉字时也写得很慢，可是后来勤写勤练，现在也快下去了，这叫"功夫
    　　　A　　　　　　　　　　　B　　　　　　　　C　　　　　　　　D
    不负苦心人"嘛！

15. 听了同屋的分析，我才慢慢明白起来，男朋友不是工作忙，而是在找借口不见我，想
    　　　　　　　　　A　　　　B　　　　　C　　　　　　D
    必是另有原因吧！

16. 一个偶然的机会我干上了这一行，以前我并不喜欢我的工作，但现在却热衷下去，
    　　A　　　　　　　　　　　　　　B　　　　　　　　　　C
    学生成绩的提高就是对我的工作的最大肯定。
    　　　　　　　D

17. 我急急忙忙进去超市的时候，超市已经快关门了，我恳求了半天，门口的保安才让我
    　　　　A　　　　　　　　B　　　　　　　　C　　　　　　　　D
    进去。

18. 他们夫妻收入都不高，还有个上小学的女儿，但凭她的勤劳节省，日子倒也还算过得
    　　A　　　　　　B　　　　　　　　C　　　　　　　　D
    起来。

19. 你来晚了一步，他几分钟之前还在这儿，刚回去家了，你明天再来找他吧。
    　　A　　　　B　　　　　　C　　　　D

20. 因为毕业考试没考好，这两天他整天耷拉着脑袋，别人怎么逗他开心，他都高兴起不来。
    　　　A　　　　　　　　B　　　　　　　　　C　　　　　　　　D

21. 我本来打算把车骑回去学校的，一来运动运动，二来也有利于减肥嘛，可谁想一出门
    　　A　　　　　　B　　　　　　C　　　　　　D
    自行车不见了。

22. 开会时间早就到了，他才迈着方步，挪动着他那滚圆的身体，从外面走进。
    　　A　　　　　B　　　　　C　　　　　　　　D

23. 下夜班后她逛了一天街，回到家里一进屋，拿一大堆衣服出来，看不到一点儿倦意。
    　　A　　　　　　B　　　　　C　　　　　　D

24. 外边多凉快呀！房间里闷热闷热的，小王，你从房间里搬出来一把椅子，我们就在外
    　　　　　　　A　　　　B　　　　　　C　　　　　　　　D
    边聊聊吧。

25. 电话的另一端是个成熟的男声，说起来话特别有磁性的声音，我还未见其人，就已经
    　　　　　　A　　　　　　B　　　　　　　C　　　　　　D
    爱上了他的声音。

26. 她又跟男朋友吵架了，嚷嚷要分手，可是男朋友一周后打来电话，马上看得出她特
    　　A　　　　　　B　　　　　C　　　　　　　　D
    别高兴起来。

27. 你既然租下那座房子,为什么不马上搬进去呢?在那儿空着,不是白白地浪费钱吗?
　　　　A　　　　　　　　　B　　　　　　　C　　　　　　D

28. 刚来中国,人生地不熟的,饮食也不习惯,一下子病倒了,妈妈很担心,明天会给
　　A　　　　　B　　　　　　C　　　　　　　　　　　　C　　　　　D
　　我寄来家乡的食品。

29. 清晨,我信步走上山去,眼前出现一所不大的乡村小学,从教室里不时地传一阵阵琅
　　　　　　A　　　　　　　　B　　　　　　　　　　　　　　C
　　琅的读书声出来,使我不由得驻足。
　　　　　D

30. 这几日的烦心事弄得我筋疲力尽,昨晚又彻夜未眠,早起时头晕晕的,把老师提出的
　　　　　A　　　　　　　　B　　　　　　　C　　　　　　　D
　　几个问题都回答不出来。

第三节　结果补语　介词短语补语　可能补语

一、用法

补语名称 用法	结果补语	介词短语补语	可能补语
基本概念	表示动作变化的结果,多由动词或形容词充当。	由介词"于"、"向"、"自"、"给"、"往"、"在"、"到"等组成的介词短语充当。	表示可能或不可能。
基本结构	动词+动词/形容词 例:钥匙终于找着了。 　　这本书我看完了。 　　路已经问清楚了。 　　我已经听明白了。	动词/形容词+介词短语 例:他来自北京。 　　父亲生于农村。 　　书放在桌子上吧。 　　一群大雁飞向南方。 　　这趟车开往北京。 　　这件衣服送给你。 　　他常常工作到深夜。 　　国家的利益高于一切。	A.动词/形容词+得/不+结果补语/趋向补语 例:我今天做得完作业。 　　我今天做不完作业。 　　我忙得过来,不用帮忙。 　　我忙不过来,你得帮帮我。 B.动词/形容词+得/不+了(liǎo) 例:晚会你去得了吗? 　　我有课,晚会去不了。 　　他的病好得了吗? 　　他比我大不了几岁。 C.动词+得/不得 例:西藏我一个人去得吗? 　　西藏你一个人去不得。 　　这本画报,小孩子看得。 　　这种书小孩子看不得。

323

用法＼补语名称	结果补语	介词短语补语	可能补语
名称释义	表示结果，多用于已发生。 例：这本书我已经学完了。 我记住了妈妈的嘱托。 路问清楚了吗？ 你听明白了吗？	表示时间、处所、来源、方向、对象、比较等。 例：事故发生在昨天。（时间） 他毕业于北大。（处所） 他的话发自内心。（来源） 这些信寄往国外。（方向） 孩子奔向妈妈。（对象） 作文我交给他了。（对象） 他的成绩低于分数线。（比较） 他每天从早忙到晚。（时间）	表示可能，多用于未完成或一般情况。 例：你回答得了这个问题吗？ 我记得住他的名字。 我买不到今晚的球票。 好的作品离不开生活。
带有宾语	宾语放在结果补语后，不能放在谓语动词与结果补语之间，常构成"谓语动词+结果补语+宾语"形式。 例：我吃完了饭去找你。 ＊我吃饭完了去找你。 我问清楚路就走。 ＊我问路清楚就走。	宾语放在介词短语补语之后，不能放在谓语动词与补语之间，常构成"动词+介词短语补语+宾语"形式。 例：他把书包落在了学校。 ＊他落书包在学校了。 他把作业交给了老师。 ＊他交作业给老师了。	宾语放在可能补语之后或谓语动词前，不能放在谓语动词与补语之间，常构成"动词+可能补语+宾语"形式。 例：我听不懂他的话。 我看不过来这么多书。 他下个月来得了中国。 我做不了这么多事情。 这件事怪不得他。 你自己搞成这样的，怨得了谁呢？

续表

补语名称 用法	结果补语	介词短语补语	可能补语
否定形式	A. 谓语动词前用否定副词"没"表示否定意义，构成"没＋动词＋结果补语"形式，补语后不能用"了"。 例：他没写完作业就出去玩了。 ＊他没写完了作业就出去玩了。 他没问清楚路就走。 ＊他没问清楚了路就出发了。 B. 表示假设关系时，谓语动词前用否定副词"不"表示否定意义，构成"不＋谓语动词＋结果补语"形式。 例：今天你不写完作业就别出去玩。 不难倒他，他会看不起你。 问题不搞清楚决不罢休！ 你不把话说清楚，他怎么能明白呢？	A. 谓语动词前用否定副词"没"表示否定意义，构成"没＋动词＋介词短语补语"形式，补语后不能用"了"。 例：我没把作业交给老师。 ＊我没把作业交给了老师。 他没把车停在停车场。 ＊他没把车停在了停车场。 B. 表示假设关系时，谓语动词前用否定副词"不"表示否定意义，构成"不＋谓语动词＋介词短语补语"形式。 例：你不把作业交给老师，会挨批评的。 你不把车停在停车场会罚款的。 东西不放到原处，他会发现的。 不工作到五点算早退。	将"得"换成"不"，构成"动词/形容词＋不……"形式。 例：我们两个人合不来。 我看不清黑板的字。 今天晚上写不完作业。 我总发不好这个音。
问句	用正反疑问形式表示疑问，常构成"……了没有"或"动词＋没＋动词＋结果补语"形式。 例：作业做完了没有？ 作业做没做完？ 路问清楚了没有？ 路问没问清楚？	用正反疑问形式表示疑问，常构成"……了没有"或"动词＋没＋动词＋介词短语补语"形式。 例：作业你交给老师了没有？ 作业你交没交给老师？ 汽车停到车库了没有？ 汽车停没停到车库？	用正反疑问形式表示疑问，常构成"动词＋得＋A＋动词＋不＋A"形式。 例：作业做得完做不完？ 你们合得来合不来？ 晚会你去得了去不了？ 他的病好得了好不了？

续表

用法 \ 补语名称	结果补语	介词短语补语	可能补语
要点提示	句中有动态助词"了"或"过"应用在结果补语后，常构成"谓语动词+结果补语+了/过+宾语+（了）"形式。 例：我记住了他的名字。 孩子们穿上了新衣服。 我昨天看见过他。 我写错过这个汉字。 我在路上碰到他了。 我学完这本书了。	句中有动态助词"了"应放在介词短语补语之后，常构成"动词+介词短语补语+了+宾语+（了）"形式。 例：那本书我送给了朋友。 那本书我送给朋友了。 他早回到了家乡。 他早回到家乡了。 书包忘在了图书馆。 书包忘在图书馆了。	表示不应该或不允许不能用可能补语，应在谓语动词前用"不能"或用"动词+不+得"形式表示。 例：他感冒了，医生说不能抽烟。 他感冒了，医生说抽不得烟。 *他感冒了，医生说抽不了烟。 里边正在考试，你不能进去找人。 *里边正在考试，你进不去找人。
难点释疑	谓语动词与结果补语之间不加任何成分。 例：我吃完了饭。 *我吃饭完了。 我听明白了这个问题。 *我听这个问题明白了。 他熬夜熬红了眼睛。 *他熬夜熬眼睛红了。 我问清楚了路。 *我问路清楚了。	谓语动词与介词短语补语之间不加任何成分。 例：书包忘在了学校。 *忘书包在学校了。 *忘了书包在学校。 那本书我送给了朋友。 *我送那本书给朋友。 *我送了那本书给朋友。 他早回到了家乡。 *他早回家乡到了。 *他早回了家乡到了。	A."把"或"被"字句的谓语动词后不用可能补语。 例：*你能把它搬得走吗？ *它被我搬不走。 *难题被孩子回答不了。 *孩子把难题回答不了。 B.连动句的第一个动词一般不用可能补语。 例：*你去得了学校看书吗？ *我去不了商店买东西了。 *他假期来得了中国学汉语。 *他春节回不了家乡过年了。 C.句中带有描写性状语，一般谓语动词后不用可能补语。 例：*他拼命地跑得完最后一圈。 *他认真地写得下自己的名字。 *我要努力做得好这份工作。 *你能好好翻译得了这篇文章吗？

二、常用结果补语

常用结果补语	释　义	例　句
着（zháo）	A. 表示达到目的。	等了半天，才打着一辆车。 排了半天队，才买着球票。 终于在网上查着了这方面的资料。 警察抓着了那个杀人犯。
	B. 表示产生某种结果（多用于消极方面）。	他昨天淋了雨，冻着了。 那条狗把孩子吓着了。 他搬家累着了。 水太热，小心别烫着了嘴。
	C. 表示燃烧。	他点着了一支烟猛吸起来。 快点儿！锅里的油烧着了。 他点着了生日蜡烛。 妈妈把炉子里的干草弄着了。
	D. 表示完成。	吃了药以后，他睡着了。 我找了半天才找着钥匙。 今天在食堂捡着了一个钱包。 我得着一张音乐会票。
到	A. 表示到达某处所。	他走到窗前站住了。 我想搬到学校去住。 孩子爬到了树上。 别把垃圾扔到地上。
	B. 表示到达某时点。	比赛一直持续到凌晨。 因为大雾，飞机延迟到下午起飞。 我昨天写作文写到凌晨两点。 等到放假了，我才能去旅行。
	C. 表示达到数量或某种程度。	学生已经增加到1000人了。 小树长到四米了。 公司开支该减少到最低限度。 江水已经涨到警戒线了。
	D. 表示达到目的或某结果。	他终于拿到了高级证书。 费了好大劲儿，我才买到一张球票。 我收到了妈妈的一封信。 我找了半天，才找到钥匙。

续表

常用补语 \ 用法	释义	例句
见	表示结果，动词一般只限于看、瞧、瞅、望、听、闻等跟视觉、听觉、嗅觉有关的动词或"梦"、"遇"、"碰"等动词。	远远地我看见他走来。 我昨晚梦见了妈妈。 我在外边就闻见一股香味。 我刚才碰见老师了。
住	A. 表示固定。	火车突然停住了。 你留住他的人，能留住他的心吗？ 你给我站住！ 他拦住我，不让我过去。
住	B. 表示思想、感情被控制。	你该把握住自己的命运。 她极力克制住自己的感情。 听了他的话，我一下愣住了。 美丽的风景把大家吸引住了。
成	表示成功、完成、实现。	这个事情已经办成了。 这部小说被改编成电视剧了。 你把这句话翻译成汉语。 我一直把他当成知心朋友。
好	A. 表示完成。	衣服做好了，你试试吧！ 同学们坐好，现在上课。 等我一下，我穿好衣服就来。 稿子打好了吗？
好	B. 表示事情做得令人满意。	不努力怎么能学好呢？ 你放心吧，我会照顾好自己的。 你吃好了吗？ 我看好了这件衣服。
掉	A. 表示脱离、去除。	他拔掉了一颗虫牙。 你把垃圾扔掉吧！ 她剪掉了一头长发。 我把旧家具卖掉了。
掉	B. 表示消失。	小偷跑掉了。 把没用的文件删掉吧。 法网恢恢，坏人别想逃掉。 没留神他什么时候溜掉的。

续表

常用补语 \ 用法	释义	例句
够	A. 表示满足了某种需要。	我整整睡了一天，这下可睡够了。 他买房子的钱已经存够了。 妈妈早买够了过年的年货。 买房子的钱凑够了吗？
	B. 表示超过了适当的限度（多带不满语气）。	为了把孩子抚养成人，妈妈吃够了苦头。 我看够了他那小人得势的嘴脸。 说来说去总是那些，我都听够了。 食堂天天都是这些，我吃够了。
上	A. 表示开始并继续。	他爱上了一位美丽的姑娘。 他交上了中国朋友。 俩老人一见面就聊上了。 他倒了一杯酒，自己喝上了。
	B. 表示达到目的或一定数量。	他考上北大了。 今天终于吃上了一顿可口的饭菜。 汉字你写上几遍就记住了。 我跟他没说上几句话就走了。
	C. 表示关闭、添加。	你闭上眼睛养养神吧！ 这次活动算上我吧！ 他在院子里种上了几棵树。 我把信封贴上了邮票。
下	A. 表示完成并固定。	你记下他说的话了吗？ 去旅行时，我拍下了很多照片。 我收下了他的礼物。 他买下了一座大房子。
	B. 表示完成并脱离。	热就脱下外衣吧！ 剩下的菜就扔了吧！ 她丢下未满月的孩子独自去了国外。 他摘下墙上的照片放到了桌子上。
	C. 表示容纳一定数量。	这个教室能坐下50人吗？ 这个房间只能放下两张床。 他饿极了，吃下了三个人的饭。 书包里能装下这么多书吗？

续表

常用补语	用法 释义	例句
起	A. 表示向上。	他站起身走了出去。 他抬起头看了我一眼。 一轮红日从东方升起。 举起手，别动！
起	B. 表示事物随动作出现。	他辞职了，做起了服装生意。 会场上响起了热烈的掌声。 这个从不看书的人居然也看起书了。 孩子学起爸爸走路的样子。
起	C. 表示动作所涉及的人或事。	我时常想起大学时代的生活。 聊起收藏，他就滔滔不绝。 说起儿子的事情，母亲直叹气。 说起外语，他就头疼。
起	D. 表示完成。	别看他平时慢慢的，办起事还是挺麻利的。 你收起你的钱吧，我不会要的！ 我收拾起行李，离开了他的家。 他居然也穿起了新衣服。
开	A. 表示分开。	大家把书打开看第六课。 你能把这两个词区别开吗？ 我想脱离开这个环境。 你放开我！他叫道。
开	B. 表示扩大或扩展。	这个消息很快就传开了。 你把这幅画展开看看。 孩子张开双臂奔向妈妈。 他迈开大步走了。
开	C. 表示容纳，用于坐、睡、站、放等少数动词。	这么小的床哪能睡开四个人？ 这个教室很大，能坐开50人。 学校操场能站开多少人呢？ 这个房间能放开两张床吗？

续表

用法 常用补语	释义	例句
开	D. 表示开始。	家里来了客人，妈妈又忙开了。 听到这个决定，大家嘀咕开了。 吃了昨天的剩饭，我的胃折腾开了。 为了房子的事，他们夫妻吵开了。
	E. 比喻清楚，用于说、想、看等少数动词。	夫妻之间没什么大不了的，话说开了也就好了。 我也看开了，靠谁不如靠自己。 老人终于想开了，同意了儿女的婚事。 凡事都得看开点儿，别跟自己过不去。

分项测试（3）

一、将所给的词语填到适当的位置上

1. 车突然半路抛锚，看来今晚A开B回C家D去了。（不）
2. 我看你也很忙，我的事情你还A帮B得C了D吗？（忙）
3. 你说A的是哪儿跟哪儿呀，根本B挨C不D边儿。（着）
4. 你放心吧，我A一定B把你老人家的嘱托C记D。（在心里）
5. 才几天的工夫，你就A把一个月的生活费花B了C，我看你D吃什么？（光）
6. 把所有的工作做A，他才洗B澡上C床睡D觉。（完）
7. 他摘A下B眼镜C，仔细地上下打量着来D人。（了）
8. 到底怎么去A火车站，你问B清楚C没有D？（了）
9. 妈妈脸色不好A，做B完饭C就回房间躺下D。（了）
10. 明天你A拿B得C出D来吗？（那么多钱）

二、判断选择

1. 对不起，你说得太快了，我（　　），能再说一遍吗？
   A. 不听懂　　　　B. 不听见　　　　C. 听不懂　　　　D. 听不见
2. 那么远的路，你一个人去，让父母怎么（　　）？
   A. 放心不下　　　B. 放不下心　　　C. 放得下心　　　D. 放不得心
3. 这么多作业我今天说什么也（　　）呀！
   A. 不会做完　　　B. 做得完　　　　C. 做不完　　　　D. 做不得完
4. 他吃苦耐劳的精神给我（　　）很深的印象。
   A. 留了下　　　　B. 留下了　　　　C. 留得下　　　　D. 留得了

— 331 —

5. 老师，真对不起，我没有在你规定的时间内（　　）这篇文章。
   A. 写不完　　　　B. 写得完　　　　C. 没写完　　　　D. 写完
6. 他就是这么个人，我早就（　　）他的为人！
   A. 看了透　　　　B. 看透了　　　　C. 看好了　　　　D. 看见了
7. 就这么点儿东西，这么多人（　　）吗？
   A. 吃得完　　　　B. 吃得好　　　　C. 吃得够　　　　D. 够吃
8. 那个大小姐，你对她可（　　）脾气，哭起来够你受的！
   A. 发不了　　　　B. 发不上　　　　C. 发不得　　　　D. 发不下
9. 这块油渍（　　），我得去找他们去，当初怎么打的保票！
   A. 洗不干净　　　B. 洗得不干净了　C. 不洗干净　　　D. 没洗干净
10. 你（　　），要是早来五分钟，就见到他了。
    A. 晚来了　　　　B. 来了晚　　　　C. 来晚了　　　　D. 来得晚
11. 我把钥匙忘在学校了，（　　）家门了。
    A. 不能进去　　　B. 没进去　　　　C. 进得不去　　　D. 进不去
12. 你跟他说什么也是白搭，他哪（　　）你的话？
    A. 听得进去　　　B. 听得见　　　　C. 听得着　　　　D. 听得好
13. 我不是有钱人，这么贵的东西我哪（　　）？
    A. 买不起　　　　B. 买得不起　　　C. 买得起　　　　D. 卖得起
14. 他一下子把我问蒙了，我（　　）他的意思。
    A. 吃不了　　　　B. 吃不透　　　　C. 吃不够　　　　D. 吃不起
15. 没有好的人际关系，就是再有能力也（　　）。
    A. 吃不来　　　　B. 吃不开　　　　C. 吃不上　　　　D. 吃不住
16. 你（　　）这么辣的东西吗？
    A. 吃得住　　　　B. 吃得够　　　　C. 吃得来　　　　D. 吃得好
17. 这么高强度的集中训练，你还（　　）吗？
    A. 吃不住　　　　B. 吃不消　　　　C. 吃得消　　　　D. 吃得起
18. 现在人们生活水平提高了，大鱼大肉已经（　　）了，人们更向往绿色食品。
    A. 吃不动　　　　B. 吃不了　　　　C. 吃不起　　　　D. 吃不消
19. 他的话到底什么意思？我真的有些（　　）。
    A. 吃不够　　　　B. 吃得惯　　　　C. 吃不住　　　　D. 吃不准
20. 你也太死心眼儿了，所以感情的事才会这么（　　）。
    A. 看得开　　　　B. 看不开　　　　C. 看得起　　　　D. 看不起

三、改错

1. 别逗了！我哪儿有那么好的记忆？这么多人，我一下子怎么也不会记住他们的名字呀！
   　　　A　　　　　　　　B　　　　　　C　　　　　　　　　　　D
2. 孩子无论多大，在父母看来永远都是长不了的孩子，孩子无论走到哪里，都离不开父
   　　　　　　　　　　A　　　　　　　　　　　　　B　　　　　　C　　　　　　　D
   母的牵挂与惦念。

3. 这篇文章我看了很多遍了，可是还是看得不全懂，还得请教你呀，有空儿能帮我讲讲吗？
   　　　A　　　　　　　　　B　　　　　　　　　C　　　　　　　D

4. 那边临时需要他帮忙，他放了下手里的东西，就跑去帮忙了，也不知道什么时候回来。
   　　　A　　　　　　　　B　　　　　　　　　　C　　　　　　　　D

5. 这是我最后一次警告你，你听好了没有？下次你如果还这样把我的话当耳旁风，我就
   　　　　A　　　　　　　　B　　　　　　　　　　C
   对你不客气了。
   　　D

6. 这孩子真是贪玩，刚从学校回来，放下书包，不吃完饭就去踢球了。
   　　A　　　　　B　　　　　　　C　　　　　D

7. 学校的一位老师突然病了，学校临时安排我代他的课，明天我就去不得机场送你了，
   　　　A　　　　　　　　　　B　　　　　　　　　C
   就此告别吧！
   　　D

8. 奶奶虽是个文盲，但对治地方病却有其独特的方法，奶奶用她独有的祖传秘方治很多
   　　　A　　　　　　　　　B　　　　　　　　　　C
   乡亲的病好了，而且分文不取。
   　　　　　D

9. 孩子的父母都是国内科技界的顶尖人物，但工作过于繁忙，根本就没有时间照顾独生
   　　　　A　　　　　　　　　　B　　　　　　　　　C
   女儿，只好忍痛送他们唯一的宝贝到寄宿学校读书。
   　　　　　　　　D

10. 我跟他曾有过一段很深的交往，但那是很久以前的事情了，我已经好久不见到他了，
    　　　　A　　　　　　　　B　　　　　　　　　　C
    听说他现在是一家集团公司的老总。
    　　　　　D

11. 你二老就放心回去吧，这里的事情就交给我们了，这些问题会被我们解决得好的，
    　　　A　　　　　　　B　　　　　　　　　C
    一定会给你们一个满意的答复的。
    　　　　D

12. 这位新来的班主任讲课讲得太快了，而且还带着浓重的口音，连北京人都不能听懂，
    　　　　A　　　　　　　　B　　　　　　　C
    就更别说我们这些外国人了。
    　　　D

13. 你把那个很固执的老先生说得服吗？我可怕他那张阴沉的脸，我可说不服他，还是你
    　　　　A　　　　　　　B　　　　　　C　　　D
    去吧！

14. 今天晚饭后，我还得去趟公司，就去不了医院看望她老人家了，替我向她老人家问
    　　A　　　　　B　　　　　　　C
    声好吧。
    　D

— 333 —

15. 这家洗衣店工作也太不负责任了，连这么件小衣服都没给我洗干净了，我得去找他们
    　　　A　　　　　　　　　　　　B　　　　　　　　　　　　C
    评评理，让他们给我重洗。
    　　　　　D

16. 菜是昨天的还可以凑合着吃，可是饭馊了，可吃不了！别吃坏了肚子。
    　　　A　　　　　　　　　B　　　　C　　　D

17. 我们之间以前是有些矛盾，今天早上他是存心不按时叫我，结果，我赶不上第一节课。
    　　　　A　　　　　　　　　　B　　　　　　　　C　　　　　　D

18. 他是个做任何事都要问个明白的人，他说过没把这件事搞清楚决不罢休！不管付出怎
    　　　A　　　　　　　　　　　　　　　　　B　　　　　　　　　　　　　　C
    样的代价，他都会把事情搞清楚。
    　　　　　　D

19. 什么？你让他在我家住？就我那"鸽子窝"，哪里腾房间得出给他住？
    　　A　B　　　C　　　　　　　　　　　D

20. 明天你来得了我家跟我一起做作业吗？我上次生病，缺了几天课，想请你帮我补补课。
    　　　　A　　　　　　　　　　　　B　　　　C　　　　　D

第四节　程度补语　情态补语

一、程度补语

基本概念：用在动词或形容词后，表示动作达到的某种程度或情态，主要由形容词、表示心理活动的动词、个别副词充当。

基本结构：动词/形容词＋（得）＋程度补语

例：说得很好　　打扮得非常漂亮　　热得慌　　高兴得要命　　累个半死

	基本形式	要点提示	难点释疑
1. 动词/形容词＋极了	表示极高的程度，可用于积极或消极意义。 **例**：一天没吃饭，我饿极了。 走了一天的路，腿疼极了。 这件衣服漂亮极了。 看到礼物，孩子们喜欢极了。	带宾语的动词后不能用"极了"，如果带有宾语时，可以重复谓语动词。 **例**：＊我喜欢极了这套茶具。 我喜欢这套茶具喜欢极了。 ＊我想极了妈妈。 我想妈妈想极了。	"极"前面不能用"得"，"极"后必带"了"，不能用于"把"字句中。 **例**：这件衣服漂亮极了。 ＊这件衣服漂亮得极了。 我想妈妈想极了。 ＊我想妈妈想得极了。 ＊他把我气极了。 ＊这几天工作把我累极了。

续表

	基本形式	要点提示	难点释疑
2. 动词/形容词＋死了/坏了	表示程度达到极点，多用于积极或消极意义。 例：我想死你了。 这阵子我忙死了。 看到成绩单，妈妈乐坏了。 那条小狗把孩子吓坏了。	句中有宾语时，可不必重复谓语动词。 例：看到我的成绩单，乐坏了妈妈。 那条小狗吓坏了孩子。 这段日子可忙死我了。 他到现在不来，真急死人了。	"死"、"坏"前面不能用"得"，后面必带"了"，可用于"把"字句中。 例：这阵子我忙死了。 ＊这阵子我忙得死了。 今天可把我累死了。 那条小狗把孩子吓坏了。
3. 动词/形容词＋透了	表示达到很高的程度，只用于消极意义。 例：这次考试糟透了。 他这个人坏透了。 我恨透了他。 我烦透了他那唠叨劲儿。	句中有宾语时，重不重复谓语动词都可以。 例：我恨透了他。 我恨他恨透了。 我烦透了他那唠叨劲儿。 我烦他那唠叨劲儿烦透了。	"透"前面不能用"得"，后面必带"了"，可用于"把"字句中。 例：他这个人坏透了。 ＊他这个人坏得透了。 他可把我烦透了。 他把我恨透了。
4. 动词/形容词＋得＋很	表示程度很高，可用于积极或消极意义。 例：今天热得很。 我今天烦得很。 他病了，我心里难过得很。 妈妈看到我回来，高兴得很。	有宾语时，可重复谓语动词。 例：我想家想得很。 家人担心他担心得很。 他最近忙婚事忙得很。	补语"很"的后面不能带"了"或其他成分。 例：＊今天热得很了。 ＊今天热得很要命。 ＊今天热得很要死。 ＊他最近忙得很不得了。
5. 动词/形容词＋得＋慌	表示程度不高，只用于消极意义。 例：今天烦得慌。 最近身体乏得慌。 天气让人感觉闷得慌。 运动后，肚子饿得慌。	只用于表示不太好的感觉单音节动词后。 例：＊今天心里烦闷得慌。 ＊天气闷热得慌。 ＊他心里乐得慌。 ＊他心里美得慌。	补语"慌"的后面不能带"了"或其他成分。 例：＊今天烦得慌了。 ＊今天烦得慌要命。 ＊今天烦得慌要死。 ＊今天累得慌极了。

续表

	基本形式	要点提示	难点释疑
6.动词/形容词+得+要命/要死	表示程度很高，有夸张的语气。 **例**：最近累得要命。 这两天忙得要死。 这对热恋中的恋人好得要命。 知道自己考上了，他高兴得要死。	多用于表示消极意义的心理活动的动词后，也可用于少数表示积极意义的形容词后。 **例**：他把我气得要命。 我烦得要死，想自己呆会儿。 爸爸同意我去中国，我高兴得要命。 我累得要死，想休息一会儿。	补语前面必有"得"，后面不能带"了"或其他成分。 **例**：*他的话把我气要命。 *我烦得要死了，想自己呆会儿。 *这工作把我累得要死了。 *这工作把我累要命。
7.动词/形容词+得+不得了/什么似的/不行/可以	表示程度很高，带有夸张的语气。 **例**：穿上新衣服，孩子们高兴得不得了。 家里来了客人，她忙得什么似的。 他又要忙家务，又要忙工作，累得不行。 讲了几遍还不明白，笨得可以。	"不得了"、"不行"用于形容词或心理活动的动词后；"什么似的"多用在形容词后；"可以"一般用于表示消极意义的形容词后。 **例**：妹妹半夜还没回来，妈妈急得不得了。 因感情问题，他苦闷得不行。 她对顾客热情得什么似的。 他懒得可以，自己的衣服都不洗。	补语的前面必带"得"，后面不能带"了"或其他成分。 **例**：*他的话把我气得不行了。 *家里来了客人，她忙什么似的。 *因感情问题，他烦闷得可以了。 *他的病已经严重得不得了了。
8.形容词+得多/多了	表示比较。 **例**：今天比昨天热多了。 这本书简单多了。 坐车比骑车快得多。 他的水平比我高得多。	用"得"与"了"同时使用时，一般含有夸张的语气。 **例**：他的水平比我高得多了。 南方比北方热得多了。 坐飞机当然比坐火车快得多了。	"多了"一般用于同一或不同事物之间的比较，"得多"一般用于不同事物之间的比较。 **例**：他的身体比我好多了。 他的身体比我好得多。 他的病好多了。 *他的病好得多。

二、情态补语

情态补语的功能主要是对动作或动作的结果加以描写或说明，主要由形容词（短语）、重叠式形容词、动词短语、主谓短语、固定短语等充当。

1. 情态补语的常见类型

（1）动词/形容词＋得＋形容词/形容词短语/重叠式形容词	例：弟弟比哥哥长得高。 他的汉语比我说得好。 她今天打扮得很漂亮。 老师讲解得非常清楚。 房间打扫得干干净净的。 晚会开得热热闹闹。
（2）动词/形容词＋得＋动词短语	例：他高兴得跳了起来。 她气得流下了泪。 他伤心得说不出话了。 他惊得猛地站了起来。 他冻得直发抖。 她忙得团团转。
（3）动词/形容词＋得＋主谓短语	例：高兴得他一夜未睡。 急得他走来走去。 他被气得浑身发抖。 他气得一句话也说不出来。 我累得头疼。 他吃惊得眼睛睁得大大的。
（4）动词/形容词＋得＋固定短语	例：她打扮得花里胡哨的。 他被打得遍体鳞伤。 他被质问得哑口无言。 这件事把我弄得不知所措。 这次大考大家被弄得筋疲力尽。 他说得津津有味，大家却早厌了。
（5）动词/形容词＋（得）＋个＋情态补语	例：房间里被他弄得个一塌糊涂。 这件事我得问得个清清楚楚。 周末了，我得玩个痛快。（未然） 到底怎么回事？我得问个明白。（未然） 我去海边玩了个痛快。（已然） 我已经找他问了个明白。（已然）

2. 句中有宾语又有情态补语时，可重复谓语动词或把宾语放在谓语动词前，常构成

"动词+宾语+动词+得+情态补语"或"宾语+动词+得+情态补语"形式。

例：他跳舞跳得非常好。
他舞跳得非常好。
他开车开得很快。
他车开得很快。
他说汉语说得很流利。
他汉语说得很流利。
同学们表演节目表演得很精彩。
同学们节目表演得很精彩。

3．情态补语的疑问形式：常构成"动词+得+A不A"形式。

例：他汉字写得好不好？
他说得对不对？
他跑得快不快？
他的歌唱得好不好听？
她长得漂亮不漂亮？
他考得理想不理想？

4．下列情况不可使用情态补语：
（1）谓语前有描写性状语时。

例：＊他好好地检查得很仔细。
＊他认认真真地写得整齐。
＊他辛苦地把房间打扫得干干净净。
＊他很清楚地说得明白。
＊他开心地玩得高兴。

（2）谓语带有程度副词时。

例：＊他非常忙碌得连吃饭的时间都没有。
＊忙活了一天，真累得很。
＊今天真开心极了。

（3）谓语不能用形容词重叠形式。

例：＊他高高兴兴得一夜没睡着觉。
＊教室里安安静静得连一根针掉在地上都听得见。
＊他糊里糊涂得像个小傻瓜。
＊他啰里啰嗦得没完没了。
＊他的房间干干净净极了。

（4）形容词本身含有程度意义的。

例：＊这张画逼真得跟真的一样。
＊这里的马路笔直得像一条线。

* 他的手冰凉得像冰似的。
* 她气得脸通红极了。

（5）一般表示已然的情况，未然的情况一般不用情态补语。

例： * 他想学习得很努力。
　　　* 他希望讲解得清楚极了。
　　　* 他愿意把汉语学得很好。
　　　* 你能把这个问题讲得明白吗？
　　　* 我会努力地把每一件事情处理得很好。

结果补语、可能补语、情态补语的辨析

补语名称	结果补语	可能补语	情态补语
基本结构	动词+动词/形容词+（了） 例：你把垃圾扔掉吧。 　　我记住了妈妈的话。 　　他的病治好了。 　　孩子长高了。	动词/形容词+得/不+动词/形容词 例：我做得好这个菜。 　　我做不好中国菜。 　　这些生词我记得住。 　　这些生词我记不住。	动词/形容词+得+情态补语 例：我累得浑身酸痛。 　　她羞得脸都红了。 　　他高兴得又蹦又跳。 　　他激动得说不出话来。
释义	表示结果，多用于已发生的情况。 例：我做完了作业。 　　我已经找到钥匙了。 　　这道题我算明白了。 　　我会做好中国菜的。	表示可能，多用于未发生或一般情况。 例：我做得完作业。 　　我找得到钥匙。 　　这道题我算不明白。 　　我做不好中国菜。	描写动作或动作的结果。 例：这道题我算得很明白。 　　我做中国菜做得很好。 　　这个问题他解释得很清楚。 　　房间打扫得非常干净。
否定形式	A. 构成"没+动词+结果补语"形式，表示动作没取得某结果。 例：我没做完作业。 　　我还没找到钥匙。 　　这道题我没算明白。 　　我没做好中国菜。 B. 构成"不+动词+结果补语"形式，用在假设条件句中。 例：我不做完作业不能出去玩。 　　我不找到钥匙就进不去房间。	构成"动词/形容词+不……"形式。 例：我做不完作业。 　　我找不到钥匙。 　　我算不明白这道题。 　　我做不好中国菜。	构成"动词+得+不+情态补语"形式。 例：这道题他算得不明白。 　　中国菜我做得不好。 　　这个问题他解释得不清楚。 　　房间打扫得很不干净。

补语名称	结果补语	可能补语	情态补语
否定形式	这道题我不算明白决不罢休。 我不做好这个菜不罢休。		
带有宾语	构成"动词+结果补语+宾语"或"宾语+动词+结果补语"形式。 例：我做完作业了。 作业我做完了。 我算明白这道题了。 这道题我算明白了。	构成"动词+得/不+可能补语+宾语"或"宾语+动词+得/不+可能补语"形式。 例：我做得完作业。 作业我做得完。 我算得明白这道题的。 这道题我算得明白的。	构成"动词+宾语+动词+得+情态补语"或"宾语+动词+得+情态补语"形式。 例：我做中国菜做得很好。 中国菜我做得很好。 她唱汉语歌唱得很地道。 她汉语歌唱得很地道。
疑问形式	构成"……了没有"或"动词+没+动词+结果补语"形式。 例：你做完作业了没有？ 你做没做完作业？ 你算明白这道题了没有？ 你算没算明白这道题？	构成"动词+得+A+动词+不+A"形式。 例：作业你做得完做不完？ 钥匙你找得到找不到？ 这道题你算得明白算不明白？ 中国菜你做得好做不好？	构成"动词+得+A不A"形式。 例：你中国菜做得好不好？ 她汉语歌唱得地道不地道？ 他写汉字写得工整不工整？ 他汉语说得流利不流利？
要点提示	谓语动词与结果补语之间不加任何成分，动态助词"了"及宾语应放在补语之后。 例：我吃完了饭。 *我吃了完饭。 *我吃饭完了。 我问清楚了路。 *我问了清楚路。 *我问路清楚了。	表示不应该或不允许不用可能补语的否定形式，应在谓语前加"不能"。 例：他病了，医生说不能抽烟。 *他病了，医生说抽不了烟。 里边正在考试，你不能进去。 *里边正在考试，你进不去。	一般不用未然的情况。 例：*我打算学游泳，想得很好。 *我希望说汉语说得很流利。 *你能写汉字写得很工整吗？ *你可以唱汉语歌唱得很地道吗？

分项测试（4）

一、判断选择

1. 看到人家一家一家欢欢乐乐的，心里真的不是滋味儿，难受得（　　）。
   A. 要命　　　　　　B. 极了　　　　　　C. 透了　　　　　　D. 死了

2. 真不好意思，老师一连问了我好几个问题，我都（　　）。
   A. 回答没对　　　　B. 回答不对　　　　C. 不回答对　　　　D. 没回答对

3. 他最近像气吹的似的比以前（　　）。
   A. 胖得很了　　　　B. 胖极了　　　　　C. 胖得很　　　　　D. 胖多了

4. 到底怎么回事？请你（　　）。
   A. 解释清楚　　　　B. 很清楚地解释　　C. 解释得很清楚　　D. 解释清楚极了

5. 春节期间你可千万别去什么庙会，人多（　　）了。
   A. 透　　　　　　　B. 极　　　　　　　C. 很　　　　　　　D. 坏

6. 他手脚很麻利，三下两下就把房间收拾得（　　）。
   A. 干干净净的　　　B. 干净干净　　　　C. 干净的　　　　　D. 干净

7. 看来你没把潜水训练的注意事项给他们讲（　　），面对这些孩子你得耐心点儿。
   A. 明白　　　　　　B. 明白了　　　　　C. 很明白　　　　　D. 得明白

8. 参加这次书画比赛的作品，哪部作品（　　）？
   A. 画好　　　　　　B. 画得好　　　　　C. 画得好不好　　　D. 画好画不好

9. 你可千万别过去，他们两口子（　　）。
   A. 架吵得可凶了　　B. 可凶得吵架了　　C. 吵架得可凶了　　D. 架可凶了吵得

10. 最近我忙得（　　），你有什么事情以后再说吧。
    A. 极了　　　　　　B. 死了　　　　　　C. 要死了　　　　　D. 要命

11. 师傅，你能帮我看看，这台录音机还（　　）？
    A. 修得好不好　　　B. 修得好修不好　　C. 修好了没有　　　D. 没修得好吗

12. 这篇文章（　　），谁会想到是出自一个高中学生的手。
    A. 写好极了　　　　B. 写真好　　　　　C. 写太好了　　　　D. 写得真好

13. 他以前胖得走路都上气不接下气的，节食后（　　）。
    A. 瘦得多了　　　　B. 瘦得多　　　　　C. 瘦多了　　　　　D. 瘦得很

14. 他钱没少花，可医生还没把他的病（　　）。
    A. 治得好　　　　　B. 治好　　　　　　C. 治得很好　　　　D. 治不好

15. 这孩子别看年龄小，（　　）像个小大人似的。
    A. 说起来话　　　　B. 说起话来　　　　C. 交起谈来　　　　D. 说话起来

16. 你要是就这身打扮出去，可得叫人（　　）。
    A. 笑话死了　　　　B. 笑话得要命　　　C. 笑话要死　　　　D. 笑话极了

17. 这个问题太复杂了，我们一时半会儿（　　）。
    A. 不能讨论清楚　　B. 没讨论清楚　　　C. 讨论不清楚　　　D. 讨论得不清楚

18. 他写的汉字进步很快，现在（　　　）。
   A. 越来越写得好了　　　　　　　　B. 越来越好了写得
   C. 写得越来越好了　　　　　　　　D. 写得越来越很好了
19. 你这叫什么态度？难道你不想（　　　）这件事吗？
   A. 搞得清楚　　　B. 搞得很清楚　　　C. 搞个清楚　　　D. 搞清楚
20. 我可（　　　）女士的衣服，还是你陪我去一趟吧！
   A. 买得不好　　　B. 买得很不好　　　C. 买不好　　　D. 不买好

二、改错

1. 一进夏天，天气热得要命了，一动就一身汗，连喘气儿都觉得很困难。
   　　A　　　　　　B　　　　　　　C　　　　　　　　　D

2. 第一次离开家独自一人在国外生活，语言不通又没有朋友，生活孤独而寂寞，想极了家
   　　　　　　A　　　　　　　　　　B　　　　　　　　C　　　　　　D
   人、朋友、同学。

3. 我们是同时来中国留学的，而今他操着一口流利的普通话，我真羡慕他说汉语这么流
   　　　　A　　　　　　　　　　　B　　　　　　　　　　C
   利，心中也难免生些嫉妒。
   　D

4. 你跟他交往了这么多年，也共事了多年，他的为人你还看得不准吗？总比我这个初次
   　　　　A　　　　　　　　B　　　　　　　C　　　　　　　　D
   跟他打交道的人了解吧。

5. 你放心吧，我会尽我最大的努力，把每件事情都处理得很好的，以不辜负组织对我的
   　　A　　　　　　B　　　　　　　　　C　　　　　　　　　D
   信任。

6. 你说太快了，我听得不太清楚，我毕竟来中国才半年，水平有限呀。
   　　A　　　　B　　　　　　　　　C　　　　　　　　D

7. 你晚来了，他等你等得不耐烦了，先走了，说以后再联系吧！
   　A　　　B　　　　C　　　　　D

8. 你可真是个冤大头，东西买太贵了，花那么多钱就买这么个破玩意儿，一看就知道你
   　　A　　　　　　　B　　　　　　　　C
   不经常买东西。
   　　D

9. 我的同屋用汉语写文章很好，并且能跟中国人自由地交谈，我以为他已经学了好多年
   　　　　A　　　　　　　B　　　　　　　　　　　　　C
   了呢，其实他也只不过学了一年多而已。
   　　　　　　　　D

10. 这家餐厅的菜做得真地道，正合我的口味，吃得我太饱了，看来减肥计划又泡汤了。
    　　A　　　　　　　　B　　　　　　C　　　　　　　D

第十四章 补 语

11. 他亲切而又耐心地给我讲解得很清楚，我很感动，怎么也看不出他是个身居高职的
　　　　　　A　　　　　　　　　　　　B　　　　　C
　　人，倒像个亲切的兄长。
　　　　　D

12. 你过来看看，这件衣服洗得干净洗不干净？我用了一种新型的洗衣粉，效果不错吧！
　　　　A　　　　　　B　　　　　　　　　　　　C　　　　　　　　　　D

13. 只要他一回来就把音响打开，并把声音开着很大，弄得整个楼道都能听得见，吵得大
　　　　　　A　　　　　　　　　　B　　　　　　　C　　　　　　　　　　D
　　家不能休息。

14. 听说老师心脏病复发，我急急忙忙地赶到了医院，见老师带着氧气罩躺在病床上，
　　　　　　A　　　　　　　　　B　　　　　　　　　　　　C
　　我发现老师这次真的病了很严重。
　　　　　　　　　　D

15. 老师本来年事已高，身体就比较虚弱，哪经得住这么折腾！这次得病得很厉害。
　　　　A　　　　　　B　　　　　C　　　　　　　　　　　　　D

16. 听到父亲突然病故的消息，她难过得死了，哭得死去活来，唯一的亲人也离她而去了。
　　　　　　A　　　　　　　　B　　　　　C　　　　　　　　　D

17. 我听不清楚，你能慢慢地说话吗？你忘了我才学五个月的汉语，水平还差得远呢！
　　　A　　　　B　　　　　　　C　　　　　　　　　　　　　D

18. 大家一起动手，只一会儿的工夫，房间打扫得干净了，家具也摆放得整齐了，房间显
　　　　A　　　　　B　　　　　　C
　　得比以前像样多了。
　　　D

19. 你怎么回事？天天这么麻烦死了！我又不是你的"专职保姆"，干嘛事事都麻烦我？
　　　A　　　　B　　　　　　C　　　　　　　　　　　D

20. 我觉得这几年北京的变化太大了，城市变了，环境变了，北京人的精神面貌也变得多。
　　　　　　　　A　　　　　　　B　　　　C　　　　　　　　　D

第十五章

复 句

第一节 复句特点

第二节 关联词语的位置

第三节 复句的类型及关联词语

实力测试

基本概念：由两个或两个以上在意思上有联系的单句构成的表达一个完整意义的句子。构成复句的单句叫分句。

第一节 复句特点

1. 构成复句的各分句必须有语法上和意义上的联系，而且其同表达一个完整的意思。
2. 复句的分句与分句之间用逗号或分号。
3. 复句的各分句在语法关系上或者是平等的，或者是相互修饰、说明的，由此决定了复句的基本类型。

第二节 关联词语的位置

1. 前一分句的连词，两个分句主语相同时，连词多用在主语后；两个分句主语不同时，连词多用在主语前。

例：你只要用心去做，就一定会做好的。
只要你能帮忙，他一定会做好的。
他不但学英语，而且还学汉语。
不但他学汉语，而且我也学汉语。
你既然不想去，那就别去了。
既然你不愿意我去，那我就不去了。

2. 后一分句如果有主语的话，连词一定要用在主语前。

例：不但他学英语，而且我也学英语。
既然身体不舒服，那你就休息两天吧。
因为经济原因，所以他放弃了学业。
不是我不愿意，而是他不让我去。
虽然我们并不熟悉，但是我还是帮了他。
幸亏你提醒我开会，否则我就忘了。

3. 起关联作用的副词，一定要用在主语后。

例：外边冰天雪地，房间里却温暖如春。
只要一有消息，我就会马上通知你。
他不去，我也不去。
我越解释，他越生气。
无论工作还是学习，他都很认真。
只有等放假了，我才能去旅行。

第三节 复句的类型及关联词语

根据分句之间的语法关系和意义关系，复句可分为联合复句、偏正复句两大类。分句之间的语法关系、逻辑关系大多由关联词语来表示，关联词语主要有：连词、起关联作用的副词。

(一) 联合复句

联合复句各分句之间的语法关系是平等的，没有主次之分。按分句之间的意义关系，分为并列复句、承接复句、递进复句、选择复句四种。

1. 并列关系复句

基本概念：各分句之间是平等的，不互相修饰或说明。

并列关系复句

常用关联词	释义	要点提示	难点释疑
一边（一面）……一边（一面）……	表示两个动作同时进行，多修饰表示具体动作的动词。 例：他一边说，一边写。 孩子们一边唱歌一边跳舞。 他一边说，我一边记。 他一边唱，我们一边鼓掌。	用在主语后，具体动作动词前，可用于同一或不同主语的复句中。 例：妈妈一边收拾，一边唠叨着。 他一边看电视，一边写作业。 他一边问，我一边如实回答。 他一边扔，我一边捡。	不能表示两种状态同时存在。 例：＊听到这个消息，他一边激动，一边高兴。 ＊孩子们一边说着，一边笑着。 ＊老师一边站着，一边讲课。 ＊他一边躺着一边看着书。
边……边……	表示两个动作同时进行，多修饰具体动作的动词。 例：他边说边写。 孩子们边唱边跳。 他边走边看。 咱们边走边聊吧。	用在主语后，具体动作动词前，只用于同一主语的复句中。 例：妈妈边收拾边唠叨。 他边看电视边写作业。 我们边吃边聊吧。 他们边走边聊。	不能表示两种状态同时存在。 例：＊听到这个消息，他边激动边高兴。 ＊孩子们边说着边笑着。 ＊老师边站着边讲课。 ＊他边躺着边看着书。
一方面……（另）一方面……	表示同一事物的两个方面同时存在，多修饰表示抽象意义的动词。 例：我们一方面要肯定成绩，（另）一方面要找出不足。 做事一方面要有热情，（另）一方面要有科学的方法。 企业一方面发展经济，（另）一方面要提高职工业务素质。 你这样做一方面损害了公司声誉，（另）一方面也影响了个人前途。	主语相同时，用在主语后；主语不同时，用在主语前。用在表示抽象意义的动词前，不修饰具体动作动词。 例：我来中国一方面学习汉语，（另）一方面开阔一下眼界。 一方面由于经济原因，（另）一方面由于身体原因，他退学了。 ＊妈妈一方面收拾，一方面唠叨着。 ＊他一方面看电视，一方面写作业。	不能用于表示两个动作同时进行。 例：＊他一方面走着，一方面哼着小调儿。 ＊他一方面检查着，一方面修改着。 ＊老师一方面讲着，一方面写着。 ＊他一方面听着音乐，一方面写着作业。

续表

常用关联词	释义	要点提示	难点释疑
既（又）…… 又（又）……	表示两个动作或两种状态同时存在。 **例**：他是个既聪明又能干的人。 这个房间既宽敞又明亮。 同学们又说又笑地走了过来。 他每天又工作又学习，够辛苦的。	用于同一主语的复句中，用在主语后、动词/形容词前。 **例**：这个苹果又大又红。 今天又热又闷。 孩子们又唱又跳。 我又累又饿。	"既"或"又"不能用在主语前，也不能直接修饰名词性词语。 **例**：＊既他身体结实又强壮。 ＊他既身体结实又身体强壮。 ＊既他态度认真又专注。 ＊他既态度认真又态度专注。
既……也……	表示两个动作或两种状态同时存在。 **例**：他这样做既影响了个人的前途，也影响了公司的声誉。 吸烟既不利于个人健康，也不利于他人健康。 我既没听说过他，也没见过他。 我们班既有国内学生，也有海外学生。	用于同一主语的复句中，用在主语后、动词前。 **例**：他既会说汉语也会说英语。 他今天既不吃也不喝。 噪声既破坏了环境，也损害了人们的身心健康。 他既是我的老师，也是我的朋友。	"既"或"也"不能用在主语前，一般不用于不同主语的复句中。 **例**：＊既他会说汉语，也他会说英语。 ＊既他工作也学习。 ＊风既停了，雨也停了。 ＊作业既做了，房间也打扫干净了。
也……也……	表示两个动作或两种状态同时存在。 **例**：你也不去，他也不去，那谁去呢？ 家里也吵，外边也吵，烦死了。 我也喜欢逛街，他也喜欢逛街。 大人也哭，孩子也闹，真够烦的。	多用于不同主语的复句中，多修饰动词；修饰形容词时，两个分句一般为相同的形容词。 **例**：风也停了，雨也停了。 作业也做了，房间也打扫了。 夏天，开空调也热，不开空调也热。 这座山也高，那座山也高，我都上不去。	一般不用于同一主语的复句中。 **例**：＊他也会说汉语，也会说英语。 ＊他也工作也学习。 ＊他也吃中餐，也吃西餐。 ＊他也想去上海，也想去南京。

表示并列关系的其他关联词语：

（1）一会儿……一会儿……：

例：天气一会儿阴，一会儿晴。

他一会儿进，一会儿出，忙个不停。

他一会儿站，一会儿坐的，弄得人心烦。

他的病一会儿好，一会儿重，让人担心。

(2) 时而……时而……：

例：这几天时而晴天，时而下雨。
孩子高兴得时而唱，时而跳。
他的病时而好转，时而加重。
他时而站起，时而又坐下，很烦躁。

(3) ……，连同……：

例：上个月连同这个月，他共支出了一万元。
去年连同今年，他共完成了五十万字的书稿。
连同你，一共三十人参加。
连同外校的考生，今年一共招收新生500人。

(4) 一来（一则/一是）……二来（二则/一是）……：

例：我来中国一来是想学习汉语，二来是想开阔一下眼界。
回家乡一来放松一下精神，二来看看老朋友。
一来今天太晚了，二来我身体也不太舒服，就不跟你们去了。
一来他真的不愿意，二来我们也不好勉强他，我看算了吧。

(5) 有的/有时……有的/有时……：

例：教室里同学们有的在看书，有的在说着悄悄话。
这些水果有的吃过，有的从没见过。
周末，我有时在家，有时去学校。
学校的活动他有时参加有时不参加。

2. 承接关系复句

基本概念：表示几个动作或事件按先后顺序发生。

承接关系复句

常用关联词	释义	要点提示	难点释疑
先……然后/接着……（最后）……	表示动作发生的先后顺序。 **例**：大家先随便聊聊，然后我们再讨论。 今天先去故宫，然后去颐和园，最后去圆明园。 先找个同学读一下课文，然后我们再讲。 你先好好想想，然后再回答。	"先"用在主语后。 **例**：你先去，我马上就到。 写作要先打好腹稿，然后再动笔写。 你得先打好基础，然后学习专业知识。 他打算先学习语言，然后再考大学。	"先"不能放在主语前。 **例**：* 先大家说说吧，然后大家再讨论。 * 先你洗手，然后再吃饭。 * 先你读，然后他读。

续表

常用关联词	释义	要点提示	难点释疑
一……就……	表示两个动作紧接着发生。 例：他一来，办公室里就热闹起来。 他一毕业，就找到了工作。 我一说，他就明白了。 大家一看老师来了，就静了下来。	"一"、"就"用在主语后，不可用在主语前。 例：＊一他来，办公室就热闹起来。 ＊他一来，就办公室热闹起来。 ＊一我说，他就明白了。 ＊我一说，就他明白了。	不能用于同时进行的动作。 例：＊他一打招呼，就接过我手里的行李。 ＊你一写作业，就看电视，能写好吗？ ＊他一说就哭，说不下去了。
先……再……	表示动作事件发生的顺序。 例：你先做好自己的事情，再说别人。 你先吃饭再做作业。 先好好审题，再立意选材。 写作时，得先打好腹稿，再动笔。	一般用于未发生的事情。 例：我先去图书馆借书，再去吃饭。 我想先修完研究生课程，然后再找工作。 这次旅行我想先去上海，然后再去南京。 我先吃饭，再做作业。	"先"不可用在主语前。 例：＊先你吃饭再做作业。 ＊先我去图书馆借书，再去吃饭。 ＊先你准备好，再通知我。
先……又……	表示动作事件发生的顺序。 例：他先打扫了房间又把晚饭准备好了。 他先给我打了电话，然后又给你打了电话。 我先吃了饭，又把作业都做完了。 他先吃了药，又打了针。	一般用于已发生的事情。 例：他先吃了饭又洗了澡。 我先去买了菜，又把晚饭做好了。 老师先讲了生词，又讲了课文。 我先去了学校又去了邮局。	"先"不可用在主语前。 例：＊先他吃了饭又洗了澡。 ＊先我买了菜又做了饭。 ＊先老师讲了生词，又讲了课文。

表示承接关系的其他关联词语：

(1) ……，便（就）……：

例：觉得房间里很闷，我便走了出来。
　　每次回到家，他就一声不响地走进自己的房间。
　　我见他有些累了，就起身告辞了。
　　他脸色很不好，我便带他去了医院。

(2) ……，于是……：

例：他打电话找我，于是我去了他那儿。
　　大家一鼓励，于是我恢复了信心。

我们请来了专家，于是问题很快解决了。
见他脸色很不好，于是我把他送到了医院。

(3) ……，这才……：

例：孩子们都睡了，他这才坐到桌前打开了书。
从那件事以后，我这才了解了他的为人。
看他睡了，我这才离开了他家。
他病全好了，这才告诉了妈妈。

(4) ……，此后……：

例：五年前一别，此后再未见过。
经历了诸多变故，此后他整个人都变了。
前年见过一面，此后就失去了联系。
他毕业后就出国了，此后就没回来过。

(5) 起初……，才……：

例：起初我并不理解他，现在才明白了他的苦心。
起初我没在意，后来才知道问题的严重性。
起初我住在家里，后来才搬到学校来住的。
起初我对他也有很多误解，后来才慢慢了解他的。

3. 递进关系复句

基本概念：后一分句比前一分句表示的意义更进一层。

递进关系复句

常用关联词	释义	要点提示	难点释疑
不但（不仅/不只/不光/不单）……而且（并且/甚至/还/也）……	表示意思更进一层。 例：不但他知道这件事，而且我也知道。 不但姐姐英语好，而且妹妹英语也很好。 他不但知道，而且还很清楚。 他不但英语好，而且汉语也好。	"而且"用在后一句句首，"还"或"也"用于主语后。 例：不但他知道，而且我也知道。 ＊他不但知道，我而且也知道。 ＊他不但知道，还我也知道。 ＊他不但知道，也我知道。	当主语相同时，"不但"用在主语后；当主语不同时，"不但"用在主语前。 例：他不但说得好，而且写得也好。 他不但知道这件事，而且还很清楚。 不但他说得好，而且妹妹也说得好。 不但他知道这件事，而且我也知道。

续表

常用关联词	释义	要点提示	难点释疑
不但（不仅/不只/不光/不单）……反而（反倒）……	表示意思更进一层。 例：听了我的话，他不但不生气，反而笑了起来。 春天了，天气不但没暖和，反倒更冷了。 他不但不承认错误，反而要起赖来。 吃了药，病不但没好，反倒加重了。	多用于主语相同的复句，"不但"用在主语后面。 例：风不但没停，反而更大了。 他不但没被吓倒，反而更坚强了。 食堂的伙食不但没好，反倒更糟了。 他不但不听父母的话，反倒顶起嘴来。	关联词语之间必须有否定词语。 例：春天了，天气不但没暖和，反倒更冷了。 *夏天了，天气不但暖和，反倒更热了。 听了我的话，他不但不生气，反而笑了起来。 *听了我的话，他不但高兴，反而笑了起来。
别说（不用说）……，就连……都（也）…… ……连……都（也）……，别说（更不用说/更谈不上）……了	表示意思更进一层。 例：这个问题别说是学生，就连老师都难以解决。 这个问题连老师都难以解决，别说学生了。 不用说你我的话，他连父母的话都不听。 他连父母的话都不听，更不用说你我的话了。	"别说"不是不用说话的意思。 例：*你自己做得也不好，别说孩子。 *自己的事情都没做好，别说别人。	"别说"用在后一分句必须加"了"。"别说"、"不用说"用在前一分句不可加"更"。 例：*这个问题连老师都难以解答，别说学生。 *他连父母的话都不听，别说你我的话。 *这个问题更不用说是学生，就连老师都难以解决。 *更不用说你我的话，他连父母的话都不听。
连……都（也）……更何况……（呢）/……尚且……，何况……（呢）	表示意思更进一层。 例：连大人都搬不动它，更何况孩子呢？ 这道题连老师都做不出来，更何况学生呢？ 大人搬动它尚且要些力气，何况孩子呢？ 老师做这道题都困难，何况学生呢？	"何况"用于后一分句句首。 例：连大人都搬不动它，何况孩子呢？ *何况孩子呢，连大人都搬不动它。 这道题连老师都做不出来，何况学生呢？ *何况学生呢，连老师都做不出来这道题。	"何况"不用于表示不必或不值得的反问句。 例：*你既然知道他不愿意听，又何况要说呢？（何必） *有问题何况不问问老师呢？（何必） *一个孩子家，你生这么大的气，何况呢？（何苦） *费力不讨好，这又何况呢？（何苦）

— 353 —

常用关联词	释义	要点提示	难点释疑
……，甚至（于）……	引进更进一层的意思，突出这一项。 **例**：大病后，他忘记了一切，甚至忘了自己的名字。 他不顾一切地工作，甚至不吃不喝。 全班甚至全校都知道了这个消息。 这对双胞胎别说外人，甚至他的父母都会弄错。	用在并列词语或小句的最后一项前。 **例**：他的学习、工作甚至生活都得别人帮忙。 大人、孩子甚至幼儿园的孩子都在学英语。 他放弃了学业，放弃了工作甚至放弃了活的希望。 这儿的物价比我们那儿高一倍、两倍甚至十几倍。	不能连接因果关系的复句。 **例**：* 这些经验太普通了，甚至人们没意识到它们是经验。（以至） * 他不配合医生治疗，甚至病越来越重了。（以至） * 他每天都熟读课文，甚至每篇课文都倒背如流。（以至） * 我太紧张了，甚至忘了说什么。（以至）

表示递进关系的其他关联词语：

(1) ……，更……：

例：雨后，天气更凉快了。
听我这么一说，他更生气了。
开了空调后，房间里更干燥了。
大病初愈，他的身体更虚弱了。

(2) ……还……：

例：他会说汉语，还会说英语。
周末，我写了作业，还去看了朋友。
他获得了学位，还找到了满意的工作。
我去了上海，还去了南京。

(3) ……况且（也/还/又）……：

例：人家是第一次开口，况且又是朋友，怎能不帮忙呢？
路不算远，况且还是坐飞机去，不会很辛苦的。
天这么黑，况且又下着雨，明天再去吧。
我以前去过，况且今天还有事，就不去了。

(4) ……不仅不/没……还……：

例：他不仅不鼓励我，还给我泼冷水。
他不仅不生气，还大笑起来。
他不仅不帮我，还说风凉话。

吃了这药，病不仅没见好，还加重了。

(5) ……，进而……：

例：先提出计划，进而考虑实施问题。
必须完成基础研究，进而才能开发新产品。
这件事影响到他个人的声誉，进而影响到他的前途。
他生性孤僻，进而出现交际障碍。

(6) 别说……即使……也……（就是……也……）：

例：别说孩子，即使大人也拿不动。
别说你，就是父母的话他也不听。
别说国外，就是中国我也没去过哪儿。
别说吃，就是见也没见过这种水果。

(7) 不但……甚而……：

例：他不但答应了我的请求，甚而还提出了很多的建议。
他不但精通现代汉语，甚而还精通古代汉语。
他不但去了中国大部分地方，甚而去了西藏新疆。
这对双胞胎不但别人常弄错，甚而他们的父母也会搞错。

4．选择关系复句

基本概念：有两个或两个以上的分句，从中选择其一。

选择关系复句

常用关联词	释义	要点提示	难点释疑
……或者……	表示情况的选择或交替。 **例**：你去或者他去都行。 这本书或者你先看，或者我先看。 或者你去，或者他去，反正得去一个。 周末，他或者去郊外，或者去找朋友，从不在家。	用于陈述句。 **例**：我今天或者明天要去健身。 你看吧，吃中餐或者西餐都行。 周末，或者看书，或者逛街，不呆在家里。 或者他或者你，只要去一个就行。	不能用在疑问句中。 **例**：*你去或者他去，决定了吗？ *你同意或者不同意？ *你吃中餐或者吃西餐？ *你今天或者明天去健身？
……还是……	表示选择。 **例**：你吃中餐还是西餐呢？ 你是去还是不去呢？ 去那里坐车快还是骑车快？ 比赛明天还是后天，还没决定。	用于疑问句时常构成"是……还是……"形式；用于陈述句时，表示不确定的看法，句中一般出现否定副词"不"或"没"；用于陈述句表示比较后选择时，常构成"还是……好/吧"形式。	表示不确定的看法或比较后选择，才可以用在陈述句中。 **例**：你去还是他去，公司还未定下来。 *你去还是他去都行。 走了这么多城市，我还是喜欢北京。

355

续表

常用关联词	释义	要点提示	难点释疑
……还是……		**例**：我们是明天去还是后天去故宫呢？ 明天还是后天去故宫，还说不准。 我不知道他姓李还是姓张。 他这么邀请你，你还是去吧。	我们班要说聪明，还（是）得说小王。
不是……就是……	表示选择，两者选一。 **例**：他不是英国人，就是美国人，肯定不是中国人。 他周末不是去看书，就是去逛街。 不是你算错了，就是他算错了，这道题肯定不对。 不是你去，就是他去，反正我不去。	两种选择都有可能，排除其他可能。 **例**：你每天不是工作就是学习，烦不烦呀？ 他周末不是吃就是睡，整天呆在家里。 这两天不是刮风就是下雨，难得有个晴天。 我们今天不是去故宫就是去颐和园。	不能用在只表示选取后一可能的句子中。 **例**：*不是小李说的，就是小王说的，我听到的。 *他不是学生，就是我们的班主任。 *我不是不想去，就是身体不舒服。 *不是菜不好吃，就是我没胃口。
不是……而是……	表示选择，选取后一项。 **例**：他不是我男朋友，而是我哥哥。 我不是姓王，而是姓李。 我不是要休假，而是要辞职。 这儿不是不能转弯，而是不能左转弯。	只能选取后一项。 **例**：他不是在工作而是在玩游戏呢。 他不是有事而是病了，所以没来。 外边不是在下雪，而是雨夹雪。 他不是昨天，而是今天回国的。	不能用在两种选择都有可能的句子中。 **例**：*不是小李说的，而是小王说的，反正我没说。 *他不是学生，而是老师，总在这里看到他。 *他不是姓王，而是姓李，我忘了。 *不是菜不好吃，而是他没胃口，他没怎么吃。
宁愿（宁可/宁肯）……也不（要）……	比较利害后选择其一。 **例**：我宁愿饿死，也不吃他的东西。 母亲宁愿自己不吃，也要让孩子吃饱。 我宁可一夜不睡，也要看完这本书。	"宁可"后是所选择的，取决于人的意愿。 **例**：我宁可走着去，也不坐公交车。 他宁可累死，也不张嘴求人。 母亲宁可自己辛苦点儿，也要供孩子上学。	"宁可"等后面一般不用能愿动词，"宁愿"不能用于表示喜欢或希望。 **例**：*我宁可愿意走着去，也不坐公交车。 *与其低三下四求别人，我宁愿要自己做。

续表

常用关联词	释义	要点提示	难点释疑
宁愿（宁可/宁肯）……也不（要）……	宁可我多辛苦点儿，也不能累着你。	我宁可晚睡点儿，也要看完这部电影。	*这有几个座位号，你宁愿前面的还是后面的。 *你宁愿口语课还是阅读课？
与其……（倒/还/真）不如…… 与其……宁可（宁愿/宁肯）…… 与其说……不如说……	表示比较后选择后一项。 例：与其老麻烦别人，不如自己做。 与其这么傻等着，还不如亲自去一趟。 与其整天呆着，倒不如找点儿事情做。 遇事与其求别人，真不如求自己。	前一分句为舍弃的，"不如"后才是选取的。 例：与其扔掉，还不如送给需要的人。 与其中途放弃，不如就别开始。 与其看这种电影，倒不如回去睡觉。 就几步路与其挤公交车不如走着去。	"不如"不能与"也"搭配使用。 例：*与其看这么无聊的电影，也不如回去睡觉。 *你与其在家呆着，也不如出去走走。 *与其被动等待，也不如主动出击。 *与其扔掉，也不如送给需要的人。

表示选择关系的其他关联词语：

（1）要就是……要就是……：

例：要就是你去，要就是他去，反正得去一个。
　　要就是坚持下去，要就是中途放弃，你决定吧。
　　要就是走着去，要就是骑车去，我可不坐车。
　　要就是在家随便吃点儿，要就是出去吃，你看吧。

（2）……，要不（要不然）……：

例：别在这儿傻等了，要不我们再打个电话吧。
　　明天我们去故宫，要不去颐和园也行。
　　在家随便吃点儿，要不出去吃也行。
　　电话没人接，要不你亲自去找一趟？

（3）要么……要么……：

例：周末他要么在家，要么在学校，不会去别的地方。
　　要么去饭店吃，要么去食堂吃，反正我不做。
　　要么你去，要么他去，反正我不去。
　　要么上海，要么南京，我要去旅行。

（4）或是……或是……：

例：或是你去，或是他去，反正得去一个。
　　或是打电话，或是亲自去找他，你拿主意吧。
　　或是口语或是阅读，我只选一门。

或是看电影或是去逛街，我怎么都行。

(5) 是……不是……：

例：我是这里的老师，不是学生。
　　　我找的人是他不是你。
　　　他是我同学不是男朋友。
　　　我是来道歉的不是来吵架的。

(6) 与其……宁可/宁肯/宁愿……：

例：与其让你一个女孩子去，宁可我自己跑一趟。
　　　与其麻烦别人，我宁可自己辛苦点儿。
　　　与其去听那乏味的讲座，我宁可在家睡觉。
　　　与其这么寄人篱下地生活，宁可自己出去找点儿事做。

(7) 与其说……不如说……：

例：他们与其说在评价学生，不如说在评价老师。
　　　与其说他不愿意做，不如说他根本就没这个能力做。
　　　与其说他们是朋友，不如说他们是真正的对手。
　　　与其说他喜欢你，不如说他想利用你的感情。

(二) 偏正复句

偏正复句中分句之间的语法关系是不平等的，有主次之分。主句是正句，偏句是从句。按分句之间的意义关系，偏正复句可分为因果复句、转折复句、条件复句、假设复句、让步复句、目的复句等六种。

1. 因果关系复句

基本概念：偏句表示原因，正句表示结果的句子。

因果关系复句

常用关联词	释义	要点提示	难点释疑
因为……所以……/由于……所以(因而/因此)……/(之)所以……(是)因为……	表示原因和结果的关系。**例**：因为身体不舒服，我今天没去上课。因为天气不好，所以郊游计划取消了。由于教练指导正确，大家的游泳成绩才提高得这么快。我之所以才来看你，是因为实在脱不开身。	前后分句主语不同时，"因为"一般用在前一分句主语前；主语相同时，"因为"可用在前一分句主语后或后一分句。"所以"一般用在后一分句开头，用在前一分句时，用在主语后。**例**：因为路上堵车，所以我迟到了。他因为长期劳累，所以病倒了。	"由于"可以与"因而/因此"搭配，"因为"不行；"因为"可用于后一分句，"由于"一般不用在后一分句；"所以"用在前一分句时，不能用在主语前。**例**：由于教练指导正确，因此大家的游泳成绩提高得非常快。＊因为他的帮助，因此我顺利通过了考核。

续表

常用关联词	释义	要点提示	难点释疑
因为…… 所以……/ 由于……所以 （因而/因此）……/ （之）所以…… （是）因为……		他病倒了，因为长期劳累。 他感冒了，所以没来上课。 他之所以没来上课，是因为感冒了。	他今天没上课，因为感冒了。 ＊他今天没上课，由于感冒了。 他（之）所以没来上课，因为感冒了。 ＊所以他没来上课，因为感冒了。
既然/既…… 那么/就……	表示根据已出现的事实或前提推出某结论。 例：既然他不愿意，那么你就别难为他了。 你既然想去，那就去吧。 你既来了，就多住些日子吧。 他既回来了，就不用别人帮忙了。	分句主语不同时，"既然"可用在主语前或后；主语相同时"既然"用在主语后；"既"用在主语后；"那么"用在后一分句句首。 例：既然孩子想跟你去，那么你就带他去吧。 孩子既然想跟你去，那么你就带他去吧。 你既然想去，那就去吧。 你既想去，那就去吧。	"既然"多修饰双音节词语，"既"多修饰单音节词。后一分句如不是问句或反问句，应带上与"既然"相呼应的副词。 例：你既然想去，又为什么不去呢？ 既然没有感情，又何必要结婚呢？ ＊既然他感冒了，所以今天没上课。 ＊既然不舒服，在家休息吧！
……， 可见……	引出判断或结论。 例：他买了一辆轿车，可见生意做得不错。 他朋友很多，可见他很善于交际。 他最近成绩提高了，可见比以前努力了。 大多数人都不明白，可见老师没讲明白。	"可见"用于后一分句句首。 例：他脸色非常难看，可见真的病了。 你明明知道这样不行，可见是明知故犯。 司机酒气熏天，可见事故是酒后驾车所致。 看到他吃惊的样子，可见他事先并不知道此事。	不用于表示结果的后一分句，也不能用在主语后。 例：＊他感冒了，可见上午的课并没有上。 ＊他起晚了，可见没赶上班车。 ＊他一脸的吃惊，这件事可见他并不知道。 ＊公安机关开始调查他，这个案件可见与他有关。

续表

常用关联词	释义	要点提示	难点释疑
……，从而……	表示在某条件或原因下引出某结果。 例：他通过多年的研究，从而总结出一套理论。 政府加强城市道路建设，从而改善了城市交通状况。 食堂又开了几个窗口，从而改变了买饭排长队的局面。 他改变了学习方法，从而提高了学习效率。	只用于主语相同的复句中。 例：全国人民一条心，从而战胜了非典。 大家齐心协力，从而解决了问题。 希腊队战胜了东道主葡萄牙队，从而登上了冠军宝座。 超市延长了营业时间，从而方便了人们购买。	不能用于主语不同的复句中。 例：*他承认了错误，从而大家原谅了他。 *他热心帮助我，从而我的成绩提高了。 *我这里不能留宿，从而你另找地方吧。 *天气不好，从而飞机延迟起飞。
……，于是……	表示后一事紧接着前一事发生，由前一事引起的。 例：听到有人敲门，于是我去开门。 他见我们进来，于是从床上坐起来。 在老师的鼓励下，于是我恢复了信心。 男朋友住院期间认识了一位护士，于是我们就分手了。	一般用在后一分句句首。 例：他承认了错误，于是大家原谅了他。 他改变了方法，于是成绩提高了。 没买到火车票，于是我改坐飞机了。 他跟房东闹矛盾了，于是搬到了别处。	不能用于后一事不是紧接着前一事、也不是由前一事引起的复句中。 例：*老人已经脱险了，于是你不必担心了。 *他性格很开朗活泼，于是朋友很多。 *在一次晚会中他们相识了，于是相爱了。 *他积极与医生配合，于是病情好转了。

表示因果关系的其他关联词语：

(1) 由于……，……：

例：由于她每天注意减肥，终于瘦下来了。
由于他的热心帮助，我顺利地过关了。
由于大家齐心协力，问题很快解决了。
由于记错了时间，以致没赶上火车。

(2) ……，因此……：

例：大雾弥漫，因此飞机延迟起飞。
我们是多年的同事，因此对他很了解。

他的话引得大家都笑了，室内的空气因此轻松了很多。
基础很重要，因此我们得打好基础。

(3) 由于……，以致……：

例：由于他粗心大意，以致酿成大错。
他由于过度劳累，以致病倒了。
由于记错了时间，以致没赶上火车。
由于大雾，以致飞机延迟起飞。

(4) 由于……的缘故：

例：由于男朋友的缘故，她将继续留在中国。
由于天气的缘故，飞机延迟起飞。
由于女儿的缘故，妈妈放弃了工作。
由于分数的缘故，他没被学校录取。

(5) 由于……就……：

例：由于他再三反对，我也就不再坚持了。
由于时间的关系，我们就不多说了。
由于没买到票，他就没去成。
由于老师的耐心教导，他很快就掌握了这门技术。

(6) 既然（既）……只好（只有/一定）……：

例：既然他不在，我只好回去了。
既然他答应你，就一定会给你出力的。
由于经济原因，他只好放弃学业。
由于他不在，你只有下次再来了。

(7) ……以致/以至（于）……：

例：他酒后驾车，以致出了事故。
积劳成疾，以致他病倒了。
他太普通了，以至人们没注意到他的存在。
南方气候潮湿，以至我很难适应。

(8) ……，不免/难免……：

例：第一次上讲台，我不免有些紧张。
听了这话，她不免有些难过。
再好的机器，也难免出问题。
再精明的人，也难免不犯错误。

(9) 因为……，才……：

例：因为他，我才留在中国的。
因为天气原因，飞机才延迟的。

因为看你太累了，才没叫你醒。
因为实在看不懂，我才来请教你的。

（10）（因为）……故……：

例：（因为）天气的原因，故飞机停航一天。
（因为）连日大雨，故未能成行。
因为经理临时外出，故会议改期。
他（因为）服用违禁药品，故受停赛处罚。

（11）由于……而……：

例：由于专家的参与，而使问题很快解决了。
由于治疗及时，而使病情得到了有效的控制。
飞机由于大雾而延迟起飞。
我纯粹由于厌烦而放弃了比赛。

（12）……，只好……：

例：没买到火车票，我只好改乘飞机了。
找不到负责人，我只好跟你谈了。
谁都不愿意去，只好你亲自去了。
父母不让我去旅行，我只好放弃了。

（13）难怪……，……／……，难怪……：

例：难怪最近见不到他，原来早回国了。
难怪他这么高兴，原来是被大学录取了。
原来他早回国了，难怪最近没见到他。
他被大学录取了，难怪这么高兴。

2．假设关系复句

基本概念：偏句说出一种假设，正句说出在这种情况下会出现的结果。

假设关系复句

常用关联词	释义	要点提示	难点释疑
如果（要是/倘若/假如/假使/若）……那么（就/便/则）……	前一分句提出假设情况，后一分句推出结论。**例**：如果明天下雨，比赛就延期举行。要是他能来主持会议，那就太好了。倘若能按计划进行，这项工程年底就可竣工。	"如果"用在前一分句时，后一分句有没有关联词语"那"、"那么"、"就"、"便"、"则"都可以；用在后一分句时，含有补充的意味，一般与"的话"搭配使用。**例**：如果有人伤害祖国，我就是匕首。	"如果"不能用于表示让步的复句中；"若"一般用在主语后。**例**：*如果头脑相当聪明，也应努力学习，否则就会被淘汰。*你该一直学下去，如果工作以后，也

续表

常用关联词	释义	要点提示	难点释疑
如果（要是/倘若/假如/假使/若）……那么（就/便/则）……	若进药途径不严格把关，则后果不堪设想。	如果让他做，他会做得更好。 如果明天下雨，比赛则延期举行。 结果决不会是这样，如果当初就让他做的话。	不应该放弃继续学习。 你若不承认错误，他不会原谅你的。 问题若不及时解决，后果则不堪设想。
即使（就是/就算/哪怕/即便）……也……	表示假设兼让步。 例：即使明天下雨，比赛也照常进行。 明天就是下雨，也不会很大的。 就算没有人帮助他，他也做得完。 哪怕再苦再累，我也不会求他。	"哪怕"多用于口语，可以用于后一分句，突出说话人的想法。 例：哪怕再远的路，我也得去。 我得去，哪怕再远的路。 哪怕雨下得再大，我也得今天走。 我得今天走，哪怕雨下得再大。	一般不用于只含假设而不含让步的句子。 例：*即使他不帮我，我也完不成任务。 *在学习中，即使遇到困难，也可以随时问老师。 *即使再来一盘，我也吃不下了。 *即使他能帮我，也一定能完成任务。
要不是……，就……（要是……不……，就/该……）	表示假设，含有"如果不是……"的意思。 例：要不是你提醒我开会，我就忘了。 要是你不提醒我开会，我就忘了。 要不是火车晚点，现在该到北京了。 要是火车不晚点，现在该到北京了。	"要不是"用在前一分句首。 例：要不是你提醒我开会，我就忘了。 *你要不是提醒我开会，我就忘了。 要不是火车晚点，现在该到北京了。 *火车要不是晚点，现在该到北京了。	"要不是"不能用在后一分句。 例：要不是你提醒我开会，我就忘了。 *我早就忘了，要不是你提醒我。 要不是火车晚点，现在该到北京了。 *现在该到北京了，要不是火车晚点。
（幸亏）……，要不然（要不/不然/否则）……	表示假设，含有"如果不是这样……"的意思。 例：幸亏你提醒我，要不然我早就忘了。 火车晚点了，要不然我们现在该到北京了。 非得下苦功夫不可，否则是学不好的。 他肯定有事，不然不会不来的。	"要不然"等用在后一分句句首。 例：幸亏你提醒我，要不然我就忘了。 *幸亏你提醒我，我要不然就忘了。 火车晚点了，要不然我们早到北京了。 *火车晚点了，我们要不然早到北京了。	"要不然"等不能用在前一分句中。 例：路上肯定堵车了，不然他早该来了。 *要不然他早该来了，路上肯定堵车了。 幸亏你提醒我，要不然我就忘了。 *要不然我就忘了，幸亏你提醒我。

表示假设关系的其他关联词语：

(1) 没有……就没有（不）……：

例：没有你的帮助，就没有我的今天。
　　没有大家的齐心协力，就不会有今天的胜利。
　　没有母亲的含辛茹苦，就没有今天的我。
　　夫妻间没有宽容，就没有一个稳定的家庭。

(2) 不是……还（要）……：

例：不是你告诉我，我还在这里傻等呢。
　　不是大家的帮助，他还会犯类似错误的。
　　不是你提醒我，我还真忘了这事。
　　不是你及时发现火情，现在还不知怎样呢?

(3) 幸好（幸亏）……不然（要不）……：

例：幸好你提醒了我，不然我早就忘了。
　　幸亏你们来帮我，要不我一个人干到什么时候。
　　幸好你及时发现火情，不然后果不堪设想。
　　幸亏抢救及时，不然这孩子就没救了。

(4) ……再不然（再不/要不然）……：

例：他不在教室就在图书馆，再不然就回宿舍了。
　　让小王去，要不然让小李也去，他俩都很熟悉那里的情况。
　　你做饭，再不去外边吃，反正我不做。
　　这个问题我也不太明白，要不然我们去问问老师吧。

(5) 如果……的话，……／……，如果……的话：

例：如果我能得到这个机会的话，我一定好好把握。
　　如果你信任我的话，就把真相告诉我。
　　我一定会好好把握，如果我能得到这个机会的话。
　　你应该把真相告诉我，如果你信任我的话。

3. 条件关系复句
基本概念：偏句表示条件，正句表示结果。

条件关系复句

常用关联词	释义	要点提示	难点释疑
只要…… 就（便）……	表示必要条件下产生某种结果。"只要"还可以表示其他条件引起同样的结果。 **例**：只要他想办的事情，就没有办不成的。	后一分句不用"就"时，一般用"是……的"句或反问句。 **例**：只要你用心去做，是可以做好的。	"只要"用在后一分句补充说明条件时，前一分句不能用"就"；"只要"也不能与"才"搭配使用。 **例**：世上无难事，只要你用心去做。

续表

常用关联词	释义	要点提示	难点释疑
只要……就（便）……	只要你承认错误，他就会原谅你的。 只要用心去做，就没有做不好的事情。 只要坚持锻炼，就一定能达到减肥效果。	只要你坚持锻炼，是可以达到减肥效果的。 只要你用心去做，哪儿有做不好的？ 只要坚持锻炼，怎么会达不到减肥效果呢？	怎么会达不到减肥效果呢？只要坚持锻炼。 ＊只要用心去做，才没有做不好的事情。 ＊只要坚持锻炼，才一定会达到减肥效果。
只有……才……	表示唯一条件下才能产生某种结果。"只有"表示的条件是唯一的，不可有其他条件。 例：只有努力，才能学好。 只有你才能说服他。 你只有真正走进大众生活，才能写出好作品。 只有爸爸同意，你才有可能去中国留学。	后一分句不用"才"时，可用"还"组成"只有……还……"的格式。 例：只有小王口语还可以，别人都不行。 这个餐厅只有这个菜口味还行，别的都一般。 老人退休后生活很孤独，只有你还常来看他。 在这么多的方案中只有这个方案还比较合理。	"只有"用在后一分句补充说明条件时，前一分句不用"才"；"只有"不能与"就"搭配使用。 例：要想写出好作品，只有真正走进大众生活。 你想去中国留学，只有爸爸同意。 ＊你有事只有提前请假就可以。 ＊只有你就能说服他。
无论（不管/不论）……，都（也/总）……	表示任何假设条件下结果不变。 例：无论天气如何，比赛都照常进行。 不管是谁，都得遵守交通规则。 不管明天天气好不好，出发的时间都不会改变。 不论春夏秋冬，他都坚持早起。	关联词语之间必须有疑问代词或选择性词语，并列选择词语之间可有"还是"或"或者"连接。 例：不管明天天气怎样，我都去爬山。 不管明天下不下雨，我都去爬山。 无论对工作还是对学习，他都很认真。 无论老师或者学生，都得遵守学校的规定。	"不管"后面一般不能用"如何"、"何"、"是否"、"与否"等文言词语。"不管"等后面是一个不确定的情况，不能是一个确定的事实。 例：不管明天天气怎样，我都去爬山。 ＊不管明天天气如何，我都去爬山。 不管什么时候，家都是最重要的。 ＊不管何时何地，家都是最重要的。 不管父亲同意不同意，我都会去中国。

续表

常用关联词	释义	要点提示	难点释疑
无论（不管/不论）……，都（也/总）……			* 不管父亲同意与否，我都会去中国。 * 不管天气不好，比赛还是照常举行了。 * 不管困难很多，我们也有办法解决。

表示条件关系的其他关联词语：

(1) 凡是……都/没有不……：

例：凡是跟他打过交道的人，都说他好。
凡是他支持的，我都反对。
凡是跟他打过交道的，没有说他不好的。
凡是他支持的，没有我不反对的。

(2) 任……都（也）……：

例：任你怎么说，我都不会相信你的。
任我怎么解释，也改变不了他对我的看法。
任别人怎么说，我都走自己的路。
任我怎么劝她，她都一直哭个不停。

(3) 除非……，否则（不然）……：

例：除非你亲自去请他，否则他不会来的。
除非他承认错误，否则我不会原谅他。
除非是真的病了，否则他不会停止工作的。
除非打车去机场，否则肯定来不及了。

(4) 除非……才……：

例：除非你亲自去请他，他才会来。
除非他承认错误，我才原谅他。
除非大家都同意，这个计划才有实施的可能。
除非真的病了，他才会休息。

(5) 别管……都……：

例：别管别人怎么说，你都该坚持自己的信念。
别管天气如何，你都得准时到。
别管结果怎样，我都会尽心去做。
别管谁，都得遵守交通规则。

(6) 任凭……也（都）……：

例：任凭别人怎么看他，他都不放在心上。
　　任凭你是谁，都得履行合同的条款。
　　任凭风吹雨打，小草都顽强地生长着。
　　任凭别人怎么劝他，他都一意孤行。

4．转折关系复句
基本概念：偏句叙述一个事实，正句说出了一个相反的事实。

转折关系复句

常用关联词	释义	要点提示	难点释疑
虽然（尽管/固然/虽说）……但是（可是/然而/还是/而/却/则）……	表示事实转折，用于已然的情况。 例：虽然我有不同意见，但是我并没提出来。 课堂学习固然重要，但是语言实践也不容忽视呀！ 尽管你说得非常有道理，可是我不会接受。 虽说困难很多，但我们也有办法解决。 虽然外边下着大雪，而房间里却很暖和。	"虽然"等用于前一分句时，用在主语前后都可以，用在后一分句时，用在主语前，前一分句不能用"但是"等词语。 例：虽然我一再邀请他，但是他还是拒绝了。 我虽然一再邀请他，但是他还是拒绝了。 他拒绝了，虽然我一再邀请他。 *但是他拒绝了，虽然我一再邀请他。	"虽然"可以用在后一分句，"虽"不能；"虽然"可以用在主语前，"虽"不能；"虽"后面一般直接跟单音节形容词。 例：虽然他年龄不大，但读的书不少。 他虽然年龄不大，但读的书不少。 他年龄虽小，但是读的书不少。 他读的书不少，虽然年龄不大。
……，但是（可是/然而/不过/只是/但/可/却）……	表示转折 例：我认错了，但是他不原谅我。 他嘴上不说，可是心里高兴着呢。 他最后是同意了，不过很勉强。 东西是不错，只是贵了点儿。	"只是"和"不过"表示轻微的转折，用在后一分句句首；"却"与"但是"、"可是"、"然而"配合使用时，加强转折语气。 例：我没病，只是有点儿累。 这个菜看起来不错，不过味道差点儿。 他看起来很单薄，但是却从不生病。 这个房间不大，但是却很干净。	"但是"、"可是"、"然而"后面可以停顿，"但"和"可"后面不能停顿；"不过"一般不与"尽管"和"虽然"搭配使用。 例：虽然我们尽了最大努力，但是，实验还是失败了。 虽然我们尽了最大努力，但实验还是失败了。 这件衣服不错，不过贵了点儿。 *虽然这件衣服不错，不过贵了点儿。

表示转折关系的其他关联词语：
（1）A+（倒）是+A，可是（只是/不过）……：

例： 这个想法好是好，可是他会同意吗？
我听倒是听了，只是没听明白。
他来是来了，不过很快就走了。
这件衣服漂亮是漂亮，只是有点儿贵。

(2) ……，其实……：

例： 别看他不说，其实心里高兴着呢。
我虽然输了，其实心里很不服。
这道题看起来很难，其实一点儿也不难。
你不说，其实我也知道。

(3) 无非（不过/只是）……罢了/而已：

例： 我没病，只是有些不舒服罢了。
他心里有数，不过不想说罢了。
他不是不能做，只是不想做罢了。
他这样做，无非是想给你一个好印象罢了。

(4) 是……而不是……：

例： 是失败促进了他，而不是成功。
是老师找你，不是我。
留下的是那些能吃苦耐劳的人，而不是那些嘴上说得好听的人。
是生活改变了我，而不是我改变了生活。

(5) ……仍旧（仍然/仍）……：

例： 雨后，天气仍旧很闷热。
我嘴上认输了，心里仍然很不服。
他病了，仍旧坚持工作。
我再三挽留他，他仍坚持要走。

(6) ……反而（反倒）……：

例： 一场大雨过后，反而更闷热了。
他吃了减肥药后，反倒更胖了。
春天了，反而更冷了。
我好心帮他，他反倒冲我发脾气。

(7) 不是……而是……：

例： 不是收获很多，而是毫无收获。
他不是不能做，而是不想做。
不是我不帮你，而是我无能为力。
人才不是多，而是太少了。

5. 让步关系复句
基本概念： 偏句承认某种事实，作出让步，正句从相反的方面说出正面的意思。

让步关系复句

常用关联词	释义	要点提示	难点释疑
即使（就是/就算/哪怕/即便）……也……	表示让步（表示的情况一般是假设性的） 例：就是明天下雨，我们也要开工。 即使他亲自来请我，我也不会去的。 哪怕环境再艰苦，我也会在这里住下去。	偏句所说的事实多是假设性的。 例：别人的东西即使再好，我也不会拿。 即使他来了，也帮不上什么忙。 即使明天下雪，也不会太冷的。 即使他亲自去，也解决不了问题。	一般不用于情况已成为事实的句子。 例：*即使我承认了错误，他还是没有原谅我。 *即使他吃了很多药，病也没见好。 *即使下雨了，也不太大。 *即使我去了，问题还是没有解决。
固然（尽管）……也（都）……	表示让步（表示的情况一般是已实现的） 例：尽管下雨了，也不太冷。 这里四季如春，尽管已是冬天，并不冷。 事业固然重要，但也不能不顾家庭呀！ 多运动固然有好处，但也得看身体状况呀！	"固然"可以用在前后不矛盾的复句中，在于突出后一分句。 例：尽管别人的东西很好，我都不会拿。 尽管他来了，但没帮上什么忙。 尽管下雪了，却不太冷。 尽管他亲自去了，问题也没解决。 你能跟我一起去固然好，不能去也没关系。 课堂学习固然重要，社会实践也不能忽视呀。	一般不用于情况未成为事实的句子。 例：*尽管我承认错误，他也不会原谅我的。 *尽管他吃很多药，病也不见得能治好。 *尽管明天下雨，也不会太大。 *尽管他亲自去，问题也很难解决。

表示让步关系的其他关联词语：

（1）纵然……也……：

例：纵然这件事跟你无关，你也不该看笑话呀！
　　明天纵然降温，也不会降很多。
　　纵然没人帮我，我也做得完。
　　纵然是夫妻之间，也得有隐私呀！

（2）就算……（那）……：

例：就算他不来，那又有什么关系呢？
　　就算我一夜不睡，那也看不完这么多的资料呀！

就算困难再大,那也会有办法的。
就算他不回来,那我们也得完成。

6. 目的关系复句

基本概念:偏句表示目的,正句表示为达到此目的所采取的行动。

目的关系复句

常用关联词	释义	要点提示	难点释疑
为了……,……	表示目的。 例:为了学汉语,他来到中国。 为了提高口语,他请了一位教师。 为了买这本书,我去了三趟书店呢。 为了方便市民购买,超市延长了营业时间。	不能用在表示原因的句子中。 例:*为了有专家的参与,实验取得了成功。 *为了得到了理想的成绩,他回国了。 *为了治好了病,他出院了。 *为了抱了个大孙子,老太太高兴极了。	不能用在后一分句。 例:*他来到中国,为了学好汉语。 *他专门请了辅导老师,为了提高口语。 *我去了三趟书店,为了买这本书。 *超市延长了营业时间,为了方便市民购买。
……,以便 (是为了/ 为的是)……	表示目的。 例:他专门请了辅导老师,为的是提高口语。 他想学好汉语,是为了找个好工作。 平时多积累些资料,以便需要时查找。 请写清楚地址,以便准确投递。	不能用在表示不希望的事情前,后一分句有主语时,应该用在主语前。 例:*快点儿吧,以便迟到。 *加油呀,以便考不上好大学。 *常给家里写信,以便家人担心。 *带上伞吧,以便挨淋。 家属请回吧,以便病人好好休息。 *家属请回吧,病人以便好好休息。	"以便"等不能用在前一分句。 例:*以便提高口语,他专门请了辅导老师。 *是为了买这本书,我都去了三趟北京了。 *为的是准确投递,请你写清楚地址。 *是为了找个好工作,他想学好汉语。

续表

常用关联词	释义	要点提示	难点释疑
……，以……	表示目的。 例：老师反复讲解，以帮助学生更好地理解。 公司进行了人事调动，以提高工作效率。 超市延长了营业时间，以方便人们购买。 开车系上安全带，以保证安全。	"以"用在后一分句开头，两个动词性短语之间。 例：书信来往，以有利于感情的沟通。 传染病人应隔离，以防止交叉感染。 发展生产以提高人们生活质量。 出门多带点儿钱，以备急用。	"以"不能直接用在名词性词语前。 例：*公司进行了人事调整，以工作效率的提高。 *发展生产以人们生活质量的提高。 *书信来往，以感情有利于沟通。 *超市延长了营业时间，以人们方便购买。
……，以免（免得／省得）……	表示目的，表示避免发生某种不希望的情况。 例：他从不提起去世的父亲，以免妈妈伤心。 自己准备点儿材料，省得老去麻烦别人。 你应该把话说清楚，免得大家误解你。 水果多买点儿，省得天天买。	"以免"等用于后一分句不希望的事情前面。 例：政府告诫人们不要参加传销，以免上当受骗。 出门多问几句，免得走冤枉路。 我们还是打车吧，省得晚了。 出门前好好检查一下，省得忘了东西。	"省得"、"免得"后面可以直接跟动词或形容词，"以免"不能。"省得"、"免得"可以出现在分句主语后，"以免"不能。 例：我们出去吃点儿吧，省得做了。 *我们出去吃点儿吧，以免做了。 带本书在火车上看，省得闷。 *带本书在火车上看，以免闷。 你帮我把书还了吧，我就省得再去了。 *你帮我把书还了吧，我就以免再去了。

表示目的关系的其他关联词语：

(1) ……好……：

例：明天把书带来，我好还小张。
　　你慢点儿说，好让大家都听清楚。
　　告诉我你的详细地址，我好把信寄给你。
　　检查前通知大家一下，大家好有个准备。

(2) ……借以……：

例：他出外旅行，借以放松放松。

你应该把真相告诉大家,借以证明你的清白。
他找了个中国同屋,借以提高口语。
我申请与她同组,借以向她大献殷勤。

(三) 紧缩复句

紧缩句是一种以单句形式表达复句内容的句子。一般看成是复句的紧缩形式,表示承接、假设、让步等关系,紧缩句的两个谓语是相对独立的,既不互相包含,也不互相修饰。

1. 表示承接

(1) 一……就……:

例:他每天一回来就看电视。
这孩子一看书就睡觉。
她一听这首歌就忍不住落泪。
我一看见巧克力就想吃。

(2) 刚……就……:

例:你怎么刚来就走呀?
天刚亮他就起床了。
这孩子刚写完作业就出去玩了。
我刚到家电话就响了。

(3) 动词+了/完……就……:

例:我下了课就去找你。
他吃了饭就睡了。
我做完作业就去找你。
我看完这本书就还你。

2. 表示递进

(1) 越(是)……越(是)……(愈……愈……):

例:这孩子越长越可爱了。
口语当然越流利越好了。
中国的经济愈发展愈快。
自己的孩子愈看愈喜欢。

(2) 越来越(愈来愈)……了:

例:天气越来越热了。
他的口语越来越好了。
我愈来愈敬重他了。
天气愈来愈凉快了。

3. 表示假设或让步

(1) 再……也……:

例：雨下得再大，我也得去。
　　这山再高，我也得爬上去。
　　再苦再难，我也不会放弃。
　　生活再穷，他也没求过别人。

(2) 非……不/才……：

例：你非把事情说清楚不可。
　　我非把文章写完了才回家。
　　我非得到高级证书不回国。
　　我非得到高级证书才回国。

(3) 不……不……：

例：我不把事情搞清楚，决不罢休。
　　这件事你一定得出面，不去不行。
　　你不把话说清楚，就不要走。
　　他找女朋友向来是不漂亮不找。

(4) 不……也……：

例：你不想去也得去，别无选择。
　　为了生存，不想吃也得吃。
　　该工作了，不想起床也得起。
　　市场竞争激烈，不想努力也得努力。

(5) 动词A+就+动词A……，别（甭）……：

例：孩子哭两声就哭两声吧，别担心。
　　他说两句就说两句吧，你别往心里去。
　　这间就这间吧，你就甭挑剔了。
　　他想走就走吧，甭留了。

(6) 动词+就+动词+个+补语：

例：吃就吃个够！
　　玩就玩个痛快！
　　喝就喝个高兴！
　　吃就吃个精光！

4．表示强调肯定

(1) 没有……不……：

例：这里没有人不认识他。
　　没有我不爱吃的水果。
　　没有哪个女孩子不喜欢化妆品的。
　　没有他不喜欢的运动。

(2) 动词+都不（没）+动词……：

例：我送的礼物，他竟看都不看一眼。
　　他的事情我问都不问。
　　他坐都没坐一会儿，就又走了。
　　饭他吃都没吃上一口，就走了。

实力测试

一、将所给的词语填到适当的位置上

1. 他 A 匆匆赶到画店，准备买那幅珍贵的油画时，B 发现 C 钱包 D 不见了。(却)
2. A 如果在 B 活动中分发了礼品，C 他一定会把它们 D 带回家。(那么)
3. 如果你能以平静的心态去面对生活，A 你的 B 生活会 C 更加 D 轻松快乐。(那么)
4. A 事业上的成功 B 并没有改变家庭的不幸，C 夫妻之间的裂痕 D 愈来愈深了。(反而)
5. A 他 B 不检查 C 自己的错误，反而 D 把我批评了一顿。(不但)
6. A 你 B 提醒 C 我，D 我就把这件事忘在脑后了。(要不是)
7. A 姐姐 B 汉语 C 说得 D 不错，而且妹妹汉语也说得不错。(不但)
8. 这件事 A 你 B 怎么能不告诉他呢？C 他 D 又是这项工程的主要设计者之一。(况且)
9. 你 A 看我 B 脸色 C 很不好，其实没什么病，D 近来熬夜熬得很厉害。(只是)
10. A 听我 B 这一解释，C 他 D 更生气了。(反而)
11. 其实，饭后马上运动 A 对身体 B 有不良影响，C 长期下去 D 引起一些疾病。(甚至)
12. 他在公司 A 实在是太不起眼了，B 人们 C 常常 D 忽视他的存在。(以致)
13. A 我 B 再没钱，C 可能没吃过 D 美味佳肴，但绝对不会没吃过饺子。(哪怕)
14. A 你确定了 B 你的 C 人生目标，就要义无反顾地 D 坚持走下去，不要瞻前顾后。(一旦)
15. A 连北方都 B 热得 C 人透不过气儿来，D 南方呢？(何况)
16. A 从某个角度来说，B 没有这么多热心的人 C 帮助，D 没有我的今天。(就)
17. 我 A 加了 B 一整夜的夜班，C 把这个数字 D 算出来。(才)
18. 这个过程的变化尽管 A 非常缓慢，但 B 他 C 受到了 D 很大的影响。(还是)
19. 我以为 A 这样走 B 会近一点儿，C 没想到 D 更远了。(反而)
20. 人的生活中 A 人的一生中，谁能没有 B 这样那样 C 的挫折 D 打击呢？(乃至)

二、判断选择

1. 肥胖也可能是营养不良的表现，某些人的肥胖可能是（　　）缺乏一些营养素所致。
　A. 因为　　　　B. 所以　　　　C. 为了　　　　D. 可见
2. 虽然商厦开业只有百日，商厦领导（　　）非常重视社会公益事业，投入资金建了一所希望小学。
　A. 却　　　　　B. 但是　　　　C. 反而　　　　D. 不过
3. 他的生日快到了,（　　）我很忙，还是特意去商店给他买了礼物。

— 374 —

| A. 尽管 | B. 如果 | C. 因为 | D. 哪怕 |

4. 喜鹊妈妈一口气叼起三只面包虫，（　　）对着喜鹊宝宝张大的嘴喂了进去。
   A. 然后　　　　　　B. 于是　　　　　　C. 所以　　　　　　D. 从而

5. 他身体并不好，教学任务也很繁重，（　　）他很关心他的学生们。
   A. 倒　　　　　　　B. 反而　　　　　　C. 却　　　　　　　D. 但

6. 一个人（　　）能正常流汗，就不会患风湿性关节炎。
   A. 即使　　　　　　B. 如果　　　　　　C. 无论　　　　　　D. 尽管

7. 现代人因环境过于舒适了，机体已失去了对冷热的感应能力，连喷嚏都不打了，（　　）打喷嚏时，感冒病毒已经入侵了。
   A. 即使　　　　　　B. 固然　　　　　　C. 一旦　　　　　　D. 反正

8. 对于任何事每个人都有自己的主见，即或（　　）也能从别人那里问得答案。
   A. 不然　　　　　　B. 要不　　　　　　C. 否则　　　　　　D. 要不然

9. 顾客交了钱却没拿商品，营业员追出柜台四处寻找，（　　）没有找到。
   A. 可是　　　　　　B. 而是　　　　　　C. 于是　　　　　　D. 反而

10. 近日在美国，中国豆腐（　　）成了华裔家庭餐桌上的家常菜，也越来越多地进入西方人的饮食中。
    A. 不仅　　　　　　B. 因为　　　　　　C. 既然　　　　　　D. 即使

11. 西方人喜欢吃脆、硬的食物，（　　），一些华人聪明地推出炸豆腐、素鸡、豆腐皮等豆腐的"变种"，果然受到了不少西方人的欢迎。
    A. 可见　　　　　　B. 由此　　　　　　C. 既然　　　　　　D. 从而

12. 凉茶起源于民间，其配方则不尽相同。现在人们所饮用的凉茶许多是医院的医生开方配制的，（　　）民间的许多草药却未被列入其中。
    A. 而且　　　　　　B. 并且　　　　　　C. 而　　　　　　　D. 况且

13. 人们在饱餐后唱歌，对健康损害很大，（　　）饱餐使人的胃容量增大，胃壁变薄，此时唱歌容易引起消化不良。
    A. 因此　　　　　　B. 因而　　　　　　C. 因为　　　　　　D. 由此

14. 现在人们所饮用的凉茶并非出自民间配方，均为医生配制，（　　）凉茶在某种程度上就无法达到民间凉茶的效果。
    A. 因为　　　　　　B. 由于　　　　　　C. 因此　　　　　　D. 进而

15. 夏天，人们饮用大量冷饮及生冷食物，表面上是图一时痛快，其实，非但不能解渴消暑，（　　）容易引起腹痛腹泻等症。
    A. 反正　　　　　　B. 从而　　　　　　C. 反而　　　　　　D. 所以

16. （　　）人家主人并没有挽留我们的意思，那我们还赖在这里干什么？
    A. 因为　　　　　　B. 由于　　　　　　C. 既然　　　　　　D. 还是

17. 真盼着能有自己的用武之地，有自己施展才华的天地，（　　）以后多辛苦点儿也值得。
    A. 不管　　　　　　B. 尽管　　　　　　C. 无论　　　　　　D. 哪怕

18. （　　）什么人，都有交朋友的需要，都有与人沟通的需要。
    A. 无论　　　　　　B. 不但　　　　　　C. 因为　　　　　　D. 除了

19. 秋后痢疾患者增多，（　　）因为夏天过多饮用冷饮所致。

A. 但是　　　　　　B. 只是　　　　　　C. 正是　　　　　　D. 而是

20. 夏天过多饮用冷饮可导致肠道疾病，（　　），夏天解暑消暑的良方不是冷饮，而是热茶，这才符合养生之道。
　　A. 不仅　　　　　　B. 虽然　　　　　　C. 既然　　　　　　D. 因此

21. 人们（　　）懂得夏天体内寒，冬天体内热的道理，夏天就不会饮用大量的冷饮了。
　　A. 只要　　　　　　B. 只有　　　　　　C. 因为　　　　　　D. 应该

22. 我哪里是生他的气呀？（　　）生我自己的气，我怎么没早看清他的为人。
　　A. 就是　　　　　　B. 而是　　　　　　C. 还是　　　　　　D. 但是

23. 酒后，由于酒精的刺激，喉头、声带会充血，（　　）此时唱歌，势必加重喉头、声带的充血，容易引起急性咽喉炎。
　　A. 若　　　　　　　B. 要不　　　　　　C. 要不是　　　　　D. 即使

24. 父母为了孩子而（　　）放弃自己的幸福，甚至人生，然而又有多少子女能体会到父母的这份苦心呢！
　　A. 就是　　　　　　B. 尽管　　　　　　C. 哪怕　　　　　　D. 宁愿

25. 这些历史遗留问题可不是一天两天就能解决的，（　　）再说吧。
　　A. 后来　　　　　　B. 然后　　　　　　C. 以后　　　　　　D. 之后

26. （　　）男人衣柜里的领带多不多，看见好看的他还是要买的。
　　A. 虽然　　　　　　B. 不管　　　　　　C. 即使　　　　　　D. 因为

27. 碍于朋友的面子，我并没说什么，（　　）我心里好大的不满意。
　　A. 既然　　　　　　B. 当然　　　　　　C. 尽管　　　　　　D. 假使

28. 与其和这些整天无所事事的人在一起无谓地浪费生命，我（　　）孤独些。
　　A. 才能　　　　　　B. 只有　　　　　　C. 宁可　　　　　　D. 可能

29. 这件事你不跟他打个招呼不合适吧，（　　）从始至终他都一直为你出谋划策。
　　A. 况且　　　　　　B. 并且　　　　　　C. 因此　　　　　　D. 不过

30. 瞧你做的这叫什么事儿呀？人家帮了你那么大的忙，你连句感谢的话都没有，（　　）冲人家发脾气！
　　A. 所以　　　　　　B. 还　　　　　　　C. 也　　　　　　　D. 于是

三、选择适当的关联词语

1. 她追出商场没有找到失主，（　　）又通过商场广播寻找，仍无人认领，（　　）她把钱包交给了经理。
　　A. 一……就……　　　　　　　　　B. 随后……于是……
　　C. 所以……反而……　　　　　　　D. 一边……一边……

2. 听写是一种常用的复习手段。它（　　）可以促使孩子复习，（　　）能检查出识字的效果。
　　A. 既……也……　　　　　　　　　B. 即……又……
　　C. 也……也……　　　　　　　　　D. 既然……又……

3. 他也真是的，（　　）他能早回来，（　　）应该事先告诉我们。
　　A. 尽管……还……　　　　　　　　B. 只有……才……
　　C. 既然……就……　　　　　　　　D. 如果……就……

— 376 —

4. 我（　　）一个人在家忍受孤独，（　　）与那些人同流合污。
   A. 既然……那么……　　　　　　　　B. 宁可……也不……
   C. 与其……不如……　　　　　　　　D. 宁肯……也要……

5. 他可是我们同学中的能人，（　　）他想办的，（　　）没有办不到的。
   A. 只有……才……　　　　　　　　　B. 只要……就……
   C. 既然……就……　　　　　　　　　D. 即使……也……

6. 近来，他（　　）大病小病不断，（　　）前一段时间工作太玩命儿了。
   A. 因为……所以……　　　　　　　　B. 因为……因此……
   C. 所以……因为……　　　　　　　　D. 因而……所以……

7. （　　）没有那么多热心人的帮助，（　　）不会有今天的我。
   A. 无论……也……　　　　　　　　　B. 因为……所以……
   C. 虽然……却……　　　　　　　　　D. 如果……就……

8. 他大老远地来到北京，（　　）你不去看他，（　　）也该打个电话问候一下儿吧。
   A. 因为……所以……　　　　　　　　B. 即使……至少……
   C. 如果……就……　　　　　　　　　D. 只有……才……

9. 作为一名合格的教师，对学生（　　）要有耐心，（　　）要有责任心。
   A. 也……也……　　　　　　　　　　B. 虽……但……
   C. 只要……就……　　　　　　　　　D. 既……还……

10. （　　）有多少理由，你这样不通过公司擅自做决定，（　　）是不对的。
    A. 哪怕……都……　　　　　　　　　B. 只要……都……
    C. 不管……都……　　　　　　　　　D. 除了……都……

11. （　　）有天大的理由，你这样不通过公司擅自做决定，（　　）是不对的。
    A. 哪怕……都……　　　　　　　　　B. 只要……都……
    C. 不管……都……　　　　　　　　　D. 除了……都……

12. 我兴冲冲地把我的计划告诉他，他（　　）给我打气，（　　）给我泼冷水。
    A. 不但不……反而……　　　　　　　B. 不仅……而且……
    C. 虽然……可是……　　　　　　　　D. 如果……所以……

13. （　　）他已经知道错了，你（　　）别再提这件事了，何必一棍子打死呢？
    A. 既然……就……　　　　　　　　　B. 虽然……却……
    C. 因为……所以……　　　　　　　　D. 只要……就……

14. （　　）你知道他不愿提起那件伤心事，（　　）何必故意这样做呢？
    A. 既然……又……　　　　　　　　　B. 如果……就……
    C. 只有……才……　　　　　　　　　D. 就算……又……

15. （　　）他说得头头是道，（　　）根本不是那么回事。
    A. 因为……所以……　　　　　　　　B. 如果……就……
    C. 别看……其实……　　　　　　　　D. 不仅……而且……

16. 他几十年如一日，每天都坚持早起锻炼，（　　）节假日（　　）不例外。
    A. 即使……也……　　　　　　　　　B. 无论……都……
    C. 虽然……却……　　　　　　　　　D. 只要……就……

17. （　　）是在非常恶劣、困难的条件下，他（　　）从未放弃过自己的信仰。

A. 无论……也…… B. 只有……才……
C. 虽然……却…… D. 即使……也……

18. 有人说科技是一把双刃剑，（　）能救人，（　）能害人。
    A. 也……也…… B. 还……还……
    C. 既……也…… D. 又……也……

19. （　）我始终保持着清醒的头脑，（　）没被他们的花言巧语所蒙骗。
    A. 只有……才…… B. 只要……就……
    C. 幸亏……才…… D. 虽然……却……

20. 一个人的成功与失败（　）在于他的先天环境如何，（　）在于他的态度与做法。
    A. 不……而…… B. 不……就……
    C. 不……还…… D. 不……也……

21. （　）你亲自去请他，（　）他不会来。
    A. 除非……否则…… B. 除非……才……
    C. 因为……所以…… D. 如果……那么……

22. （　）要形容我们这个时代，那（　）是信息的充斥与泛滥，新的信息如狂风暴雨般袭来，逼得我们终日去看、去听、去想。
    A. 即使……也…… B. 倘若……就……
    C. 既然……又…… D. 虽然……就……

23. 娴熟于这种能力的人（　）影响着他对周围世界的看法，（　）也影响着世人对他的评价。
    A. 不但……反而…… B. 不但……而且……
    C. 不仅……还…… D. 不但……就……

24. 别忘了，你才是你自己的主宰，（　）你自己认命，（　）任何人都无法左右你。
    A. 除非……那么…… B. 只要……就……
    C. 除非……否则…… D. 幸亏……否则……

25. （　）你们都决定的事情，那（　）问我干什么？
    A. 因为……又…… B. 既然……还……
    C. 既然……就…… D. 即使……还……

26. （　）他身居国内，对国外的情况（　）了如指掌，因为他每年教授的数以千计的学生都在国外。
    A. 尽管……但是…… B. 固然……不过……
    C. 尽管……却…… D. 不管……却……

27. 实行聘任制以后，他在学院里的角色有些变化，现在（　）是社会学系的教授，（　）是哲学系的顾问，不再担任院长一职。
    A. 不但……而且…… B. 虽说……却……
    C. 即使……也…… D. 尽管……还……

28. 他是个严厉而又亲切的人，（　）大家怕他，（　）都喜欢他。
    A. 不但……而且…… B. 尽管……又……
    C. 一边……一边…… D. 也……也……

29. （　　）他对我的态度如何，（　　）不影响我对他的感情。
    A. 不管……都……
    B. 尽管……都……
    C. 即使……都……
    D. 无论……都……

30. 我们（　　）共事多年，（　　）彼此之间并不十分了解。
    A. 虽然……但是……
    B. 即使……也……
    C. 不但……而且……
    D. 因为……所以……

四、改错

1. 我一直穿着他当年送给我的一件衣服，是对逝去的人的一种缅怀，而是对那段日子的
   　　　　　　　A　　　　　　　　　　　　B　　　　　　　　C
   一种怀念，恐怕我自己也搞不清。
   　　　　　　　　D

2. 为人应宽容大度点儿好，特别是大家在一起共事，你刚才的那些话不但能解决问题，
   　　　A　　　　　　　　　　B　　　　　　　　　　　　C
   而且会影响同事之间的团结。
   　　　D

3. 我们都知道现在是信息时代，新的想法、动向、观念每日都在影响着我们周围的一切，
   　　　　　A　　　　　　　　　　　　　　B
   即使是深奥的量子物理学，还是大众口中的汉堡包。
   　C　　　　　　　　　　　　D

4. 他是真正的实力派，如果是同一个素材，也可以弄出一部喜剧或悲剧来，全看他在银
   　　　A　　　　　　B　　　　　　　　　　C
   幕上如何呈现这个形象了。
   　　　D

5. 传统习俗的影子都时时刻刻在占着我们每一个人的生活空间，自觉与否，容纳与否，
   　　　　　　　　　A　　　　　　　　　　　　　　B　　　　　C
   反正已成了百姓约定俗成的规矩与真理。
   　　　D

6. 信念不是自然生成的，就是我们从过去的经验中累积而成的，它既是我们生活中的指
   　　A　　　　　　　　　B　　　　　　　　　　　　　C
   南，也指出我们人生的目标，决定我们的品质。
   　　　D

7. 你把念头如果想像成是一个没有桌腿的桌子，当一个桌子没有桌腿就不足以称之为桌
   　　A　　　　　　　　　　　　　　B
   子，同样，若信念没有支撑就不足以称之为信念，而只能算是一个念头而已。
   　　　　C　　　　　　　　　　　　　　　D

8. 你亲自去也好，打电话也罢，用什么方式都行，最好你今天得通知到他。
   　　A　　　B　　　　　C　　　　　　D

9. 只有我们相信的程度越强烈，并且反复地练习，我们的神经系统便越会把它当成真的，
      A   B   C
   即使它百分之百是想像出来的。
              D

10. 如果我们能分毫不差地学习别人的做法，我们就能做出与他们相同的成就来，所以种
                A   B
    瓜得瓜，种豆得豆，不正是这个道理吗？
          C   D

11. 由于营养素摄入不足，而影响机体能量的正常代谢，从而转化为脂肪在体内堆积，
         A   B   C
    以便产生肥胖。
         D

12. 对于一些批评建议，不管是逆耳忠言还是闲言碎语，只有有益于改进工作提高教育
         A   B   C
    质量，我们就接受，就采纳。
              D

13. 人类主宰了地球几千年，也积累了数千年同疾病作斗争的经验，反而我们生活中最
              A   B
    常见的、一个小小的感冒却奈何不得，真令人费解。
         C   D

14. 他可谓是个写文章的快手，不但他文章的数量比我的多，而且文章所涉及的领域也
              A   B   C
    比我的广，文章也很有深度。
         D

15. 看他的名字，大家以为他是俄罗斯人，但是他不是俄罗斯人，反而是法国人。
         A   B   C   D

16. 心中的郁愤不见了，对生活的感悟不见了，抹去了昨夜的故事，去收拾前夜的残梦，
                        A   B
    但是收拾来的不是前夜残梦，就是今日的游戏。
         C   D

17. 精读与泛读，不但这两种读书方法不可偏废，而且应该讲究巧妙的结合，甚至可以
                A   B   C
    说是一种读书的艺术。
         D

18. 由于改编者没有好好地领会把握原作的精髓，任意主观臆想，加入了许多不恰当的
                    A   B   C
    情节，反而大大地减弱了原作的魅力。
              D

19. 一个优秀的教师应该既有理论又有实践经验,这实践经验不仅仅指把课本的知识教
　　　　　A　　　　　　　　　　　　　　　　B
　　给学生,而指能让学生学会积极主动地思考,不再只是被动地接受。
　　　　　　C　　　　　　　　　　　　　D

20. 创作是源于生活又高于生活的,不应受现实生活的限制,即使每个作家都有自己的
　　　　　　A　　　　　　　　　　B　　　　　　　　　　C
　　风格,但还是可以看到同时代的影子。
　　　　D

语法计时练习（初中等）

第一组

第一部分

1. 你怎么能这么A快B就把C父母的嘱托忘了D干干净净呢？（个）
2. A科学的发展和B新成果的开发利用，C医学将D进入第三次技术革命。（随着）
3. 我看他也A不B比你多C懂D，你不必那么紧张。（多少）
4. 几年后A大家见面时，B都互相C询问分离D后的情况。（彼此）
5. 瘦A没什么，B但营养C要D跟上。（倒）
6. 这次失败的打击，A对他来说B未必C是一件D好事。（不）
7. 我A经过B考虑，C还是决定D维持现状，暂时不改变什么。（再三）
8. 这件事我考虑A，还是B觉得C这样做D有些不妥。（再三）
9. 我A用了B两天时间C就把这部小说D看完了。（只）
10. A你B说得C好听有什么用呀？D得拿出点实际行动呀！（光）

第二部分

11. 老师在学生心目中的形象，正是（　　）一点一滴树立起来的。
    A. 向　　　　B. 从　　　　C. 把　　　　D. 在
12. 我以为走这条路近一点儿，没想到（　　）更远了。
    A. 反而　　　B. 从而　　　C. 而且　　　D. 但是
13. 我只喝茶（　　）不喝咖啡。
    A. 或者　　　B. 然而　　　C. 或　　　　D. 而
14. 我当然听（　　）了，他的语气、神情显然已告诉我发生了什么事情。
    A. 出来　　　B. 起来　　　C. 上来　　　D. 过来
15. 连北方都这么热，（　　）南方呢？
    A. 而且　　　B. 还是　　　C. 何况　　　D. 或者
16. 他从来不向我提自己的要求，（　　）都自己忍着。
    A. 怎么　　　B. 什么　　　C. 任何　　　D. 哪儿
17. 分手后，我一直没间断过给他写信，（　　）他回不回信。
    A. 尽管　　　B. 即使　　　C. 但是　　　D. 不管
18. 有人把散步比做人生，（　　）人生真能如散步一样浪漫惬意，那该有多好啊！
    A. 但是　　　B. 而且　　　C. 如果　　　D. 因为
19. 买书，重要的不是价格，而是其使用价值，（　　）买它何用？

A. 否则 　　　　B. 因此 　　　　C. 并且 　　　　D. 何况

20. 仅去年一年，全市就售出国库券近百亿元，（　　）出现了排队争购的热烈场面。
 A. 另 　　　　　B. 还 　　　　　C. 再 　　　　　D. 老

21. 我加了整整一个晚上的班，（　　）把这个数字算出来。
 A. 就 　　　　　B. 才 　　　　　C. 都 　　　　　D. 再

22. 在北京生活得越久，就越喜欢这里的（　　）。
 A. 整体 　　　　B. 全部 　　　　C. 一切 　　　　D. 所有

23. 你去看看小王来（　　）来，我找他有事。
 A. 没 　　　　　B. 不 　　　　　C. 别 　　　　　D. 甭

24. 这大晴天的，哪下得了雨，你（　　）带伞。
 A. 不 　　　　　B. 没 　　　　　C. 别 　　　　　D. 甭

25. 我们（　　）都（　　）同意他的意见，只是觉得有些还需要改动。
 A. 不……不…… 　　　　　　B. 没……没……
 C. 不……没…… 　　　　　　D. 没……不……

26. 小王前天和昨天都（　　）来上课，不知道今天来（　　）来。
 A. 没……没…… 　　　　　　B. 没……不……
 C. 不……没…… 　　　　　　D. 不……不……

27. 不管（　　）对朋友（　　）对同事，他向来以诚相待。
 A. 是……还是…… 　　　　　B. 不是……还是……
 C. 不是……而是…… 　　　　D. 不是……就是……

28. （　　）有多少理由，擅自做决定（　　）是不应该的。
 A. 不管……也…… 　　　　　B. 要是……就……
 C. 只要……就…… 　　　　　D. 不但……而且……

29. 他（　　）都主动上门来承认错误了，你（　　）见他一下儿吧！
 A. 既然……就…… 　　　　　B. 因为……所以……
 C. 即使……也…… 　　　　　D. 无论……都……

30. （　　）你帮他做的（　　）他自己完成的?
 A. 是……还是…… 　　　　　B. 不是……而是……
 C. 虽然……但是…… 　　　　D. 或是……或是……

(共用时20分)

第二组

第一部分

1. 这件事 A 得大伙儿 B 讨论决定，你 C 跟我说 D 没有用。(光)
2. 你对他 A 嘴上说 B 不行，他不 C 看过程 D 而看结果。(光)
3. 他 A 怕发胖，所以 B 早上不吃饭，C 吃 D 水果。(只)
4. 我 A 跟他 B 有过 C 一两面的接触，根本谈不上什么 D 了解。(只)
5. A 一会儿，汽车 B 又 C 开回 D 来，速度比刚才还要快。(不)

6. 我跟他开玩笑说出了国就不打算再回来，A 想这句话 B，他 C 却 D 认了真。（不）
7. 2020年后，我们 A 可以 B 期待令人惊奇的新技术 C 在物理实验室中 D 萌芽、成长。（还）
8. 此后，A 他曾 B 多次 C 应邀 D 到内地参观。（先后）
9. 他 A 说的 B 都 C 是 D 真的。（可）
10. 他有两个 A 小孩，一个还 B 不会说话 C，另一个 D 大一点儿。（稍稍）

第二部分

11. 每次看到他那张狂的样子，总（　　）有些生气。
    A. 忍不住　　B. 以免　　C. 免不了　　D. 不见得
12. 不愿意看就别看，（　　）心里别扭。
    A. 忍不住　　B. 免得　　C. 以便　　D. 难免
13. 你虽然说得天花乱坠，可人家（　　）相信。
    A. 不必　　B. 未必　　C. 不免　　D. 难免
14. 早些做准备，（　　）到时候措手不及。
    A. 省得　　B. 不免　　C. 难免　　D. 只得
15. 我建议你还是多了解了解，（　　）上当受骗。
    A. 以免　　B. 难以　　C. 难怪　　D. 免不了
16. 我们给学生证编号，（　　）造成上课混乱。
    A. 以　　B. 以免　　C. 以便　　D. 不免
17. 你应该随身带着手机，（　　）我随时能跟你联系上。
    A. 免得　　B. 可见　　C. 不免　　D. 以便
18. 咳嗽可以把呼吸道中的异物或痰液排出，（　　）保持呼吸道畅通。
    A. 为了　　B. 可见　　C. 从而　　D. 于是
19. 咳嗽不影响呼吸功能，因而（　　）见咳就止。
    A. 不必　　B. 必须　　C. 只能　　D. 不得不
20. 老师上课反复讲解每一个问题，（　　）加深学生的理解。
    A. 以　　B. 为了　　C. 为　　D. 以免
21. 他说得太过于夸张了，（　　）让人怀疑这些话的可信度。
    A. 省得　　B. 不免　　C. 可见　　D. 为的是
22. （　　）知道他的心理承受力很差，还把病情告诉他，你安的什么心？
    A. 反而　　B. 其实　　C. 明明　　D. 根本
23. 这个不幸的消息先别对老人家讲，（　　）老人家受不了这个打击。
    A. 以至　　B. 免得　　C. 为了　　D. 好
24. 你瞧你，把这个不幸的消息告诉了老人家，（　　）老人家受不了这个打击病倒了。
    A. 以致　　B. 免得　　C. 好让　　D. 以至
25. 快把儿子回来的消息告诉老人家，（　　）老人家高兴高兴。
    A. 以　　B. 为了　　C. 好让　　D. 以免
26. 这个建筑公司一直不重视工程质量，（　　）被建筑行业淘汰出局。
    A. 其实　　B. 以致　　C. 不免　　D. 反而

27. 我此时的心情（　　）而突然沉重起来。
   A. 因为他这最后几句话　　　　B. 他因为这最后几句话
   C. 这最后的几句话因为　　　　D. 最后的几句话因为这
28. 我也赞成他（　　）的机会跟同学们更多地接触一下儿。
   A. 每天去图书馆看书利用　　　B. 利用每天去图书馆看书
   C. 利用去图书馆看书每天　　　D. 每天看书利用去图书馆
29. 我们（　　）人中间，更多的是这个城市里最活跃的一群人。
   A. 在电视里的能看到　　　　　B. 能看到的在电视里
   C. 能看到在电视里的　　　　　D. 在电视里能看到的
30. 他找到（　　），天色已晚。
   A. 宿舍时女儿所在的学校　　　B. 所在女儿宿舍时的学校
   C. 女儿所在学校时的宿舍　　　D. 女儿所在学校的宿舍时

(共用时 20 分)

第三组

第一部分

1. 上课了，A 同学们 B 走 C 进 D 教室来。（陆续）
2. A 他们兄弟俩长得一模一样，邻居们 B 分不清 C 他们 D 谁是谁。（简直）
3. 他 A 多次 B 想对她表达爱意，但是 C 没有 D 说出口。（终于）
4. A 我 B 这时 C 才猛省过来，D 每天帮我开门的，正是他。（原来）
5. A 他们 B 被所有的人 C 都认作是 D 一群正在走好运的人。（几乎）
6. 我们现在不 A 动手 B，以后 C 没有这个机会了，D 这责任谁来承担？（万一）
7. 他每天 A 上班都要 B 经过北京大学校园，他下决心 C 要进这所大学 D 上学。（一定）
8. 大家都转弯了，他还 A 朝前走，石头一拌，跌了跤，B 没有 C 头破血流 D。（幸亏）
9. A 那些观光客 B 大多数都背着照相机，C 抢购纪念品 D。（到处）
10. 在学习上，A 不懂装 B 懂，有问题 C 要勇于向他 D 人请教。（别）

第二部分

11. 你以为他一直很健康吗？（　　）他是带病坚持工作。
    A. 其实　　　B. 以致　　　C. 难免　　　D. 反而
12. 他每天都加紧练习口语，（　　）将来能说一口地道的北京话。
    A. 以至　　　B. 以致　　　C. 其实　　　D. 以便
13. 合作事宜一直都在很顺利地进行，如他插手这件事，我看这事（　　）会告吹。
    A. 其实　　　B. 以致　　　C. 明明　　　D. 难免
14. 这么点儿工作我一个人就能做，（　　）别人帮忙。
    A. 不必　　　B. 无须　　　C. 未必　　　D. 不必须
15. 面对着他，我实在不知道说什么（　　）好。
    A. 才　　　　B. 只　　　　C. 要　　　　D. 很

16. 小明很健忘，（　　）是把雨伞落在教室里。
    A. 就　　　　B. 可　　　　C. 老　　　　D. 还

17. 他曾经在那个偏远的小山村待了一年（　　）五个月。
    A. 有　　　　B. 又　　　　C. 再　　　　D. 还

18. 为了你，他也要活下去，（　　）他就不会住院治疗了。
    A. 哪怕　　　B. 而且　　　C. 要不　　　D. 虽然

19. 他怀里抱着一大把玫瑰花，（　　）他激动不已的脸上可以知道，这些花是送给女朋友的。
    A. 照　　　　B. 向　　　　C. 从　　　　D. 对

20. 据说青岛啤酒厂的职工常喝啤酒，多年来没有人患（　　）癌症。
    A. 过　　　　B. 着　　　　C. 的　　　　D. 了

21. 一月里，雨一落下来就冻（　　）冰。
    A. 完　　　　B. 掉　　　　C. 成　　　　D. 好

22. 山上的果树多得（　　），梨呀，桃呀，葡萄呀，什么都有。
    A. 多了　　　B. 慌　　　　C. 很　　　　D. 极了

23. 一泻千里的黄河（　　）南至北从宁夏平原缓缓流过。
    A. 由　　　　B. 往　　　　C. 朝　　　　D. 向

24. 真挚的友情，不是同情，不是理解，（　　）互相欣赏。
    A. 而是　　　B. 更是　　　C. 就是　　　D. 可是

25. 他好像被什么事情惹火了，突然激动（　　）。
    A. 过来　　　B. 出来　　　C. 下来　　　D. 起来

26. 现在顾客对商品越来越挑剔，也许正是顾客的挑剔才使商品走（　　）多样化。
    A. 向　　　　B. 朝　　　　C. 往　　　　D. 由

27. （　　）有多少理由，你这样做（　　）是不对的。
    A. 不但……而且……　　　　B. 要是……就……
    C. 只要……就……　　　　　D. 不管……也……

28. 科学家们发现吃鱼（　　）可以防治心脏病，（　　）能防治关节炎。
    A. 固然……可是……　　　　B. 既然……那么……
    C. 不仅……还……　　　　　D. 即使……也……

29. （　　）高亢激昂的小号更激动人心的了。
    A. 没有什么声音比　　　　　B. 比什么声音没有
    C. 什么声音没有比　　　　　D. 没有比什么声音

30. 这个人我明明见过，可怎么也（　　）。
    A. 不想他名字起来了　　　　B. 想起不来他名字了
    C. 想不起他名字来了　　　　D. 不想起他名字来了

(共用时20分)

第四组

第一部分

1. 政府采取了 A 严厉的措施，B 但是 C 很难阻止盗窃现象的 D 发生。（仍然）
2. 几乎 A 每个人 B 希望拥有自己 C 想像中的 D 完美生活。（都）
3. A 会议 B 开了 C 两个 D 多小时。（一直）
4. 我 A 也 B 不敢去 C 那个 D 危险的地方了。（再）
5. 灵活 A 交际能力是每个 B 试图融入现代社会的公民都应 C 具备的 D 重要的才能。（最）
6. 联合国统计数据 A 表明，目前 B 全球处于 C 饥饿状态的总人数 D 有 8 亿。（仍）
7. A 二十岁的人了，B 还 C 像个孩子一样，做事不 D 动脑子。（都）
8. "一日 A 不见，如隔三秋"是 B 用来形容思念之情的，C 比喻过了一天 D 如同过了一年一样。（就）
9. 张老师 A 对这项实验非常谨慎，B 共验证了 C 五次，才 D 着手写实验报告。（先后）
10. 和女朋友分手之后，小张 A 觉得自己应该 B 忘了她，可是最后发现自己 C 无论如何 D 做不到。（都）

第二部分

11. 北京景点众多，（　　）昌平县就有 20 余处旅游景点。
    A. 一共　　　B. 仅　　　C. 几乎　　　D. 就
12. 我最近很忙，一直没（　　）休假。
    A. 会　　　B. 能　　　C. 要　　　D. 可以
13. 在当今世界，有 12 个国家（　　）英语为母语。
    A. 用　　　B. 把　　　C. 使　　　D. 以
14. 这是怎么（　　）事？
    A. 件　　　B. 个　　　C. 种　　　D. 回
15. 他们扶植起 1100 多（　　）肉鸡养殖专业户。
    A. 只　　　B. 家　　　C. 人　　　D. 项
16. 他在同学的护送（　　），赶到了医院。
    A. 里　　　B. 外　　　C. 上　　　D. 下
17. 我们几个年轻人（　　）骑自行车和乘公共汽车出城。
    A. 到处　　　B. 分别　　　C. 按照　　　D. 尽管
18. 我现在比刚来北京时（　　）忙。
    A. 还　　　B. 很　　　C. 非常　　　D. 特别忙
19. 在中国，农民的生活（　　）城市人大不一样。
    A. 比　　　B. 跟　　　C. 有　　　D. 像
20. 上个星期，我们（　　）徐悲鸿纪念馆参观过。
    A. 到过　　　B. 到了　　　C. 到　　　D. 到着

21. 你看，这海滩躺上去多舒服（　　）！
    A. 啊　　　　　B. 呢　　　　　C. 的　　　　　D. 了
22. 我们把这个问题（　　）吧。
    A. 讨论　　　　B. 讨论过　　　C. 讨论一下　　D. 讨论着
23. 我家住在（　　）市区不远的地方。
    A. 从　　　　　B. 由　　　　　C. 离　　　　　D. 自
24. 树后边走出（　　）来。
    A. 这个人　　　B. 一个人　　　C. 某个人　　　D. 哪个人
25. "（　　）漂亮的姑娘！"他对她说了好几次。
    A. 很　　　　　B. 更　　　　　C. 真　　　　　D. 最
26. （　　）他是个聋子，（　　）会听不见这么大的声音。
    A. 除了……以外……　　　　　B. 因为……所以……
    C. 除非……才……　　　　　　D. 除非……否则……
27. 这里的服务，（　　）周到（　　）热情，受到顾客好评。
    A. 又……又……　　　　　　　B. 又……既……
    C. 也……也……　　　　　　　D. 一边……一边……
28. 爷爷每天习惯（　　）再睡觉。
    A. 喝白酒一点儿　　　　　　　B. 一点儿喝白酒
    C. 喝有点儿白酒　　　　　　　D. 喝一点儿白酒
29. 我吃过饭，一个人坐在花园里望着天空，（　　）。
    A. 数一颗颗的天上的星星　　　B. 数天上的星星一颗颗的
    C. 数天上的一颗颗的星星　　　D. 一颗颗地数天上的星星
30. 傍晚，他（　　）。
    A. 拉了一天车回来休息了　　　B. 拉了一天车回了来休息
    C. 回来休息了拉了一天车　　　D. 拉了一天车休息了回来

（共用时 20 分）

第 五 组

第一部分

1. A 当时他 B 就第一个 C 跑到终点了，哪知道 D 不小心摔了跤。（差点儿）
2. A 被汽车 B 撞过之后 C 他 D 也不敢随便过马路了。（再）
3. 我 A 也 B 你 C 这么一个朋友，D 我怎么会害你呢？（就）
4. A 我没想到我 B 第二次 C 见到他 D 是在一年之后。（竟）
5. 他向老朋友讲述 A 自己想 B 学习 C 的想法 D。（了）
6. A 古文字学，B 汉字科学中的一个门类，C 在汉字学研究中 D 一直占有相当大的比重。（作为）
7. 我从来不认识 A 他，也从来没 B 跟他 C 打 D 一次交道。（过）
8. A 到更远的地方 B 去深造，他 C 正犹豫着 D。（要不要）

9. 自行车坏了，A 骑 B 回 C 学校 D 去了。（不）
10. 当时 A 我 B 琢磨不出，C 这是 D 为什么？（怎么也）

第二部分

11. 他有一个女朋友，她聪明、美丽（　　）漂亮。
　　A. 和　　　　B. 跟　　　　C. 而又　　　D. 并
12. 他每年都在国外（　　）很长时间。
　　A. 过着　　　B. 过了　　　C. 过　　　　D. 过的
13. 放假以后，我（　　）先到南方旅行。
　　A. 打算了　　B. 打算过　　C. 打算　　　D. 打算着
14. 他已经很不容易了，不要再为难他（　　）。
　　A. 吧　　　　B. 了　　　　C. 呢　　　　D. 的
15. 最近我身体不太好，不（　　）陪你去旅行了。
　　A. 能　　　　B. 会　　　　C. 可以　　　D. 应该
16. 下雪的时候我最喜欢在外边，（　　）他最喜欢在家里。
　　A. 反而　　　B. 而　　　　C. 却　　　　D. 倒
17. 真对不起，我没有（　　）你要的材料。
　　A. 带来了　　B. 带来过　　C. 带着来　　D. 带来
18. 在这里，我遇到（　　）好心人。
　　A. 很多　　　B. 真多　　　C. 非常多　　D. 特别多
19. 他怎么（　　）难过？发生了什么事情？
　　A. 很　　　　B. 非常　　　C. 这么　　　D. 特别
20. 我（　　）几个问题请教老师。
　　A. 还有　　　B. 没有　　　C. 很有　　　D. 不有
21. 他瞪着（　　）的眼睛看着我。
　　A. 血红血红　　　　　　　B. 十分血红
　　C. 血血红红　　　　　　　D. 非常血红
22. 他（　　），出了交通事故。
　　A. 开车得太快了　　　　　B. 车开太快了
　　C. 开车太快了　　　　　　D. 车开得太快了
23. 他突然在身后叫我，冷不防（　　）。
　　A. 吓了我一跳　　　　　　B. 一跳吓了我
　　C. 我吓了一跳　　　　　　D. 吓了一跳我
24. 妈妈（　　）。
　　A. 把孩子抱紧紧在怀里朝大门口走去
　　B. 把孩子紧紧抱在怀里朝大门口走去
　　C. 朝大门口走去把孩子紧紧抱在怀里
　　D. 紧紧抱在怀里把孩子朝大门口走去
25. 从现在开始，（　　）。
　　A. 你呆多长时间就爱呆多长时间　　B. 你爱多长时间呆就呆多长时间

C. 你爱呆多长时间就呆多长时间　　　　D. 你爱呆多长时间就时间多长呆

26. 他花了多年的心血，迈出了（　　）一步。
　　A. 走向城市的从农村艰难的　　　　B. 从农村向城市的艰难的走
　　C. 艰难的从农村走向城市的　　　　D. 从农村走向城市的艰难的

27. 这个消息无疑宣告公司内部（　　）。
　　A. 将发生某种重大的改变　　　　　B. 将改变某种重大的发生
　　C. 将发生重大的某种改变　　　　　D. 将某种改变的重大发生

28. 我在短时间内（　　）。
　　A. 就能让他说简单的汉语　　　　　B. 就让他能说简单的汉语
　　C. 让他就能说简单的汉语　　　　　D. 能说简单的汉语就让他

29. 住在这里（　　）。
　　A. 最叫人不满意的是不能洗澡　　　B. 叫人最不满意的是不能洗澡
　　C. 不能洗澡是最叫人不满意的　　　D. 不能叫人洗澡是最不满意的

30. 我觉得（　　）。
　　A. 这里的老师都非常对我们热情　　B. 这里的老师都非常热情对我们
　　C. 对我们都非常热情这里的老师　　D. 这里的老师对我们都非常热情

（共用时 20 分）

语法计时练习（高等）

改 错

第一组

1. 作为一名合格的汉语老师，认真教课是第一位的，凡是对学习有好处的，老师应该都去
　　　　　A　　　　　　　　　　　B　　　　　　　　　　C　　　　　　　D
做。

2. 原来我们班都有十个学生，而且都是本市的学生，现在已经有三十多个学生了，多来
　　　　　A　　　　　　　　　　B　　　　　　　　　　　C
自其他省市。
　　D

3. 这个学期学习任务越来越重了，课程安排也比以前紧张多了，现在每个星期都有二十几
　　　　　A　　　　　　　　　　　　B　　　　　　　　　　　C
节课，比上学期多了好几节课。
　　　　　D

4. 这个菜你不是很喜欢吗？别客气，再吃吧！你吃得越多我妈妈越高兴。
　　　A　　　　　　　　　B　　C　　　　D

5. 去年工作实在脱不开身，过春节都没能回家乡看看父母，要是今年又不回去的话，真的
　　　　　A　　　　　　　　　B　　　　　　　　　　　　C
有些说不过去了。
　　D

6. 我问他："苹果红了吗？""不红"。我相信了他的话，后来发现他骗我，苹果早就红了。
　　A　　　　　　　　　　　　　B　　　　　　　C　　　　　　　D

7. 他从来没抽烟，没喝酒，一般也只是看看书写写东西，基本上没什么特别爱好，也不
　　　　A　　　　　　　　　B　　　　　　　　　　　　C
见他跟朋友在一起。
　　　D

8. 这件事在未公布之前，一定要保密，千万甭让别人知道，免得引起不必要的麻烦。
　　　A　　　　　　　B　　　　　　　　C　　　　　　　　D

9. 他的一意孤行，必定会导致众叛亲离，这个结果大家都是很清楚的，只是他一个人还
　　　A　　　　　　　　B　　　　　　　　C

当事者迷罢了。
　　　　　　　D
10. 我不是那种不劳而获的人，不愿意白白得人家的好处，所以这个东西我是无论如何也
　　 A　　　　　　　　　　　　B　　　　　　　　　　　C
不能收下的，请你拿回去吧。
　　D

（共用时10分）

第二组

1. 他是真正的球迷，尤其迷恋足球，就拿这届欧洲杯来说吧，所有的球赛他看过。
　　A　　　　　　　B　　　　　　C　　　　　　　　D

2. 他和朋友下车时争着付车费，结果忙乱中把包落在出租车上了，什么护照呀，学生证
　　　　　A　　　　　　　　　　　　　B　　　　　　　　　　　C
呀，手机呀，都把什么丢了。
　　　　　　　D

3. 这些水果买回来已经有一段时间了，不免有些不新鲜了，我看你还是别吃了，以免吃
　　　　　A　　　　　　　　　　　　B　　　　　　　　　　C
坏了肚子。
　　D

4. 你就别在这里等消息了，把电话号码留下来，就回去休息吧，以免一有消息我就告
　　A　　　　　　　　　　B　　　　　　　　　C　　　　　　　D
诉你。

5. 夫妻不和，不免不会把家里的恶劣情绪带到工作中来，影响到正常工作，可见家庭
　　A　　　　　　　　B　　　　　　　　　　　　　　　　C
和睦的重要性。
　　D

6. 看来我的话是有些过分了，他真的生气了，我是又赔笑脸又道歉的，为了能让他激动的
　　　　A　　　　　　　　　　B　　　　　　C
情绪平静下来。
　　D

7. 你是求人家办事，瞧你刚才那叫什么态度，被人拒绝是不免的，你怪得了谁？
　　A　　　　　　　B　　　　　　　　　C　　　　　　　D

8. 因为他在我最困难的时候帮助了我，才不免我对他如此信任，在后来的交往中，又渐
　　　　　　　　　A　　　　　　　　B　　　　　　　C
渐倾心于他。
　D

9. 你一下子喝了那么多酒，其实不免不会喝醉，俗话说：借酒消愁愁更愁，你这样做又能
　　　　　A　　　　　　　　B　　　　　　　　　C

解决什么问题呢?
　　　　　　D

10. 父母离异后，小孙子一直跟爷爷相依为命，这次老人去医院卖血以免换取住院费，
　　　A　　　　　　B　　　　　　　　　　　　　　C
　　救治病重的小孙子。
　　　　　D

(共用时 10 分)

第三组

1. 丈夫的背叛使小王备受打击，做什么事都心不在焉，以便把开会的时间都通知错了，
　　　A　　　　　　　　　　B　　　　　　　　　　C
　　弄得经理大发脾气。
　　　　D

2. 你最好说得清楚一点儿，明确一点儿，他以免会理解错了，耽误正事。
　　　A　　　　B　　　　　　　C　　　　　　　D

3. 最近，格兰仕就国家教育部的要求参与编写有关微波炉大批量使用、维修知识的全国
　　　A　　　　　　　　　　B
　　统一教材，为了正确地进行消费引导，推动微波炉行业走上更加规范发展的轨道。
　　　　　　　　C　　　　　　　　　　　　　　D

4. 近几年北京郊区兴起了采摘热，让人们体会到了边旅游边品尝丰富果实的喜悦，要是
　　　　　　　　A　　　　　　　　　　　　　　　　　　　　B
　　带孩子一起去的话，还要注意不要让孩子爬树以免摔伤。
　　　　C　　　　　　　　　　D

5. 目前自来水仍然采用200多年前就已采用的混凝、沉淀、过滤、氯气消毒四段净水
　　　　　　　　　　　A
　　工艺，为了去掉源水中悬浮物质和病原微生物，这种工艺一方面无法去掉源水中存
　　　　　　　B
　　在的有机污染物，另一方面出厂水在输送过程中易受到污染。
　　　　C　　　　　　　D

6. 牛街是北京一条古老的街巷，也是北京城区最具特色的回民居住区，已经有1000多
　　　A　　　　　　　　　　　　B
　　年的历史了，闻名遐迩的牛街礼拜寺就在这条街上坐落。
　　　　C　　　　　　　　D

7. 为了提高膳食的营养价值，必须使膳食组成多样化，提倡吃杂食，以免利用食物的
　　　A　　　　　　　　　　　　B
　　合理搭配，提高膳食的营养价值，满足机体对各种营养素的需要。
　　　　C　　　　　　　D

8. 反正我没说什么，不然就他那个脾气，发起脾气来谁受得了？我可怕他那火暴脾气。
　　　A　　　　　B　　　　　　　　C　　　　　　　　D

9. 老师今天又来了个突然袭击,听力考试,反正我早有准备,要不然肯定又砸了。
　　　A　　　　　　　　　B　　　　　　C　　　　　　　　　D

10. 看到昨天还在异国他乡的他突然出现在我面前,我不禁吃惊,恍若梦中一般,好半天
　　　　　　　　　　A　　　　　　　　　　　　　B　　　　　　C

才回过神来。
　D

（共用时 10 分）

第四组

1. 虽然北京气候一般, 但是个国际化的大都市, 和其他城市比较起来, 我还是比较
　　　A　　　　　　　　　　B　　　　　　　　　C

喜欢北京的文化氛围。
　　　D

2. 那边在修路,已经过不去了,还是从这里走吧,比较不远。
　　　A　　　　B　　　　　　C　　　　　　　D

3. 我在南方长大,口味比较淡,这些菜做得稍微咸一点儿,吃着很不习惯。
　　A　　　　　B　　　　　C　　　　　　　　　　D

4. 我比较喜欢吃南方菜,南方菜和北方菜相比,口味稍微一点儿清淡,比较适合我。
　　　A　　　　　　　B　　　　　　　　　C　　　　　　　　D

5. 这种点心很松软,口味稍微有点儿清淡,比较适合老人孩子吃,你就买这个吧。
　　　A　　　　　B　　　　　　　　C　　　　　　　　D

6. 开车时,一定要精神高度集中,不稍微留神就可能发生交通事故,酿成大错。
　　　A　　　　　B　　　　　　C　　　　　　　　　　　D

7. 你稍微等,我这就来,我们一起走,省得我一个人走挺孤单的。
　　A　　　B　　　C　　　　　　　D

8. 跟你的一席谈话使我受益匪浅,今天时间不早了,你该休息了,以后有机会我还来找
　　　　　A　　　　　　　　B　　　　　　　C　　　　　　D

你聊聊。

9. 你的身体还很虚弱,没完全恢复状态,我看你应该还休息几天,有好的身体才能有好
　　　A　　　　　　　B　　　　　　　C

的工作状态。
　D

10. 既然大家都欢迎你唱一首,你就别推辞了,还唱一首吧,别扫了大家的兴。
　　　A　　　　　　　　　　B　　　　C　　　　　D

（共用时 10 分）

第五组

1. 做任何事情都该坚持到底, 半途而废是不会做出好结果的, 我觉得半途而废比根本
　　　A　　　　　　　　　　　B

不做更糟糕,因为它带来的只有浪费和悔恨。
　　　　　C　　　　　　D

2．从我国教育部派我到中国来学习汉语起至今已过了五个年头,来中国之前我对中国了
　　　　　　　　　A
解得不多,再说连一句汉语也不会说,特别是对第一次出国的我来说是一次考验。
　　B　　　　　　　C　　　　　　　　　　　D

3．你要想学好汉语,必须得打好坚实的基础,从最基本的学起,又学拼音生字,又学词
　　　A　　　　　　　　B　　　　　　　C　　　　　　　D
汇和语法。

4．奶奶每年六月三十号都要遥望北朝鲜,因为那里是她的故乡,有一天奶奶流着泪说:
　　　　　　　　　A　　　　　　　　　　B　　　　　　　　　　C
她的一生中真遗憾的就是父母去世的时候她没有陪伴在身边。
　　　　　　　　　　　D

5．现代社会的发展很快,尤其是在科技上的进步已经超出了人们所想像的,高科技给
　　　　A　　　　　　　　　　B
人们带来以前想像不到的便利,同时还带来空前的危机了, 故有人言之"高科技是
　　　　　　　　　　　　　　　　　　　　　　　C
一把双刃剑",此话颇有些道理。
　　D

6．去年我来到中国,开始了我的留学生活,刚到的时候特别想家,因为一切都是很陌生。
　　　A　　　　　　　B　　　　　　　　C　　　　　　　　　　D

7．人都是感情动物,家里丢了东西就疑心是邻人所为,这是人之常情,所以带着个人感
　　　A　　　　　　　　B　　　　　　　　C
情去判断事物很可能会出错。
　　　　D

8．虽说失去了双眼,但我的手脚还在,绝不能做社会与家庭的累赘。我一定要学学一门
　　　　　A　　　　　　　　　　B
手艺,做到自食其力,回报社会家庭的支持和关怀。
　　　　　C　　　　　　D

9．在一次车祸中,他的腿受了伤,从此生活不能自理,但他非常顽强,自己的事情总想
　　　A　　　　　　　　　　　　B
自己去做,从来不想添别人麻烦。
　C　　　D

10．依我看,近墨者未必黑,只要你认真把握,别人云亦云、盲目模仿,你才能交友的
　　　　A　　　　　　　　　　　　B
视野更加宽广,同时永远保持处世的乐趣。
　　C　　　　　D

(共用时10分)

答案及释解

第一章　名词

第二章　代词

第三章　动词

第四章　形容词

第五章　数词与概数

第六章　量词

第七章　比较句

第八章　副词

第九章　介词

第十章　助词

第十一章　特殊句式

第十二章　定语

第十三章　状语

第十四章　补语

第十五章　复句

语法计时练习（初中等）

语法计时练习（高等）

答案及释解

第一章 名 词

实力测试

改错：

1. B. "书籍"为集合名词，不受表示数量的词语"很多本"修饰，应改为"买了很多有用的书回来"。

2. C. "天天"为单音节名词重叠，可作主语、状语，不作定语，应改为"每天"。

3. D. 时间词"去年"作状语可在主语前后，但不能放在介词词组后，应改为"去年为我们……"。

4. D. 句中有表示复数的词语"五六个"，后面不用"们"，应改为"五六个同学"。

5. C. 句中有表示复数的词语"很多"，名词后面不用"们"，应改为"每年教的外国留学生很多"。

6. D. 表示小范围意义的"就"、"光"、"只"、"单"等副词，根据表达的需要可出现在名词性主语前而非宾语前，应改为"我们公司就小李参加了晚会"。

7. B. "报刊"的"刊"即为"杂志"之意，本题使用重复，应改为"报纸"或去掉"杂志"。

8. B. 名词不受副词修饰，"春天"为名词，不受程度副词"很"的修饰，故应去掉"很"；"春天"不能修饰"脸"，故也应将"春天"去掉。

9. B. "身材"应为"高矮"、"胖瘦"，不应为"1.80 米"，故应将"身材"改为"身高"。

10. B. "特长"只适用于人而不能用于物，应改为"特点"。

11. A. "把……动词＋为……"可构成固定格式，"定义"为名词，应将"定义"改为动词"解释"。

12. D. "好感"是名词，不能接受程度副词"十分"的修饰，应改为"对他产生好感"。

13. C. "促进"表示使之发展，常带谓词性宾语，如"促进发展"、"促进工作"等，本句宾语"作用"为名词，故应改为"促进胰岛素的分泌"。

14. B. "船只"为集合名词，不受表示具体数量的数量词"几条"修饰，可将"船只"改为"小船"。

15. A. 国名、城市名或地区名等的后面不能再加方位词"里"，应将"里"去掉。

16. D. "都市人"而非"一两个"定为复数，故不应使用"们"，本题应改为"繁忙的都市人"。

17. B. "从"后应为表示处所意义的词语，"同学"不表示"处所"，应改为"从同学那儿/那里"。

18. B. "文字"是记录语言的符号，是一个大的概念，不同于一个一个的字，应改为"一个个……的字"。

19. B. "汉语"为名词不受副词"已经"修饰，副词应修饰动词或形容词，应改为"已经学了好多年汉语了"。

20. C. "人人"为单音节名词重叠形式,可作主语或状语,不作定语,应改为"每个人"。
21. C. "上"与"方面"不可同时使用,应改为"在……上"或"在……方面"。
22. D. "感觉"作名词时,指客观事物在头脑中的反应;作动词时,有"觉得"的意思。本题主语、谓语都是"感觉",即名词和动词用法同时使用,使用重复,可将谓语"感觉"改为"体验"。
23. C. "特点"指人或事物的独特之处,与"养成"不搭配,故将"特点"去掉。
24. A. "读书"为动宾结构,不带宾语,应改为"是1982年在北京大学读的书"。
25. D. "词汇"为集合名词,不受表示具体数量的数量词"一百多个"修饰,应改为"一百多个词"。
26. D. 少数情况下,时间名词、表示身份、职业、籍贯或国籍等名词可以充当谓语,"错觉"为名词,不可充当谓语,应改为"产生错觉"。
27. C. "特色"为名词,不受程度副词"尤为"修饰,应改为"尤有特色"。
28. B. 动词"打好"本句为"奠定"的意思,不与名词"知识"搭配,应改为"打好坚实的基础"。
29. A. "职业"为名词,不受程度副词"很"的修饰,应改为"很专业"。
30. B. "青春"是名词,不受程度副词"更"的修饰,应改为"更年轻"。

第二章 代 词

实力测试

一、将所给的词语填到适当的位置上

1. C   2. A   3. C   4. A   5. B   6. C   7. A   8. C
9. C   10. C   11. B   12. C   13. C   14. C   15. C   16. B
17. B   18. A   19. B   20. A

二、判断选择

1. D   2. A   3. C   4. A   5. C   6. D   7. A   8. D
9. C   10. C   11. B   12. C   13. B   14. D   15. B   16. D
17. A   18. A   19. A   20. A   21. B   22. D   23. A

三、改错

1. C. "多少+名词+啊"形式表示感叹语气,"多么+动词/形容词+啊"形式表示感叹语气,本题"可惜"为形容词,应改为"多么可惜呀!"。
2. C. "什么+都/也……",表示任指,本句所表达的是无论怎样之意,应使用表示无论怎样意义的"怎么也"或"说什么也",即改为"怎么也打不通"或"说什么也打不通"。
3. A. "哪儿"为表示处所意义的词语,即表示"什么地方"或"任何地方",不可表示任何事物,应将"哪儿"改为"什么"。
4. C. "不管(无论/不论)A,都/也 B"的格式,表示在任何条件下,结果都一样。"不管"等后面不可为单一条件,后面多是疑问代词的任指用法或并列的几个词语;"不管"

答案及释解

等分句中的谓语为形容词或心理状态的动词"有"或"善于"等动词时，前面往往用副词"多"或"多么"，不可使用程度副词"很"，故应将"很"改为"多"或"多么"。

5．B．"它"是指代人以外事物的代词，一般不指代处所或地名，应该用指代处所的"那儿/那里"，本题主语为"北京"，故可将"它"去掉。

6．C．"虽然"分句中的谓语不可受表示任何一种程度的副词"多"或"多么"修饰，应改为程度副词"很"。

7．B．"彼此"不可作动词"想念"的宾语，应改为"想念对方"。

8．C．"这样"可以修饰动词或形容词，表示程度或方式，在句中作状语，不可用于动词或形容词后，应改为"这样说"。

9．C．"个"与"件"量词使用重复，衣服的量词应为"件"，故应将"个"去掉。

10．B．"时候"不与"哪个"搭配使用，应改为"什么时候"。

11．A．"双方"表示在某一件事情上相对的两个人或集体，"彼此"表示那个和这个，"双方"与"彼此"意义相同，使用重复，应将"彼此"去掉。

12．B．"这么"可以直接修饰形容词，表示程度，即构成"这么+形容词"形式，不应放在介词前，应改为"你对他这么好"。

13．C．"这么"与"很"都可表示程度，都可以直接修饰形容词，不可同时使用，"当初"为过去，应该使用远指代词，而"这么"为近指代词，应改为"那么"，故本题最后修改应为"遇到了那么多好心人"或"遇到了很多好心人"。

14．C．"这里"是指代处所的代词，不可指代时间，"这儿"可指代处所或时间，指代时间时，相当于"这时候"（只用在"打"、"从"、"由"后面），故应将"这里"改为"这儿"。

15．D．"彼此"表示那个和这个，所指代的双方有一定关联，而本句两者之间并无关联，应改为"各自熟悉"。

16．C．"每"一般不能直接与名词连用，常构成"每+（数）+量词+名词"形式。本题"每"不可直接作名词宾语"公民"的定语，应以"每+（数）+量词+名词"形式表达，故应改为"每个年满十八岁的公民"。

17．D．"别的"指一定范围内的某人或事物，不用于"有的……有的……"的句子中，应改为"而其他人早就……"。

18．B．"那里"表示的是特指处所，本题指的是不知道或说不出来或不需说明的"某个地方"，应改为表示虚指的"哪儿"。

19．A．人称代词"自我"不受程度副词"比较"修饰，应改为"他是个比较独立的人"。

20．C．"不怎么样"用于口语，表示"不太好"的意思，只作谓语，不可修饰动词或形容词作状语，应改为表示程度低的"不怎么"或"不太"，即"不怎么冷"或"不太冷"。

21．C．"怎么"修饰名词作定语时，后面需有数量词语，"怎样"修饰名词作定语时，有无数量词语都可以，故可改为"怎样的情况"或"怎么的一种情况"。

22．A．"外边"为远指处所，不可使用近指代词"这么"，应改为"那么大"。

23．B．"每"指全体中任何一个个体，常与"都"连用，不可与"常"用在同一个句子中，可改为"每个假期都来中国学汉语"或"常来中国学汉语"。

24．C．"没什么+动词或形容词+的"构成固定格式，表示否定意义，应改为"其实也

— 401 —

没什么了不起的"。

25. B. 本句"什么"表示任指,即任何衣服,应位于谓语动词后面,故应改为"穿上什么不好看"。

26. D. "哪"不可直接修饰名词应加上数量词,应改为"哪个孩子"。

27. C. "这么"可以修饰动词或形容词,表示方式或程度,在句中作状语,应改为"别这么哭哭啼啼……"。

28. C. "什么……的"表示例举时,"什么"应用在例举事物最前面,不可用在例举事物中间,故应改为"什么电影、电视……的"。

29. C. "这么"不可放在副词后,可以用在表示时间的词语前面,表示时间短,故应改为"这么一会儿就……"。

30. C. "他人"表示"别人",本题表示的是第三人称"他",应改为"他肯不肯……"。

第三章 动 词

分项测试（1）

一、将所给的词语填到适当的位置上

1. D	2. C	3. C	4. B	5. D	6. C	7. D	8. B
9. A	10. A	11. C	12. C	13. C	14. D	15. A	16. C
17. A	18. A	19. B	20. A				

二、判断选择

1. B	2. A	3. D	4. B	5. C	6. B	7. C	8. D
9. D	10. B	11. A	12. D	13. C	14. C	15. C	16. B
17. A	18. D	19. B	20. A				

三、改错

1. B. "养成"可以带名词宾语,如"养成习惯",但不能带主谓词组宾语,所以"养成他早睡早起"不合语法,应改为"养成他早睡早起的习惯"。

2. D. "便于"表示比较容易做某事,多带动词宾语,如"便于携带",一般不带小句宾语,"方便"可带小句宾语,应改为"方便顾客购买"。

3. C. "主演"指扮演戏剧或电影中的主角不能说主演……主角",应改为"扮演"或"饰演"。

4. D. "发觉"表示开始知道（隐藏的或以前没注意到的事）,侧重于通过各种感官由不知道变为知道,宾语多是非名词性短语;"发现"表示经过研究、分析看到或找到以前没有看到的事物或规律,侧重于通过分析研究找到,宾语可以是名词性短语。本题"发觉"的宾语为名词性短语,故应将"发觉"改为"发现"。

5. B. "建议"指向集体或领导提出自己的主张,常带非名词性宾语,本题"技巧"为名词宾语,故应改为"提出……建议"。

6. B. "保持"着重指较长时间地持续保住原貌或原状不变,多用于人的活动,也可用于事物的状况、自然界的态势等,常与"联系"、"距离"、"优势"、"记录"、"中立"、"沉默"、"状态"、"整洁"、"现状"、"荣誉"、"水平"、"习惯"、"平衡"等词语搭配;"维持"着重于一定限度地、暂时地维护,使其不改变原样或现状,一般用于人的活动,常与"生活"、"生命"、"生计"、"尊严"、"局面"、"治安"、"秩序"等词语搭配。故本句应改为"维持……生命"。

7. A. 表示时间、身份、职业、籍贯或国籍的名词,一般在对举说明的情况下,可以直接充当谓语。名词"愿望"不可以作谓语,动词"希望"可以带谓词性宾语,故将名词"愿望"改为动词"希望"。

8. B. 动词"联系"着重于相互之间接通关系,用于人与人之间,如"联系群众";人与事物之间,如"联系业务";事物与事物之间,如"理论联系实际"等,"联系"作谓语时,常带宾语,宾语多是"单位"、"群众"、"业务"、"思想"、"实际"、"……情况"、"……环境"、"……事情"等与"健康"不搭配,应改为"关系到……健康"或"影响到……健康"。

9. A. "位于"表示位置处在(某处),常带表示处所的宾语,如"学院位于清华大学南边","处于"表示在某种地位或状态,如"处于优势",故将"位于"改为"处于",即"处于……时期"。

10. B. "完成"侧重于结束和做成,对象可大可小,一般是具体的事物,如"完成作业"、"完成学业",多与"任务"、"工作"、"计划"、"使命"、"指标"、"项目"、"作业"或"事业"等词语搭配使用,只能带名词性宾语,"实现"侧重于使成为事实,对象多是较为重大的、抽象的事物,可带非名词性宾语,如"实现理想"、"两国邦交实现正常化",故应改为"实现……愿望"。

11. D. 形容词"满意"不可连带宾语,应改为"满足……要求"。

12. D. "住"表示居住,多带表示处所意义的宾语,如"住在学校",与宾语"病假"不搭配,应改为"休……病假"。

13. B. "发现"表示经过研究、分析看到或找到以前没有看到的事物或规律,侧重于通过分析研究找到,宾语可以是名词性短语。"发生"表示原来没有的事物出现了,一般用于抽象的情况、关系、事情等,故应改为"发生……变化"。

14. D. "道谢"指用言语表示感谢,不带宾语,可以用介词"向"引进宾语,即改为"向他们道谢"。

15. D. "丰富"可作形容词,指多而充足,可用于物质财富方面或精神方面,如"经验"、"学识"等,也可以有使动用法,可带宾语,如"丰富自己",但不可作宾语,可改为表示足够而剩余的"富余",即改为"有富余"。

16. A. "改善"着重于在原有的基础上进一步完善,对象多为抽象事物,如"生活"、"环境"、"条件"、"待遇"、"关系"等,与"水平"不搭配,应改为"水平……提高"。

17. C. 形容词"满意"不可连带宾语,"满足"有使动用法,可用于"满足于……"或"以……为满足"的格式中,故改为"满足于……"。

18. A. "成为"表示变成,如"成为医生",本题表示就人的某种身份或事物的某种性质来说,故应将"成为"改为"作为"。

19. B. "执教"指担任教学任务,如"在大学执教多年",不能与"课程"搭配,可改为"教授……课程"。

20. D. "保证"含有一定做到的意思,如"保证质量"、"保证来"等,本题侧重表达的是维持原状，使不因时间延续而消失或减弱，故应将"保证"改为"保持"。

21．C．"反应"指有机体受到体内或体外的刺激而引起的相应的活动，是不及物动词，不能带宾语；"反映"指把外界事物的本质表现出来，是及物动词，可带宾语，故应将"反应"改为"反映"。

22．C．疑问代词、动量词或时量词应放在离合动词中间，不可放在后面，"点头"为离合动词，后面不能带有疑问代词，应改为"点什么头"。

23．C．离合动词是不及物动词，后面不能连带宾语，如果动作涉及到某对象，应用介词引进对象，并位于动词前作状语，"结婚"为离合动词，故应改为"和……结婚"。

24．A．"注视"指注意地看，只能说与"眼睛"、"目光"等词语搭配使用，而非"头部注视"，故将"头部"去掉。

25．D．"增加"侧重于在数量上增多，常与"消费"、"开支"、"收入"、"面积"、"体积"、"长度"、"数量"、"重量"等表示数量的词语搭配，本题所表达的是促进意思，故将"增加"改为"增进"。

分项测试（2）

一、将所给的词语填到适当的位置上

1．C　　2．D　　3．B　　4．D　　5．B　　6．C　　7．D　　8．D
9．D　　10．A

二、判断选择

1．C　　2．A　　3．D　　4．A　　5．D　　6．C　　7．A　　8．D
9．C　　10．B　　11．D　　12．A　　13．C　　14．D　　15．D　　16．C
17．D　　18．A　　19．B　　20．D

三、改错

1．C．带有补语的动词不能重叠，应改为"躺一下儿"或"躺躺"。
2．C．带有补语的动词不能重叠，应改为"调查清楚"。
3．A．作定语的动词不能重叠，应改为"准备的考试"。
4．B．离合动词只可重叠动词，不能重叠宾语，应改为"见见面"。
5．C．作状语的动词不能重叠，应改为"说说看"或"试试看"。
6．C．双音节动词重叠中间一般不可用加"一"的形式表达，应改为"答复人家"。
7．D．"动词＋一下儿"即具有动词重叠的用法，兼语句的第一个动词不能使用重叠，形式表示应改为"请装修公司"。
8．A．带有补语的动词不能重叠，应改为"等他一上午了"。
9．D．"帮忙"为不及物动词，不能连带宾语，应改为"帮助"。
10．B．带有动态助词的动词不能重叠，应改为"谈过"或"谈了谈"。
11．A．作定语的动词不能重叠，应改为"溜达的时候"。
12．C．离合动词一般只重叠动词，不可重叠宾语，故应改为"散散步"。
13．C．带有动态助词的动词不能重叠，应改为"笑着听你说"。
14．B．带有补语的动词不能重叠，应改为"整理完房间"。
15．B．谓语动词后带有不确指的数量宾语时，谓语动词一般不能重叠，应改为"接一位朋友"。

16. A. 带有补语的动词不能重叠，应改为"问清楚了"。

17. B. 离合动词"点头"带动态助词"了"时，"了"应在动词后，不可放在宾语后，故应改为"点了好几次头"。

18. C. 表示同时进行的动作，动词不能重叠，本题"说"与"记"为同时进行的动作，故应改为"他说，我记"。

19. B. 能愿动词不能重叠，应改为"可以试试"。

20. A. 正在进行的动作，动词不可重叠，应改为"正发脾气呢"。

分项测试（3）

一、将所给的词语填到适当的位置上

1. D   2. B   3. A   4. B   5. A   6. C   7. D   8. B
9. A   10. B   11. D   12. C   13. B   14. B   15. B   16. D
17. B   18. A   19. B   20. B

二、判断选择

1. C   2. C   3. B   4. B   5. B   6. A   7. C   8. C
9. C   10. D   11. B   12. B   13. C   14. B   15. C   16. C
17. A   18. B   19. D   20. C

三、改错

1. B. 能愿动词作谓语时，前边一般不用"把"、"被"、"给"等介词短语构成的状语，能愿动词应放在介词短语前，故应改为"可以为孩子……"。

2. A. 能愿动词一般放在连动句的第一个动词前，应改为"会到图书馆看看书"。

3. B. "不应该"有"按道理不应如此"之意，本题表达的是客观上不具备某条件，故应改为"不能"。

4. C. "不做父母想做的事情"文句不通，可改为"没有按父母的要求去做"。

5. C. "不可以"有"不允许"之意，含命令语气，本题表达的是主观上不具有某能力，故应改为"不能"。

6. D. 表示具备某种技能，并达到某种效率、标准，用"能"，不用"会"，故应改为"能说一口流利的汉语"。

7. B. "应该"表示"情理上、环境上许可"，本句应把"应该"改为表示"可能"的词语，可改为"可能会遇到很多问题"。

8. B. "会"句末常加"的"，表示肯定的语气，"能"则不可，应改为"我一定会尽力帮助你的"。

9. B. "飞机场开车"显然文句不通，应改为"他会开车来飞机场接我的"

10. A. 能愿动词修饰动词、形容词及其词组，不可直接放在副词前，应改为"早就想把……"。

11. B. 能愿动词句中，用肯定形式和否定形式并用表示疑问时，只能用能愿动词，不能用后边的动词或形容词，即表示疑问不可用"能愿动词＋动词/肯定＋动词/否定"形式表示，应改为"应不应该去"或"应该不应该去"。

12. B. 能愿动词作谓语时，前边不能用"把"、"被"、"向"或"给"等介词构成的状语，能愿动词应放在介词"把"前，故应改为"不要把明天的计划告诉小李"。

13．A．能愿动词不能重叠，应改为"你应该参加吧"。

14．C．"得"表示意志上或事实上的必要，"该"表示根据情理或经验推测必然的或可能的结果，连用语意重复，故可将"该"去掉。

15．B．"要"表示估计时，可以用于比较，位置可前可后，一时疏忽就会使用重复，故应去掉一个"要"。

16．C．能愿动词修饰动词、形容词及其词组，可以直接受副词"将"的修饰，故改为"将会长期……"。

17．D．能愿动词修饰动词、形容词及其词组，可受副词修饰，故副词"还"应放在能愿动词前，应改为"还想去……"。

18．A．"可以"表示"准许"，与本题"允许"语意使用重复，故应将"可以"去掉。

19．B．"会"表示可能，含有估计的意思，位置不当，应改为"我想他不会来了吧"。

20．C．"可能"表示客观的可能性，一般只用于未发生的动作或虚拟情况，本句表示"也许"，兼有副词用法，可用于主语前、动词前或其他能愿动词前，故应改为"结果可能会……"。

第四章　形容词

分项测试（1）

一、判断选择

1．C　　2．C　　3．C　　4．B　　5．D　　6．B　　7．B　　8．C
9．B　　10．D　　11．D　　12．D　　13．C　　14．A　　15．A　　16．A
17．B　　18．B　　19．A　　20．A

二、改错

1．C．"安详"用于描写人的表情，不用于描写"步伐"，表示步伐的稳而有力，应使用"稳健"，故应改为"稳健的步伐"。

2．A．"苍翠"即为绿色之意，与本题"绿色"使用重复，故可将"苍翠"去掉。

3．D．形容词"友好"表示亲近，没有动词功能，不能带宾语，如果涉及到形容词所及的对象，应使用介词把所涉及的对象放在形容词前，故应改为"他们对我们很友好"。

4．A．非谓形容词"主要"不可接受程度副词"很"的修饰，应改为"很重要"。

5．B．"通顺"表示没有逻辑上或语法上的毛病，多用于文章，如：文章写得很通顺。表示语言的纯正，应使用形容词"地道"，故应改为"地道的普通话"。

6．A．"强壮"指人的身体结实，有力气，如：身体强壮；表示意志不可动摇或摧毁，应使用"坚强"，故应改为"意志坚强"。

7．A．"渊博"表示知识丰富，学识深且广，表示养成正确的待人处事的态度，可使用"良好"，故应改为"良好的修养"。

8．C．"个别"指极少数，"部分"指整体中的局部或整体里的一些个体，从数量上看，"部分"多于"个别"，本题前后表达不一致，应保留其一，故可改为"部分地区"或"个别地区"。

9．B．"优异"表示特别好，"比较"则表示有一定程度，一起使用不妥，应改为"成绩优异"。

10．B．"英俊"形容容貌俊美又有精神，不可与表示美好的举止姿态的名词"风度"搭配，应可改为"英俊的外表、潇洒的风度"。

11．C．形容词"优美"一般用来形容环境、舞姿或动作等，没有动词功能，不能带宾语，应改为"美化了学校的环境"。

12．B．"安静"表示没有声音，多用来形容环境，本题表示人沉着而不感情用事，应使用形容词"冷静"，故应改为"态度十分冷静"。

13．B．"瘦弱"形容肌肉不丰满，软弱无力，如"身体瘦弱"，而"身材"指身体的高矮胖瘦，不可同时使用，故可改为"身体瘦弱"。

14．B．"粗糙"一般形容表面不光滑，也可形容不精细或不细致，一般用于具体事物，如"皮肤粗糙"、"做工粗糙"，不可用于形容"水平"（指在制作方面所达到的高度），故应改为"制作水平的低下"。

15．C．"百般"形容采用多种办法，常作"刁难"、"阻挠"、"劝解"、"辩解"的状语，不可修饰"困难"，本句表示程度极高，故可改为"极其困难"或"极为困难"。

16．B．"美满"表示美好圆满，多形容婚姻、生活、家庭等方面，不可用来形容"憧憬"，故应改为"美好的憧憬"。

17．D．"友好"形容亲近和睦，用于形容民族、国家、人民、关系、感情、态度、气氛、目光和往来等，而不用于形容"友谊"，应将"友谊"去掉，即"愿我们世世代代友好下去"。

18．B．"营养"为名词，不可接受程度副词"最"的修饰，可改为"最有营养"。

19．B．"重要"表示具有重大意义、作用和影响，如"重要人物"、"重要问题"。本句"对……重要性看得更重要"语意重复，可将"重要性"去掉，即改为"对学生的身体看得比一般学校更重要"。

20．D．"旺盛"用来形容情绪高涨、精力充沛，如"精力旺盛"，不可用来形容"热烈的感情"，故可改为"满腔的热情、旺盛的精力"。

分项测试（2）

一、判断选择

1．C   2．A   3．B   4．A   5．B   6．D   7．D   8．D
9．D   10．C   11．B   12．B   13．C   14．A   15．A   16．A
17．B   18．B   19．A   20．B

二、改错

1．A．"匆匆忙忙"为形容词的重叠形式，重叠形式的形容词不能再接受表示程度的词语的修饰，故可改为"这么匆忙"。

2．C．"黑黝黝"为形容词的重叠形式，重叠形式的形容词不可再接受程度副词"更为"的修饰，故应改为"一个黑黝黝的人影"。

3．C．副词"陆续"表示先先后后，时断时续，常用于形容人来回行走的动作，只作状语，不作定语，故本句可改为"接着很多歌迷就陆陆续续向他献花"。

4．A．"痛痛快快"为形容词的重叠形式，重叠形式的形容词不能再接受程度副词"极了"的修饰，故可改为"玩得真痛快"或"玩得痛快极了"。

5. A. 形容词"啰唆"按照动词重叠的形式重叠，形容词本身的性质已经发生了变化，带有了动词性，即由一种性质状态变为一个过程，表达的意义是"使……怎么样"。本题并无此意，故不应以 ABAB 形式重叠，应以 AABB 形容词的重叠形式表达。

6. D. "黑洞洞"只用于形容光线很暗，如"房间里黑洞洞的"，不可用来形容"脸"，可改为"黑黝黝的脸上"。

7. D. 状态形容词"通红"应以 ABAB 的形式重叠，即"涨得通红通红的"。

8. C. "暖和"用来形容气候、环境等，不可用来形容"气温"，可将"气温"改为"天气"。

9. D. 本题"安静"有"使……怎样"的意思，即具有了动词性，应以 ABAB 的形式重叠，即"安静安静"。

10. D. 形容词"热闹"以 ABAB 形式重叠，即具有了动词性，表示的意义是"使……怎么样"，本句"热闹"在句中作状语，即应以 AABB 形容词重叠的形式表示，即"热热闹闹"。

11. A. 本题"精神"有"使……怎样"的意思，即具有了动词性，应以 ABAB 的形式重叠，即"精神精神"。

12. A. 名词"袖珍"不可接受程度副词"很"的修饰，可改为"很娇小的女孩儿"。

13. B. 本题"大方"有"使……怎样"的意思，即具有了动词性，应以 ABAB 的形式重叠，即"大方大方"。

14. A. 非谓形容词"恶性"不作谓语，可改为"病情恶化"。

15. C. 非谓形容词"初级"不可接受程度副词"太"的修饰，可改为"水平太低了"。

16. D. "精神"作状语，应改为 AABB 形容词重叠的形式表示，即"精精神神"。

17. C. "轻轻松松"为形容词的重叠形式，重叠形式的形容词不可再接受程度副词的修饰，应将"很"去掉或改为"很轻松"。

18. C. 本题"痛快"有"使……怎样"的意思，即具有了动词性，应以 ABAB 的形式重叠，即"痛快痛快"。

19. B. "辛苦"作状语，应以形容词重叠 AABB 的形式出现，即"辛辛苦苦"。

20. B. 本题"辛苦"有"使……怎样"的意思，即具有了动词性，应以 ABAB 的形式重叠，即"辛苦辛苦"。

第五章　数词与概数

实力测试

一、将所给的词语填到适当的位置上

1. B　　2. B　　3. B　　4. D　　5. C　　6. A　　7. C　　8. C
9. B　　10. C　　11. C　　12. A　　13. C　　14. D　　15. C　　16. B
17. C　　18. D　　19. B　　20. C

二、判断选择

1. C　　2. C　　3. B　　4. D　　5. A　　6. B　　7. A　　8. A

9．A　　10．D　　11．A　　12．B　　13．C　　14．A　　15．C　　16．B
17．B　　18．C　　19．C　　20．B

三、改错

1．C．"近"表示接近某数字，即"比……少"，而"多"则表示"比……多"，前后矛盾，应改为"近3万观众"或"3万多观众"。

2．A．"2"单个数用于量词前用"两"，即应改为"两个要去的地方"。

3．A．"多"表示概数，应用在以"零"结尾的数词后，不可放在量词后，应改为"十多趟"或"十来趟"。

4．A．"左右"表示概数基本形式为"数词+量词+（名词）+左右"，"左右"应放在名词后面，应改为"进图书两万册左右"或"进图书两万来册"。

5．D．"十个千"无此种表达方式，应改为"一万"。

6．D．汉语中数字来表示复数和用"们"来表示复数是不能同时出现的，应分别使用，即用了数字就不能再用"们"，用了"们"就不能再用数字，句中有表示复数的词"1000多个"，后面不可加"们"，应改为"1000多个留学生"。

7．A．"百十+来+量词+名词"形式表示概数，故应改为"百十来块钱"。

8．A．"有点儿"所修饰的动词或形容词，应为表示消极意义的动词或形容词，"聪明"为表示积极意义的形容词，故应改为"很聪明"或其他程度副词。

9．B．"很有一下子"没有此种说法，应改为"很有两下子"或"很有几下子"表示某方面能力比较强。

10．A．"左右"表示概数基本形式应为"数词+量词+（名词）+左右"，应改为"4斤左右"。

11．C．"很多"、"些"都表示复数，不可同时出现，应改为"很多"或"一些"。

12．C．"2"在"千"位以上打头时，一般读作"两"，故应改为"两千块钱"。

13．D．"近"表示接近某数字，即"比……少"，而"左右"可表示"比……多或少"，不可在一起使用，应改为"近五十万字"或"五十万字左右"。

14．B．表示数量少应以数字连用"一两"形式表达，而非"一二"，应改为"一两句汉语"。

15．C．"俩"即为"两个"之意，与量词"个"使用重复，应改为"小姐妹俩总是……"。

16．A．"钟头"虽为"小时"之意，但量词"个"不可省略，应改为"一个小时一个小时地过去了"或"一分一秒地过去了"。

17．B．"一点儿"不可单独用在动词前作状语，应用构成"一点儿+也/都+否定+动词/形容词"形式或位于动词/形容词后作补语，故本题应改为"学过一点儿"。

18．D．"多"一般不可单独修饰名词，即不单独作定语，要加上适当的程度副词，组成短语，故可改为"很多钱"或"不少钱"。

19．A．"左右"可以用来表示大概的时间，但不用于表示有起止的一段时间，应改为"2002年至2003年间这里……"。

20．D．"一些"表示数量少，不用于祈使句；"一点儿"表示数量少，可用于祈使句。故应将"一些"改为"一点儿"。

第六章 量 词

实力测试

一、将所给的词语填到适当的位置上
1．C   2．B   3．D   4．D   5．D   6．C   7．C   8．D
9．D   10．B   11．C   12．C   13．D   14．C   15．B

二、判断选择
1．A   2．A   3．C   4．A   5．B   6．B   7．D   8．C
9．C   10．C   11．B   12．D   13．C   14．A   15．A   16．B
17．A   18．C   19．A   20．A   21．B   22．A   23．A   24．C
25．B   26．C   27．A   28．B   29．D   30．B

三、改错

1．A．"面包"为块状或片状，应使用量词"块"。用于动物（多指飞禽或走兽）应使用量词"只"，故应改为"十只面包虫"。

2．D．"场"多用于文艺表演、体育活动、风雨等，如"一场演出"、"一场比赛"等，应用于本句显然不合题意。"一浪高过一浪"为固定格式，应改为"掀起了一浪高过一浪的……"。

3．A．"项"作量词，用于分项目的事物，如"一项任务"；表示种类，用于人或任何事物，应使用量词"种"，故应改为"一种……手段"。

4．B．"番"表示数量加了一倍，常与动词"翻"搭配使用，如"翻了一番"，不与动词"是"搭配使用，故应改为"是……两倍以上"或"翻了一番"。

5．A．"片"作量词，用于成片的东西，如"两片药"，或用于地面和水面等，如"一片草地"，也可用于景色、气象、声音、语言或心意等，如"一片欢腾"、"一片新气象"等。用于书籍、电影、机器、车辆等，应使用量词"部"，故应改为"这部电影"。

6．A．序数词"第一回"应修饰谓词性词语，即作状语，不能作补语，故应改为"第一回到…"。

7．B．"批"用于大宗货物或多数的人，跟有计划地、批量地进出有关，含有"不止一次"的意思，且多为有组织的；"群"用于成群的人或动物，多用于无组织性或目的性集聚的群体，故应改为"一群人"。

8．D．表示种类，用于人或任何事物，应使用量词"种"，故应改为"一种享受"。

9．B．"块"作量词，用于块状或某些片状的东西，如"一块香皂"、"两块手表"等。用于可以从物体表面揭开或抹去的东西，多使用量词"层"，故应改为"一层神秘的面纱"。

10．A．"一点儿"表示少量，如"一点儿东西"，表示一定的时间，应使用"段"，故应改为"一段日子"。

11．C．"堆"用于成堆的物或成群的人，"堆"与"草丛"（指聚在一起的很多的草）使用重复，故应改为"一堆乱草中"或"跌倒在乱草丛中"。

12．B．表示动作经历的时段意义时，应把表示时段意义的词语（即时量词）放在动词谓语后作时量补语，应改为"等了他整整一个下午"。

13．A．"名"作量词时，用于有某种职业或身份的人，如"一名学生"、"一名警察"，本句"宗师"指在思想上或学术上可奉为楷模的人，故改为"一代宗师"。

14．B．"次"作量词，用于反复出现或可能反复出现的事情，如"来一次北京"，表示和"手"有关的动作应使用量词"把"，故应改为"拉我一把"或"拉我一下儿"。

15．B．"又一次"为"再一次"之意，应放在动词性词语前作状语，应改为"又一次见到了她"或"又见到了她"。

16．D．"根"作量词，用于细长的东西，如"一根筷子"。"汉子"表示男子，应使用专用量词"条"，即应改为"一条汉子"。

17．A．"张"作量词，用于纸、皮子等，如"两张画"，或用于床、桌子等，如"一张床"，也可用于嘴、脸，如"两张嘴"、"一张脸"等，用于面部表情应使用量词"副"，即应改为"那副……表情"。

18．A．"所"作量词，用于房屋、学校等，如"一所学校"、"一所房子"等，用于跟商贸有关的部门单位，一般使用量词"家"，"企业"以经营为目的，量词应为"家"，应改为"一家……企业"。

19．A．"台"作量词，多用于电器，如"一台机器"，用于书籍、电影、机器、车辆等，应使用量词"部"，即应改为"一部……电视剧"。

20．B．"双眸"即有"两个"之意，不可再使用表示"两个"的"双"，应改为"那永远……双眸"。

第七章　比较句

实力测试

一、将所给的词语填到适当的位置上
1．C　　2．A　　3．A　　4．A　　5．D　　6．C　　7．D　　8．C
9．C　　10．A　　11．B　　12．D　　13．D　　14．C　　15．A　　16．C
17．C　　18．D　　19．A　　20．C

二、判断选择
1．A　　2．B　　3．A　　4．B　　5．C　　6．C　　7．D　　8．B
9．C　　10．B　　11．A　　12．C　　13．D　　14．C　　15．C　　16．A
17．D　　18．A　　19．B　　20．C

三、改错

1．B．"A像B+这么（那么）+比较的结果"用于比较，表示A达到B的标准，否定形式用"不像"，应改为"不像农村那么热闹"。

2．A．"不比"表示比较时，比较的结果前不可使用程度副词"很"，应改为"做事比不上你灵活"、"做事没有你灵活"或"做事不比你灵活"。

3．C．用"A有B+这么（那么）+比较的结果"用于比较，表示以B为标准，A达到了B的标准，比较的结果后不能使用表示具体差别的词语或数量词，应改为"比……多三十个人"。

4．B．本题有明显的"进一步"的关系，故应改为"复杂的人际关系更处理不好"。

5. A. 程度副词"太"已表示极端的程度，自然就谈不上与其他事物的比较，"太"使用不正确，应改为"一进冬天就冷，这两天下了雪就更冷了"。

6. D. 程度副词"更加"不可修饰单音节形容词，应改为"更美了"。

7. D. "A 有 B+这么（那么）+比较的结果"表示以 B 为标准，A 达到了 B 的标准；"A 跟 B+一样+（形容词/动词）"比较事物、性质的不同；"有……一样"不构成固定格式，故可改为"跟……一样多"或"有……那么多"。

8. C. "A 比 B+比较的结果+具体的差异"表示不同人或事物性质、程度上的差别。表示具体差别时，多用"一点儿"、"一些"、"得多"或"多了"表示，不用具体的数量词语，"多/少"、"大/小"、"早/晚"作谓语时可以使用数量词表示具体差别，故应改为"比……多几千块钱"。

9. B. 句中表示并列关系，不能使用表示进一步关系的"更"，应改为"也给他……"。

10. D. 程度副词"特别"表示很多中的"最"，程度副词"更"用于两个事物之间的比较，不可出现在同一句中，应改为"特别是杜鹃花"。

11. B. "比"字句中出现否定副词"不"应放在"比"的前面，故应改为"不比……差"。

12. C. "最"、"极了"都为程度副词，表示很高的程度，"最"含比较之意，"极了"无比较之意，不可出现在同一句中，故应改为"安静极了"。

13. D. "越来越"与"比较"都为程度副词，"越来越"表示同一事物随着时间的增加而增减，"比较"表示具有一定的程度，不可同时使用，程度副词多修饰心理活动的动词，不修饰一般动词，应改为"现在慢慢习惯了这里的生活"。

14. B. 程度副词"越来越"多修饰心理活动的动词或形容词，不修饰一般动词"学习"，故应改为"现在学习汉语的人越来越多了"。

15. A. "A 有 B+这么（那么）+比较的结果"表示以 B 为标准，A 达到了 B 的标准，多用于问句或否定句中，表示的结果前不可使用程度副词"很"，可改为"这间屋子跟那间屋子差不多一样大"。

16. B. "比……不同"不可用于同一个比较句中，应改为"跟……完全不同"。

17. C. 程度副词"越来越"多修饰形容词或心理活动的动词，不可与其他程度副词同时使用，应改为"只见车开得越来越快"。

18. B. 用"比"表示比较时，不可使用表示程度很高的程度副词"非常"，应改为"比……更加暴躁了"。

19. B. "跟……一样"在本题中作程度补语，缺少"得"，应改为"跑得跟飞一样"。

20. B. "更"表示程度加深或数量进一步增加或减少，用于比较句，本句并无比较之意，应将"更"去掉。

21. C. "一天比一天"即"越来越"之意，不可修饰非心理活动的动词"有"，应改为"看到他进步越来越大"或"看到他有进步了"。

22. B. 用"比"表示具体差别时，多用"一点儿"、"一些"、"多了"、"得多"表示，故应改为"雨比刚才小多了"或"雨比刚才小了一点儿"。

23. B. "比……不同"不构成固定格式，应改为"跟……完全不同"。

24. B. 形容词"一样"不能接受程度副词"太"的修饰，应改为"弟弟长得跟哥哥一样"或"兄弟俩长得一样"。

25. D. 表示具体差别时，应用"比"表示比较，应改为"他比我高一点儿"。

26. D. 程度副词"最"表示比较，应用于三个以上的事物之间的比较，故应改为"弟弟才更像个书呆子"。

27. D. 程度副词"越来越"不可用于"比"字句中，应改为"人也比以前成熟多了"。

28. A. 用"A没有B+这么（那么）+比较的结果"表示A没有达到B的结果，即A不及B，比较的结果后不可使用表示具体差别的词语，可改为"他不比我早多少"。

29. C. 表示比较的对象应为同类事物，"词典"与"你"显然非同类事物，应改为"没有你的好"。

30. B. 程度副词"有点儿"只修饰表示消极意义的动词或形容词，不可用于比较句中，应改为"你比她幸运多了"。

31. B. 用"比"字句表示具体差别时，多用"一点儿"、"一些"、"得多"、"多了"表示，不用具体的数量词，"多/少"、"大/小"、"早/晚"作谓语时可以使用数量词表示具体差别，故改为"……比……早起一个小时"。

32. B. "比……完全不同"不构成固定格式，应改为"跟……完全不同"形式表达。

33. D. 用"有"表示比较，常构成"A+有+B+这么（那么）+比较的结果"形式，表示A达到了B的标准，不用程度副词"更"故应改为"……有……这么（那么）……"或"……比……更……"。

34. A. 用"没有"表示比较时，常构成"A+没有+B+这么（那么）+比较的结果"形式，表示A没有达到B的程度，也就是"A不及B"，比较的结果后不可使用表示具体差别的词语"一点儿"，故可改为"今天不比昨天凉快清爽"。

35. A. 用"比"表示比较时，常构成"A比B+比较的结果+具体差别"形式，故该为"……比……更……"。

第八章　副　　词

分项测试（1）

一、将所给的词语填到适当的位置上

1. A　2. B　3. B　4. D　5. C　6. D　7. A　8. C
9. A　10. D　11. B　12. A　13. B　14. C　15. A　16. D
17. D　18. B　19. C　20. C　21. B　22. C　23. C　24. A
25. A　26. C　27. C　28. B　29. A　30. B

二、判断选择

1. D　2. B　3. B　4. C　5. D　6. D　7. D　8. A
9. A　10. C　11. D　12. B　13. A　14. C　15. D　16. B
17. B　18. B　19. B　20. A

三、改错

1. D. 表示关联的副词"就"作状语，应用在时间词语后，故应改为"将来就可以……"。

2. D. "也"表示类同，即表示两种事物具有同样的性状或动作行为，同一事物具有两种性状或动作行为。本句不表示类同，故应将"也"去掉。

413

3. C. "都"表示范围,所总括的对象应放在"都"前面,故本句应改为"我们不但在社会上而且在日常生活中可能都试图战胜过自己"。

4. B. 关联副词"也"与语气副词"当然"同时作状语时,语气副词应放在关联副词前,故本句应改为"我当然也有自己的梦想"。

5. C. 副词"都"表示范围,总括全部,"这个学期"不表示"全部"不能用副词"都",故应将"都"去掉。

6. D. "凡是"表示在某个范围内无一例外,一般用在句首,后面常与"都"、"一律"、"没有不"、"就"等搭配使用,故改为"凡是我坚持的事情……"。

7. C. "总是"表示动作行为或状态持续,故应改为"我在中国人面前总是说不出话来"。

8. B. "至于"表示对时间或数量的估计,应用在动词或数量词前面,不能用在动词后面,故改为"至少学三种语言"。

9. B. 动词"必需"表示不可缺少的意思,不可直接修饰动词,即不可作状语,本句应使用表示"一定要"的副词"必须",故应改为"必须出示有效证件"。

10. C. 副词"大凡"表示总括一般的情形,用于句首,本题表示的是有理由这样做,故应将"大凡"去掉,改为"你完全可以……"。

11. C. 副词"略微"表示数量不多或程度不深,不可作定语,可改为"仅以半分的优势"。

12. A. "都不"表示全部,而本题中为"部分"之意,应改为"不都"。

13. D. "日益"表示一天比一天,修饰动词或形容词,一般不修饰单音节词语,故可改为"越来越胖了"。

14. B. 程度副词不能修饰非谓形容词。"主要"为非谓形容词,应改为"其中主要原因就是……"。

15. C. "再"表示动作的重复或状态的继续,一般用于未然的重复,假设的重复;"又"用于已然的重复,确定性的重复,故应改为"又想起了……"。

16. D. 副词"渐渐"表示数量或程度慢慢增加或减少,修饰动词或形容词,不能修饰名词,即不作定语,故改为"渐渐步入……"。

17. D. 副词"居然"只能放在动词或形容词前作状语,不可用在其后,应改为"居然出人意料地……"。

18. C. 副词"不免"不可出现在主语前,应改为"他不免有些……"。

19. C. "形容词+一点儿"表示比较,不能与其他表示程度的词语一起使用,"一点儿"与程度副词"比较"不能同时使用。故可改为"晚上学的孩子接受教育比较晚"。

20. B. 副词"大约"一般位于动词前,表示估计,不可用于动词后面,故应改为"大约仅存……"。

分项测试(2)

1. C　2. B　3. A　4. B　5. A　6. B　7. D　8. B
9. B　10. C　11. D　12. A　13. A　14. C　15. B　16. C
17. C　18. C　19. B　20. B

分项测试(3)

一、将所给的词语填到适当的位置上

1. B　2. C　3. A　4. C　5. D　6. C　7. D　8. B

答案及释解

| 9. C | 10. C | 11. C | 12. B | 13. A | 14. A | 15. C | 16. D |
| 17. B | 18. D | 19. C | 20. D |

二、判断选择

| 1. A | 2. C | 3. A | 4. B | 5. C | 6. A | 7. A | 8. B |
| 9. A | 10. A |

分项测试（4）

1. C	2. C	3. D	4. B	5. B	6. A	7. A	8. B
9. D	10. D	11. C	12. A	13. D	14. B	15. A	16. A
17. D	18. B	19. A	20. C

分项测试（5）

1. C	2. B	3. C	4. C	5. C	6. A	7. C	8. B
9. B	10. D	11. B	12. D	13. C	14. B	15. C	16. D
17. B	18. C	19. D	20. B	21. C	22. A	23. D	24. D
25. B	26. C	27. B	28. B	29. D	30. D

分项测试（6）

一、将所给的词语填到适当的位置上

| 1. D | 2. C | 3. D | 4. A | 5. B | 6. D | 7. B | 8. B |
| 9. B | 10. D |

二、判断选择

| 1. A | 2. A | 3. D | 4. A | 5. C | 6. C | 7. B | 8. B |
| 9. A | 10. C | 11. D | 12. C | 13. B | 14. C | 15. B |

实力测试

一、判断选择

1. C	2. C	3. A	4. A	5. B	6. B	7. A	8. D
9. A	10. C	11. C	12. B	13. B	14. C	15. A	16. B
17. A	18. D	19. B	20. B	21. C	22. A	23. B	24. B
25. A	26. D	27. B	28. B	29. C	30. B

二、改错

1. D."都"表示总括，用于陈述句时，"都"在总括的对象后面，如"谁都知道这件事"。用于疑问句时，"都"在总括的对象的前面，如"都谁知道这件事？故应改为"你都去哪儿了"。

2. C. 句子中有"每"、"各"、"所有"、"一切"、"全部"、"这些"、"那些"、"随时"、"到处"、"任何"等词语，谓语前一般都要用"都"，故应改为"每天都……"。

3. D."都"表示总括，用于陈述句时，"都"在总括的对象后面；用于疑问句时，"都"在总括的对象的前面，故应改为"你都对谁说了……"。

415

4. D. 程度副词"更"用于比较，多修饰心理活动动词，不能放在谓语动词"变"的前面。另外，本句所表示的是"变"的程度，而不是"变"的结果，应使用情态补语形式而不是结果补语。故可改为"生活会变得更好"。

5. D. "想法"是"简单"的主语，故应改为"想法有点儿简单"。

6. B. 程度副词"更加"表示程度，状态形容词"崭新"本身就含有程度的意思，不能再接受程度副词的修饰，应将"更加"去掉。

7. D. "都"表示总括全部，所总括的对象必须放在"都"的前面，本题"都"位置不当，应改为"随时都……"表示"任何时候都……"。

8. C. "不再"用于假设句中表示前面已经做过的事情不继续；"再不"用于假设句中则表示如果不继续这种情况的话，将会出现什么样的结果，本题表示"如果不去医院，恐怕就没救了"，故应将"不再"改为"再不"。

9. C. 副词"一概"表示没有例外，所概括的事物应放在"一概"前面，故应改为"他的事情我一概不知道"。

10. B. 本句所表达的是选择，而非比较或进一步的关系，不能使用表示比较或进一步关系的"更"，应改为"而看中……"。

11. D. 程度副词"太"表示程度高，带有较强的主观感情，一般不用于客观叙述，多用于感叹句，故应改为"还有很多好玩的东西"。

12. C. 副词"就"强调时间早，修饰动词或形容词作状语。故应改为"从三四岁就开始学习……"。

13. C. 副词"一直"表示动作不间断或状态不改变，只修饰动词或形容词，不修饰名词性词语，故改为"我从小一直由奶奶照顾"。

14. D. "一概"、"一律"都表示没有例外，"一律"既可以概括人，也可以概括事物，"一概"只用于概括事物，不用于概括人。故改为"新人一律……"。

15. D. 副词"一概"、"统统"都表示没有例外，但"一概"不能用于"把"字句中，"统统"可用于"把"字句中，故应改为"把事情统统说……"。

16. D. 表示比较关系应使用"更"不应使用表示程度高的"很"，应改为"走上更高的地位"。

17. B. "真+形容词"不可直接修饰名词，即不作定语，应改为其他程度副词，可改为"很多的经历"。

18. C. 程度副词"很"不能同连词"不管"同时使用，应改为"多么善良"或"多善良"。

19. D. "多么"不用于陈述句，应改为其他程度副词，可改为"非常美好"。

20. C. 副词"就"与连词"既然"配合使用，起关联作用，修饰动词或形容词，不能用在能愿动词后面，故应改为"就应该……"。

21. C. "极其"不用于否定句中，可改为"他很不……"。

22. B. "更加"不修饰单音节形容词，应改为"更黑了"。

23. B. 副词"特别"不修饰名词，应改为"特别是……"。

24. C. "不太"后不可加"了"，应改为"太不……了"。

25. A. 句子中有"每"、"各"、"所有"、"一切"、"全部"、"这些"、"那些"、"随时"、"到处"、"任何"等词语，谓语前一般都要用"都"，故应改为"几乎所有的用人单位招聘人员时都……"。

26．C．程度副词"特别"应放在形容词前，应改为"都睡得特别晚"。

27．C．"格外"表示程度超出一般，句中一般要带表示条件或时间的词语，不表示超乎寻常不能用"格外"，故应改为"父母都很高兴"。

28．D．"更加"只表示"比较"，不表示进一步关系，应改为"我留恋……也留恋……还留恋……"。

29．B．"然后"表示后一事情紧接着前一事情发生，表示承接关系，本题表示假设而非承接，故可改为"如果他们不听话……"。

30．B．副词"也"表示两事相同，一般修饰动词，不能修饰名词性词语，故改为"也是另外……"。

分项测试（7）

一、将所给的词语填到适当的位置上

1．B　2．C　3．C　4．B　5．A　6．B　7．B　8．B
9．C　10．B

二、判断选择

1．D　2．A　3．D　4．A　5．D　6．B　7．B　8．B
9．B　10．D　11．A　12．B　13．B　14．B　15．D　16．D
17．C　18．A　19．D　20．B

三、改错

1．A．"曾经"表示过去发生过某动作、行为、状态，一般不可修饰数量词或时间名词，应改为"我已经在这儿等他三天了"。

2．D．"正在"可表示动作在进行中或状态在持续中，一般不可表示反复进行或状态持续，句中不可加表示一段时间的词语，应改为"在"。

3．D．"在"后面不可使用介词"从"，应改为"正"或"正在"。

4．B．"正"可表示动作在进行中或状态在持续中，一般不可表示反复进行或长期持续，故不与表示一段时间的词语一起使用，应将"正"去掉。

5．C．介词短语"正当……时/的时候"强调某件事正在发生时，出现新情况。"正当"应用于句首，不能用于句子中。故应改为"正当我准备……"。

6．B．副词"正在"与介词"在"不可同时使用，故可改为"经理在等你呢"。

7．C．"曾经"表示过去发生的动作行为，强调以前有过某种经历，不强调完成，动作行为与现在无关，否定形式用"（从来）+没+动词+过"或"不曾"表示。故应改为"我不曾离开过……"。

8．B．"已经"可表示过去发生或将要发生的动作行为，强调动作行为已经完成，与现在有关；"曾经"表示过去发生的动作行为，强调以前有过某种经历，不强调完成，动作行为与现在无关。故应改为"曾经在什么地方见过"。

9．B．时间名词"刚才"前后不可使用表示"时间的词"，副词"刚"有此种用法，故可改为"我是几分钟前刚到家的"。

10．A．"曾经"必须有时间词语才可用于否定句中，应改为"我们曾经因一些误会很长时间没有联系"。

11．B．"正"表示动作正在发生，强调时间性；"在"表示动作或状态的持续，强调状态;"正在"既强调发生又强调持续,故应将"正"改为"正在"。

12. B."已经"可表示过去发生或将要发生的动作行为,强调动作行为已经完成,与现在有关;"曾经"表示过去发生的动作行为,强调以前有过某种经历,不强调完成,动作行为与现在无关。故应改为"曾经在一起生活过……"。

13. A."曾经"表示过去发生的动作行为,强调以前有过某种经历,动词后多与动态助词"过"配合使用,故应改为"曾经结过婚"。

14. D."立刻"表示的时间的紧迫性较强,用于已然或未然的情况;"马上"表示时间的幅度比较大,故应改为"就马上忙着……"。

15. B.副词"曾经"不可在主语前作状语,应改为"我曾经在他身上……"。

16. A.表示正在进行的动作,后面一般不可使用表示动作次数的"动量词",应将"在"去掉。

17. B.副词"正"、"在"、"正在"都可以表示动作行为正在进行,"正"还可以表示正好碰上,有"恰巧"的意思,"在"、"正在"没有这个用法。故应改为"我正要……"。

18. B."正在"、"正"后面可接介词"从","在"没有这种用法,故可改为"我们正从……"。

19. C."在"可以用于过去的状态,"正"、"正在",没有这种用法,故应改为"我一直在看……"。

20. C."在"可表示动作反复或多次发生,句中可加表示动作反复进行或一段时间的词语,"正"、"正在"没有这种用法。故应改为"他在准备……"。

分项测试（8）

改错:

1. C."必然"多表示客观上的确定无疑,不用于主观推断,故可改为"必定"或"一定"。

2. B."不必"表示"用不着"、"不需要"的意思,不表示反问语气,应改为表示反问语气的"何必"。

3. B.本题有"没想到"的意思,不可使用表示事理上或情理上不需要的"不必",应改为"竟然"或"居然"。

4. B.本题表示"用不着"、"不需要"的意思,不应使用表示反问语气的"何必",应改为"不必"。

5. D."何必不……呢"表示的是肯定意义,即应该"住在这里",题意不符,应该为"你何必要住……"。

6. D.副词"必定"强调说话人对事物的判断,侧重于主观上的推断;副词"必然"强调事物的客观规律,多用于论证说理,故本句应将"必定"改为"必然"。

7. C.副词"已经"不能直接修饰名词性词语,即不能直接修饰宾语,本句缺少谓语动词,故应改为"已经到了不能脱离汉语的程度"。

8. D.连词"况且"表示更进一步,连词"何况"用反问语气表示更进一步,故应将"况且"改为"何况"。

9. B."必需"为动词,不可修饰动词或形容词,即不作状语,应改为副词"必须"。

10. B."不必"表示用不着,不需要的意思,本句表示不一定,故应将"不必不"改为"未必"。

11．B．副词"必定"强调主观上的推断，上下文必有做出推断的理由，而"一定"表示主观上的推断时，多与能愿动词"会"、"能"、"要"、"能够"、"得"或动词"是"连用。故将"必定"改为"一定"。

12．B．副词"必定"表示说话人对事物的主观判断，本题表达的是"一定得要"，应改为"必须"。

13．A．副词"必须"不可作定语，应改为"必需的条件"。

14．B．副词"必定"不可用在"是……的"中间，应改为形容词"必然"，强调事物的客观规律。

15．B．副词"必定"、"一定"都可以表示主观上的推断，但"必定"多用于推测他人的想法，"一定"可用于表示态度坚决，可用于要求别人或自己做某事。故应将"必定"改为"一定"。

16．B．副词"实际上"表示所说的是真实情况，修饰谓语动词作状语，故应改为"战胜自己实际上是最难的事情"。

17．C．时间副词"已经"、"就"同时作状语，本句强调"很早以前"即时间早，故表示时间早的"就"应放在"已经"之前，本句应改为"很早以前就已经……"。

18．D．"也"表示类同，即表示两种事物具有同样的性状或动作行为，同一事物具有两种性状或动作行为。本句表示两种事物具有同样的动作行为"做梦"，故应改为"我睡觉时也做各种各样的梦"。

19．B．"有点儿"多修饰表示消极意义的动词或形容词，不修饰一般动词，故可改为"我的想法改变了"。

20．C．副词"只能"表示不得不，"完全"表示全部，放在所修饰的动词或形容词前，如"他的话我完全听懂了"、"病完全好了"。故本句应改为"经济方面只能完全依靠父母"。

分项测试（9）

一、将所给的词语填到适当的位置上

1．A 2．A 3．B 4．A 5．A 6．A 7．A 8．B
9．B 10．C

二、判断选择

1．B 2．A 3．A 4．A 5．D 6．B 7．C 8．B
9．D 10．A 11．A 12．A 13．D 14．A 15．C 16．A
17．D 18．A 19．C 20．B

三、改错

1．C．"终于"表示经过种种变化或等待之后出现的情况，不用于问句，应改表示"进一步追问"的"究竟"或"到底"，即"到底见到……"或"究竟见到……"。

2．A．主语为疑问代词时，"到底"应放在主语前面，故应改为"你们公司到底谁去……"。

3．D．"长期以来"表示某种状态的持续，本句所表示的是因果关系，故可将"长期以来"改为"这样一来"。

4．C．在让步转折关系的句子中，表示某事情到最后还是发生了，应使用"毕竟"，不用"到底"。

5．B．"毕竟"表示追根究底所得到的结论，一般用于表示让步或转折关系的句子中，一般不用于经过较长时间或较艰苦的过程，所希望达成的结果前面，应改为"终于"。

6. C. "毕竟"表示追根究底所得到的结论，一般用于表示让步或转折关系的句子中，一般不用于"经过一段时间，某事如意料之中所发生的结果"前，应改为"惨剧到底发生了"。

7. B. "终于"表示经过种种变化或等待之后出现的情况，一般不用于经过一段时间，所担心或所不期望的结果前面，应改为"到底还是把……"。

8. A. "到底"可用于主语前，但一般不用于主语前表示停顿，应改为"终于，他说出了……"。

9. D. "偏"表示事实跟主观愿望相反，可用于主语后，不能用于主语前，故应改为"他偏又不在家"。

10. B. 主语为疑问代词时，"究竟"用于主语前面，应改为"究竟什么使他……"。

11. B. 副词"到底"只可修饰动词或形容词，即作状语，不可用于动词后，应改为"这到底是……"。

12. B. "到底"表示进一步追问，主语是普通名词或代词时，可用在主语前或后；主语是疑问代词时，只能用在主语前。故应改为"到底什么才是……"。

13. C. 副词"居然"表示出乎意料，应放在所修饰的动词或小句前，句中"居然"位置不当，应改为"出来发现我新买的自行车居然不见了"。

14. B. "万万"表示无论怎样，只用于否定式中，应改为"千万要……"或"一定要……"。

15. B. 副词"万万"不可用于主语前，应改为"我万万没想到"。

16. C. "居然"只表示出乎意料，不可以表示程度加深，"竟"可表示程度加深，有"以至于"的意思，故应改为"竟忍不住大声地……"。

17. D. 副词"竟然"表示出乎意料，修饰动词或形容词，在主语后作状语，不可用于主语前，故应改为"你这个当事人竟然一点儿……"。

18. C. "大约"表示估计，一般只对时间、年龄、长度或重量等数量方面进行估计，不表示对情况的推测或判断；副词"大概"可以表示对数量或情况的估计，故应将"大约"改为"大概"。

19. B. 副词"大概"表示对情况的推测或判断，强调判断是根据客观情况做出的；"恐怕"也表示对情况的推测或判断，强调判断是根据个人主观上的看法做出的，带有商量的口吻。故应将"大概"改为"恐怕"。

20. B. 副词"大概"表示对情况的推测或判断，强调判断是根据客观情况做出的；"恐怕"表示对情况的推测或判断，强调判断是根据个人主观上的看法做出的，表示对事物的"担心"应该用"恐怕"不能用"大概"。故应改为"恐怕他再也……"。

分项测试（10）

一、将所给的词语填到适当的位置上

1. D　2. C　3. C　4. B　5. B　6. A　7. D　8. C
9. D　10. B　11. C　12. B　13. A　14. A　15. B　16. A
17. B　18. C　19. B　20. D

二、判断选择

1. C　2. B　3. A　4. D　5. A　6. C　7. A　8. A

9．B　　10．D

三、改错

1．A．副词"常常"不可用于名词前作定语，应改为"通常的情况"。

2．A．副词"一直"表示动作或状态的连续性，本题表示"曾经有过一次"，故将"一直"改为"一度"。

3．B．副词"常常"不可受程度副词"太"的修饰，不作定语，可改为"是很平常的事"。

4．B．"常常"表示动作行为发生的频率，不表示动作行为的一般性，应改为"通常"。

5．C．"往往"是对已出现的情况的总结，有一定的规律性，不用表示主观意愿，句子中需要指明与动作有关的条件、情况，而"常常"不需要。故应改为"他常常在周末……"。

6．D．"通常"修饰单音节动词时，句中需指明一定的条件（时间、方式、地点等），故应改为"常常"。

7．A．"往往"是对已出现的情况的总结，有一定的规律性，句中需要指明与动作有关的条件或情况，不表示通常情况，故可将"往往"改为"一般"或"通常"。

8．A．"常常"表示动作行为发生的频率，"一直"表示动作状态的连续性，即"始终不断"，故本题应将"常常"改为"一直"。

9．C．"一向"一般不用于划定时间范围的句子，可将"一向"改为"一直"。

10．D．副词"常常"表示动作行为发生的频率，一般不放在主语前，故改为"我常常会……"。

11．B．"一再"含有不止一次的意思，多修饰跟说话有关的动词，表示动作多次进行或反复进行；"反复"强调一遍又一遍，从头到尾的过程，可修饰一般性动词或跟说话有关的动词。故应将"一再"改为"反复"。

12．B．"屡次"含有不止一次的意思，后面跟一般性行为动词，不用跟说话有关的动作动词。故可将"屡次"改为动作多次进行的"一再"。

13．D．"逐渐"侧重于在一定基础上出现的慢慢变化；"渐渐"侧重于新产生的，从无到有的变化。故应将"渐渐"改为"逐渐"。

14．B．"逐渐"强调随时间变化而变化，侧重于自然而然的变化，可修饰动词或形容词；"逐步"强调有意识的，一步一步的变化，只修饰动词性词语。故应将"逐渐"改为"逐步"。

15．A．副词"幸亏"表示由于有利条件的出现，而使不希望的事情没有发生，多用于突然发生的不希望的情况；"反正"强调某种情况或原因，用于前一分句，后一分句进一步说明自己的意见和主张，常与"就"或"可以"等搭配使用。故应将"幸亏"改为"反正"。

第九章　介　　词

实力测试（1）

一、将所给的词语填到适当的位置上

1．B　　2．D　　3．A　　4．B　　5．A　　6．B　　7．B　　8．C
9．D　　10．B　　11．C　　12．D　　13．B　　14．A　　15．C　　16．B
17．B　　18．D　　19．B　　20．B

二、判断选择

1. C　　2. B　　3. C　　4. A　　5. B　　6. C　　7. B　　8. B
9. A　　10. A　　11. C　　12. B　　13. D　　14. C　　15. B　　16. A
17. C　　18. C　　19. C　　20. B

三、改错

1. D. "对"表示人或事物之间的对待关系，本题为上文所引起的结果，故应改为表示结果的"使"，即"使很多抱着……"。

2. A. "把"字句的否定词语应放在介词"把"之前，应改为"并没有把你说的……"。

3. D. 通过动作使某事物到达某一点应用"到"而非"在"，应改为"把汽车开到……"。

4. A. "在"一般表示"静态"的时间，不用于"动态"的变化，应改为表示"动态"的"到"，即"我到现在才……"。

5. B. 不能连带双宾语的动词有双宾语时，应使用介词将其中一个宾语提前。"添"不可连带双宾语"麻烦"、"他"，应改为"不应该再给他添麻烦了"或"不应该再麻烦他了"。

6. D. 动词"感激"可以连带宾语，不必用介词引进宾语，应改为"我非常感激他们"或"对他们非常感激"。

7. C. 可以连带双宾语的动词一般不必用介词引进宾语，动词"问"可连带双宾语，不应用介词"对"引进宾语"他"，故应改为"你怎么能问他……的问题呢"。

8. D. "在"不可表示"动态"的时间变化，故应改为表示"动态"变化的"到"，即"一直到昨天才还给公司"。

9. A. 介词"以"可以表示凭借或原因等，不表示从某个角度论述问题，应改为"从"。

10. B. 介词"跟"引进动作协同的对象，多用于双方行为。本题引进动作行为的接受者，为单方行为，故应改为"我急忙给朋友……"。

11. A. "顺着"表示依着某方向移动，如"顺着大道走"，但不可用于抽象方面，可改为"沿着怎样的方向走"。

12. A. "根据"表示把某种事物作为结论的前提或语言行动的基础，后面可带有双音节名词宾语，不可带小句宾语，故应改为"根据新华社的报道……"或"据新华社报道"。

13. A. "按照"表示根据或依照，多修饰双音节名词宾语，后面不可使用动宾结构词语，应改为"按照……说法"。

14. A. 介词"沿着"不可作谓语，应放在谓词性词语前面作状语，故应改为"我沿着……路跑着、跳着、笑着"。

15. B. 本题二三句为目的关系，即二句是目的关系复句的前一分句，"为的是"应用于后一分句，故应将"为的是"改为"为了"。

16. B. 动词"躺"与介词短语补语"在"之间不可加入任何成分，故应改为"躺在床上……"。

17. B. "在"构成的介词短语应放在谓语动词前作状语，故应改为"他在……里度过了大部分时间"。

18. D. 介词"对"表示人与人之间的对待关系，不用于引进动作行为的受损者，故应改为"反而给朋友帮了倒忙"。

19. C. "趁着"表示"利用……机会"或"在……的时候"，后面一般不可带单音节词

422

语，可改为"趁着现在有空儿"。

20．B．"在……中"构成固定格式，表示过程或范围，故应改为"他也许在每天学习过程中"。

实力测试（2）

一、将所给的词语填到适当的位置上

1．C　　2．A　　3．B　　4．B　　5．A　　6．A　　7．B　　8．A
9．C　　10．A　　11．B　　12．A　　13．D　　14．B　　15．A　　16．B
17．C　　18．B　　19．C　　20．B

二、判断选择

1．D　　2．A　　3．B　　4．B　　5．C　　6．B　　7．B　　8．A
9．A　　10．D　　11．C　　12．A　　13．B　　14．B　　15．B　　16．C
17．B　　18．B　　19．A　　20．A　　21．C　　22．C　　23．C　　24．C
25．D　　26．B　　27．C　　28．B　　29．B　　30．B

三、改错

1．A．介词"对于"表示人、事物、行为之间的对待关系，与名词或代词构成介词短语，在句中作定语或状语，但不可作主语，故应将"对于"去掉。

2．C．"由于"表示原因，不可引出施动者，应改为"由……决定"。

3．A．"对于"引进动作的对象，而不表示动作行为所涉及的范围或内容，故应改为"关于"。

4．B．"正当……时"强调某事件正在发生时，出现新的情况，用于句首，应改为"正当大家……"。

5．C．"从……到……"表示处所、时间、范围、发展、变化等，故应改为"从娃娃皇帝到假皇帝……"。

6．D．"向"、"朝"表示动作的方向时，如果介词后面紧跟有"着"，动词为动作动词或状态动词，可用"向"或"朝"，如：燕子朝着（向着）南方飞去；"向"、"朝"表示动作行为的对象时，如果介词后面紧跟有"着"，只能用"朝"，不能用"向"，如：可以说"他朝着我笑笑"，而不能说"他向着我笑笑"。故本句应改为"他朝着老师……"或"他向老师……"。

7．C．本题表示被动意义，故应改为"被欺骗的感觉"。

8．A．"从"表示动作发生的时间起点，与题意不符，应将"从"去掉。

9．B．"自打"只可表示过去时间的起点，不用现在或将来，可改为"从……开始"。

10．A．"从"表示处所、来源的起点，跟处所词语或方位词语组合，所构成的介词短语一般不可放在主语前作状语，故应改为"他早上刚从家乡回来……"。

11．C．"每当……时"表示事情发生的时间，本句并无此意，本题表示动作行为的次数，故应改为"每次回到家"。

12．C．动词"劝"可以带宾语，不必用介词引进宾语。故可改为"劝别人"。

13．A．"从"与名词或代词构成介词短语在句中作定语或状语，不可作主语，故应将"从"去掉。

14．B．介词短语可在句中充当定语、状语或补语，但不可充当主语，介词"关于"造成全句成分残缺的语病，故应将"关于"去掉。

15. D."打"只可表示时间或处所的起点,不可表示范围的起点,故应改为"他才从昏迷中……"。

16. A."关于"所构成的介词短语不可在主语后作状语,可改为引进动作对象的"对于"或"对"。

17. C."对"引进动作的对象,不可引进原因,本题所表示的是"发愁"的原因,故应改为"为……而……"。

18. D. 主体与客体的关系颠倒了,不应该是"使观众对话剧的吸引力……"而应是"使话剧对观众的吸引力……"。

19. C."在"可表示处所,不可表示动作针对的对象,更不可用于表示人的名词或代词前面,故应改为"朝"。

20. A."和"既有连词用法,又有介词用法,但"和"两边所对应的成分都应该是对等的,一般也不连接谓词性词语,故本句可改为"听取了同学们的汇报并观看了同学们的表演"。

21. B."对……来说"表示从某某角度看问题,介词后多是表示人的名词或代词,不能用于列举;"拿……来说"可以表示列举,故应改为"拿我的朋友来说"。

22. C."拿……来说"表示从某个方面提出话题,可以用于表示列举,不能表示从某人某角度看问题,故应改为"对他来说"。

23. C."对……来说"表示从某人某角度看问题,介词后多是表示人的名词或代词,用在谓语前作状语或句首,不能作定语,故应改为"我的男朋友对我来说也是……"。

24. D."对"表示人或事物的对待关系,如表示从某人某角度看问题,应使用"对……来说"形式表示,故应改为"小感冒对我父亲来说……"。

25. D."为……而……"构成固定格式,表示目的,故应改为"应该为减少……"。

26. B."顺着"表示事物经过的路线,不能修饰表示抽象意义的名词性词语;"沿着"表示事物经过的路线,可修饰表示具体或抽象意义的名词性词语,故应将"顺着"改为"沿着"。

27. B."顺着"不能表示人或事物存在的处所;"沿着"可以表示人或事物存在的处所,后面跟单音节名词,故改为"沿街摆满了鲜花"。

28. C. 介词"向"指明动作行为的对象,修饰与身体有关的具体动词,介词后不可以紧跟"着",故可改为"向我点点头"或"朝着我点点头"。

29. B."朝"、"向"或"往"都可以用来表示动作的方向,如果后面是表示动作行为的动词,用"朝"、"向"或"往"都可以,如:"朝(向/往)前看","火车朝(向/往)南开去";如果后面的动词是状态动词,并有表示持续意义的助词"着"时,只能用"朝"或"向",不能用"往"。故可将"往"改为"朝"。

30. C. 介词"对"表示人、事物之间的对待关系,不能用于引进动作行为的接受者。故应将"对"改为"给"。

实力测试(3)

一、将所给的词语填到适当的位置上

1. C   2. A   3. A   4. C   5. C   6. B   7. A   8. C
9. A   10. D   11. B   12. A   13. A   14. D   15. B   16. C
17. A   18. A   19. B   20. C

二、判断选择

1. C	2. A	3. A	4. A	5. A	6. C	7. C	8. B
9. D	10. D	11. D	12. A	13. A	14. C	15. B	16. A
17. C	18. C	19. B	20. A	21. D	22. B	23. A	24. A
25. A	26. C	27. C	28. C	29. A	30. B		

三、改错

1．D．因"好心人的帮助"而产生某结果"我很感动"，故应将介词"把"改为动词"使"。

2．C．"把"字句中表示否定意义时，否定词语应放在"把"前，故应改为"别把……"。

3．B．"叫"表示被动，应构成"叫+名词或代词+谓语动词+其他"形式，不可直接用于谓语动词前，故应改为"叫人无缘无故地给打了一顿"或"被无缘无故地打了一顿"。

4．C．时间副词"已经"与表示对象的介词短语同时作状语时，时间副词应用在介词短语的前面，故应改为"已经把……"。

5．C．"把"字句的谓语动词不可用可能补语表示，故可将可能补语"写得完"改为结果补语"写完"。

6．D．本题所表达的为"主人请我们吃水果点心"而非"主人代替我们吃"，故应改为表示使令意义的动词"请"、"让"等，即"请我们吃"或"让我们吃"。

7．C．"被"表示被动意义，引进动作的施事，故应将"被"去掉或改为"被邀请到……"。

8．D．"把"字句中如果有否定副词时，否定副词应用在"把"的前面，故应改为"还没把……"。

9．C．"把"引进动作的受事者，不表示"花费金钱"，应改为"用"。

10．B．"让"作动词表示使令意义，作介词表示被动意义，本题显然不符，故应将"让"去掉。

11．C．"被"表示被动意义，引进动作的施事，句中"当选"不表示被动意义，故不能与"被"一起使用，可改为"被……提升为……"。

12．B．"叫"表示被动意义，后面必须带有名词性词语，不可直接用在谓语动词前，可改为"叫他打乱了"或"被打乱了"。

13．A．"把"引进动作的受事者，"被"引进动作的施事者，应改为"我被……所……"。

14．B．受事者与施事者位置颠倒，产生歧义，应改为"我都被父亲……"或"父亲都把我……"。

15．C．"把"字句中谓语动词不可连带可能补语，可改为"把……洗出来"。

16．D．"把"字句中有能愿动词时，能愿动词应放在"把"前，故应改为"可以把……"。

17．A．"把"的谓语动词一般不用动词的单纯形式，多带其他成分（动态助词、补语、宾语等），可改为"把……挥霍掉"。

18．C．感觉认知动词不可用于"把"字句中，可将"把"去掉，即"怎么就感觉不到他对你……"。

19．C．"把"的宾语多是确指的，一般不带不确指的数量定语，可改为"把那几件……"。

— 425 —

20. B. 使令动词"令"只用于人及和人的感情有关的动词,"认识"与感情无关,应改为"使"。

21. B. "把"字句的谓语动词后可使用程度补语,但不能用"极了"。另外,"看到"和"高兴"使用的是同一主语"妈妈",故应将"把"去掉。

22. A. "把"的谓语动词后一般不能用动态助词"过",故应将"过"去掉或改为"我们已经研究过了你的……"。

23. D. "把"字句中如果有否定副词时,否定副词应用在"把"的前面,故应改为"不把事情……"。

24. B. "被"用于被动句,表示被动;"由"用于主动句,引出施事者,表示某事归某人去做。故应将"被"改为"由"。

25. D. 心理活动的动词"重视"不能充当"把"的谓语动词;"对"可表示人或事物之间的对待关系,故可将"把"改为"对"。

26. C. 介词"把"表示对人或事物的处置,构成介词短语在句中作状语,不能表示引起一定的结果,故应将介词"把"改为动词"使"。

27. A. "给"作动词时,可介绍出容许或致使的对象,如"服务员给我看了另一个房间",不能表示某意图、计划或事物引起一定的结果,故应将"给"改为"使"表示某意图、计划或事物引起一定的结果。

28. C. 动词"使"可表示某意图、计划或事物引起一定的结果,不能引进服务的对象,故应将"使"改为介词"给"引进服务的对象。

29. C. "被"用于被动句,表示被动,本句不表示被动,故应将"被"去掉或改为助词"给"。

30. B. "被"用于被动句,表示被动,不表示致使或容许,故可将"被"改成动词"让"或"使"表示致使或容许。

第十章 助 词

实力测试 (1)

一、将所给的词语填到适当的位置上

1. D 2. C 3. D 4. C 5. C 6. C 7. D 8. D
9. D 10. B 11. C 12. B 13. C 14. D 15. C 16. A
17. D 18. B 19. B 20. D

二、判断选择

1. C 2. D 3. D 4. D 5. D 6. A 7. B 8. B
9. C 10. C 11. A 12. C 13. B 14. B 15. B 16. C
17. C 18. B 19. A 20. A

三、改错

1. D. 单音节形容词作定语一般不加结构助词"的"。"男"为单音节形容词,故应讲"的"去掉,即改为"男同学"。

2. B. 动词作定语应加结构助词"的",而非"得",故应改为"说的汉语"。

3. D. "不断"修饰动词,即作状语,应加结构助词"地",而非"的",故应改为"不断地总结……"。

4. D. 形容词的重叠形式"好好"修饰动词性词语,即作状语,应加结构助词"地",而非"得",故应改为"好好地休息……"。

5. C. "所+动词+的"构成"所"字结构,在句中修饰名词性词语,即作定语,故应改为"所具备的心态……"。

6. D. "说不出话来"为"紧张"的程度,故为程度补语,而非谓语,应改为"紧张得说不出话来"。

7. C. 介词短语"在……时"在句中修饰名词性词语,即作定语,应加结构助词"的",故可改为"在……时的心态"。

8. C. 双音节形容词"坚定"修饰动词性词语,即作状语,应加结构助词"地",故应改为"坚定地……"。

9. D. 动词"帮助"带小句宾语"孩子学习效率的提高",动词"提高"在本句中应充当小句谓语,而非宾语。故应改为"帮助孩子提高学习效率"。

10. C. 双音节形容词"严格"修饰动词性词语,即作状语,应加结构助词"地",故应改为"严格地……"。

11. C. 结构助词"的"修饰名词性词语,而非动宾结构,句中"说话"为动宾结构,故应改为"你的话……"。

12. D. 序数词"第一次"一般不修饰名词性词语,即不作定语,修饰动词性词语,即作状语,故应改为"第一次说谎"。

13. C. 指示代词"这样"修饰名词性词语,即作定语,应加结构助词"的",故应改为"这样的……"。

14. C. 形容词"一样"修饰名词性词语,即作定语,应加结构助词"的",故应改为"一样的……"。

15. D. 形容词短语"更大"修饰名词性词语,即作定语,应加结构助词"的",故应改为"更大的问题"。

16. B. 动词"是"作谓语,宾语应是名词性词语,而"很陌生"是形容词短语,故应改为"是很陌生的"。

17. B. 形容词短语"非常认真"修饰动词性词语,即作状语,应加结构助词"地",故应改为"非常认真地……"。

18. D. 动词"是"作谓语,宾语应是名词性词语,而"人之常情"即为名词性,不应加"的",故应改为"这是人之常情"。

19. B. 动词"讲述"在句中作定语,应加结构助词"的",而非"得",故应改为"故事讲述的是……"。

20. C. 指示代词"这样"作定语修饰名词性词语,而非动宾结构,"结婚"为动宾结构,故应改为"这样的婚姻……"。

实力测试(2)

一、将所给的词语填到适当的位置上

1. D   2. A   3. D   4. C   5. B   6. D   7. B   8. D

9. C	10. A	11. B	12. C	13. B	14. C	15. D	16. A
17. C	18. B	19. A	20. D	21. C	22. A	23. B	24. C
25. A	26. C	27. C	28. B	29. B	30. B		

二、判断选择

1. C	2. A	3. B	4. B	5. C	6. B	7. C	8. C
9. B	10. C	11. D	12. D	13. A	14. B	15. C	16. B
17. C	18. C	19. C	20. C				

三、改错

1．C．表示持久性的精神状态，不表示具体动作，动词后一般不用表示完成的动态助词"了"。心理活动的动词"喜欢"表示持久的精神状态，不表示具体动作，故不可使用表示完成的动态助词"了"，可改为"我就慢慢喜欢上了他"。

2．B．兼语句中，动态助词"过"一般不放在第一个动词后，故应改为"从来没让父母为他的功课操过心"。

3．B．连动句中，后一个动作行为是前一个动作的目的，动态助词"过"或"了"不能放在前一个动词"来"、"去"、"到"之后，只能放在后一个动词后。故应改为"曾来中国学习过汉语"。

4．D．表示经常性的动作一般不用动态助词"了"，故应将"了"去掉。

5．B．询问状语"时间"不用表示完成、变化的"了"，应使用语气助词"的"，即改为"你什么时候去的"。

6．A．动词重叠后不可带动态助词"了"、"着"、"过"，故应改为"我早就问过他"。

7．C．句中虽有时量词，但不表示动作完成，也不可使用表示完成的"了"，故应将"了"去掉。

8．B．表示持续性动词，动词后不能用动态助词"了"，故应将"了"去掉。

9．D．谓语动词前有副词"才"，句末一般不用语气助词"了"，故应将语气助词"了"去掉。

10．D．动词与结果补语之间不可加入任何成分，故应改为"说清楚了"。

11．C．连动句中前一个动词表示后一个动词的行为方式，而非动作完成，故不使用表示完成的动态助词"了"，应使用表示方式的"着"，故应改为"他挥着手说"。

12．C．动词前有否定词"没"，动词后一般不可使用动态助词"了"，故应将"了"去掉。

13．B．连动句中后一个动词表示目的，本句的目的是"找老师"而非"去网球场"，动词顺序错误；连动句中，后一个动词表示前一个动作行为的目的，前一个动词后不用"了"。故应改为"去网球场找了老师"。

14．C．兼语句的第一个动词一般不用"了"，应改为"公司派我去了……"。

15．C．动词前有否定词"没"，动词或补语后不用动态助词"了"，应将"了"去掉。

16．B．"动词+着"不可用在表示处所意义的词语前面，应改为"挂在"。

17．C．表示动作正在进行的副词"在"与表示动作完成的"了"不可同时使用，故应将"了"去掉。

18．B．动词与结果补语之间不加任何成分，故应将"着"去掉。

19．C．复合趋向补语，句中没有宾语时，"了"用在谓语动词后或补语后；有宾语时，

"了"用在补语后，不能用在谓语动词后。故应改为"带回去了一大包脏衣服"。

20．C．"动词+着"后面不可使用表示一段时间的时量词，应改为"倒了三天了"。

21．B．"动词+着"后面不可使用表示动作次数的动量词，故应改为"读了三遍了"或"读三遍了"。

22．C．本身含有持续意义的动词不加"着"，故应将"着"去掉，即"喜欢别人看似……"。

23．B．连动句中后一个动词表示前一个动作行为的目的，而前一个动词又是"来"、"去"、"到"等动词时，第一个动词一般不加"过"，应改为"没来看过他"。

24．D．"动词"+一下儿即具有动词重叠的用法。双音节动词重叠以后动词之间一般不加动态助词"了"，可改为"讨论过了这个问题"。

25．C．时量补语的谓语动词如果是非持续性动词或带有结果补语、趋向补语的动词，谓语动词后如有宾语，则动词与宾语之间不能加动态助词"了"或"过"。故应改为"来北京三个月了"。

26．B．在连动句中，后一个动词表示前一个动作行为的目的，"了"不能用在前一个动词后，应用在后一个动词后，故应改为"找老师问了这个问题"。

27．B．在连动句中，前一动词表示方式，"了"不能用在前一个动词后，后一个动词后可用"了"，本句表示经常性的情况，不能用动态助词"了"。故应将"了"去掉。

28．D．动词后有"在+处所补语"时，"了"应用在"在"后面和处所词语前，故应改为"坐在了地上"。

29．B．动词后有处所宾语时，应该用"在"，而不能用"着"，故改为"正躺在床上看书呢"。

30．B．在连动句中，后一动词表示前一个动作行为的目的表，前一个动词不用动态助词"过"，应用在后一动词后面，故改为"来北京旅行过"。

实力测试（3）

一、判断选择

1．D   2．B   3．A   4．A   5．A   6．A   7．B   8．A
9．A   10．B   11．B   12．C   13．C   14．A   15．C   16．C
17．C   18．A   19．B   20．A

二、改错

1．D．是非句不用句末"吧"，应改为"吗"，即"他会高兴吗"。

2．D．本句为"是……的"结构，强调发生在过去的原因，句末不用语气助词"了"，应改为"是为了……爬山的"。

3．C．"难道……吗"构成反问句式，而非"啦"，即改为"难道不……吗？"

4．D．句中肯定形式与否定形式同时出现，为正反疑问句，应用"呢"，而非"吗"，即"是否可以……呢"。

5．D．"岂能"表示反问语气，应使用"呢"，而非"嘛"，即"岂能……呢"。

6．D．"嘛"不用问句，此句所表达的是"我说什么也没有用"即为反问句，应使用"呢"，而非"嘛"，即"我说什么……呢"。

7．C．"就拿……来说吧"表示例举，而非"啊"，即"就拿……来说吧"。

429

8．B．"呢"用于假设句或假设对举句，含有让对方思考的意思，"吧"用于假设对举句，表示说话人左右为难的心理，本题表示让对方思考的意思，故应用"呢"，即"你不跟我合作呢"。

9．A．用于假设对举句的句末停顿，表示说话人左右为难的心理，句末用"吧"，不用"呢"，即"我去求他吧……，不去求他吧……"。

10．C．程度副词"特别"表示程度高，修饰动词或形容词，不能用表示变化的语气助词"了"，故应将"了"去掉。

11．C．"难道……吗"构成反问句式，而非"了"，即"难道就没给……吗"。

12．C．表示例举某种事物，应使用"啊"而非"呢"。

13．C．"就算……吧"表示让步，而非"呢"，应改为"就算这件事……吧"。

14．D．句中带有疑问代词的特指问句，应用"呢"，而非"吗"，即"怎么办呢"。

15．B．"嘛"不用问句，回答时用肯定或否定形式回答的是非句应使用"吗"而非"嘛"。

16．C．"太＋动词/形容词＋了（啦）"表示程度很高，应使用"了"或"啦"，而非"啊"。

17．B．表示道理应该如此，显而易见应使用"嘛"而非"吗"，即"有什么……嘛"。

18．C．本题表达的是很肯定的语气，而非估计、推测语气，"会……的"表示肯定语气，故应使用"的"，而非表示估计推测语气的"吧"，即"他就会……的"。

19．B．"可＋动词/形容词＋了（啦）"表示程度很高，故应使用"了"或"啦"，而非"呀"。

20．B．"何苦……呢"表示反问语气，而非"吗"，即"你又何苦……呢"。

第十一章　特殊句式

一、将所给的词语填到适当的位置上

1．C　　2．B　　3．B　　4．A　　5．B　　6．A　　7．A　　8．B
9．B　　10．B　　11．C　　12．B　　13．D　　14．D　　15．A　　16．B
17．A　　18．B　　19．C　　20．A

二、判断选择

1．B　　2．D　　3．B　　4．A　　5．A　　6．B　　7．B　　8．A
9．C　　10．B　　11．A　　12．A　　13．C　　14．B　　15．D　　16．D
17．D　　18．B　　19．D　　20．D　　21．B　　22．C　　23．D　　24．A
25．D　　26．B　　27．A　　28．B　　29．C　　30．B

三、改错

1．D．连动句的后一个动词表示的动作行为是前一个动词表示的动作行为的目的，本题"走走"是"出去"的目的，故应改为"自己一个人出去走走"。

2．D．状语"在街上"不可放在谓语动词后，应放在谓语动词前，故改为"只好在街上随便……"。

3．B．表示某处存在、出现或消失某人或某事物的存现句，一般不用介词引进处所词或时间词，故应将"在"去掉，即"只因去年……"。

4．D. 连动句表示几个动作先后发生，后一个动作发生时，前一个动作已经结束。应改为"忙站起身来给我们倒茶"。

5．B."看到"与"想起"的主语均为"我"，本句不是兼语句，应将"使"去掉。

6．D. 谓语动词不可放在主语前，故应改为"几个……学生跑进来"。

7．C."动词+着"后面一般不带处所宾语，故应将"着"去掉，即"放在……里"。

8．B. 可连带双宾语的动词一般不用介词引进宾语。"告诉"可带双宾语，不必用介词"对"引进宾语"他"，应改为"我已经告诉过他你……"。

9．B. 两个谓语动词"看到"的主语均为"我"，故本句不是兼语句，应将"使"去掉。

10．B. 动词"问"可以连带双宾语，不必用介词引进宾语，应改为"问一问他"。

11．D. 存现句一般不用介词引进处所词或时间词，应将"从"去掉。

12．C. 存现句表示否定意义时，宾语前一般不带表示数量的定语，可改为"剧场里出来的观众还不多"。

13．B. 存现句的宾语一般是不确指的，宾语前一般不带表示确指意义的数量定语，故应将表示确指意义的"这"去掉，即"远处就开来一辆……"。

14．C."动词+着"后面一般不用处所词，应使用"动词+在"的形式表示，故应改为"站在……上"。

15．C. 连动句的后一个动词表示的动作行为是前一个动词表示的动作行为的目的，本题的"目的"是买礼物，故应改为"匆匆去商店买了……"。

第十二章　定　　　语

一、将所给的词语填到适当的位置上

1．A　　2．A　　3．A　　4．A　　5．C　　6．C　　7．C　　8．C
9．C　　10．D　　11．B　　12．D　　13．B　　14．C　　15．D　　16．A
17．B　　18．C　　19．D　　20．B

二、判断选择

1．A　　2．D　　3．B　　4．A　　5．B　　6．C　　7．A　　8．A
9．A　　10．A　　11．A　　12．D　　13．C　　14．B　　15．A　　16．B
17．D　　18．A　　19．D　　20．A

三、改错

1．B."汉语"在句中作主语，动词"说"作定语，动词作定语应加"的"，而非"得"，故应改为"说的汉语……"。

2．D."什么样"在句中修饰名词"信念"，即作定语，应加"的"，故应改为"什么样的信念"。

3．C. 介词短语作定语应加"的"，应改为"在……时的心态"。

4．B. 句中几个定语同时修饰一个中心语时，一般限定性定语在前，描写性定语在后，故应改为"一家又干净又便宜的……"。

5．D. 定语的顺序有误，表示限定关系的数量定语应放在描写关系的定语前面，故应改为"一个面带微笑……"。

6．C."夫妇"为"丈夫与妻子"之意，当选者应为"其一"，定语"新当选"修饰主语

"总统夫妇"显然不妥,可改为"新当选的该国总统携夫人……"。

7. B. 并列关系的定语顺序有误,应改为"这可是一部促人猛醒、启人深思、催人奋进的好书"。

8. D. 句中几个定语同时修饰一个中心语时,一般限定性定语在前,描写性定语在后;句中有两个以上形容词性词语作定语,一般音节多的在前,音节少的在后;表示质料、职业、比喻意义的名词作定语时,一般不加"的"。故应改为"一条非常漂亮的纯绵连衣裙"。

9. B. "真+形容词"不修饰名词性词语,即不作定语,可改为"很敬佩的……"。

10. B. "漫天"修饰宾语"大雾",应放在宾语之前,应改为"下起了漫天大雾"。

11. D. "拥有……公司"是"集团公司"的定语,应放在所修饰的名词性词语"集团公司"的前面,应改为"一家拥有……上市公司的集团公司的董事长"。

12. A. 指量词语作定语一般不加"的",应改为"这些书稿"。

13. A. "动词+在"一般不作定语,故应改为"他住的地方"。

14. B. "关于"所构成的介词短语不能放在宾语后面,一般放在主语前作状语,应改为"关于……生活,我们……"。

15. A. 形容词短语"又宽敞又舒适的"修饰宾语"五星级酒店",应放在所修饰的名词性词语前,故应改为"一家具有……的又宽敞……的五星级酒店"。

16. B. 动词修饰名词性词语,即作定语应加结构助词"的",故应改为"上的课"。

17. D. 形容词短语作定语一般加"的"。"越来越多"为形容词短语,故应改为"越来越多的人……"。

18. D. 短语作定语一般加"的"。故应改为"洋洋自得于个人小天地的孤陋的生活"。

19. A. 数量词作定语,表示限定关系时不可加结构助词"的",故应改为"某种意义"。

20. B. 句中有多项描写性定语时,一般主谓短语在前,形容词短语在后,故应改为"妈妈亲手缝制的一件非常暖和的……"。

第十三章　状　　语

一、将所给的词语填到适当的位置上

1. B　　2. A　　3. B　　4. C　　5. A　　6. C　　7. C　　8. B
9. A　　10. B

二、判断选择

1. A　　2. A　　3. C　　4. A　　5. D　　6. C　　7. B　　8. B
9. C　　10. D　　11. A

三、改错

1. C. "极"作程度副词,表示达到最高的程度,既可以作状语,如"极好",也可以作补语,如"好极了",但不能连带宾语,本题"极"作带宾语的"像"的补语不合语言习惯。故可改为"极像……"。

2. A. 表示时间的量词"年"、"季"、"月"、"日"、"天"等重叠,有"每一"的意思,一般放在主语后作状语,故可将"天天"改为"每天"。

3. C. 能愿动词表示否定意义时,否定词"不"应放在能愿动词前,故改为"不应该放弃……"。

4. C. 介词短语"在……中"作状语应用在谓语动词前,故应改为"应该在日常生活中增强……"。

5. C. "把"字句表示否定意义时,否定词语应在"把"前,故应改为"没有把……告诉他"。

6. D. 否定副词与"把"构成的介词短语同时作状语时,否定副词应用在介词短语前,故应改为"不会把……"。

7. D. 介词短语作状语应放在谓语动词的前面,应改为"对他的……有很大帮助"。

8. C. 表示时间的副词"将"与介词短语同时作状语时,时间状语在前,介词短语在后,应改为"将以一种……"。

9. D. 形容词重叠作状语一般加"地",应改为"气冲冲地……"。

10. D. 双音节形容词作状语一般加"地",应改为"尽可能客观地……"。

11. D. 表示时间的副词"已经"应放在表示程度的副词"越来越"的前面,应改为"已经越来越引起……"。

12. C. 表示频率的副词"常常"应放在表示依据或对象的介词前,应改为"常常用汉语跟……交流"。

13. C. 关联副词"也"应放在表示程度的副词"越来越"的前面,应改为"也越来越受到……"。

14. A. 表示时间的副词"早已"应放在表示对象的介词"被"的前面,应改为"早已被……"。

15. D. 表示语气的副词"定"应放在介词短语前作状语,应改为"定比……"。

第十四章 补　语

分项测试(1)

一、将所给的词语填到适当的位置上
1. A　　2. A　　3. B　　4. C　　5. C　　6. C　　7. B　　8. C
9. C　　10. B　　11. B　　12. C　　13. D　　14. B　　15. D

二、判断选择
1. B　　2. B　　3. A　　4. B　　5. A　　6. D　　7. C　　8. A
9. D　　10. D　　11. B　　12. D　　13. D　　14. B　　15. A

三、改错
1. B. 动量词"三次"应放在动词或形容词后作动量补语,故应改为"我找了他三次"。

2. A. 时量补语带名词宾语时,常构成"动词+时量补语+名/宾"形式,故应改为"学了三年汉语了"。

3. B. 时量词"六个月"应放在动词或形容词后作时量补语,故应改为"已经学习了六个月汉语"。

4. B. 动量补语带代词宾语,常构成"动词+代/宾+动量补语"形式,故应改为"求过他三回"。

5. C. 时量词应放在动词或形容词后作时量补语,常构成"动词+时量补语+名/宾"

形式，故应改为"一直睡了八个小时觉了"。

6. A. 结束性动词表示动作一发生即结束，即动作没有持续的阶段，起点和终点是重合的。结束性动词带有时量补语，又带有宾语时，谓语动词与宾语之间一般不加动态助词"了"或"过"。故应改为"离开家已经三年多了"。

7. C. 时量补语带名词宾语时，常构成"动词＋时量补语＋名/宾"形式，故应改为"已经研究三年雕塑了"。

8. B. 副词"一连"表示动作继续不断或情况连续发生。肯定句中，常构成"一连＋动词＋数量词"形式，时量词一般不放在动词或形容词前作状语，故应改为"一连下几天雨"。

9. C. 动量补语带代词宾语时，常构成"动词＋代/宾＋动量补语"形式，应改为"看了我一眼"。

10. A. 处所宾语"北京"不可放在谓语动词"来"前，应改为"来北京好几天了"。

11. D. 时量补语带名词宾语时，常构成"动词＋时量补语＋名/宾"形式，应改为"谈了整整一个上午话"。

12. D. 时量词应放在谓语动词后作时量补语，应改为"每天工作十二……"。

13. D. 时量词应放在谓语动词后作时量补语，应改为"每天复习多长时间功课"。

14. C. 动量补语带名词宾语时，常构成"动词＋动量补语＋名/宾"形式，应改为"交换了一下儿意见"。

15. D. 动量补语一般不用否定形式，表示否定意义时，动量词应放在谓语动词前作状语，应改为"还一次也没去过……"

16. D. 时量补语带名词宾语时，常构成"动词＋时量补语＋名/宾"形式，应改为"表演了十分钟的节目"。

17. D. 时量补语带名词宾语时，常构成"动词＋时量补语＋名/宾"形式，应改为"生了好几个星期病"。

18. B. "动词＋着"后面一般不可带时量补语，应改为"响了半天"。

19. C. "动词＋着"后面一般不可带动量补语，应改为"现在我第三次给他打电话"。

20. C. 时量词应放在谓语动词后作时量补语，应改为"等了他整整一天"。

分项测试（2）

一、将所给的词语填到适当的位置上

1. C   2. D   3. B   4. C   5. D   6. D   7. D   8. C
9. D   10. C

二、判断选择

1. B   2. B   3. B   4. A   5. A   6. C   7. B   8. B
9. C   10. A   11. D   12. B   13. B   14. A   15. A   16. A
17. B   18. A   19. C   20. A

三、改错

1. D. 表示无能力、时间完成某事应使用"过来"，应改为"忙活不过来"。

2. D. 表示由隐藏到显露，表示动作尚未完成，本题应使用"出去"而非"出来"。

3. C. 离合动词带趋向补语，常构成"谓语动词＋宾语＋来/去"形式，应改为"下起雨来"。

答案及释解

4．B．"下去"表示动作已开始，继续之意，本题表示动作开始应使用"起来"，应改为"哭起来"。

5．D．离合动词带有趋向补语，应改为"穿起时髦的衣服来了"。

6．D．"下去"、"下来"都可以表示状态的持续，"下去"强调继续，"下来"强调结果，故应改为"安静下来"。

7．B．表示状态开始，且形容词为积极意义的形容词，应改为"起来"，而非"上去"。

8．D．谓语动词后带有复合趋向补语，又带有宾语，宾语为表示人或事物的名词时，"动词+趋向补语+宾语"形式常表示已经发生的情况，故应改为"飘过来了一阵花香"。

9．C．表示动词本身的意义，应使用"起来"而非表示完成的"下来"。

10．D．表示回忆有了某种结果，应使用"起来"而非"出来"。

11．D．动词"交谈"不是离合动词，不可分开使用，应改为"交谈起来"。

12．A．简单趋向补语如果带有处所宾语时，常构成"动词+处所宾语+来/去"形式，故应改为"回韩国去"。

13．D．简单趋向补语表示命令语气时，应将宾语放在补语之前，即"拿钱来"。

14．C．表示动作继续，强调继续且形容词为积极意义的词语，应使用"起来"，而非"下去"。

15．B．表示恢复正常状态，应使用"过来"而非"起来"。

16．C．表示状态开始并继续，应使用"起来"，而非"下去"。

17．A．简单趋向补语带有处所宾语时，常构成"动词+处所宾语+趋向补语"形式，应改为"进超市去"。

18．D．表示继续，应使用"下去"，故应改为"过得下去"或使用"过得去"表示"还可以"的意思。

19．C．简单趋向补语带有处所宾语时，常构成"动词+处所宾语+趋向补语"形式，应改为"回家去"。

20．D．复合趋向补语的否定形式，用"不"否定时，否定词应放在补语之前，应改为"高兴不起来"。

21．A．复合趋向补语带有处所宾语时，常构成"动词+处所宾语+趋向补语"形式，应改为"骑回学校去"。

22．D．当趋向补语后没有宾语而处于句末时，通常用复合趋向补语表示，应改为"走进来"。

23．C．复合趋向补语带宾语表示已经发生的情况，常构成"动词+趋向补语+宾语"形式或宾语在复合趋向补语的中间，即"拿出来一大堆衣服"或"拿出一大堆衣服来"。

24．C．复合趋向补语带有宾语时，"动词+趋向补语+宾语"形式常用来表示情况已经发生，与本题还未发生的情况显然不符，表示未发生的情况，可改为"搬出一把椅子来"或"搬一把椅子出来"。

25．B．离合动词"说话"带趋向补语，应为"说起话来"。

26．D．本题表达的是状态的开始并持续，而非表示程度，故应将程度副词"特别"去掉。

27．A．趋向补语后不带动态助词"了"，表示结果尚未实现，本题动作结果已经实现，故应加动态助词"了"，应改为"租下了"。

28. D. 简单趋向补语带宾语时，表示动作尚未完成，宾语通常在简单趋向补语前，常构成"动词+宾语（表示人或物体的名词）+趋向补语"形式，应改为"寄……来"。

29. C. 复合趋向补语带有宾语表示已经发生的情况，常构成"动词+趋向补语+宾语"形式。故本题可改为"传出来……读书声"。

30. D. "把"字句的谓语动词不可带有可能补语。故可改为"老师提出的几个问题都没回答出来"。

分项测试（3）

一、将所给的词语填到适当的位置上

1. B 2. D 3. D 4. D 5. B 6. A 7. B 8. C
9. D 10. D

二、判断选择

1. C 2. C 3. C 4. B 5. D 6. B 7. D 8. C
9. D 10. C 11. D 12. A 13. C 14. B 15. B 16. C
17. C 18. A 19. D 20. B

三、改错

1. D. 可能补语表示否定意义，常构成"动词/形容词+不+可能补语"形式，故应改为"怎么也记不住……"。

2. B. "长不了"为"不可能长"之意，即专指身体，显然与本题不符，故应改为"长不大"。

3. B. 结果补语表示否定意义，常构成"没+动词+结果补语"形式，表示动作未取得某结果。可能补语表示否定意义，常构成"动词/形容词+不+可能补语"形式，表示不可能。故应改为"没看懂"或"看不懂"。

4. B. 动词与结果补语之间不加任何成分，应改为"放下了……"。

5. B. "听好"表示较好完成某动作，本题使用显然不妥，故应改为"听见了没有?"或"听清楚了没有"。

6. D. 结果补语表示否定意义，常构成"没+动词+结果补语"形式，表示动作没取得某结果，应改为"没吃完饭"。

7. C. "动词+不+得"有"不应该"之意，另外连动句的第一个动词不能使用可能补语，故应改为"不能去机场送你了"。

8. C. 结果补语连带宾语时，常构成"动词+结果补语+（了/过）+宾语"，故应改为"治好了很多乡亲的病"。

9. D. 动词与结果补语之间不可加入任何成分，故应改为"把他们唯一的宝贝送到寄宿学校读书"。

10. C. 结果补语表示否定意义时，常构成"没+动词+结果补语"形式，表示动作没取得某结果，应改为"好久没见到他了"。

11. C. 可能补语不可用于"被"字句中，应改为"我们会解决好这些问题的"。

12. C. 表示"不可能"听懂，应使用可能补语的否定形式，应改为"北京人都听不懂"。

13. A. 可能补语不可用于"把"字句中，可改为"你能说得服那个……"或"你能说服……"。

14. C. 连动句的第一个动词不能用可能补语, 故可改为"不能去医院……"。

15. B. 结果补语用"没"否定意义时, 表示动作没取得某种结果, 补语后不能使用"了", 故应将"了"去掉。

16. C. "吃不了"为可能补语, 表示不可能吃, 本题表达的是"不应该吃", 故应改为"不能吃"或"吃不得"。

17. D. 可能补语表示可能, 多用于未发生的情况, 本题是表示已经发生, 应使用表示"结果"的结果补语, 故应改为"没赶上"。

18. B. 结果补语表示否定意义时, 一般构成"没+动词+结果补语"形式。在假设条件句中用"不"来否定, 常构成"不+动词+结果补语"形式, 本题表示假设意义, 故应改为"不把这件事搞清楚决不罢休"。

19. D. 可能补语带宾语时, 宾语一般放在补语后面, 即"腾得出房间"。

20. A. 连动句的第一个动词不能用可能补语, 应改为"你能来我家……"。

分项测试（4）

一、判断选择

1. A   2. D   3. D   4. A   5. B   6. A   7. A   8. B
9. A   10. D   11. B   12. D   13. C   14. B   15. B   16. A
17. C   18. C   19. D   20. C

二、改错

1. B. 程度补语"动词/形容词+得+要命"的形式, 不可加"了", 故应改为"热得要命"或"热死了"。

2. D. 带宾语的动词后不能用"极了", 如果带有宾语时, 可以重复谓语动词。故可改为"想家人想极了"。

3. C. 情态补语带宾语时, 常构成"（动词）+宾+动词+得+程度补语"形式, 故应改为"说汉语说得很流利"或"汉语说得很流利"。

4. C. "动词+得+不+情态补语"此种形式为情态补语的否定形式, 本题所表达的是"可能"之意而非"程度", 故应改为可能补语的否定形式, 即"你还看不准吗"。

5. C. 情态补语一般用于已然的情况, 不用未然的情况, 应改为表示结果意义的结果补语, 故应改为"把每件事情都处理好的"。

6. A. "太快了"为动词"说"的程度, 故应使用情态补语形式表示, 即"说得太快了"。

7. A. "晚来"本题应表示"程度", 故改为情态补语"来得太晚了"或结果补语"来晚了"形式表示。

8. B. 情态补语连带宾语时, 常构成"（动词）+宾+动词+得+情态补语"形式, 故应改为"东西买得太贵了"。

9. A. 情态补语连带宾语时, 常构成"（动词）+宾+动词+得+情态补语"形式, 可改为"写文章写得很好"或"文章写得很好"。

10. C. "我"为"吃"的动作发出者, 即主语, 故应改为"我吃得太饱了"。

11. A. 带情态补语的谓语不可使用描写状语, 故应改为"他非常清楚地给我讲解着,我很感动"或"他给我讲解得很清楚"。

12．B．"洗得干净洗不干净"为可能补语的疑问形式，可能补语多用未发生的情况，本题应改为情态补语的疑问形式，即"洗得干净不干净"。

13．B．应用"得"引出情态补语，而非"着"，应改为"开得很大"。

14．D．应用"得"引出情态补语，而非"了"，应改为"病得很严重"。

15．D．谓语"得"，宾语"病"，情态补语"很厉害"，不符合情态补语带宾语的语法，可改为"这次病得很厉害"。

16．B．程度补语"动词/形容词＋死了"形式，不可带"得"，可改为"难过死了"或"难过得要命"。

17．B．"慢慢"本句表达的是"说的程度"，故应为情态补语而非状语，即"说得慢点儿吗"。

18．C．形容词不表示比较意义时，一般不单独作程度补语，应加上程度副词或形容词重叠形式表达。本题使用不当，情态补语的表达形式为"房间打扫得干净，家具也摆放得很整齐"。但本题从整体语言环境看，表示"结果"，即已发生的情况更为恰当，故应改为"房间打扫干净了，家具也摆放整齐了"。

19．B．"这么"、"死了"在本题都表示程度，不可同时使用，"麻烦"本题为动词用法，不用程度补语，故可改为"天天这么麻烦我"或"你天天让我麻烦死了"。

20．D．本题所表达的是"变化"而非"程度"，可改为"精神面貌也变了"。

第十五章 复 句

实力测试

一、将所给的词语填到适当的位置上

1．B	2．C	3．A	4．D	5．B	6．A	7．A	8．C
9．D	10．D	11．B	12．B	13．B	14．A	15．D	16．D
17．C	18．C	19．D	20．A				

二、判断选择

1．A	2．A	3．A	4．A	5．D	6．B	7．C	8．A
9．A	10．A	11．B	12．C	13．C	14．C	15．C	16．C
17．D	18．A	19．C	20．D	21．A	22．B	23．A	24．D
25．C	26．B	27．C	28．C	29．A	30．B		

三、选择适当的关联词语

1．B	2．A	3．C	4．B	5．B	6．C	7．D	8．B
9．D	10．C	11．B	12．A	13．A	14．A	15．C	16．A
17．D	18．C	19．C	20．A	21．A	22．B	23．B	24．C
25．B	26．C	27．A	28．B	29．D	30．A		

四、改错

1．C．表示疑问语气的选择句式，应使用"是……还是……"形式表达，故应改为"还是对那段……"。

答案及释解

2．C．本题所表达的是递进关系，"能解决问题"与"影响团结"显然不是递进关系，故应改为"不但不能……"。

3．C．本题表达的是"深奥的尖端科学也接近人们的生活"，故应将表示让步关系的"即使"改为表示条件关系的"无论"。

4．B．本题"同一素材，可以弄出不同的剧目"为让步关系复句，故应将"如果"改为"即使"，即"即使……也……"。

5．A．"时时刻刻"含有每时每刻的意思，表示总括的"都"应放在其后，应改为"时时刻刻都……"。

6．B．本题所表达的是"信念不是自然生成的，是后天累积而成的"，选取的是后一判断，故应将"就是"改为"而是"，即"不是……而是……"。

7．A．"如果"可用于主语前面或后面，本句的主语是"你"，故可改为"你如果……"或"如果你……"。

8．D．本题所表达的是"无论怎样都得达成一个结果"，就是"今天必须通知到他"，故应将建议性的"最好"改为表示无论怎样的"反正"。

9．A．本题所表达的是"必要条件下产生某结果"而非"唯一条件下才能有某结果"，故应将"只有"改为"只要"，即"只要我们相信……便……"。

10．C．"所以"表示结果，本题在于说明"种瓜得瓜，种豆得豆"正是这个道理，应改为表示解释说明的"所谓"，即"所谓……不正是……吗"。

11．D．"以便"表示目的，含有"为了"的意思，本题"脂肪在体内的积累"是"产生肥胖"的原因，故应改为表示结果的"以致"，即"以致产生肥胖"。

12．C．本题所表达的是"必要条件下产生某结果"而非"唯一条件下才能有某结果"，故应将"只有"改为"只要"，即"只要有益于……我们就……"。

13．C．"反而"转折语气较强，有没想到的意思，应用于主语后，故可将"反而"改为"然而"或"而"。

14．B．用"不但"的复句中，各分句主语相同时，"不但"用于主语后，各分句主语不同时，"不但"用于主语前，本题两分句主语为同一主语"他"，应改为"他不但……"。

15．D．"反而"表示出乎意料，不表示选取后一项，"不是……而是……"构成固定形式表示选取后一项，故应改为"不是俄罗斯人，而是法国人"。

16．D．根据文意，本题选取的是后一判断，故应将"就是"改为"而是"，即"不是……而是……"。

17．B．用"不但"的复句中，各分句之间主语相同时，"不但"用于主语后，故应改为"……方法不但……"。

18．D．"反而"有没想到的意思，表示意想不到的情况，本题所表达的是"减弱了原作的魅力"是因上述诸多原因引起，故应将"反而"改为"所以"。

19．C．本句所表达的是递进关系，"不仅仅……也（还）……"可构成递进关系复句，而非"不仅仅……而……"，故应改为"不仅仅指……还指……"。

20．C．表示某种情况已成为事实，应使用表示事实转折的关联词语，而非使用表示假设转折的关联词语"即使"，故应将"即使"改为"虽然"。

语法计时练习（初中等）

第一组

第一部分
1. D   2. A   3. D   4. B   5. A   6. C   7. B   8. A
9. A   10. B

第二部分
11. B   12. A   13. D   14. A   15. C   16. B   17. D   18. C
19. A   20. B   21. B   22. C   23. A   24. D   25. D   26. B
27. A   28. A   29. A   30. A

第二组

第一部分
1. C   2. A   3. C   4. B   5. A   6. A   7. A   8. B
9. B   10. D

第二部分
11. C   12. B   13. B   14. A   15. A   16. B   17. D   18. C
19. A   20. A   21. B   22. C   23. B   24. A   25. C   26. B
27. A   28. B   29. D   30. D

第三组

第一部分
1. B   2. B   3. C   4. D   5. B   6. C   7. C   8. B
9. C   10. A

第二部分
11. A   12. D   13. D   14. B   15. A   16. C   17. B   18. C
19. C   20. A   21. C   22. C   23. A   24. A   25. D   26. A
27. D   28. C   29. A   30. C

第四组

第一部分
1. C   2. B   3. B   4. A   5. D   6. D   7. A   8. D
9. B   10. D

第二部分
11. B   12. B   13. D   14. D   15. B   16. D   17. B   18. A
19. B   20. C   21. A   22. C   23. C   24. B   25. A   26. C
27. A   28. D   29. D   30. A

第五组

第一部分

1. B   2. D   3. B   4. D   5. A   6. B   7. D   8. A
9. B   10. B

第二部分

11. C   12. C   13. C   14. B   15. A   16. B   17. D   18. A
19. C   20. A   21. A   22. D   23. A   24. B   25. C   26. D
27. A   28. A   29. A   30. D

语法计时练习（高等）

改错

第一组

1. D. 副词"都"修饰动词或形容词，不能用在能愿动词后，故改为"老师都应该……"。

2. A. "都"表示范围，总括全部，本句不表示总括范围，表示数量少，故应改为"我们班只有……"或"我们就有……"。

3. C. "都"表示范围，总括全部，本句不表示总括范围，表示数量多，故应改为"每个星期就有……"。

4. C. "再"后面不用动词的简单形式，应带有动词重叠，时量补语或其他成分，故可改为"再吃一点儿吧"。

5. C. "又"用于确定性的重复，后面一般有"是"或能愿动词等，不可用在假设句中；"再"可用于假设的重复，多用于假设句中。故将"又"改为"再"。

6. A. 对形容词性质的否定用"不"，否定变化的发生或完成用"没"，故应将"不"改为"没"。

7. A. "没"一般用于否定动作行为的发生或完成，侧重于客观叙述；否定经常性或习惯性动作或状态用"不"，故应将"没"改为"不"。

8. C. "甭"表示否定，用于劝告或禁止，不用于表示提醒；否定副词"别"可表示劝告或禁止，也可用于表示提醒，以免出现不希望的情况，故应将"甭"改为"别"。

9. B. "必定"用于强调主观上的推断；"必然"多用于表示客观上的确定无疑，故应将"必定"改为"必然"。

10. B. "白白"表示动作行为没有达到预期的目的，多修饰双音节词语，不修饰单音节词语；副词"白"可表示不付出代价而得到好处，可修饰单音节动词，故应将"白白"改为"白"。

第二组

1. D. 句中有"所有"、"任何"、"每"表示总括的词语，谓语前一般应加"都"，故应改为"所有的球赛他都看过"。

2. D. "都"表示总括，用于陈述句时，"都"在总括的对象后面；用于疑问句时，"都"在总括的对象的前面，故应改为"把什么都丢了"。

3. B. 副词"不免"表示因前面的原因而不可避免产生某结果，后面只能用动词或形容词的肯定形式，不能用否定形式；"难免"与"不免"用法相同，后面可用肯定形式或否定形式。故将"不免"改为"难免"。

4. D. "以免"表示目的是使下文所说的情况不至于发生，即有"为了不……"的意思，用于不希望的事情前；"以便"表示目的是使下文说的目的容易实现，即有"为了……"的意思。故应将"以免"改为"以便"。

5. B. 副词"不免"表示因前面的原因而不可避免产生某结果，后面只能用动词或形容词的肯定形式，不能用否定形式；"难免"与"不免"用法相同，后面可用肯定形式或否定形式。故将"不免"改为"难免"。

6. D. "为了"表示目的，应用在前一分句，后一分句应用"是为了"、"为的是"或"以便"，故可将"为了"改为"是为了"等。

7. C. 副词"不免"表示因前面的原因而不可避免产生某结果，不可用在"是……的"结构中，可用形容词"难免"，故将"不免"改为"难免"。

8. B. 副词"不免"表示因前面的原因而不可避免产生某结果，不能用于表示致使，故应将"不免"改为表示致使的"使"。

9. B. 副词"不免"表示因前面的原因而不可避免产生某结果，后面只能用动词或形容词的肯定形式，不能用否定形式；"难免"与"不免"用法相同，后面可用肯定形式或否定形式。故将"不免"改为"难免"。

10. C. "以免"表示目的是使下文所说的情况不至于发生，即有"为了不……"的意思，用于不希望的事情前；"以便"表示目的是使下文说的目的容易实现，即有"为了……"的意思。故应将"以免"改为"以便"。

第三组

1. C. "以便"表示目的是使下文说的目的容易实现，即有"为了……"的意思，不能用在表示因果关系的复句中，故应将表示目的关系的"以便"改为表示因果关系的"以致"。

2. C. 连词"以免"表示目的是使下文所说的情况不至于发生，即有"为了不……"的意思，不能用在主语后面，故应改为"以免他……"。

3. C. "为了"表示目的，应用在前一分句，后一分句应用"是为了"、"为的是"或"以便"，故可将"为了"改为"以便"等。

4. D. "以便"表示目的是使下文说的目的容易实现，即有"为了……"的意思；"省得"、"免得"表示目的是使下文所说的情况不至于发生，即有"为了不……"的意思，用于不希望的事情前；"以免"、"省得"、"免得"语义相同，而"以免"不能直接修饰动词或形容词，"免得"、"省得"可以，故应将"以便"改为"省得"或"免得"。

5. B. "为了"表示目的，应用在前一分句，后一分句应用"是为了"、"为的是"或"以便"，故可将"为了"改为"为的是"等。

6. D. "坐落"表示建筑物位于某处，不能直接连带宾语，一般应由"在"组成的介词短语充当补语，故应改为"就坐落在这条街上"。

7. C. "以免"表示目的是使下文所说的情况不至于发生，即有"为了不……"的意思，用于不希望的事情前；"以便"表示目的是使下文说的目的容易实现，即有"为了……"的意思。故应将"以免"改为"以便"。

8. A. "反正"强调某种情况或原因，用于前一分句，后一分句进一步说明自己的意见和主张，常与"就"、"可以"等搭配使用；副词"幸亏"表示由于有利条件的出现，而使不希望的事情没有发生。故将"反正"改为"幸亏"。

9. C. "反正"强调某种情况或原因，用于前一分句，后一分句进一步说明自己的意见和主张；副词"幸亏"表示由于有利条件的出现，而使不希望的事情没有发生，多用于突然发生的不希望的情况，常与"要不然/否则/不然"等搭配使用。故应将"反正"改为"幸亏"。

10．B．"不禁"表示不由自主产生某种感情或作出某种动作，后面不能接动词单纯形式，应带有动词短语或"起来"、"下来"等趋向补语，故可改为"不禁吃了一惊"。

第四组

1．C．副词"比较"表示程度不高，不用于比较句中，故可改为"和其他城市比起来"。

2．D．副词"比较"表示程度不高，不用于否定句中，故可改为"不太远"。

3．C．"稍微"表示程度不高，数量不多或时间不长，可构成"稍微+形容词+一点儿/一些"形式，形容词后有"了"含有不满意的语气；没有"了"多用于表示比较的句子中。故应改为"稍微咸了一点儿"或"稍微有点儿咸"。

4．C．"稍微"表示程度不高，数量不多或时间不长，表示比较，可构成"稍微+形容词+一点儿/一些"形式，故应改为"稍微清淡一点儿"。

5．B．"稍微"表示程度不高，数量不多或时间不长，构成"稍微+有点儿+形容词"形式含有不满意的语气，与本句不符合，故应改为"口味清淡"。

6．C．"稍微"表示程度不高，数量不多或时间不长，可构成"稍微（稍）+不+形容词"形式，故应改为"稍微（稍）不留神就……"。

7．A．"稍微"表示程度不高，数量不多或时间不长，后面不能用简单动词，尤其是单音节的，"稍"后面可直接修饰单音节动词，故应将"稍微"改为"稍"。

8．D．"还"侧重于主观意愿，强调说话时已有某种意愿；"再"侧重于客观强调客观需要临时产生某意愿，故应将"还"改为"再"。

9．C．"还"、"再"都可以表示重复，"还"用在能愿动词前，"再"用在能愿动词后。故可改为"应该再……"或"还应该……"。

10．C．"还"侧重于状态持续，不用祈使句；"再"侧重于重复，可用于祈使句。故应将"还"改为"再"。

第五组

1．B．动词"做"表示从事某工作或制造某物品，宾语多是"工作"、"买卖"、"衣服"、"家具"、"饭"等名词，不能与"结果"配合使用，故可改为"不会有什么好结果的"。

2．C．"再说"一般用于连接两个原因的句子，不能用于表示递进的关系，故应将"再说"改为"而且"。

3．D．关联词语"又……又……"表示并列关系，而非承接关系，故可改为"先学……，再学……"。

4．D．"真+形容词"不能修饰名词性词语，即不能作定语，故可改为"非常遗憾的是……"。

5．C．谓语动词前有副词"还"，句后一般不用语气助词"了"，故可改为"也带来了……"。

6．D．动词"是"作谓语时，一般连带名词或代词宾语，不连带形容词宾语，故可改为"都是很陌生的"。

7．B．动词"疑心"表示怀疑，一般连带名词或代词宾语，口语中较少使用，故可将"疑心"改为"怀疑"。

8．C．动词重叠形式多用于口语，表示尝试或缓和的语气，不能用在语气坚决的句子中,故本句不能使用动词重叠形式,应改为"学一门手艺"。

9. D. 动词"添"不能带双宾语,可用介词将宾语提前,故应改为"给别人添麻烦"。

10. C. 关联词语"只要……就……"强调结果,"只有……才……"强调条件,"只要"与"才"不能配合使用,故应将"才"改为"就"。

附 录

汉语水平考试简介

汉语语法基本概要

HSK 常见口语句式

强调的方法

时间的表示法

主要参考文献

汉语水平考试简介

HSK 是测试一般语言能力的标准化考试，出题主要依据《汉语水平等级标准和等级大纲》、《汉语水平词汇与汉字等级大纲》和《汉语水平考试（HSK）大纲》。

《汉语水平词汇与汉字等级大纲》把汉语的常用词汇和常用汉字分成甲、乙、丙、丁四个等级。HSK 初中等在甲、乙、丙三级的范围内。常用词汇分为三级：甲级词 1033 个，乙级词 2018 个，丙级词 2202 个，共 5253 个；汉字范围分为三级：甲级字 800 个，乙级字 804 个，丙级字 601 个，共 2205 个；语法范围也分为三级：甲级语法 133 项，乙级语法 249 项，丙级语法 207 项，共 589 项、点。

一、初中等汉语水平考试

初中等的 HSK "语法结构"的考试范围主要包括：甲级语法（133 项）、乙级语法（249 点）、丙级语法（207 点），共 589 项、点。

1. 测试重点为：

常见的量词、方位词、能愿动词、副词、介词、连词、助词等的用法
- 动词、形容词和名词的重叠
- 几种主要补语、定语、状语的用法
- 语序
- 比较的方式
- 提问的方式
- 常用词组和习惯用语
- 常用复句

2. 特别提示及考试难点重点：

（1）语法结构第一部分：
- 副词、介词的位置
- 连词与主语的关系
- 结构助词"的"、"地"、"得"的位置
- 动态助词"了"、"着"、"过"的位置

（2）语法结构第二部分：
- 常用介词的基本用法及与之相关词汇的区别

a. 把（将）、被、叫、让、给、为的区别
b. 叫、让、使、令的区别
c. 由、被的区别
d. 为、给、对、跟、向、朝的区别
e. 朝、向、往的区别
f. 从、自、由、打、自从、自打、从打、由打的区别

g. 对、对于、关于、至于、就的区别

h. 按、按照、依、依照、据、根据、以、凭、照的区别

- 常用趋向动词的用法

a. 上、下、来、去的主要用法

b. 上来、上去、下来、下去的主要用法及异同

c. 过来、过去的主要用法及异同

d. 下去、下来、起来的主要用法及异同

e. 各类趋向补语与宾语的关系

- 各种重叠形式及引申意义

a. 动词的重叠及意义

b. 形容词的重叠及意义

c. 名词的重叠及意义

d. 单音节量词的重叠及意义

- 复句

a. 能够正确理解分句之间的关系

b. 注意相同字的关联词语的区别。比如：既然、既。

c. 意义近似的关联词的区别

- 语序问题

a. 考查考生对复杂的定语、状语及补语的掌握情况。

b. 对一些特殊句式的掌握。比如：连动句、兼语句、双宾语句。

- 比较句

各种比较形式的主要用法、掌握句式意义

a. "比"与"不比"的不同

b. "有"与"没有"的不同

c. "没有"、"不比"、"不如"的异同

d. "跟……一样/差不多"的意义、否定形式及与副词的关系

e. 各种比较形式的异同、句式意义及异同

二、高等汉语水平考试

高等汉语水平考试语法能力的考查主要在综合表达部分，主要考查考生对语法、词语、长句、语段的理解和运用能力。

综合表达分为四部分：

第一部分是挑错题，考查考生语法能力，对主谓宾定状补等各种句子成分的掌握情况，副词、介词、连词的应用，动态助词、结构助词、能愿动词的应用能力，除此之外，还包括词语搭配不当、逻辑关系不清楚、语体色彩不一致、近义词误用等方面的错误。

第二部分是词语填空题，考查考生的基本词语掌握情况，考查词义辨析和语言表达的准

确性、得体性。其中包括成语及习用语，语气表达的准确性、得体性、语体色彩、表达习惯、文章风格、语境要求等诸多方面。题材涉及范围包括日常生活及社会的各个领域，除了工作、学习、日常生活和社交外，还包括社会、文化、历史、地理、科普、文学、经济、医学等诸多方面。

第三部分是排列句序题，主要考查考生掌握复杂长句、复句以及语段的能力，考查成段的表达能力。

第四部分是汉字填空题，主要考查学生的文章理解能力和汉字书写能力，包括对各种搭配、词组的掌握情况，同义词的辨析，对成语、俗语、习用语的掌握情况。题材范围包括广告、海报、招聘启事、书信、慰问信、感谢信、笑话等诸多方面。

汉语语法基本概要

一、词及词的分类

词是语言中最小的、具有单一意义的、能自由运用的语法单位。按照语法功能，词可分为实词和虚词两大类。实词一般有实在的词汇意义，可单独充当句子成分，分为名词（包括时间词、处所词）、代词、动词（包括能愿动词）、形容词、数词、量词六类。虚词一般没有具体的词汇意义，不能单独充当句子成分（除少数副词以外），分为副词、介词、连词、助词（包括结构助词、动态助词、语气助词）、象声词、叹词六类。名词（包括时间词、处所词）、方位词、数词、量词、代词在句子中主要充当主语、宾语和定语，不作谓语，统称为体词；动词、形容词在句子中主要充当谓语，统称为谓词。

	词类名称	名称释解	主要语法功能	例词
名词		表示事物的名称的词	作主语、宾语、定语	汉语 交通 国家 教室 电话 字典 手书
代词	人称代词	起替代作用的词	作主语、宾语、定语	你 我 他 她 它 咱们 我们 自己 人家
	指示代词	起指示作用的词	作主语、宾语、定语	这 每 那 这儿 这里 这样 这么 那儿
	疑问代词	表示疑问的词	作主语、谓语、宾语、定语、状语、补语	多少 什么 怎样 哪里 为什么 谁 多 哪
动词	动作动词	表示动作行为的词	作谓语，可带宾语。	走 吃 看 拿 喝 写
	状态动词	表示人或动物的精神、心理和生理状态的词	作谓语，可带宾语。	感谢 喜欢 希望 关心 累 饿 病
	关系动词	表示主语和宾语之间存在某种关系的词	作谓语	叫 像 姓 是 有 当做
	能愿动词（助动词）	表示可能、愿望、必要的词	动词/形容词前	会 能 得 肯 敢 应该 可以 愿意 情愿
形容词	状态形容词	表示事物的状态	作定语、谓语，不带宾语。	碧绿 火红 雪白 冰凉 笔直 漆黑
	性质形容词	表示事物的性质	作定语、谓语，不带宾语。	好 坏 冷 热 漂亮 丑 陋 认真 仔细

续表

词类名称		名称释解	主要语法功能	例词
数词	基数词	表示数目大小的词		一 二 百 千 亿
	序数词	表示次序先后的词		第一 第二 初一 初二 头一回
量词	名量词	表示人或事物的数量	名词前作定语	张 条 门 口 位 批 群 双 对 套 帮 副
	动量词	表示动作的数量	动词/形容词后作补语	次 趟 番 遍 顿 通 场 回 阵 下儿
	时量词	表示一段时间	动词/形容词后作补语	一阵儿 段 半天
副词		修饰动词或形容词	动词/形容词前作状语	才 就 又 也 还 不 没 再 都 已 曾 太
介词		修饰名词或代词	作定语、状语、补语	对 从 自 由 打 朝 向 往 给 对于 关于
连词		起关联作用的词	连接分句	如果 即使 虽然 只有 只要 或者 与其 宁可
助词	结构助词	附在词或词组后起某种语法作用的词	连接词语使之成为短语	的 地 得 所 给
	动态助词	表示动作状态的词	动词后	了 着 过 来着
	语气助词	表示语气的词	句末	了 呢 啊 吗 吧 呗 的 罢了
象声词		模拟事物或动作声音的词		哈哈 哗啦 哇哇 咚咚 扑通 哗哗 呼呼
叹词		表示感情色彩的词	句首	哼 咳 哎 啊 哎呀 唉 喂
词缀	词头	即前缀式构词		第 阿 初 老
	词尾	即后缀式构词		性 化 儿 学 法 家 度 者 子

附：常用词缀：

(1) 构成名词性质：

阿：阿姨 阿爸 阿妈 阿哥 阿婆 阿公

老：老师 老婆 老板 老头 老虎 老鼠 老鹰 老外 老总 老兄 老大 老二 老乡 老弟 老好人 老油条 老百姓

初：初一 初冬 初夏 初稿 初恋 初雪

第：第一 第二 第十 第二十

儿：花儿 棍儿 字儿 圈儿 画儿 包儿 这儿 那儿 豆儿 盖儿 扣儿 塞儿 老头儿 小孩儿

子：孩子 桌子 妻子 椅子 刷子 帽子 盖子 骗子 架子 夹子 塞子 起子

453

扣子　剪子　尖子　管子　棍子　胖子　瘦子　个子　傻子　袜子　筷子　梳子
镜子　笛子　板子　虫子　勺子　叉子　房子　本子　车子　池子　钉子　帖子
碟子　盘子　刀子　底子　弟子　村子　胆子　弹子　肚子　凳子

头：石头　额头　手头　心头　兆头　风头　个头　劲头　零头　眉头　块头　来头
　　拳头　骨头　木头　想头　盼头　奔头　看头　吃头　苦头　甜头　前头　后头
　　玩头

学：科学　化学　汉学　文学　医学　哲学　美学　史学　力学　理学　语言学　生物学　人类学　词汇学　经济学　物理学　社会学　教育学　天文学

度：难度　强度　温度　密度　亮度　跨度　经度　精度　纬度　角度　国度　幅度
　　湿度　程度　力度　热度　浓度　硬度　厚度　高度　长度　宽度　速度　深度

者：记者　作者　前者　后者　强者　弱者　生者　死者　读者　编者　学者　患者
　　笔者　使者　老者　消费者　设计者　受害者　统治者　组织者　胜利者　参加者

家：作家　专家　画家　音乐家　书法家　政治家　文学家　思想家　艺术家　科学家　教育家

性：人性　兽性　理性　感性　恶性　良性　男性　女性　共性
　　惰性　惯性　阴性　阳性　个性　弹性　急性　慢性
　　综合性　流行性　计划性　特殊性　优越性　创造性　劣根性　纪念性　现实性
　　代表性　积极性　客观性　历史性　主观性　可能性　原则性　必然性

员：教员　职员　人员　演员　学员　会员　伤员　成员　海员
　　船员　播音员　飞行员　服务员　驾驶员　办事员　交通员　研究员　打字员
　　列车员　邮递员　资料员

长：列车长　教务长　校长　家长　所长　院长　队长　船长　厂长　部长　组长
　　市长　局长　省长

士：人士　战士　医士　护士　女士　男士　绅士　博士　硕士　学士　院士

师：律师　导师　厨师　医师　教师　琴师　技师　教师　摄影师　设计师
　　美容师　工程师　魔术师　药剂师

工：木工　电工　车工　雇工　矿工　女工　临时工

观：主观　客观　人生观　世界观　宇宙观　历史观

论：唯物论　唯心论　相对论　方法论　一元论　多元论

手：歌手　水手　选手　好手　能手　老手　巧手　水手　黑手　把手　帮手　对手
　　助手　高手　生手　扒手　凶手　快手　猎手　新手　左右手

主义：浪漫主义　现实主义　实用主义

(2) 构成形容词：

可：可笑　可爱　可怜　可惜　可疑　可喜　可靠　可耻　可怕

式：中式　西式　便携式　袖珍式

型：新型　重型　轻型　实用型　技术型　传统型

非：非原则（问题）　非正式　非重点　非法

(3) 构成动词/名词：

化：美化　绿化　丑化　恶化　激化　软化　深化　同化　绝对化　人格化
　　尖锐化　机械化　现代化　自动化　军事化

于：善于　勇于　敢于　在于　等于　属于　乐于　用于　甘于　忙于　多于　少于

二、短语（即词组）

是由两个或两个以上的词按一定方式组合起来的。

1．实词和实词组合的短语：

（1）主谓短语：与主语和谓语在意义上的关系基本相同，常见形式："名词/代词＋动词/形容词"。

例：知识丰富　经济发达　设备先进　衣服破了　皮肤白　你看　脸红　腰酸

（2）名词短语：中心语为名词的短语，常见形式："修饰语＋名词"。

例：精明的商人　丰富的知识　先进的国家　一位老师　诸多因素　他的朋友　大眼睛　黑皮肤　好朋友

（3）动词短语：中心语为动词的短语，常见形式："修饰语＋动词"或"动词＋补充语"。

例：认真对待　仔细检查　积极参加　看得清楚　坚持下去　多听　轻拿　慢走　学完

（4）形容词短语：中心语为形容词的短语，常见形式："修饰语＋形容词"或"形容词＋补充语"。

例：特别认真　非常高兴　很高　挺好　高兴极了　恶化下去　急得不得了　热起来

2．实词与虚词组合的短语：

（1）介词短语：由介词和名词性词语组成，常见形式："介词＋名词/代词"。

例：比他（大）　往前（走）　把他（叫来）　跟他（商量）　为你（准备）　对他（很热情）　向朋友（请教）　在中国（学习）

（2）"的"字短语：由"的"加在词或词组后面，相当于名词，常见形式："词（词组）＋的"。

例：说的（话）　看的（书）　汉语的（语法）　红色的（衣服）　认识的（朋友）　修车的（人）　教书的（人）　修改过的（文章）

（3）"所"字短语：由"所"和动词组合，相当于名词，常见形式："所＋动词＋的"。

例：所说的（话）　所认识的（朋友）　所修改的（文章）　所提出的（要求）　所研究的（项目）　所采纳的（意见）

（4）"地"字短语：由"地"加在副词或形容词后面，相当于副词，常见形式："副词/形容词＋地"。

例：非常地（舒服）　一味地（追求）　渐渐地（意识到）　高兴地（说）　认真地（听）　激动地（说）

（5）比况短语：由"似的"、"一般"、"一样"等助词和词或词组组合，相当于形容词，常见形式："词/词组＋似的/一般/一样"。

例：猫似的（溜了）　飞似的（跑了）　大海一般（的胸怀）　钢铁一般（的意志）

孩子一样（的脾气） 娃娃一样（的脸）

3. 固定短语：指成语、惯用语和部分专有名词。

例：一心一意 全力以赴 千方百计 开绿灯 穿小鞋 车到山前必有路 北京大学
　　历史博物馆 长城饭店

三、句子成分

是句子的组成部分，主要分为主语、谓语、宾语、定语、状语及补语六种。

1. 主语是句子陈述的对象，谓语是对主语的陈述，宾语是动作所涉及的对象。

（1）主语：是句子陈述的对象，一般由名词性词语充当主语，动词和形容词性词语作主语的情况不是很多见的。

A. 名词（短语）或代词充当主语。

例：老师参加了晚会。
　　朋友们都参加了他的婚礼。
　　汉语是他最喜欢的语言。
　　他来中国。
　　我不认识他。
　　这里都是新建的高楼。
　　学校的图书馆很大。
　　他的汉语很好。
　　这里的交通很发达。

B. 数词或数量短语充当主语。

例：一天有二十四个小时。
　　一斤五块钱。
　　一点儿都不明白。
　　一个也没有。
　　这件比那件贵。
　　一米七不算高。
　　一美元相当于八元人民币。
　　66 是他的吉祥数字。

C. 动词（短语）或形容词（短语）充当主语。

例：期待能给人带来希望。
　　休息是享受，工作也是一种享受。
　　谦虚使人进步，骄傲使人落后。
　　困苦造就了他坚强的意志。
　　吃住都解决了。
　　男女都行。
　　多听、多说是学好语言的关键。

光说不行，得有行动。
过日子得知道节俭。
有钱、有权都不如拥有健康。
干好、干坏一个样。
忙起来就忘了烦恼。

D. "的"字词组充当主语。

例：开车的认识吗？
教书的叫老师。
说的比唱的好听。
吃的、用的都是他提供的。
昨天买的是这一种。
红的是他最喜欢的颜色。
高的是我哥哥、矮的是我弟弟。
大的、小的都行，只要免费就行。

E. 主谓短语充当主语。

例：学习努力是一件好事。
你不来怎么行呢？
环境保护是造福子孙的大事。
他学汉语是为了找工作。
他做事慢慢腾腾。
头脑再聪明也得努力呀！
身体不好就该加强锻炼。
作风顽强是他的优势。

F. 重叠形式充当主语。

例：天天来这里。
个个都那么精神。
家家户户都过上了好日子。
试试怎么样？
琢磨琢磨就有办法了。
看看就可以，不用买。
磨磨蹭蹭是他的特点。
老老少少有十几口。
男男女女来了不少人。

G. 连动式短语充当主语。

例：打个电话问候一下儿也好呀！
早起跑步是很多老人的习惯。
走着去上课可不行。

用筷子吃饭是中国人的习惯。
来中国学习汉语是我的心愿。
找他谈谈是应该的。

H. 兼语形式充当主语。

例：派他去行不行？
请你吃饭可以吗？
强迫他做是行不通的。
选他当代表可以吗？
委托他去做没问题。
有人来又怎么样？
有人找你知道吗？

(2) 谓语：是对主语的陈述，一般由动词或形容词性词语充当，名词性词语只限于说明时间、天气、价格、年龄、籍贯、容貌的词语。

A. 名词性词语充当谓语。

例：现在夏天了。
明天立春。
今天刚晴天。
现在都三点钟了。
他已经三十多岁了。
他才十六岁。
一件一百八。
他北京人，我上海人。
他高个子，大眼睛。

B. 动词或动词短语充当谓语。

例：他出国了。
他写了一本书。
他去旅行了。
他来找过你。
他昨天就来过。
我已经跟他说过了。
你说得真好。
这本书看过一遍了。

C. 形容词或形容词短语充当谓语。

例：这件漂亮，就买这件吧！
外边凉快，屋里闷热。
他很能干。
今天特别凉快。

天气慢慢地暖和了。
他突然激动起来了。
孩子高兴得跳了起来。
他急得团团转。

D. 主谓短语充当谓语。

例：我身体不舒服。
今天气温很高。
这里交通很方便。
他学习非常努力。
她皮肤很白。
他球踢得很好。
他哪儿都想去。

(3) 宾语：宾语表示动作行为所涉及的事物、时间、处所、数量，一般由名词性词语充当。

A. 名词（短语）或代词充当宾语。

例：他学习汉语。
我喜欢秋天。
我可以通知他。
你在找什么？
我想买一条裙子。
他借了一本外国小说。

B. "的"字短语充当宾语。

例：你想买红的吗？
花很美，有红的，白的，黄的。
你忙你的，我坐一会儿就走。
这是他的。
电影票是明天晚上的。
这辆车是新买的。
这正是我想要的。
我想找个学医的。

C. 数词或数量词充当宾语。

例：一加一等于二。
这件衣服花了一百多块钱。
水果买了一斤多。
房间大概有一百多平方米。
我买了两条裙子，送你一条吧！
有两张电影票，送你一张吧！

D. 动词（短语）或形容词（短语）充当宾语。

例： 他开始学汉语了。
　　　他的愿望得以实现。
　　　我们会给予帮助的。
　　　我喜欢运动。
　　　我们继续上课吧。
　　　他打算去旅行。
　　　我感觉挺热的。
　　　我觉得不错。

有的动词如"加以"、"得以"、"给予"、"给以"、"予以"、"善于"、"忙于"、"难于"、"感觉"、"感到"、"希望"、"打算"、"认为"、"以为"、"开始"、"继续"、"进行"等只带动词或形容词性宾语。

　　E. 主谓短语充当宾语。

例： 我怕他知道这件事。
　　　我听说他回国了。
　　　我等他自己承认错误。
　　　你觉得他这个人怎么样？
　　　我相信你完全可以做到。
　　　我希望你能参加晚会。
　　　我发现他变了。
　　　他建议我去旅行。

主谓短语充当宾语时，动词一般是表示感觉或心理活动的动词，如"说"、"看"、"听"、"怕"、"等"、"听说"、"觉得"、"认为"、"以为"、"记得"、"忘记"、"知道"、"告诉"、"相信"、"认识"、"希望"、"喜欢"、"赞成"、"反对"、"同意"、"支持"、"发现"、"指出"、"建议"等。

2. 定语是主语或宾语的修饰成分，状语是谓语的修饰成分，补语是谓语的补充成分。

(1) 定语：是主语或宾语的修饰成分，即修饰名词性词语。

　　A. 名词（短语）或代词充当定语。

例： 他是我朋友。
　　　这里的环境很好。
　　　这是谁的东西？
　　　当时是怎样的一种情况？
　　　中国的首都是北京。
　　　他的朋友是一位汉语教师。
　　　王府饭店是一家五星级饭店。
　　　我还是比较喜欢木制家具的。

　　B. 数量词语充当定语。

例： 一朵朵鲜花，美丽极了！
　　　一幢幢高楼拔地而起。

一辆辆汽车飞驰而过。
遇到一点儿困难不算什么！
一个人做不了这么多事情。
讲完这本书得一个月的时间。
我教过很多留学生。
他给我送来一些书。

C. 动词或动词短语充当定语。

例：你说的话算数吗？
他穿的衣服是妈妈亲手做的。
他说的汉语很地道。
他给我带来很多吃的东西。
他带来一些从各处收集的资料。
你听得懂老师讲解的内容吗？
他是一位值得尊敬的老师。

D. 形容词或形容词短语充当定语。

例：他喜欢红衣服。
他想找一个漂亮的女朋友。
我想有一间大大的房子。
他总是一副开开心心的样子。
古里古怪的脾气谁受得了？
红彤彤的太阳从东方升起。
他兴奋的样子感染了我。
昨天我们开了一个非常热闹的晚会。
他有一个很幸福的家庭。

E. 主谓短语、介词短语或成语充当定语。

例：他生活在一个环境艰苦、生活贫困的小镇。
身体健康、生活幸福是他追求的理想。
学校教学改革的工作正在进行。
他读过很多关于中国民俗的书。
对文学的兴趣始终未变。
对工作的热爱使他走向成功。
我想成为一名名副其实的好老师。
这几年，北京发生了翻天覆地的变化。
我不想过无所事事的生活。
商店里摆着琳琅满目的商品。

(2) 状语：状语是谓语的修饰成分，即修饰动词或形容词。

A. 副词充当状语。

例：他个子很高。
　　　他工作非常认真。
　　　天气渐渐地暖和了。
　　　我不喜欢你这样。
　　　这里的人我都认识。
　　　我曾经去过那里。
　　　我就认识他一个人。
　　　他突然走了。
　　　他已经知道了。

B. 介词短语充当状语。

例：关于织女星,民间有个很美丽的传说。
　　　对于有益的建议,我们还是乐意接受的。
　　　就双边问题,两国领导人交换了意见。
　　　沿着父亲走过的路,他坚定地走了下去。
　　　他把材料拿走了。
　　　我被老师批评了。
　　　这里的服务员对顾客很热情。
　　　他专门为你准备了一个房间。

C. 一般动词不能充当状语,少数动词或动词短语可以充当状语。

例：他不住地点头。
　　　他来回走了好几趟。
　　　雨不停地下。
　　　我怀疑地看了看他。
　　　他一动不动地站在那里。
　　　孩子蹦蹦跳跳地跑了。
　　　他唠唠叨叨地说个没完。

D. 形容词或形容词短语充当状语。

例：多听、多说是学好语言的关键。
　　　东西要轻拿、轻放。
　　　早睡早起是我多年的习惯。
　　　他认真地检查着每一道试题。
　　　每次活动他都积极参加。
　　　他非常热心地帮助我。
　　　他静静地坐在那里。
　　　他一直糊里糊涂地生活着。

E. 数量短语充当状语。

例：他一下子呆住了。

我一把拉住他。
天气一天天地暖和起来。
事情要一件一件地做。
他三下两下就把房间收拾干净了。
他一次次地出错。
妈妈一遍一遍地叮嘱他。

F. 主谓短语或成语充当状语。

例：他一个人孤独地站在那里。
他态度坚决地拒绝了。
他步履艰难地走了。
他全心全意地为大家服务。
我该自始至终地向大家学习。
他一心一意为你着想。

(3) 补语：是谓语的补充成分，一般由谓词性词语充当。

例：我写完作业了。（结果补语）
把垃圾扔掉吧！（结果补语）
他向我走来。（趋向补语）
他转过头来。（趋向补语）
景色美极了。（程度补语）
这几天忙得要命。（程度补语）
高兴得他一夜未睡。（情态补语）
爷爷气得浑身发抖。（情态补语）
你等我一会儿。（时量补语）
我找你一天了。（时量补语）
这部电影我看过一次。（动量补语）
我请他吃了一顿饭。（动量补语）
你记得住这么多单词吗？（可能补语）
我忘不了他的话。（可能补语）
这本书送给你吧！（介宾补语）
他来自北京。（介宾补语）

以动词谓语句为例，句子成分的基本顺序是：
定语—**主语**—状语—谓语—补语—定语—**宾语**

例：

主语：是句子陈述的对象。
　　　老师是中国人。
　　　他是我朋友。
谓语：是对主语部分的陈述。
　　　他学习汉语。

他是我朋友。

宾语：是谓语动词的连带成分。
我是一名汉语老师。
我认识他。

定语：是名词的修饰成分。
我们的老师也参加了这次晚会。
全校师生开了一个很热闹的晚会。

状语：是动词或形容词的修饰成分。
昨天开了一个晚会。
老师也参加了晚会。

补语：是动词或形容词的补充成分。
昨天的晚会开得很热闹。
他考上大学了。

四、句子的分类

1. 按语气可分为：陈述句、疑问句、祈使句、感叹句。

(1) 陈述句：表示叙述、说明、描写的句子。

例： 这是个很美丽的秋天。
这所学校有来自各国的留学生。
北京是中国的首都。
他来中国学习汉语。
我希望能去中国留学。
周末，我们打算去郊游。

(2) 疑问句：表示疑问或句中带有疑问代词的句子。

例： 你们班有多少留学生呢？
现在几点了？
你到底怎么想的呢？
你是去还是不去呢？
难道我没说过吗？
你怎么能这样对待他呢？

(3) 祈使句：表示请求、命令、劝阻、禁止语气的句子。

例： 请再说一遍！
请勿大声喧哗！
别闹了！
禁止吸烟！
小心有电！
保持安静！

(4) 感叹句：表示喜悦、赞赏、愤怒、厌恶、惊讶等强烈感情的句子。

例：多美的景色呀！
　　房间可真大啊！
　　好大的房间呀！
　　风景美极了！
　　天哪！
　　唉！真倒霉！

2. 按结构可分为：

(1) 单句和复句

A. 单句：由一个主谓词组或谓语组成。

例：他学习汉语。
　　我看电影。
　　老师一直在找你。
　　小王昨天回国了。
　　他汉语说得很好。
　　你等一会儿。

B. 复句：由两个或两个以上意义相关的单句组成。

例：这个孩子既聪明又可爱。
　　我一有消息就通知你。
　　他不但说得好，而且写得也好。
　　与其中途放弃，不如根本就不要开始。
　　既然你都决定了，那我就不说什么了。
　　尽管有很多困难，他还是坚持下来了。
　　只要坚持到底，就没有做不好的事情。
　　如果明天不下雨，我就去爬山。
　　即使有很多困难，我也不会放弃的。

(2) 主谓句和非主谓句

A. 主谓句：句子由主语和谓语两部分组成的句子。

例：今天星期一。
　　他北京人。
　　他正在看书。
　　他喜欢运动。
　　这场比赛很精彩。
　　风景真美啊！

B. 非主谓句：没有主谓形式的句子。

例：谁？
　　哎呀！
　　哼！

当然!
小心有电!
走吧!
快点呀!
下雪了!

(3) 名词谓语句、动词谓语句、形容词谓语句、主谓谓语句

A. 名词谓语句:由名词或名词短语充当谓语的句子。

例: 现在春天了。
明天立春。
他北京人。
现在三点钟。
他大眼睛,黄皮肤。
这本书五十元钱。
房间一百多平方米。

B. 动词谓语句:由动词或动词短语充当谓语的句子。

例: 他来北京了。
我是中国人。
他从事汉语工作。
他希望有自己的房子。
他打算去外地旅行。
他开始学习汉语了。

C. 形容词谓语句:由形容词或形容词短语充当谓语的句子。

例: 今天气温很高。
比赛很精彩。
这里的交通非常便利。
他高兴得跳了起来。
他比我大两岁。
入夜,校园里安静下来。

D. 主谓谓语句:由主谓短语充当谓语的句子。

例: 我身体不舒服。
这里交通很发达。
他眼睛特别大。
他态度非常认真。
他知识很丰富。
那件事谁都知道。

HSK 常见口语句式

1. 说 A 就 A：

例：说走就走，别光在这儿坐着呀！
　　说干就干，现在就开始吧！

2. 不 A……，一 A……：

例：不吃不要紧，一吃就真的上瘾了。
　　不看不知道，一看真的吓了一跳。

3. 管……叫……：

例：我们都管他叫"老崔"。
　　在中国管老人叫"爷爷"、"奶奶"。

4. 让/叫 A，……还真 A（呀）：

例：叫你走你还真走呀！不过是一句玩笑话嘛！
　　让你吃，你还真吃呀！这是人家的东西。

5. 这/那也不……，那/这也不……：

例：这也不让动，那也不让碰，那你叫我来干什么？
　　这也不行，那也不行，那怎么你才满意呢？

6. A（形容词）就 A（点儿）吧……：

例：大就大点儿吧，总比没有强。
　　笨就笨点儿吧，好歹也是有个人帮你嘛！

7. A 是（归）A，B 是（归）B……：

例：他是他，你是你，你先把你的事情说清楚吧。
　　朋友是朋友，原则是原则，不能混为一谈。

8. ……动词① + 也 + 动词① + 不得，动词② + 也 + 动词② + 不得……：

例：他们两口子吵架，弄得我走也走不得，留也留不得。
　　这孩子真气人，可人家的孩子我打也打不得，骂也骂不得。

9. A 也得 A，不 A 也得 A……：

例：你去也得去，不去也得去，这件事情可由不得你。
　　这是上头交代的事情，你办也得办，不办也得办。

10. 看/瞧把……得：

例： 第一就第一呗，看把他得意得。
　　　你就少说两句吧，瞧把爷爷气得。

11. ……A（动词/形容词）是A（动词/形容词），可是（就是）……：

例： 东西好是好，就是太贵了点儿。
　　　他们俩吵是吵，可从未真动过手。

12. 实话对（跟）你说（吧）……：

例： 实话对你说吧，我就是不想干了。
　　　实话跟你说吧，我决不会跟你走的。

13. 什么A不A（的）……：

例： 什么条件不条件的，我不讲究这些。
　　　什么部长不部长的，我管他是谁呢？

14. 让/叫你A你就A，……：

例： 让你拿你就拿呗，问那么多干吗？
　　　叫你吃你就吃呗，哪儿那么多话！

15. A了就A了呗，（没）有……：

例： 第一就第一呗，有什么可得意的。
　　　输就输了呗，没什么好伤心的。

16. ……还是……好：

例： 这件事事关重大，还是大家坐下来讨论一下儿好。
　　　在我看来还是北京好，文化气息特浓。

17. （动词）A是A：

例： 学一点儿是一点儿，总比呆着强。
　　　过一天是一天，这种思想要不得。

18. A又B，B又A……：

例： 他折了又装，装了又折，折腾了半天。
　　　他走一阵又跑一阵，跑一阵又走一阵，总算及时赶到了。

19. 名词/代词+吧（啊），……：

例： 我那哥哥啊，就喜欢名牌。
　　　他呀，身边总有一帮美女。

20. 好你个A，……：

例： 好你个小王，这回我可抓到你了。
　　　好你个王厂长，厂里有什么家里有什么。

21. ……看A的（了）：

例：这笔生意能不能成，就看你的了。
　　是否能得到这个职位，就看这次笔试了。

22. 看你A的（瞧他A的），……：

例：看你说的，我哪会韩语呀！
　　瞧他得意的，不就是得了第一吗？

23. A到B头上来，……：

例：他竟欺负到我头上来了，等着瞧吧！
　　竟骗到自家人头上来了，也太说不过去了吧！

24. 不知A的，……：

例：不知怎么的，我近来心烦意乱的。
　　不知怎么搞的，这几天感觉特累。

25. 甭管怎么说（不管怎样说），……：

例：甭管怎么说，你们曾相爱过，你不该这样对待她。
　　不管怎样说，你也不该不辞而别呀！

26. 哪有A这么B的（有A这样B的吗）：

例：哪有你这么说话的。
　　有你这样说话的吗？

27. 你A你的吧，……：

例：你走你的吧，不用管我。
　　你忙你的吧，我坐坐就走。

28. 不+动词①+不+动词①+也得+动词……：

例：她忙活了一上午，你不吃不吃也得吃两口吧！
　　你是公司主管，不说不说也得说两句吧！

29. ……不过（可是）话又说回来，……：

例：你说的有道理，不过话又说回来，他也没什么不对呀！
　　我是吃过一些亏，可话又说回来，吃一堑长一智嘛！

30. 要A有（没）A，要B有（没）B……：

例：这小伙子要学问有学问，要风度有风度，真是不错！
　　我要钱没钱，要房没房，人家姑娘哪会喜欢我呀！

31. ……A（也）不是，不A也不是……：

例：人家两口子吵架，我走也不是，不走也不是。
　　人家的家务事，我说也不是，不说也不是。

32. ……A也不是，B也不是：

例： 人家两口子吵架，我走也不是，留也不是。
　　　以前男友的信我留也不是，扔也不是。

33. ……A也A不……，B也B不……：

例： 学院经营一度出现困难，我是吃也吃不下，睡也睡不着。
　　　人家的孩子我是骂也骂不得，打也打不得。

34. ……放着……不……，……：

例： 他放着好好的工作不做，偏要自己出来干。
　　　放着那么好的太太不去爱，偏去找什么情人。

35. 要是……，看你怎么……：

例： 要是大家都不买你的账，看你怎么办？
　　　要是老师都放弃你了，看你怎么办？

36. A来A去，都是（就是）……：

例： 怎么说来说去，都是你的理！
　　　看来看去，就是看不明白。

37. ……早也不……，晚也不……，（偏偏）……：

例： 你早也不来，晚也不来，偏偏这时候来。
　　　你早不说，晚不说，偏偏在这个节骨眼上说，不是火上浇油吗？

38. ……说什么（怎么着）也得……：

例： 你大老远来的，我说什么也得留你吃顿饭呀！
　　　你就是不去，怎么着也得打个电话解释一下儿吧。

39. A着也是A着，（不如）……：

例： 呆着也是呆着，不如我们去外边走走吧！
　　　你闲着也是闲着，就帮帮他吧！

40. 话（说）是这么说，可（可是）……：

例： 话是这么说，可是我哪里来那么多钱呀？
　　　说是这么说，可谁按照这个去做呢？

41. ……是它（他/她），……也是它（他/她）：

例： 治这病，一个月是它，两个月也是它，什么时候是个头呀！
　　　你跟他耗着，一年是他，两年也是他，你耗得起吗？

42. A也好（也罢），B也好（也罢），……：

例： 家人也好，朋友也好，他总是冷冰冰的。
　　　工作也好，学习也好，他都很玩儿命。

43. 看（瞧）你那（A）样……：

例：瞧你那样，就不能精神点儿吗？
　　瞧你那窝囊样，哪儿像个男人！

44. （名词）一 + 量词：

例：我穷教师一个，哪儿来那么多钱呀！
　　不就是考试吗？小事一桩。

45. 说到（想到）哪儿去了……：

例：看你说到哪儿去了，都是朋友，别这么客气。
　　你想到哪儿去了，我怎么可能做对不起朋友的事儿呢？

46. 还 A（名词）呢：

例：就这质量，还名牌呢！
　　就这素质，还大学老师呢！

47. 看在 A 的面子上……：

例：看在你我多年夫妻的面子上，你也不能看着不管呀！
　　看在老朋友的面子上，你就帮一把吧！

48. （没）有什么（好）A 的……：

例：我跟你没什么好说的，你走吧！
　　有什么好看的，不就是吵架吗？

49. （没）有什么 A 头：

例：这破电影，有什么看头。
　　这鬼东西，没什么吃头。

50. 什么 A 的 B 的……：

例：什么你的我的，老朋友还这么客气？
　　什么王处长的李处长的，你别跟我说这个。

51. A 就 A 吧：

例：走就走吧，那还能怎样？
　　一个就一个吧，比没有强。

52. 动词 + A（就是）A：

例：他向来是说什么就是什么，容不得别人的不同意见。
　　是谁的责任就是谁的责任，这是原则问题。

53. ……，无所谓 A 不 A：

例：给自己打工，无所谓休息不休息。
　　有吃的就行，无所谓好吃不好吃。

54. 你给我 A：

例：你给我出去!
　　你给我闭嘴! 哪里有你说话的份儿。

55. 我说你……：

例：我说你别这么没大没小的!
　　我说你怎么搞的，这么重要的事情你竟然忘了。

56. 我的A……：

例：我的天呀，这是怎么回事?
　　我的宝贝，这是怎么了?

强调的方法

1. 用副词"就"强调

例： 这就是我跟你说的那位朋友。
我就不相信我做不好。
你不让我去，我就去！

2. 用动词"是"强调

例： 你还别说，他的水平是高。
这儿的风景是挺美的。
这孩子是比一般的孩子聪明。

3. 用双重否定强调

例： 没有人不认识他。
他不会不帮你的。
我不能不管他。

4. 用副词"可"强调

例： 我可不去那种地方。
他这个人可不简单。
你可不能再让父母失望了！

5. 用"非……不可"强调

例： 你明天非来不可。
要学好，非下苦功夫不可。
这次非考上不可。

6. 用"……也（都）/也没（不）"强调

例： 这里的人我一个也不认识。
学校活动我一次都没参加过。
今天一口饭也没吃。

时间的表示法

1. 时间词可分为三种：表示现在的时间词、表示过去的时间词和表示将来的时间词。

A. 表示现在的时间词：

常用：现在、此时、此刻、如今、目前、眼前、眼下、时下、当前、当今、今天、今儿、今儿个、这会儿等。

B. 表示过去的时间词：

常用：过去、以前、从前、先前、早先、原先、原来、当初、当时、当日、当年、往年、去年、往日、往常、以往、古代、唐代、清朝、昨天、昨儿、前天、前儿、大前天、上月、上星期、上上星期、刚才、方才等。

C. 表示将来的时间词：

常用：将来、未来、今后、以后、往后、日后、明天、明日、明儿、明儿个、后天、后日、大后天、大后日、明年、后年、大后年、下月、下星期、下下星期等。

2. 时点时间短语：

时点时间短语分为定指的时点短语和不定指的时点短语两种。

A. 定指的时点短语由序数词加"年"、"月"、"日"、"点（钟）"、"分"等时间单位构成，有的前头有表示序数的"第"、"初"等，后者后头带"初"、"末"、"底"等成分。

例：2003年　十月　十点半　第三天　初三　十月末　十月底

由各类词或短语加"……时"、"……时分"、"……的时候"、"……的当儿"、"……的一刹那"等构成，表示某时发生了什么。

例：他起床时，我已经在工作了。

动身的时候，天已经黑了。

正在我半清醒、半迷糊的当儿，他溜了出去。

他回过头的一刹那，我认出了他。

B. 不定指的时间常用"一天"、"一年"或前加"有"组成"有一天"、"有一年"及"有时候"表示。

例：一天夜里，下雪了。

有一天，他突然回来了。

有时候，我也有很可笑的想法。

3. 时段时间短语：

A. 常构成"数+量+时间名词"形式。

例：我足足等了他两个小时。

一个上午才写了这么几个字。

一个星期也没见他的影儿。

B. "年"、"季"、"天"、"刻钟"、"分钟"等前头可直接与数词构成时段短语。

例：我已当了十几年的老师了。
　　北京春秋两季，天气比较干燥。
　　离飞机起飞只有十分钟了。

C. "从……起"、"自从……"、"到……为止"等短语表示时段。

例：从十几岁起，他就在外独立生活。
　　自从毕业以来，我就没见过他。
　　到现在为止，他没开口求过我。

D. 由"……来"、"……以来"等时间助词组成的短语表示时段。

例：十几年来，他没间断过锻炼。
　　最近这三年来，他整个变了个人。
　　自古以来，健康一直是人们追求的目标。

E. 后面加方位词"中"、"间"、"中间"、"之间"、"内"、"之内"的时间短语表示时段。

例：每天晚七点到九点之间是我健身的时间。
　　三天内，你得把文章写完。
　　一个小时之内，我就能写完。

F. "前"、"后"、"上"、"下"等方位词修饰的时间短语表示时段。

例：前两天，觉得这里还可以。
　　昨天后半夜才睡。
　　下学期，你有什么计划？

4. 时频时间短语：

A. 表示时间的量词"年"、"季"、"月"、"日"、"天"等重叠，有"每一"的意思。

例：他的生活天天如此。
　　这里年年取得大丰收。
　　孩子日日盼着父亲归。

B. 表示时间的数量短语重叠。

例：时间就这么一分钟一分钟地过去了。
　　孩子一天天地长大。
　　他的病一天天地好起来。

C. "有时候……，有时候……"、"在……的时候……，在……的时候……"、"一会儿……，一会儿……"等表示时点的重复或交替。

例：他有时候住在学校，有时候住在家里。
　　在他工作的时候，他想的是工作。在他休息的时候，想的还是工作。
　　他一会儿看看表，一会儿又看看外边，好像在等什么人。

主要参考文献

刘月华等《实用现代汉语语法》，商务印书馆，2001年。
吕叔湘等《现代汉语八百词》（增订本），商务印书馆，1999年。
邢福义《汉语语法三百问》，商务印书馆，2002年。
李临定《现代汉语疑难词词典》，商务印书馆，1999年。
朱德熙《现代汉语语法研究》，商务印书馆，1980年。
朱德熙《语法答问》，商务印书馆，1985年。
朱德熙《语法讲义》，商务印书馆，1982年。
王力《中国现代语法》，商务印书馆，2000年。
吕叔湘《汉语语法分析问题》，商务印书馆，1979年。
吕冀平《汉语语法基础》，商务印书馆，2003年。
赵元任《汉语口语语法》，商务印书馆，1979年。
刘英林等《汉语水平等级标准与语法等级大纲》，高等教育出版社，1998年。
卢福波《对外汉语教学实用语法》，北京语言文化大学出版社，2003年。
卢福波《对外汉语常用词语对比例释》，北京语言文化大学出版社，2000年。
李大忠《外国人学汉语汉语语法偏误分析》，北京语言文化大学出版社，1997年。
孙德金《汉语语法教程》，北京语言文化大学出版社，2002年。
房玉清《实用汉语语法》（修订本），北京大学出版社，2001年。
安汝馨等《报刊用词不当1000例》，中国广播电视出版社，2002年。
安汝馨等《汉语用词不当辨析手册》，金盾出版社，1998年。
付玉萍等《通过HSK——HSK语法》，中国铁道出版社，1998年。
范晓《汉语的句子类型》，书海出版社，2000年。
李德津等《外国人实用汉语语法》，华语教学出版社，1982年。
郭振华《简明汉语语法》，华语教学出版社，1999年。
中国社会科学院语言研究所词典编辑室编《现代汉语词典》，2002年。
国家对外汉语教学领导小组办公室汉语水平考试部《汉语水平等级标准与语法等级大纲》，高等教育出版社，1998年。
国家汉语水平考试委员会办公室考试中心编制《中国汉语水平考试大纲》（初、中等），现代出版社，2001年。
国家汉语水平考试委员会办公室编制《中国汉语水平考试大纲》（高等），北京语言文化大学出版社，1998年。
国家对外汉语教学领导小组办公室编《高等学校外国留学生汉语教学大纲》（长期进修），北京语言文化大学出版社，2002年。